科研扶贫　助力乡村振兴

——黍稷合作社

2020 年全国农学院协同发展联盟单位

安徽农业大学农学院
北京农学院植物科学技术学院
东北农业大学农学院
甘肃农业大学农学院
贵州大学农学院
河北北方学院农林科技学院
河北科技师范学院农学与生物科技学院
河南科技大学农学院/牡丹学院
河南农业大学农学院
黑龙江大学现代农业与生态环境学院
华南农业大学农学院
吉林大学植物科学学院
吉林农业大学植物保护学院
江西农业大学农学院
内蒙古农业大学农学院
青岛农业大学农学院
山东农业大学农学院
上海交通大学农业与生物学院
石河子大学农学院
塔里木大学植物科学学院
西北农林科技大学农学院
西南科技大学生命科学与工程学院
新疆农业大学农学院
扬州大学农学院
云南农业大学农学与生物技术学院
浙江大学农业与生物技术学院
安顺学院农学院
长江大学农学院
福建农林大学农学院
广西大学农学院
海南大学热带作物学院
河北工程大学园林与生态工程学院
河北农业大学农学院
河南科技学院生命科技学院
黑龙江八一农垦大学农学院
湖南农业大学农学院
华中农业大学植物科学技术学院
吉林农业大学农学院
吉林农业科技学院农学院
南京农业大学农学院
宁夏大学农学院
青海大学农牧学院
山西农业大学农学院
沈阳农业大学农学院
四川农业大学农学院
天津农学院农学与资源环境学院
西南大学农学与生物科技学院
西藏农牧学院植物科学学院
信阳农林学院农学院
云南大学农学院
云南农业大学热带作物学院
中国农业大学农学院

不忘初心　砥砺前行

走进乡土乡村　助力精准扶贫系列丛书

Qianmo Yuanmeng

阡陌圆梦

——全国农科学子联合实践行动纪实录

中国作物学会人才培养与教育专业委员会
全国农学院协同发展联盟　组编

中国农業大學出版社
China Agricultural University Press
·北京·

内容简介

2015年底，由全国农学院协同发展联盟组织全国近50所涉农大学的农学院形成了一个全国范围内的以知贫、识贫、述贫、解贫为目标的学生社会实践力量，汇聚了一支勇于担当、甘于奉献、教育济民、支农报国的庞大队伍。五年来，联盟共组建小队1 400余支，组织千余名指导教师、15 000余名农科学子，奔赴全国1 765个县、乡开展联合实践行动，深入扶贫第一线，潜心调研，深入实践，助力精准扶贫，聚力乡村振兴。

本书为“不忘初心　砥砺前行　走进乡土乡村　助力精准扶贫系列丛书”第五册，记录了2020年实践行动当中，广大农科学子走入乡村、融入乡土，作为行动者和亲历者，在新冠肺炎疫情下助力春耕夏耘的实况；讲述五年来涉农院校师生开展社会服务工作带给乡村的改变，记录农科学子、教师在实践中的成长心路。

本书旨在帮助社会公众和致力于“三农”服务的在校学生了解当下乡村的真实面貌。只有认识并懂得了乡村的实况，学生们才能把学到的知识有理有序地运用到乡村建设工作中，学生们才能真正投身于乡村振兴事业中。

图书在版编目(CIP)数据

阡陌圆梦：全国农科学子联合实践行动纪实录 / 中国作物学会人才培养与教育专业委员会，全国农学院协同发展联盟组编. —北京：中国农业大学出版社，2020. 10

（不忘初心　砥砺前行　走进乡土乡村　助力精准扶贫系列丛书）

ISBN 978-7-5655-2440-0

Ⅰ. ①阡…　Ⅱ. ①中…②全…　Ⅲ. ①农村-扶贫-概况-中国②农业院校-大学生-社会实践-概况-中国　Ⅳ. ①F323.8②G642.45

中国版本图书馆CIP数据核字(2020)第191488号

书　名　阡陌圆梦——全国农科学子联合实践行动纪实录
作　者　中国作物学会人才培养与教育专业委员会
　　　　　全国农学院协同发展联盟　组编

策划编辑　童　云　　　　**责任编辑**　何志勇
封面设计　郑　川
出版发行　中国农业大学出版社
社　址　北京市海淀区圆明园西路2号　　　　**邮政编码**　100193
电　话　发行部 010-62733489，1190　　　　读者服务部 010-62732336
　　　　　编辑部 010-62732617，2618　　　　出 版 部 010-62733440
网　址　http://www.caupress.cn　　　　**E-mail**　cbsszs @ cau.edu.cn
经　销　新华书店
印　刷　涿州市星河印刷有限公司
版　次　2020年11月第1版　　2020年11月第1次印刷
规　格　787×1 092　16开本　30印张　500千字　插页1
定　价　86.00元

《阡陌圆梦》编委会

《阡陌圆梦》参编人员名单

（按照姓氏笔画排序）

马慧琴　王　龙　王　婷　王文峰　仇　飞　尹昌美

孔欣欣　石　勇　冯　晖　达卓娅　刘　岩　刘　璐

刘学萌　闫　刚　汤瑞瑞　安曈昕　许莹竹　孙小雯

孙　超　李　诺　李亚杰　李启涛　李晓晴　杨哲宇

杨海岩　吴清华　张　涛　张海杰　张鑫琳　阿布来提·依明

陈　虎　陈占强　陈红星　林轩东　林彬彬　金　敏

周　旋　周立云　赵　鹏　赵世浩　赵雪晴　郝　娜

侯　聪　娄凯皓　姚　彬　秦　丽　夏可阳　殷　美

高　健　郭　婧　郭　瑞　郭妍妍　梁佳煦　熊　峰

霍晨光　魏春楠

序言

2020年，是我国脱贫攻坚战的决胜之年，是我国全面建成小康社会的收官之年，也是国家“十三五”规划收官和“十四五”规划开局之年。在这个具有特殊意义的年份中，我们在党中央的强有力的领导下有序高效地控制了新冠肺炎疫情，并在疫情防控常态化的大背景下迅速全面复工复产。在这一段时间，我看到全国的农科院校师生积极响应党中央的号召，在疫情防控最艰难的时期，第一时间就地投身到“稳春耕”的工作当中，在大难大考面前，不畏艰险、冲锋在前，用自己的方式勇敢抗击疫情。这种服务我国“三农”事业的热情，正体现着全国农科师生代代相传的精神图腾。

五年前，全国40余家涉农院校代表齐聚北京，联合发起了助力国家脱贫攻坚工程的全国农科学子联合实践行动。至今，该行动直接参与师生累计已达15 000余人，远高于此前参与人员破万的预期。五年间，在老师的指导下，广大农科学子深入乡村，躬身田野，借当下最“潮”的工具普及知识，用时代最“热”的方式助力脱贫，烈日无法阻挡他们的脚步，风雨也无法浇灭他们的热情。他们始终坚持用实际行动践行着习近平总书记的嘱托，满怀爱国奉献、科学报国的家国情怀，勇担知农爱农、强农兴农的时代责任，奋力投身脱贫攻坚和乡村振兴主战场，为实现中华民族伟大复兴的中国梦而不懈奋斗。

“农村是充满希望的田野，是干事创业的广阔舞台，我国高等农林教育大有可为。”习近平总书记给全国涉农高校的书记、校长和专家代表的回信让我们倍感振奋、备受鼓舞。“在为人民服务中茁壮成长、在艰苦奋斗中砥砺意志品质、在实践中增长工作本领。”“让青春在党和人民最需要的地方绽放绚丽之花。”习总书记给北京大学援鄂医疗队全体“90后”党员的回信精神正是我们广大农科学子应当牢记的初心与使命。广大农科学子更应用刻苦学习、不懈奋斗铺就成才之路，用服务人民、奉献社会锤炼成才之能，用青春告白祖国。

《阡陌圆梦——全国农科学子联合实践行动纪实录》是全国农科学子联合实践行动纪实录“不忘初心　砥砺前行　走进乡土乡村　助力精准扶贫系列丛书”的第五册，记录了2020年1 000余名农科学子服务春耕以及3 000余名农科院校师生“走进乡土乡村，助力精准扶贫”的真情实感，是高校特别是农科院校师生实践工作的参考用书。同时，希望本书能够进一步凝聚全国涉农院校之力，共承推动“三农”发展之责，同担助力乡村振兴之任，为党和国家培养更多知农爱农新型人才。

姜沛民

2020年9月30日

前言

2020 年是全面建成小康社会和“十三五”规划的收官年，亦是在新冠肺炎疫情影响下华夏儿女共克时艰的特殊年，已连续开展了五年的“全国农科学子联合实践行动”积极响应国家号召，继续组织师生奔赴祖国脱贫攻坚战的第一线。自 2016 年活动发起以来，行动已累计发动 1 490 名指导教师，1 400 余支队伍，15 000 余名农科学子去往全国 1 765 个县、乡开展社会实践行动，成功建立 194 个社会服务基地，在 106 个贫困县开展定点扶贫工作，累计获国家级、省部级社会实践奖项 891 项，各级媒体报道 4 401 篇。东起山东省寿光市羊口镇、西至新疆喀什麦盖提县、南达海南省保亭黎族苗族自治县、北抵黑龙江省齐齐哈尔市甘南县的辽阔田野上，农科学子以“知农”之本领、“爱农”之初心、“强农”之技能、“兴农”之所愿，在干事创业的广阔舞台上，将青春梦融入中国梦，肩负起新时代青年人的使命与担当，以实际行动服务国家战略。

2020 年度联合实践行动迅速响应突发公共卫生事件，共组织 2 563 名师生分两轮开展行动。首轮行动在习近平总书记发出“全力组织春耕生产，确保不误农时，保障夏粮丰收”的指示精神后，联盟第一时间牵头发起号召，面向全国返乡农科学子发布“赶农时、云宣讲”“稳春耕、亮专业”“助脱贫、悟担当”三大专项行动，号召广大返乡农科学子就地参与当地春耕、脱贫攻坚工作。第二轮行动则继续在严格遵守国家关于疫情防控总体安排的前提下于暑期开展，因地制宜根据各地区疫情防控态势和具体要求，组织开展“线上+线下”结合组队、“一套方案　遍地开花”云上组队、低风险地区省内组队等多种组队形式，倡导向未脱贫地区扶贫工作部门报到、云端产品推广、讲述家乡脱贫故事等多种实践内容，充分统筹好这堂特殊时期乡村一线“爱国、强国、报国”的思政大课。

2020年联合实践行动在前期基础上继续稳步提升，进一步根据中央文件精神和地方实际需要加强顶层设计、提高支持服务水平。一是始终坚持联合实践行动共同遵循的原则和理念，问题导向、精准帮扶、绿色发展、振兴乡村。二是继续强化全国统一的联合组织体系，依托全国农学院协同发展联盟秘书处，以及华北、东北、西北、华中、华东、华南和西南七个片区组长单位的统筹部署，深化推进联合实践行动。三是在“强农兴农”的目标下，深度聚焦“知农爱农”型人才培养，进一步挖掘联合实践行动的三全育人价值。

《阡陌圆梦——全国农科学子联合实践行动纪实录》，是“不忘初心　砥砺前行　走进乡土乡村　助力精准扶贫系列丛书”的第五册，是2020年疫情防控阻击战当中，各单位实践队伍深入一线助力春耕生产和脱贫攻坚的纪实录和成果集，同时还在“强农兴农”与“树人铸魂”两个篇章当中，对行动发起以来典型社会服务基地的建设案例和实践带队教师与农科学子间“育人”与“受育”的心路历程进行了收录。全书不仅记录了新时代农科学子知农、爱农、强农、兴农的具体行动，更呈现了涉农院校在服务脱贫攻坚和贯彻落实立德树人根本任务当中勇奋进、敢创新的圆梦之志。

心有所向，行有所归。2020年联合实践行动在联盟各校领导和相关部门的大力支持与协助下圆满完成，以“走进乡土乡村，助力精准扶贫”为主题的联合实践行动也就此落下帷幕。本书的顺利出版得到了中国农业大学党委宣传部、中国农业大学出版社领导和编辑们的鼎力相助，对此我们表示最诚挚的感谢！同时，还要特别感谢多年来为推动全国作物学科以及农学院协同发展付出的努力和贡献的全体人员！联盟院校在未来也将继续以立德树人为根本，以强农兴农为己任，培养更多知农爱农新型人才，携手同行，为国家乡村振兴战略发展持续发力。

本书可以作为教育系统实践育人的参考用书，也可供有意了解精准扶贫的研究者和热心读者参阅，更欢迎一切热心公益、关爱青年成长、关心“三农”问题的读者赐阅。

书中难免有不当和疏漏之处，请读者朋友批评指正！

张远帆

2020年10月1日

目录 CONTENTS

华北大地 / 001

引　　言 / 003

助力脱贫攻坚战　农科学子勇当先 / 005

深度开展联合实践行动　同心抗疫助农 / 011

希望播撒田野　梦想筑于阡陌 / 015

诗意栖居：农耕回望　文脉传承 / 022

勇担责任助战疫　扶贫助农惠民生 / 028

不误农时保春耕　助扶贫　阻疫情 / 035

以吾辈青春　护锦绣中华 / 041

049 / 东北大地

051 / 引　　言

054 / 一镇一村一社一区　真抓实干　聚力攻坚

062 / 每一粒播下的种子　都是心中的希望

068 / 农情同心系阡陌　追梦学子助春耕

076 / 助力精准扶贫　聚力乡村振兴

083 / 走锦绣河山　展农学风采

091 / 凝心聚力　扎根农业　贡献兴农青春力量

华东大地 / 099

引　　言 / 101
挥洒青春热血　服务现代农业 / 103
不负农时不负春　农院师生助春耕 / 108
向上的青春　要向下扎根 / 116
我们和西七里河有个约定 / 122
情满齐鲁　爱洒田间 / 128
祖国需要处　皆是我故乡 / 136
筑梦之曲　向阳而歌 / 143
强农兴农责任在肩　深入基层助力扶贫 / 151

159 / **华中大地**

161 / 引　　言

162 / 散为爱农之星　聚为兴农之火

169 / 行走在美丽乡村大道上的青春追梦人

175 / 熠熠生辉　向农而生

181 / 助力早稻生产　不负好春光

188 / 让青春之歌在新时代唱响

193 / 春风吹　助耕行

华南大地 / 201

引　　言 / 203

行千里筑梦之旅　助百年乡村振兴 / 206

阡陌圆梦　热作人砥砺前行 / 213

防疫不误农时　人勤不负春光 / 220

227 / 西南大地

229 / 引　　言

231 / 农农携手黔行　共绘最美春耕图

238 / 不负农时　农院学子助力春耕

244 / 春锄扑扑趁春晴

252 / 春耕战疫出风采　全民脱贫展决心

259 / 农科学子助力疫情防控期春耕生产

265 / 贴乡实践　“滞乡助农”

271 / 践行时代楷模精神　奋力打赢脱贫攻坚战

西北大地 / 279

引　　言 / 281

春耕战“疫”　青春无惧 / 285

助力春耕战疫情　实践行动不停歇 / 291

农学学子情寄脱贫攻坚　科研论文写在兵团大地 / 297

战疫情　我们在行动 / 304

赶农时　助春耕 / 311

决胜脱贫攻坚收官之年　农科学子聚力乡村振兴 / 317

323 / 强农兴农

325 / 五年实践　助力丰宁
328 / 农科学子心系民　砥砺前行得民心
331 / 菽谷振兴林甸　青春助力“三农”
334 / 走进那山那水那人家
337 / “三变”改革创产业致富路　农技服务让绿果满枝头
340 / 抱板村的产业崛起之路
342 / 强农兴农为己任　农业服务展才华
344 / 助力脱贫攻坚　青春不辱使命
347 / 知农爱农解民忧　强农兴农富乡村
352 / 川农学子行走在布拖：聚焦扶贫一线　助力产业振兴
357 / 把身边的事做好　主推脱贫攻坚
359 / 深耕五年　播种未来
361 / 林芝市米林县朗多村的变迁
364 / 让青春之花绽放松潘大地上
367 / 以农助农　强农兴农
370 / 发挥优势　助力脱贫
372 / 革命老区的新生

树人铸魂 / 377

技术兴农　实践育人 / 379
实践出真知　丰宁社会实践感悟 / 381
回望郑家埫　展望新方向 / 385
春风化雨无止境　育人无痕显担当 / 388
小小新农人　大大助农梦 / 393
“三下乡”　梦开始的地方 / 396
埋下乡村之种　筑起人生之梦 / 400
树人铸魂　记拦海村助教社会实践活动 / 403
坝上行　坝上情 / 406
不忘初心　树德育人 / 409
一次回忆　一世情长 / 412
从耕耘到“耕耘”　农科学子的支教路 / 415
大学生返乡实践故事 / 418
实践行动长才干　志存高远报国家 / 421
不忘初心路　矢志新农人 / 424
守初心　立德树人　担使命　强农兴农 / 427
学思践行助“三农”　融身乡土悟真经 / 431
走进乡村是高校最好的感恩教育课 / 434
做扎根边疆的小胡杨 / 436
脚踏黄土　心系群众 / 439
纸短情长　说不完意义深长 / 442
感悟“三下乡”　青春筑梦行 / 445
我们和琉璃庙镇的故事 / 449

华北大地

- 引　　言
- 助力脱贫攻坚战　农科学子勇当先
- 深度开展联合实践行动　同心抗疫助农
- 希望播撒田野　梦想筑于阡陌
- 诗意栖居：农耕回望　文脉传承
- 勇担责任助战疫　扶贫助农惠民生
- 不误农时保春耕　助扶贫　阻疫情
- 以吾辈青春　护锦绣中华

引　言

2016年起，全国各地农科院校共同携手，发起了全国农科学子联合实践行动，以实际行动助力国家脱贫攻坚工程与乡村振兴战略。时光荏苒，岁月鎏金，2020年是决胜全面建成小康社会的收官之年，联合实践行动也进入五年总结阶段。

在脱贫攻坚和全面建成小康社会的冲刺阶段，助力实施精准扶贫战略，涉农高校责无旁贷，更应一马当先，农科学子使命在肩，责任重大，持续深化开展联合实践行动，紧紧围绕新的目标要求，不断把实践行动引向纵深。“助力精准脱贫　聚力乡村振兴”联合实践行动是农科院校的共识，既符合党中央脱贫攻坚战略的重大需求，同时也是引领青年大学生实现服务国家脱贫攻坚战略的重要平台。

华北片区各农科高校学院领导高度重视，科学部署，积极动员，严谨组队，有重点地突出专业特色，注重活动的实效性与广泛性，做到早计划、早动员、早部署。活动前期，各院校多次召开调研会、研讨会，与会人员主动阐述自己的观点和看法，并由组长统一记录，充分结合学生专业特色，最终形成详细的活动方案。各学院组建梯队式实践团队，院领导带队，专家教授作为专业技术指导教师，不同专业年级的本科生、研究生为实践队成员，全部深入到国家级贫困村一线，持续开展科技支农、志愿服务。

实践内容丰富多彩。几年来，实践团队深入贫困地区，了解当地的农业发展优势与劣势，深入开展调研知农、科技助农、支教惠农、乡村旅游兴农、专家讲座等帮扶活动，帮助农户们解决农业生产的相关问题。帮扶项目涵盖病虫害防治、水土保持、草场调查、乡村旅游开发、产业经济发展等多个领域。队员们下农田、爬草甸、传经验、送技术、体民情、解民忧，完成农业技术推广、民生调研问卷，发放政策宣讲、科技普及材料，捐赠图书、文体用品百余件（册），围绕我国农业领域重要方针政策，结合专业特点，用听得懂、记得住、可复述的语言向基层百姓进行宣讲；关爱留守儿童，为孩子们解决学习上的一些困惑并对他们进行假期作业的辅导；围绕当地绿色农业发展、乡村旅游发展、特色产品营销等成立创新创业项目小组，挖掘特色产品，设计地域品牌，助力产品拓宽销路，规划乡村精品旅游体验线路；采用网络宣传方式，向当地村民科普现代化科学技术。五年来各实践团队先进事迹被多家媒体平台宣传报道。

大学生在服务“三农”的生动实践中，坚定了学农爱农的理想信念，练就了强农兴农的过硬本领。他们深入基层、农村，了解农业、农村、农民，为农民解决实际问题，在助力脱贫攻坚、乡村振兴中发挥重要作用。他们心系“三农”，立志成为“懂农业、爱农村、爱农民、有理想、有本领、有担当”的“一懂两爱三有”人才，为乡村振兴战略贡献力量，以实际行动投身于现代农业，以服务成果聚力乡村振兴！

赵伟

助力脱贫攻坚战　农科学子勇当先

队员们深入田间观察农作物生长情况（摄影人：刘唱）

为确保全面建成小康社会宏伟目标的顺利实现，认真开展“全国万名农科学子联合实践行动”，在河北北方学院党委高度重视和农林科技学院党委精心组织下，2016—2020 年，由河北北方学院农林科技学院组建的全国农学联盟暑期科技支农小分队在张家口市宣化区南兴渠村、鹄突地村、清水河村，赤城县龙门所镇戴家沟村，阳原县开阳堡村，康保县邓油坊村开展调研及科技支农帮扶活动。

小分队连续几年深入村镇开展科技支农、走访慰问、文艺下乡和社会调查等活动，并被河北省人民政府网、张家口日报、光明网、今日头条、河北新闻网、张家口新闻网等多家媒体相继报道。

在每年活动进行之前，小分队成员们提前分析扶贫村庄的耕作模式以及种植技术的特点，结合自身专业特长对村里农作物种植现状进行全面系统的分析并与指导教师和农户们进行充分讨论。扶贫活动进行期间，带队教师以及随队指导教师对实际调研中的具体行程规划进行讲解，并列出每天的实践内容及任务分配，同时对社会实践中的安全问题着重加以强调。小分队队长将所有任务分配到人，并采取小组长负责制，分为实践组、问卷组、宣传组。每个小组由一名小组长和5～6名组员组成，责任分配至人，这样既能使每个队员明确自身的所有任务，又能在此次暑期社会实践中体现自身的价值。小分队每天实践活动结束后都要将数据进行整理，总结经验并且汇报工作，遇到疑难杂症时及时求助学院的教授和导师，通过实践活动产生的新思路、新想法及时记录在案，为以后的科研攻坚留作第一手资料。

调研队伍以精准扶贫为目标，以入户形式面对面地与农户通过问卷调查和访谈的形式进行交流，挨家挨户进入农田深入了解村中农作物种植的基本情况，解决农户对种植谷子、玉米、马铃薯等农作物的技术难题。小分队根据调研的情况，为农户建档，便于以后持续追踪农户种植情况变化，为以后的科技兴农工作提供数据支撑。不仅如此，农林科技学院支农小分队还深入到每户家中了解实际情况，走访贫困户对症下药，精准了解并解决每家每户的实际问题。

农林科技学院科技支农帮扶活动的特色品牌是通过互联网农业，为扶贫村庄村民普及当前应用较为广泛的种植技术和电子商务知识。通过历年的实践活动，实践队员逐步向农户们普及了如何使用互联网学习种植技术和进行农作物销售。在实践活动过程中，小分队成员带上自己的笔记本电脑，iPad等移动设备，进入农户家普及推荐多款时下最流行的App及网站，如以农业种植技术交流为代表的“智慧种植App”，以农业资讯、农业产品购买为主的“全民惠农App”，以农业政策新闻相关信息为主的“掌上农资”，以如何防治病虫害解答为主的“农医生”等。通过使用这些App，农户们可以更好地了解互联网农业种植技术，解决自己种植过程中存在的问题。与此同时，小分队成员还推荐乡亲们使用“百度传课”

观看最新的关于农作物种植的网络课程，丰富村民的种植技术。支农小分队同时还逐步向农户们普及了“互联网+合作社”这种消费分红，入股创业，谋求成员共同利益，服务成员增收致富的新型农业服务体系，详细讲解了由合作社、家庭农场、农业大户和生产者参与经营，依托互联网平台，共同开展农业生产经营的新模式。队员们通过大数据分析比对，让农户们了解到未来农业的发展趋势离不开互联网。队员们还教会了农户们怎么在拼多多平台上推销自己的农产品，建立属于自己的套包服务站，推销自己的特产，让乡亲们的产品走上网络，带来更大的利益。通过历年扶贫小分队的逐步普及，村民们积极参与学习互联网农业种植技术，共同努力创办属于自己的网络服务平台。

在历年的活动中，农林科技学院的扶贫小分队不仅在农作物种植及出售方面帮助农户，同时也开展了贴近百姓生活的文化下乡文艺汇演，让当地百姓感受到当代大学生对农村文化建设的热情，以及对农村居民生活现状的关心。演出还未开始，广场上早已站满了老百姓，还有陆续从其他村子特地赶来的村民也来到广场，使得村子里本就不大的广场显得更加热闹。同学们早早地都忙碌起来，大家摆桌子凳子，演员们化妆换衣服，大家都显得很激动和兴奋，演出在热闹欢快的龙狮表演中拉开序幕。舞狮慢慢地开始向上盘旋，像小孩子似的在舞台上“嬉戏玩耍”，来回穿梭，最后还不忘“摇头摆尾”，赢得了场下观众的阵阵喝彩，好不活泼热闹！另外，健美操《青春魅力》、歌伴舞《最初的梦想》《逆光》等体现大学生独特青春活力的节目，为当地传统文化增添了一抹新鲜的色彩！文艺汇演旨在将大学生的在校学习课程知识融入老百姓喜闻乐见的元素，将大学生的科学文化知识与百姓日常欣赏的传统元素加以巧妙的融合，打造出兼具大学生青春色彩和百姓娱乐特色的下乡文艺汇报演出。用文艺娱乐的方式把乡镇文化建设的需要和青年学生的成长发展很好地结合起来，架起了学院与镇民群众之间的一座桥梁，通过大学生的下乡服务，体现出学院对农民群众文化生活的关心。同时文艺下乡有利于加强队员们与农户之间的文化交流，学子与镇民同乐，让队员们深刻了解镇民的文化生活，通过这一活动，增加内外部文化交流，认识社会，认识自己的社会位置，明确自己的历史使命；引导同学们将书本知识与投身社会实践联系起来，学到很多课本上学不到的知识，激发学习热情，调整和完善自己的知识结构，战胜各种困难和挫折，锻炼意志和毅力，为适应以后的工作做一定准备。

农林科技学院学子一直以来都在不断地丰富自己的专业知识，为村民们解决问题。学院曾组织过学生去张杂谷实验基地、奶牛场参观学习。张杂谷是张家口市农科院从1969年开始选育的新品种，到目前已有6个品种，通过一系列技术使谷子具有了根系发达、抗旱性强、适应性广、优质高产等特点。学生参观学习，更加有利于提高学生的专业水平。小分队首先参观学习了“张杂谷”实验基地，进入稻田中，时不时会有几只小飞虫显得整个基地充满生机。过了一会儿，来了一个很年轻的博士，给同学们讲解了很多关于稻谷的知识，例如怎样防止病虫害，怎样培育出来的杂交稻谷更能提高产率等，真的是受益匪浅。后来听老师对张杂谷的介绍，同学们更是对这个地方有了深深的好感。

谷子是我国传统作物，据考证已有7 000多年栽培历史，曾为我国五谷之首，但由于谷子产量低，种植面积逐年下降。为了从根本上提高谷子产量，解决我国中低产品粮食产量徘徊不前的现状，张家口市农科院从1969年就开始对谷子杂交优势进行了研究，经过两代人40年的不懈努力，先后攻克了不育系、恢复系、杂交种选育、制繁种技术、远缘种质利用、提高米质等关键难题30多个，获得国际领先水平成果5项，国际先进水平成果1项，在国内首次培育成功“张杂谷”系列谷子杂交种并在生产上推广应用，获得了良好的效果。2007年经两代人近40年的接力研究培育出超级张杂谷“张杂谷5号”亩产810千克。

科技小分队在实验基地就“张杂谷”的研究、培育和病虫害防治等知识与专业老师进行了深入的交流与学习。在实验基地的参观学习，使同学们对“张杂谷”有了更加深刻的认识和了解，加强了对专业知识的理解和记忆，对自己未来的学习和工作有了更加明确的方向。

据同学们调查了解，在南兴渠村，全村1 192户，农业人口4 066人，除去务农以及在外务工人员外，还有一部分人从事养殖业。同学们来到奶牛场进行学习和调查。把牛粪牛尿收集起来，掺上干草和腐烂的青贮等做成堆肥，之后发酵6～8周，这一段时间内把堆肥翻8遍。发酵完成后有机肥就做成了。牛粪的成分主要是纤维素、半纤维素、蛋白质及其分解产物和各种无机盐。牛是反刍动物，饲料经过反复咀嚼，其粪质细密，加之饮水多，粪中含水量高，空气不易流通，粪中有机物难分解，腐熟较慢，属冷性有机肥。未经腐熟的牛粪尿肥效低，经过发酵腐熟，可以提高肥效。施用牛粪尿能使土壤疏松，易于耕作，改良黏土有良好效果。按全国有机肥品质分级标准划分，牛粪属三级，养分含量中等。小分队成员就牛粪应该怎么处理与牛场管理员以及我们的小分队进行了讨论，并且找出最好的解决方法。

在历年的社会实践中，另一个很重要的主题是关注空巢老人，关爱留守儿童。炎炎夏日，队员们挨户走访了村里贫困的空巢老人和留守儿童，并为他们带来了学院事先准备的粮油慰问品和在校学生捐赠的衣物。队员们还向空巢老人介绍一些国家针对性的老年扶贫政策和相关新闻。对于父母不在身边的留守儿童，队员们根据国家政策给他们寻找上学的地方，并定期监督检查他们学习的情况，尽自己最大的可能为他们争取最好的生活条件，并把自己随身携带的笔、本、课外书等送给当地留守儿童。

实践活动的开展，不仅让队员们深入地了解到了贫困地区的现状，体会到农情、村情、民情的变化，感受到脱贫攻坚任务的艰巨，也更加坚定了队员们对于国家精准扶贫、精准脱贫的信心和决心。同时，同学们通过暑期科技支农实践活动，明白了自己所学学科的重要性，更明白了农户们最需要的是什么样的知识。活动结束后，同学们纷纷表示回到学校以后会更加努力学习专业知识，更好地为农户们服务。

实践活动是一堂生动的社会实践教育课，虽然队员们在炎炎的烈日下被晒成了一个个“黑煤球”，但同学们还是义无反顾地投身于科技支农的热情中，看到农民伯伯们一张张笑脸，队员们感到无比的自豪。通过科技支农社会实践活动，队员们认识到，实施对贫困地区农户的技术帮助和农业科学知识的普及，加大贫困地区良种良法的推广力度，为贫困县农民提供技术支撑，提高农作物产量和质量，实现增收，是实现科技扶贫的基本目标。此外，同学们也从农户身上学到了宝贵的耕种经验，扩充了知识面，开阔了眼界，感受到了幸福生活的来之不易，更应加倍珍惜。今后队员们将继续发挥自身所长，为乡亲们答疑解惑，为国家的脱贫攻坚开发的战略贡献农科学子的一分力量。

队员们帮助村民填写关于农作物收入情况的调查问卷（摄影人：吴丹萌）

（刘岩　吴丹萌　刘唱　文）

深度开展联合实践行动　同心抗疫助农

实践队员投身春耕备耕工作（摄影人：胡一杨）

寒来暑往，斗转星移，没有一个冬天不会被逾越！没有一个春天不会来临，听，是春天的声音，她正在悄悄地向我们靠近。春天来了，温暖的阳光正在向人间泼墨挥毫，显得格外的绚丽多彩。家乡的春天更是生机盎然，在那充满诗情画意的田间地头、房前屋后，各种颜色的花也都开始争奇斗艳，春天在这片可爱的冀中平原上拉开了序幕。放眼望去，大片的绿色拥抱着这可爱的家乡，家乡的春天是那样地令人心旷神怡。

2020 年新冠肺炎疫情深深地影响着人们的生产生活，在以习近平同志为核心的党中央坚强领导下，经过全国上下和广大人民群众的艰苦努力，我国疫情防控形势持续向好，阶段性成效持续巩固，经济社会运行秩序稳步恢复，坚持底线思维，在常态化疫情防控中加快推进春季农业生产，做好春耕备耕春种春管工作。

民以食为天，农业是国之根本。习近平总书记对全国春季农业生产工作作出重要指示时强调，越是面对风险挑战，越要稳住农业，越要确保粮食和重要副食品安全。特别是面对疫情风险挑战，确保农业的稳定发展显得尤为重要。春光不可负，农时不待人。当前，既是疫情防控的决战期，也是春耕备耕生产的关键期。常言道，“人误地一时，地误人一年”。此时我们必须把抓牢抓好春耕生产作为有序推动复工复产的一项重要任务，做到战疫情备春耕，防控生产两不误，让春耕备耕工作不受疫情影响，确保农业生产开好局，为保障夏粮丰收打下基础。

为深入贯彻习近平总书记指示精神，河北科技师范学院农学与生物科技学院继续深度开展 2020 年全国农科学子联合实践行动，引导、鼓励广大农科学子积极参与打赢疫情防控阻击战、脱贫攻坚战，为决胜全面建成小康社会做出贡献。

学院党委面对当前防疫期间稳春耕这一重大任务，充分发挥学院师生所学专业知识与技术，结合各实践地农业发展的实际需求，充分开展力所能及的科技助农工作。2020 年 3 月起，由学院组建的 9 支实践队按专业性质，紧紧围绕实践主题的活动要求，陆续开展了 2020 年的联合实践行动。

农学、植物保护专业实践队的学生通过互联网调查了解此次疫情对 2020 年农业的影响，在承德市农业农村局统筹协调有关部门的全力支持下，提供技术，指导当地农户进行种子、肥料和农药等物资的生产、经营和销售，畅通农资运送渠道，创新春耕技术指导方式，及时有针对性地开展技术指导和服务，把“倒春寒”、暴风雪、病虫害等自然灾害的防治措施、增产稳产的技术送到田间，全力保障春耕生产。

植物科学与技术专业实践队成员所在的村庄，由于不少果农缺乏基本的防范意识与措施，很多果树遭遇了冻害。为了了解预防这种情况的方法，实践队成员一方面查阅了网上资料，另一方面联系学校的专业老师进行请教。队员们在和老师的视频交流中了解到，预防果树冻害措施首先要时常关注天气预报。天气预报是根据气流的变换提前预测温度的冷暖，耕种者在预测后可以做一些保苗措施。所谓知彼知己，提前了解到天气的变化情况可以使我们赢在起跑线上。第二，培育壮苗。尽可能地在低温环境中锻炼幼苗，这个能够有效提高植物幼苗抗冻性。所谓靠天靠地不如靠自己，植株本身变得强壮了才能够最大限度减轻寒冻所带来的影响。第三，在寒流来临之前灌水，一方面能降低地温使果树延迟花期，另一方面也能尽可能地保持地面温度。第四，可以提前喷洒防冻剂，或者合理施用肥料来增强果树的抗寒性。第五，可以使用烟熏法来防霜冻。这给当地农民提供了坚实的理论基础并解决实际问题。

农业资源与环境专业实践队跟随当地果农进行实地劳动学习。在劳动过程中，农户反映这个时期会经常发生苹果落果现象。苹果属于异花授粉树种，大部分品种存在自花不实的问题，加上两次生理性的落果，苹果树自身的营养不充足或者是果树树梢养分竞争过大，出现了养分不足、激素不足的问题。此外，幼果时期可能是受到高温高湿等一些不良环境的影响，花果时期水肥、温度、光线条件不好，花期授粉受精质量差，子房发育不完成。果农说："现在还容易受到一些病虫害和低温冻害的影响，都容易造成苹果树产生比较严重的落果现象。"对于种植苹果树的农户来说，都希望提高苹果的坐果率，减少落果现象的发生。实践队员们建议果农，首先要了解苹果落果的原因，然后采取针对性的防治措施来提高苹果的坐果率。比如，可以做好花期的管理，给果树补充一定的水分营养；对过于密集的花朵和幼果，进行合理的疏花疏果；对于一些授粉不良的果树采用人工授粉或者是昆虫放蜂辅助授粉，也可以配置一些配粉树；还可以给苹果树喷洒一些生长调节剂和叶面肥用来提高果树的养分，从而更好地孕育果实。

"战疫情，保春耕"，农学与生物科技学院还有许许多多的学生投入了春播春种。在这个特殊的时期，学生们尽管不能拿起试管，但是他们能挥舞锄头，挥洒自己的知识和汗水，在帮助农户进行春耕春种的过程中，也把理论转变成实践，真正做到了学以致用，将青春活力与家国情怀付诸行动。

开展2020年全国农科学子联合实践行动提高了学院全体师生对"助力精准脱贫，同心抗疫聚力乡村振兴"的思想认识和对服务国家扶贫攻坚战略现实意义的重视程度，让同学们更好地了解、支持和参加精准扶贫、精准脱贫工作，增强了新时代农科学子的使命感和责任担当。2020 年是决胜全面建成小康社会的收官之年，联合实践行动也将进入总结阶段。河北科技师范学院全体师生愿与全国涉农院校同仁共同携手，共铸辉煌，以实际行动助力国家脱贫攻坚工程与乡村振兴战略。

实践队员调研病虫害防治情况（摄影人：胡一杨）

（赵鹏　陈源源　陶婉萍　文）

希望播撒田野　梦想筑于阡陌

田间调查（摄影人：陈新政）

生活处处播撒着希望，追逐梦想在广阔的田野上。河北农业大学农学院扶贫志愿服务队响应全国农学院协同发展联盟和河北农业大学团委号召，开展李保国扶贫志愿服务队赴张北县“走进乡土乡村，助力精准扶贫”的全国农科学子联合实践行动，深入发力国家脱贫攻坚工程，汇智聚力国家乡村振兴战略，动员全校师生循着李保国老师的足迹，积极投身社会实践，把希望的种子播撒在田野上，梦想在阡陌中开花。

2016 年，河北农业大学以“学习李保国精神，做扶贫攻坚榜样”为主题开展社会实践活动，以扶贫志愿服务队为主要力量，立项社会实践小分队 116 支。实践内容涉及科技扶贫、政策宣讲、环保科普、就业创业、社会调研、关爱留守儿童等多方面。农学院组建扶贫志愿服务小分队，赴张家口张北县等地开展扶贫志愿实践活动。为使服务团能顺利开展工作，保证在有限的时间里，最大可能地提高工作效率，队伍为每次出行制定了详细、完善的工作内容和目标，要求全体成员以“受教育、长才干、做贡献”的原则为指导，深入开展社会实践活动。

2016—2019 年，李保国扶贫志愿服务队队员继承和发扬李保国的“太行山精神”，走基层、接地气、察民情，不断在实践中增长才干，在实践过程中用心发现问题，用心思考问题，用心研究问题，用心解决问题。2020 年，疫情下的返乡农科学子没有被疫情阻挡住实践的热情和前进的脚步，学院积极开展助力春耕活动，通过亲身实践结合所学知识为农业贡献一份微薄之力，并在实践中不断成长！学院实践队伍在为期五年的实践活动中帮助张北县解决的实际生产问题不计其数。实践队伍根据土地状况和农民需求开展科技示范、生产指导、农技推广、产业升级等服务活动，帮助贫困户找问题，定方案；实践团专家结合地质水文条件和土壤条件，为贫困村黑山堡村引种了高质高产油菜新品种、土豆新品种、蔬菜间作套作技术；队员们为当地村民普及农业知识，张贴海报，讲述分散性畜禽养殖户污染防治方法，将现代新型农业理念传达到村民手中。

第一章　初入坝上　心扎基层

2016 年 5 月 8 日，农学院第一批志愿服务团的师生抵达张北县黑山堡村。由此开始了实践服务团的漫漫实践求知路……他们为贫困户开始做前期的建档立卡工作，深入田间地头、走进一家一户，为贫困户进行土地测量、作物采样、光合分析，深入调研致贫原因，为后续社会实践奠定了基础。实践队员紧紧围绕“走入乡土乡村　助力精准扶贫”这一主题，为贫困户建档立卡，深入田间炕头，倾听农民心声；根据土地状况和农民需求开展科技示范、生产指导、农技推广、产业升级等服务活动，帮助贫困户找问题，定方案，实现“一村一户一策”，将脱贫致富的门路送到一家一户。

在社会实践中，志愿服务队推广了“农天下”，即“互联网+”这一新型农业生产模式，搭建了农户与科技专家的桥梁；开展了农技人员培训、农业科普讲座、先进农技推广、生产实践指导等服务活动；制作宣传展板和板报，利用村民茶余饭后的时间开展“经济强省美丽河北”宣讲和科普宣传；为空巢老人、留守儿童开展“一对一”帮扶。同时，根据当地冷凉气候特征，社会实践小分队的专家教授集思广益、出谋划策，引入特色蔬菜和耐储存蔬菜引选、蔬菜套作间作等技术，增加蔬菜品种，调整蔬菜集中上市的时间，有效地解决了当地蔬菜品种单一，上市时间集中，菜贱伤农的问题，为实现精准扶贫奠定了基础，受到当地农民的欢迎。

第一年的实践活动难免会遇到很多不可预知的困难和障碍，但是实践团的领导、专家、指导老师及农科学子并没有因困难重重而束住手脚，他们迎难而上，“攻下了”实践第一年这层至关重要的关卡。此次实践，小分队成员深入农村、走入农户，感受农民对科技的渴望，同时也感受到科技对农村的重要。把心深深扎根于坝上这个相对贫困落后，急需科技帮扶、技术支撑的地方……初入坝上，小队成员体味良多，初感李保国奉献精神的实质。

第二章　调研访谈并重　聆听扶贫故事

2017年社会实践在前一年的基础之上得以顺利展开。服务队队员在驻村工作组和村干部的带领下深入一家一户，开展入户调研，通过问卷调查，访谈等形式进行回访，深入了解精准扶贫一年的工作效果。队员们还对留守儿童开展了义务支教，在辅导小学生功课结束后，与他们一起画画、剪纸、游戏，在欢声笑语中与孩子们建立起深厚的感情。

李保国扶贫志愿服务队农学院小分队沿着习近平总书记的足迹来到了张北县小二台乡德胜村徐万家中，徐大娘给队员们炸了习总书记赞不绝口的“开口笑”，热情的让大家品尝。在张北实验站专家的科技指导下，徐大爷家种养殖结构与品种不断改善，年收入已过万。服务队的小伙伴们集思广益，帮助徐大爷搭建电商渠道，拓宽网络销售平台，带动更多村民“开口笑”。服务队参观了亿利光伏扶贫项目，感受科技带给农村的新变化。

在黑山堡村，队员们冒雨深入田间地头，走进一家一户，开展问卷调查、入户访谈，聆听扶贫故事，聚焦实际问题。服务队的专家教授带领队员在田间地头进行土壤含水量测量、作物生长监测，为农民开办农业技术讲座，进行现场科技培训，为农业增效、农民增收注入了源源动力。实践队员经过调研发现，实践地以错季蔬菜和马铃薯为主要农产品，发展较快，但发展过程中存在区域化趋同，产品储藏困难，受气候影响等问题，实践团的专家教授集思广益、出谋划策，引入特色蔬菜和耐储存蔬菜引选、蔬菜套作间作等技术，调整蔬菜集中上市的时间，有效地解决了当地蔬菜品种单一，上市时间集中的问题；结合地质水文条件和土壤条件，为贫困村黑山堡村引种了高品高产油菜新品种和土豆新品种，新品种的种植使得油菜亩产由原来的 75 千克提高到了 150 千克，土豆亩产由原来的 750 千克提高到了 2 250 千克，每亩直接增收千余元，为农民增收注入源源动力。

此次实践的重点是做好对扶贫相关群体的调研和访谈，挖掘和了解脱贫攻坚战中的精彩感人“故事”。实践活动为大学生提供了走近农民、走进农村、走进农业的机会，使之在实践中受教育、长才干。队员们通过进一步走进乡土乡村，聆听扶贫故事，对“太行山精神”有了更深刻感悟，坚定了农学学子学农、爱农、服务“三农”的决心和信念。

第三章　三入坝上　科技兴农

2018 年实践主题定为“助力精准脱贫，聚力乡村振兴”。7 月 21 日，实践团队员们参观了德胜村生态新农村建设项目和宏基农业乡村振兴产业园，临时党支部在张北实验站举行“开展两学一做，激发党团活力”党员教育实践活动。实践团队员们走进村庄，亲切地与小学生交流，了解小学生的学习生活状况，并将自己的学习经验传达给孩子们。在占海村，队员们为当地村民普及农业知识，张贴海报，讲述分散性畜禽养殖户污染防治方法，将现代新型农业理念传达到村民手中。在黑山堡村，当地专家及专业老师围绕河北省草地类型新分类系统、草地植物识别及认知、野外调查取样工具的使用给小分队成员进行了详细的讲解；队员们在田间地头进行了实地考察，走进 3 个乡村，考察了近千亩的草地实况，重点对草地资源分类及分布、草地资源利用现状、草地资源属性、草地植物资源和动物资源进行了调查和分析。

通过三年深入实践，实践团服务农村，发挥专业特长，把论文写在田间地头，把科技播撒祖国大地。对农情、村情、民情深入观察，在实践中增长了见识、强化了本领，开拓了思路，立志以李保国同志为榜样，学农、支农、爱农、事农，做懂农业、爱农村、爱农民的“一懂两爱”农业人才。

第四章 知之愈深 爱之愈切

2019 年，在活动过程中开展调研、科普、技术指导、乡村支教等，尊重当地习俗，投入饱满的热情。农学院李保国扶贫志愿队在专家教授的带领下来到张北县小二台镇德胜村。德胜村党支部书记叶润兵向队员们介绍了德胜村在国家脱贫攻坚战中的巨大变化。光伏产业、新建发电站、农村淘宝等新兴项目的建设，给这个偏僻的坝上小山村带来了翻天覆地的变化。队员们来到农村社区进行实地考察，参观了新民居示范户、乡村文化广场、产业经济采摘园和正在建设的乡村幼儿园。队员们在与村民交流中了解到，在国家政策的引导扶持下，农村的产业经济不断发展，自有品牌“御富德胜”马铃薯提高农民收益每亩达 1 500 元。队员们亲历了德胜村从一排排漏雨渗水的土坯房到旧瓦房，再到整齐美观新民居的变化历程，感受到农民发自内心的喜悦之情。随后，队员们参观了德胜村光伏实证基地，切实感受到现代农业与旅游休闲观光项目的融合为当地农民带来的巨大变迁。

2019 年 7 月，24 名队员相继来到张北县德胜村、油篓沟村、黑山堡村等村进行走访，开展问卷调查、技术帮扶和支教助学活动。队员们走进一个个宁静的村落，看到在不远处有几个村民正在树荫下休憩，走上前和他们打招呼，与村民们攀谈，与他们说明来意，就开始进行问卷调查。调查期间村民们一直十分配合，即便是有些问题不理解，当地的方言有些晦涩难懂，但在队员耐心地描述出问题与村民们积极的配合下，顺利地完成了一份又一份问卷。在问卷调查期间，队员一路走来一路询问，即便问卷数量很多，任务很重，但在与村民们的交流中队员们逐渐了解了村子各方面的详细情况，并感受到了他们的好客与热情，大家都觉得无比的亲切与振奋。

在田间地头，一座座蔬菜大棚映入眼帘，当听农民说起蔬菜产量提高了，家里生活有了保障时，队员真切地感受到国家扶贫攻坚战略的带给农民的希望与实惠。在学院农业专家刘玉华老师的帮扶带动下，村里产业经济不断发展，农民收人不断增加。老师们无论走到哪里，村民们都会围上来聊上一会儿，老师们与村民就像是许久未见的老友，从老百姓的言语和笑脸中我们体会到，农业技术、农技专家的不断帮扶对当地的影响之深远。

此次实践活动以学院专业老师和学生的知识为技术力量，以张北试验站为平台，辐射周边重点扶贫村落 5 个，在实验站的科研成果上继续发展。通过队伍的不断调整，机制也趋于完善，实践得以顺利开展。四年的深入实践，四年的进步与成长肉眼可见。四年中服务队队员与当地村民相识相知，产生了深厚的感情；我们对实践地的了解也越来越客观、越来越全面，所谓“知之愈深，爱之愈切”，我们虽未把身深扎于这片土地，但是心早已随着了解与接触的不断加深，深沉地思虑并爱恋着这片朴实的土地……

结语　终止而不终结

2020 年春，疫情的到来，打破了人们的平静生活。坚强勇敢的中国人民从未被灾难打垮过，当然，这次也不会。全国人民众志成城，同心抗疫，经过几个月奋战，我们赢得了今日生活之安稳。

抗疫期间正值春耕时节，学院积极响应农科联盟的号召，引导农科学子在家乡参加农事劳动，助力春耕顺利开展。实践队员们积极主动参与其中，在做好自身防护的前提之下，走进田间地头，干农活、做农事，在春耕的实践中挥洒汗水，感受播种的希望，体会劳动的快乐和意义。

回望学院参与联合实践行动的五年，农科学子深入基层，了解社会，对接帮扶张北县黑山堡村、鱼儿湾村、战海村、徐家营 4 个乡村，深入开展调研知农、科技助农、支教惠农、乡村旅游兴农、专家讲座 5 项帮扶活动，直接参与师生 200 余人次。帮扶项目涵盖病虫害防治、水土保持、草场调查、乡村旅游开发、产业经济发展等多个领域。队员们下农田、爬草甸、传经验、送技术、体民情、解民忧，完成农业技术推广、民生调研问卷 450 余份，发放政策宣讲、科技普及材料 500 余册，捐赠图书、文体用品百余件（册），持续资助 1 名高中生“圆梦助学”。全国农科学子联合实践行动系列丛书真实记录了农科学子走进乡土乡村、揭开贫地面纱、讲述扶贫故事的生动故事。五年中，我们看着实践地一年一年地发展起来，这是队员们的初衷也是队员们永恒的希望。

此次联合实践活动已画下“圆梦”的句号。五年很短，因为它还不足以让同学们有一番多大的作为；五年也很长，参与实践的经历足以使实践队员们一生铭记。那片走了很多遍的田野上早已播撒下了希望的种子，终有一天它会成长为参天大树，利国利民；那条走了许多次的阡陌小路，也早已筑下了梦想的花朵，终有一日会百花齐放，为脱贫攻坚工作增色添彩。

新民居（摄影人：陈新政）

（赵伟　郭妍妍　文）

诗意栖居：农耕回望　文脉传承

学生参与春耕（摄影人：逯致肖）

中华农业文化造就了中国人妙趣横生、灵气洋溢的中国式生活品位，造就了中国人生生不息、自强担当的生命精神，是生而为中国人的生命底色。近年来，党中央高度重视传统农业文化的传承和发展。党的十九大报告提出，要推动农业文化创造性转化、创新性发展。这是传承中华优秀传统文化的必然要求，也是中国社会实现现代化转型的文化基础。在这一进程中，面向青年推动文化创造性转化、创新性发展显得尤为重要。

俗话说“不违农时，谷不可胜食也。”2020 年春耕时节来临，虽遇新冠肺炎疫情肆意蔓延，但随着天气转暖，全国各地的农民开始忙着选良种、购农药、运肥料、买农机，各地抢抓农时关键季节，拉开了 2020 年春耕备耕的序幕，积极行动起来，抓好春耕春播工作。

古诗中对春耕生产忙碌的情景也有描述。如清朝康熙皇帝在《春雪》中写道：“三冬望雪意殷殷，积素春来乱玉纹。农事东畴堪播植，勤民方不愧为春。”虽然此时仍春寒料峭，但一年一度的春耕备耕时节已到。“布谷飞飞劝早耕，春锄扑扑趁春晴。千层石树遥行路，一带山田放水声。”在诗人姚鼐笔下，布谷鸟殷勤劝耕，农夫趁天晴挥锄劳作，放水灌田，构成一幅生机盎然的春耕图。

宅在家中的众多农学学子也纷纷加入到了这支春耕的大队伍中，学院学子李伟就是这其中的一员。虽因疫情被困在家，但这也给了他利用课余时间帮助爷爷管理油菜田的机会。从 2019 年 11 月份起，播种、施肥、杀虫等一系列春耕准备工作就已经开始了，但是从播种到开花到结果是需要一个漫长的沉淀过程的。立春过后万物苏醒，冬天里没有冒出头的杂草已经开始“啃食”油菜田里的营养了。于是，除草工作开始了。他说这项工作看似简单，实则会让人大汗淋漓，不仅仅是体力活，还需要精准的判断能力和反应能力。在与爷爷一起劳动的过程中，爷爷时常讲起这个小村庄成长的故事。爷爷说由于党中央的政策好，重视“三农”问题，这个开始并不富裕的小村庄逐渐好转起来。但尽管这样，村里肯留下来的年轻人还是越来越少。他忘不了爷爷说这话时那深邃的眼神，老人将这一辈子的汗水都浇在这片土地上，种下了他对这片土地的热爱与希望……

阳光褪去了冬日的外衣，慢慢释放着自身的热情，清晨的微风轻轻抚动着即将冒出新芽的柳枝，清新的空气沁人心肺，人生中第一次农事实践也将在这明媚的早晨展开帷幕。

在去蔬菜大棚的路上，学院学子逯致肖观察到路边已经冒出春天第一绿的小麦，仿佛她也被注入了新的生命力，对接下来的实践更加期待不已。进入大棚后，绿油油的蔬菜尽情地彰显着自己的活力。她真切体会到为什么在这春寒之际会有蔬菜的生长和蔬菜大棚的真正作用。此时大棚内外的温差，让她切身体验到了暮春与初夏间的转换。

初入大棚，她对这里的一切都充满好奇。经过询问了解到，这个大棚有两亩地，大棚的顶部是拱形结构以增加承载力，同时也可以提高采光效果。大棚中有通气扇，保证大棚内的温度在 20～30℃，让蔬菜可以在最适温度下进行光合作用。大棚里的果蔬种类很多，例如西红柿、茼蒿、草莓、桑葚、枇杷等。她尝试着拿起小锄头为正在生长的西红柿苗翻土，以便其根系更好地吸收水分，在翻土的过程中，她发现大部分土有板结现象，询问后，才知晓这是土质问题，这片土地由于长期使用农药化肥，土质下降。在翻耕了 30 分钟左右，她的双手被磨破，胳膊十分酸痛，难以抬起，待全部翻完后感觉站着腿都在抖个不停。此刻的她才真正体会到农民伯伯成果的来之不易，明白“粒粒皆辛苦”的真正含义。之后，他们一同参观了无土栽培的菜苗，了解到了一些课堂上她从未接触过的知识。看着一颗颗种子埋在蓬松的椰糠中，而在不久的将来便会有可爱的小芽破土而出，真的又一次被科学家的智慧所震撼。高尔基说过：“我知道什么是劳动，劳动是世界上一切欢乐和一切美好事情的源泉。”或许在烈日炎炎下挥动锄头是劳累的，但看到颗颗种子破土而出并茁壮成长却是幸福的。

岁月不居，时节如流。劳动的时光总是过得飞快，但短短的实践过程让她受益匪浅，明确了作为一名农学学子的使命，作为一名未来的优秀育种师，的确还任重道远，它不仅仅需要丰富的专业知识，还需要我们有充足的体力和足够的耐心。她也深刻地体会到我们农科学子肩上重担，她也很骄傲自己可以成为其中一员！

福建是乌龙茶的故乡，有千年茶文化历史，是茶文化的发祥地，福建产茶文字记载比《茶经》早 300 多年，著名的莲花峰及其莲花茶构筑了一道独特的侨乡茶文化风景线。建茶、斗茶在宋元二朝蔚然成风，明清时期，茶叶创新增多，开创乌龙制茶工艺，茶叶贸易渐盛，武夷山的茶山、茶水更加点缀了福建茶的文化底蕴。现代福建茶文化在继承前人的基础进一步发扬光大，种茶、制茶、售茶、品茶、赛茶等几乎占据了茶乡人的生活内容。家在福建的学院学子吴俊杰，也利用这个假期开启了试验种茶之旅。

天空飘着小雨，但这对种植茶树来说，却是一个十分恰当的时机，土地被雨水浸润后变得松软，用工具挖掘时会十分省力方便，种植过后雨水又可以对茶树苗进行很好的天然灌溉。南方的春雨纤细绵软，温柔地洒在脸上，不会影响人们种植。吴俊杰同学准备好工具，带着锄头、簸箕、桶、茶树苗，匆匆前往目的地。随着海拔的升高，气温和湿度都有明显的变化。他的家乡雨量充沛，云雾多，空气湿度大，漫射光强，这对茶树生育有利，但也不是愈高愈好，海拔1 000米以上会有冻害。在选好合适的高度与坡度后，他便开始种植茶树。这对长期生活在象牙塔里的大学生来说无疑是一项挑战，他模仿着长辈的样子，按部就班地操作着，虽然很慢，但看见身后一颗颗直立的小树苗也就有了动力。种植的第一天，他一直忙碌到很晚，看着远处的夕阳逐渐被蚕食，拖着疲惫的身体，夹杂着汗水与泥土结束了一天的工作。种植工作已经完成了一大半，可是距离茶树成活到收获仍需要再做很多工作，付出很多努力。被疫情困在家里的这段时间，每到课余时间，他都会来到山坡上观察茶树的生长状况，利用自己所学的专业知识来解决茶树生长中所遇到的问题，遇到难题时，主动联系老师帮忙解答，让他体会到了课堂外学习的乐趣。

移植不久的茶树苗，已经开始扎根了，幼龄茶由于苗木移栽前后生态环境改变，加上初期苗木生长势较弱，对病、虫的抵抗力不强，因此还要对这些茶树进行病、虫害防治，确保它们不被侵染。有了这些，才会使得农民的努力和汗水不会白费。他说，我们或许做不到像袁隆平院士那样伟大，但我们能尽己所能去为农民解决问题，贡献自己的一份力量，这也是一件让人觉得很幸福的事情。

当前，全球疫情暴发，多国停止粮食出口，粮食安全问题大受民众关注，对此农业农村部用4句话回应粮食不用囤购："多年粮食丰收、库存较为充裕，今年夏粮丰收有望、春播进展顺利，口粮完全自给国际影响有限，米面随买随有不必囤积抢购。"这是疫情当前国家给人民的一颗定心丸。而面对新冠肺炎疫情，作为农学人的我们响应国家号召，安心宅家学习，作为农科学子的我们不断思索进步，不忘初心钻研专业知识，关注耕地红线政策，力求不误农时，力所能及地就地参与春耕工作，守护国家粮食安全。

肩负责任，不负韶华，把握好新一年成长的关键“农时”。中央文件指出，在全面建成小康社会目标实现之年、全面打赢脱贫攻坚战收官之年，脱贫攻坚最后堡垒必须攻克，全面小康“三农”领域突出短板必须补上。“宅家”隔离虽然带来诸多不便，但也给广大农科学子提供了难得的深刻思考时间，他们广泛阅读“三农”著作、观看“三农”纪录片、关注农村农业发展、夯实科学技能，用实际行动实现“知农爱农”的时代要求，践行“强农兴农”的责任担当。

农谚中常说：“过了惊蛰节，锄头不停歇。”眼下正值春耕生产的关键时期，披上春装的华夏大地一派热火朝天的春耕备耕新景象，在这片祖祖辈辈生活的土地上，只要辛勤劳作播下绿色的希望，就会有金色的收获。在这场战‘疫’决战决胜的关键时刻，学生们更要切实把思想和行动统一到习近平总书记关于扶贫工作的重要论述上来，以“人一之我十之、人十之我百之”的精神，攻坚克难、开拓进取，坚决打赢打好脱贫攻坚战。

100多年前，梁启超写下了《少年中国说》，畅论中国青年的历史职责，慷慨激昂地呼唤“少年中国”。“周虽旧邦，其命维新”，历经百年探索和发展，今天我们的国家和民族正在实现伟大复兴的现代化道路上阔步前进。继承和发展中华传统农业文化是中国通往现代化道路的必然之举，也是当下中国青年的时代使命。疫情当前，更要坚决打赢这场脱贫攻坚战，为广大人民谋幸福！

学生参与春耕（摄影人：吴俊杰）

（张海杰 刘永婧 文）

勇担责任助战疫　扶贫助农惠民生

高晓云在草莓种植大棚与工人交流草莓病害防治（摄影人：佚名）

“疫情防护不松劲，春耕备耕不误时。”在全国上下万众一心、众志成城做好“新冠肺炎疫情防控工作”的特殊时刻，“春耕备耕”战役交叉进行之时，山西农业大学农学院师生们“亲近战场”，用温暖驱散无情的病魔，用知识挑起春耕的重担。

为深入贯彻习近平总书记对“三农”工作作出的重要指示精神，积极响应中国作物学会人才培养与教育专业委员会、全国农学院协同发展联盟的号召，2020年2月，山西农业大学农学院继续深度开展“走进乡土乡村，助力精准扶贫”全国农科学子联合实践行动，结合山西省扶贫办脱贫攻坚目标任务，根据分区分级差异化疫情防控措施，动员全院同学积极参与疫情防控阻击战、脱贫攻坚战，为决胜全面建成小康社会做出贡献。党的十九大报告，将“乡村振兴战略”列为决胜全面建成小康社会需要坚定实施的“七大战略”之一，党中央已将“三农”问题摆在了全党工作的中心位置，并就“三农”问题提出了产业兴旺、生态宜居、乡风文明、治理有效、生活富裕的总要求，致力加快推进农业农村现代化。作为农科学子，我们理应以习近平总书记系列重要讲话精神为实践遵循，不忘初心、坚定理想，在实践过程中，做到知行合一，扎根“三农”大地，努力成长为“一懂、两爱、三有”的农业专业型人才，在脱贫攻坚的浪潮中，扬帆起航，奋勇前行。

第一章　青年学子齐心干　地绵万里尽春耕

惊蛰始，众卉新。每年春耕如期而至，虽然此时全国人民奋战在新冠肺炎疫情防疫战中，但是作为山西农业大学的学生，同学们积极响应习近平总书记的兴农倡导，投身于农耕准备中。疫情当前，同学们不退缩，虽不能像医护人员一样前往一线，但同学们是兴农的强大后备军。

此次社会实践活动中，许许多多农科学子用实际行动诠释了何为“我学农，我事农，我爱农”，李阿立同学就是这强大后备军中的一员。他在社区志愿工作的空闲之余，深入咸阳市陈家村田间地头，在察看村中冬小麦的生长发育情况后，他这样记录道：“目前村内小麦生产正处于拔节期，小麦表现枯黄，由于疫情影响加上降水、取水条件限制，小麦灌溉受到影响是枯黄主要原因，同时杂草未能及时清除，给‘丛矮病’‘红蜘蛛’等病害创造了条件，需要引起注意。”通过询问学院老师，他得到了专业指导，若虫害暴发，可以采取中耕锄划镇压、轮作倒茬、合理灌溉、麦收后浅耕灭茬降低虫源，抑或采用化学防治方法进行处理。同时为了并确保出苗率，他根据所学专业知识建议村民们要“补施肥、勤除草”，采用复合肥，而不是一味地补充氮肥。陈家村村民王泾县、李少辉等长辈听闻他在山西农业大学攻读研究生并积极返乡建设，认真倾听、接受建议。在积极投身农事活动的实践过程中，李阿立同学身体力行，务农活、解农事、懂农民，获得了村民们的认可和点赞！

同样，经过实践行动，同学们深有感触地说：“实际与书本学习知识进行对比发现，麦农在实际耕作中的部分经验与书本知识存在一定差异，这可能是麦农结合本地气候生长条件做出的相应改善，今后要以扎实的书本知识为基础，加以躬行实践，让知识在大地上生根开花！”

在陕西省渭南市富平县，刘嫁禾同学在抗击疫情关键时刻挺身而出，“我备受习近平总书记在给北京大学援鄂医疗队全体‘90后’回信中勉励广大青年话语的鼓舞，背负使命、投身实践。”他这样说道，“近年来在政府的政策支持下，家乡的‘柿’业发展蒸蒸日上。但是突然暴发的疫情使人们按下了暂停键，各个行业都进入了停滞期，尤其当前正值阳春三月，是柿子树管理最为重要阶段之一。人要防疫，树也要防病虫害！”于是他放下笔杆，扛起锄头，把知识投入生产。他的父亲多年经营农资产品，在柿子树的管理方面经验丰富。通过深入交流他了解到，柿子树一年中最重要的一次病虫害防治就在春季。此时柿树上会滋生一种名为草鞋介壳虫的杂食性害虫，可危害包括柿子树在内的多种果树。被害树发芽推迟、树势衰弱、枝梢枯萎，严重时甚至死亡。一些病虫害一旦发生，就会迅速带来难以预料的后果，因此做好预防工作就是最好的“治疗”手段。防治虫害，抢抓农时，是为了金秋硕果累累人人喜笑颜开，也是为了疫情早日结束处处繁华热闹。

在大学生创业园也有那么一批人坚守在特别的前线。大学生创业园是以山西农业大学创业学院、新农村发展研究院为依托，突出“农科创业”的特色，面向在校大学生开展创业教育和实践训练，培养大学生创新精神，提高大学生创业能力，探索教师指导学生合作创业的模式，培养一批创业型人才和创新型企业。为保障供应居民有丰富高质的农产品，我们大学生双创团队坚守目标并为之持续奋斗。这就是“新农民”，利用专业知识将平凡的产品种出特色，走出一条光明的农业创业大道。我们都有机会成为“新农人”，我们都有机会为“三农”事业添砖加瓦！

第二章　专家教授助春耕　精准扶贫惠民生

“春雷惊百虫”，惊蛰已至，春耕陆续开始了。在习近平总书记对全国春季农业生产工作做出重要指示后，为使广大学生在实践中培养知农、爱农、兴农情怀和提升自身专业实践能力，学校号召同学们在疫情防控之际积极行动起来，充分利用学科专业知识，依法科学有序帮扶春耕备耕，为自己的家乡做出贡献。学校师生积极响应号召，投身农业生产，上好“田间大课”。

新冠肺炎疫情自2020年年初暴发以来，已对70多个国家和地区产生了严重影响。春种一粒粟，秋收万颗子！当前正值春耕备耕之时，为了在疫情期间不误农时、不误农事，农学院十余名教授依托山西农业大学官方微信平台联合发布了春耕备耕相关指导信息。其中，原向阳教授从播种准备、品种选择、播种、播期等方面详细讲解了春播谷子的机械化精量播种技术。杜天庆教授在指导中指出：“目前在新冠肺炎疫情防控的基础上，不违农时抓好春玉米播前准备工作，做好选种、整地、适时播种等工作，是保证玉米苗全、苗齐、苗匀、苗壮的重要举措。”温银元副教授讲解了马铃薯传统平作栽培方式的缺点和机械化垄作栽培的优势：种植密度低，土壤易板结，薯块埋土浅，易产生畸形薯、绿头薯，且生长中后期降雨较多，行距较窄，田间通风性差，易引起病害发生，导致植株过早枯死、块茎腐烂增多，造成马铃薯产量不高、品质下降、商品率低，机械化垄作栽培降低了劳动强度，提高了劳动生产率，同时可实现合理密植，改善田间通风透光条件，垄内土壤疏松透气，有利于植株和块茎的健壮生长，减少田间病害发生，提高产量和品质，经济效益显著。其他几名教授分别从玉米春播前准备与播种注意事项、藜麦高产栽培技术知识等方面进行了详细的讲解。

“要抢抓农时，一手抓疫情防控，一手抓春耕生产”，学院专家教授组成员充分利用网络微信、电话等途径，开展在线培训、在线指导、在线答疑，积极探索在“不见面、不接触”条件下开展社会服务的新形式。“山西农科 110”微信公众平台刊发国家小麦产业技术体系科学家、农业农村部小麦专家指导组成员、学院高志强教授对山西省当前小麦生产的技术指导意见。他介绍了全省当前小麦苗情，从狠抓早春耙耱镇压划锄、强化水肥管理、预防春季冻害、做好虫病防治 4 个方面提出春季管理意见。“助力攻坚深度贫困吕梁行动”温银元副教授团队帮助岚县制定了马铃薯微型薯生产方案，线上指导生产基地采集土样并邮寄学校进行测试分析。董淑琦副教授兴县小米项目团队已在 2019 年圆满完成各项任务，仍通过线上沟通的方式与兴县确定了 2020 年工作计划。累计五年的联合实践行动定点扶贫地工作的推进，有效提高了吕梁市岚县薯类生产的效率和产量：马铃薯生产每亩增产鲜薯 400 千克，每亩增收 400 元；微型薯年增产 200 万～300 万粒；有机马铃薯年产值达 100 余万元；忻州市繁峙县海丰农牧场的谷子亩产过 500 千克，带动 150 多户贫困户脱贫致富。隔着屏幕讲知识，助力春季农业生产。疫情期间，变线下实地指导为线上实时指导，对吕梁市农业生产、春耕准备工作进行点对点服务、点对面科普。全面开展春耕备耕技术指导服务，为全年农业丰收奠定了坚实基础。

第三章　艰苦奋斗赢战役　乡村振兴奏华章

截至 2020 年，五年的联合实践行动，我们的足迹遍布山西多地，在运城平陆县、闻喜县，吕梁中阳县、兴县、岚县、临县，晋中和顺县、祁县，忻州繁峙县、定襄县，大同左云县等地开展政策理论普及宣讲，实践队通过授课培训、张贴海报、广播宣讲等形式，向村民普及脱贫攻坚理论；省情社情视察，开展调查研究，实践队寻访扶贫带头人与贫困户，深入调研在脱贫攻坚中的第一手数据，邀请乡村守护者进行教育讲座；科技支农，“农天下”App 推广，开展技术讲座，提供先进的优质高产栽培技术，改善现有的农技水平。同时，实践队组建教育关爱服务队，与当地儿童建立长期结对交流机制，依托自身专业知识认真准备支教内容，为当地学生带来丰富的文化课和文体课，带领学生体悟自然，为儿童成长筑一条坚实的道路。五年累计捐助学习、体育生活用品等千余件（套）；已同100余名贫困学生建立长期交流机制；线上结对帮扶活动20余次。同时在上述多数地区定点扶贫、社会实践、建立社会服务基地或社会实践基地；教师带领的马铃薯产业技术服务团队与山西康农薯业有限公司协同创新开展科技服务工作，现代谷子生产团队为繁峙县海丰农牧场推进科技。助力精准脱贫，聚力乡村振兴。陌上小路，交错纵横，踏步于草木繁茂的乡间小道，看着阳光洒在这片土地，享受着微风，享受着这远离喧嚣的乡间宁静。

忙碌的时光总是流逝得飞快，全面抗疫已经到了白热化阶段，除了坚定信心、迎难而上、坚决胜利，别无选择。同时作为农科学子，反哺家乡投身春耕备耕，时刻以强农兴农为己任，为推进农业农村现代化、确保国家粮食安全、提高亿万农民生活水平和思想道德素质，为打赢脱贫攻坚战、推进乡村全面振兴不断做出新的更大的贡献是我们的职责与使命。历史无数次证明，伟大的中华民族是在风雨中发展进步的，越是伟大的民族，经历的风雨沧桑也就越多。面对危难挑战，当代青年跳出舒适圈，活出青年人应该有的敢拼、敢搏的精神。你我携手与共必能走出困境，迎接更好的明天！

党的十九大提出“坚持农业农村优先发展”，历史性地把农业农村工作摆在了优先位置。大学生在春耕的“实战”中得到锻炼，在泥土的芬芳中感受盎然生机，激励更多的青年把创新成果和专业实践书写在祖国的大地上。作为青年学子，理应背负起这个艰巨的任务，关注农村建设、支持农业发展、关心农民生活则是每一位农科学子的社会责任与历史担当，认真学习专业知识，关注“三农”热点，为建设社会主义新农村，助力精准扶贫贡献自己的力量。“艰辛知人生，实践长才干”实践从未终止，奉献绝未停息，更多的挑战和机遇都在等着我们，农科学子一直在路上！

李阿立与村民在田间交流探讨（摄影人：佚名）

（赵至琛　文）

不误农时保春耕　助扶贫　阻疫情

讨论春耕（拍摄人：葛筠筑）

2020 年注定是不平凡的一年，新年的爆竹声还未响起，一场没有硝烟的抗疫情战役却突然打响，新型冠状病毒感染肺炎牵动着全国上下每个人的心。天津农学院农学与资源环境学院在做好疫情防控的同时，认真学习贯彻习近平总书记对全国春季农业生产工作作出的重要指示，号召全院师生积极参与2020年全国农科学子联合实践活动，用实际行动保春耕、助扶贫、阻疫情，为决胜全面建成小康社会的收官之年贡献力量。

第一章　不误农时保春耕

一年之计在于春，春耕生产正当时。眼下正是春耕春播的关键阶段，在做好疫情防控工作的同时，农学与资源环境学院的专家老师响应习近平总书记对全国春季农业生产工作做出的重要指示，克服困难，播撒“及时雨”，抢农时、保春耕、助生产。

谢晓东研究员带领的作物抗逆机制及遗传改良创新团队坚持做到疫情防控、脱贫攻坚两不误。3月1—2日，在静海区团泊洼重度盐碱试验地，团队对引自国际小麦玉米改良中心和阿根廷国立农业科学院的两千余份小麦品系，开展春播试验，筛选具有耐盐、耐旱等优异农艺性状的小麦种质，应用于本地小麦新品种选育种。3月4日，谢晓东研究员与团队成员曹高燚来到学校蓟州校区，选择适宜试验地块，开展藜麦生态适应性鉴定工作。前期，团队已与静海区子牙镇和蔡公庄镇就藜麦春播试验地选择、生产安排与当地工作组进行深入沟通。3月11—15日，团队再次来到帮扶村，开展藜麦春播试验。为更好地开展科技帮扶工作，团队重点推广菜用藜麦品种津藜1号、粮用藜麦品种津引1号，并引进藜麦全覆膜旋耕精量穴播联合作业机，较大幅度地提升了工作效率。

作为天津市农业科技特派员的葛均筑深知“人误地一时、地误人一年”的深刻内涵。为帮助困难村、项目基地的合作社和农户及时进行春耕备播，疫情期间，葛均筑帮助市科技局、市农委解决了困难村、合作社和农户的绿肥油菜补贴项目品种选择问题，协助联系种子公司及时发种，提示农户播种时间。目前，静海区、宁河区和滨海新区已经完成油菜播种面积3 000多亩。

随着气温回升，鲜食玉米春耕生产的关键时期也已到来，3月18日，杜锦赴武清区陈咀镇陈咀村开展鲜食玉米田间技术指导。现场指导中，杜锦嘱咐种植户在做好疫情防控的同时，要有步骤、渐进式、科学化的开展鲜食玉米春耕生产，为种植鲜食玉米节本增收奠定基础。同时，他还针对品种选择、春季多风、气温不稳定、鲜食玉米适采期短、农药化肥减次减量等关键问题，提出了建议；

现场指导早春鲜食玉米深沟施肥播种覆膜一体化技术，该技术可一次性完成开沟、播种、施肥、封闭、覆膜作业。

当前正值新冠肺炎疫情防控和抢抓春耕生产的关键时期，农学与资源环境学院坚持两手抓，疫情防控与脱贫攻坚两不误，做好技术服务，不误农时抓好春耕备耕，加大对贫困群众的服务力度，为春耕生产的顺利开展提供了有力的支持和帮助。

第二章　不畏疫情助扶贫

打赢脱贫攻坚战是全面建成小康社会的现实需要，也是逐步实现共同富裕目标的基础和前提，是当前最大的政治任务和民生工程。虽受疫情影响，但学院仍有很多同学在自己的家乡积极主动地参与到乡村扶贫工作中，希望在这特殊的时期，在这全面打赢脱贫攻坚战收官之年，为村里的父老乡亲做一些力所能及的事情。

曹帅是学院 2019 级种子科学与工程二班班长，他在第一时间响应 2020 年全国农科学子联合实践行动，积极参与打赢疫情防控阻击战和脱贫攻坚战。他前往贵州省城江村棉朵寨的贫困户家中开展疫情防控措施、精准扶贫等内容的宣讲，宣传教育扶贫、异地搬迁政策。同时在实践活动中，向村民宣传春耕生产政策，鼓励村民积极加入黔东南州的“一减四增”工程，帮助村民农田改造鱼塘。他表示，作为一名学生干部，在学院号召之下，更应该起到模范带头作用，希望更多的同学能主动承担起阻击疫情、支农爱农的责任。城江村依水而筑傍山而建，在了解村里的情况后，曹帅一行人来到村民蒙大爷家里，切身体会村民们的生活百态，记录村民讲述的如何实现生活富足的经历。蒙大爷介绍说，两个儿子在外地打工，又累又苦，工资又少。后来村子的房屋被翻新，获得了补助金，加上国家政策好，大儿子决定响应政府号召，回来在家门口做公益性工作，工资不低而且还离家近，现如今小儿子也在考虑回家乡工作。现在响应政府号召回家乡工作的年轻人越来越多了，村里也越来越热闹。在城江村中，已不见当初泥泞的小路，焕然一新的平坦石板路取而代之。新农村建设不止需要环境的美化，还需要产业的基础，实现环境和经济双赢。在振兴农村的要求中，强化乡村振兴人才支撑是打造安居乐业的美好家园的支撑点，各种公益性岗位的安排落实，让外出奋斗的年轻人也能参与到家乡的建设中来。近年来，城江村与新农村建设接轨后，通过改善乡村基础设施，加强环境管理，提供饮用水保障以及医疗、住房、教育等保障。村民们的生活也越来越好。四周高楼耸起，村民们驱车出行，看不到尘土飞扬，只有两行浅浅的胎印。环境改善了，村子面貌也就变好了，村民也就高兴了，我们就能让生态环境良好一点，让中华大地天更蓝、山更绿、水更清、环境更优美。正巧遇上春耕播种的时期，曹帅一行人也参与到了春耕当中去，面对面的用劳动与村民交流着心声。村民蒙小哥说："这次疫情我们积极响应政府的号召，不出门不添乱。但疫情期间与春耕时间有些冲突，以为今年不能春耕了。但是政府给了我们最大的支持，给我们提供了种子，发放了物质，并合理安排了春耕时间，让我们的春耕能如期进行。"科技是第一生产力，让科技结合农村，把新农村的建设拉上科技这艘大船，让农村更加美丽富饶，让环境生态和发展建设两不误，建设最符合时代特色的新农村。

孙永奎是学院2019级环境科学专业二班学生干部，现任学生会办公室主任。他说："虽然疫情挡住了我迈向校园的脚步，却不能阻止我迈向学习的决心。"他组建了一支"云上"实践小队，小队成员分别在各自的家乡不畏疫情影响，助力乡村扶贫。小队里有的成员进入浙江省嘉兴市平湖市独山港镇，深入调查农村经济发展状况，了解"三农"问题落实情况，并在调查过程中了解社会，接触社会，提升思想，修身养性，树立服务社会的思想，当小队成员看到农业可持续发展，在浙江省嘉兴市平湖市新华区渔、农两不误时，纷纷表示这次实践活动成为同学们投身社会的良好途径、培养锻炼才干的好渠道，收获颇丰。有的小队成员在新疆维吾尔自治区，自治区党委政府一直重视环境保护工作，近年来在国家环境保护部的指导和大力支持下，不断加大生态建设和环境保护力度，持续推进防沙治沙，平原绿化，三北防护林建设，退耕还林，退牧还草和重点流域环境综合治理工程取得了可喜的成绩。还有的成员在疫情期间主动申请加入"惠水县疫情防控执勤"工作小组，承担了在村口关卡处执勤，宣传防疫知识，劝阻村民不要外出，定期为村寨消毒等工作，同学们希望用自己的力量为疫情防控工作做一份贡献。还有小队中的藏族成员自愿报名参加了西藏自治区昂仁县志愿服务，负责街上巡逻及宣传抗疫措施的工作，表示要积极学习《习近平总书记给在首钢医院实习的西藏大学医学院学生的回信》精神，练就本领，服务基层。

面对疫情的影响和阻碍，学院始终坚持两手抓，疫情防控、脱贫攻坚两不误，密切关注春耕备耕，通过网络会议方式号召和组织学生用行动助扶贫、保春耕、阻疫情，培养学生志愿服务意识、实践能力和敢于担当、服务社会的品质。

第三章　种艺相伴阻疫情

很多同学在疫情期间不具备外出保春耕、助扶贫的条件，但这并不能阻挡同学们为祖国出力的热情。在防控疫情居家学习期间，为展示丰富教学形式、培养学生专业兴趣和提高学生创新能力，学院组织开展了“种艺相伴，共抗疫情”种艺画活动。此项活动激发了学生的爱好和兴趣，同学们积极响应、纷纷参与。大家运用所学专业知识，积极组织召开班级视频会议讨论交流，在家里使用稻米、绿豆、芝麻、红豆等作物种子制作出一幅幅精美的作品，将对祖国和人民的美好祝福和对防疫英雄的崇高敬意融入画作之中。2019 级农学一班的作品名为《重生》，使用糯米、红豆、玉米等材料制作了白衣天使的形象，作品寓意着在这次战疫中，全国各地的医护人员积极赶往武汉参加救援，他们舍小家为大家，同时间赛跑，与病魔抗争，为这场防控斗争贡献自己的力量。没有一个冬天不会过去，也没有一个春天不会到来，同学们相信春天一定会到来，大家通过作品为逆行的勇士祈福。2019 级生物技术一班作品名为《众志成城，抗击疫情》，使用小米、大米、黑米、红豆、燕麦制作而成，画中的 8 个大字“众志成城，抗击疫情”格外引人注目，这是在这段时间最广为流传，最简单却寓意深远的口号。作品表达了只要齐心协力、团结一致，就一定能克服困难，一起度过这段艰难的日子，曙光就在眼前。2019 级环境科学一班的作品名为《毅恒》，使用黑米、绿豆、黑豆、糯米、小米、大黄米制作而成，作品寓意疫情牵动人心，安危事在人为，但我们是一个生命共同体，更是一个责任共同体，面对来势汹汹的疫情，我们不仅应该有足够的毅力去和病毒斗争到底，更要有足够的恒心坚持到最后，这不仅仅是白衣天使的任务，更是全体中国公民的义务。同学们相信，只要有毅力有恒心，永不放弃，一定可以在这场疫情中取得胜利。2019 级环境科学二班的作品名为《危难来临时是谁扛起的那杆大旗》，使用大米、小米、红豆、黑豆制作而成，作品中的五星红旗瞩目而飘扬，寓意着面对突如其来的疫情，无数英雄逆行而上，首当其冲的就是除夕之夜写下请战书奔赴武汉的医护人员，还有无数个以不同方式为抗疫做出贡献的华夏儿女。在党中央的正确领导下，战疫英雄们不惧艰难险阻与疫情抗争到底。磨难压不垮，奋起正当时。无论面临什么困难，中国的那杆旗永远不会倒下！当然，还有更多出色的作品，这些作品不仅只是用种子拼制的图画，更是同学们炙热的爱国之心的表达。

本次种艺画活动的开展，加强了同学们的团队合作意识，虽然疫情期间无法面对面交流，但通过网络进行线上沟通合作，显著增强了班级凝聚力。在种艺画的制作过程中，同学们纷纷表示，这不仅仅是一次种艺画活动，更是向战“疫”英雄致敬的一种方式，在制作图画的过程中更加深刻地感受到了国家的强大和人民的凝聚力，更加明确了一方有难、八方支援的精神和众志成城、共克时艰的决心。

改造鱼塘（摄影人：曹帅）

（刘学萌　文）

以吾辈青春 护锦绣中华

陈代涛在果园指导村民剪枝（摄影人：佚名）

2015 年，脱贫攻坚的号角吹响，中央政治局会议决定坚决打赢脱贫攻坚战。习近平总书记强调，消除贫困、改善民生、逐步实现共同富裕，是社会主义的本质要求，是中国共产党的重要使命。2020 年，是打赢脱贫攻坚战的决胜之年，是全面建成小康社会的收官之年，新冠肺炎疫情的袭来给脱贫攻坚工作带来了新的挑战。

春耕夏耘率天下，五谷丰登太平秋。自古以来，农时便是极为重要的，在这个特殊的时期，中国农业大学农学院全体师生怀揣赤子之心，再一次投身于乡村振兴的第一线，在注重防控工作的同时，以强国之志、兴农之识，助力农业生产工作。

阡陌间，星星点点的光芒，是他们的梦想。

第一章　青春因磨砺而出彩　人生因奋斗而升华

“多余的树枝不仅会与果实争夺养分，还会遮挡阳光，影响果实的品质，所以需要进行修剪。”4 月 10 日，在莱阳市照旺庄镇叶家泊村党支部领头创办的金富兴果蔬种植专业合作社的果园里，合作社的“名校大课堂”火热开讲，陈代涛正一边用剪刀剪，一边向社员们讲解果树的修剪及整形的相关知识。

陈代涛是中国农业大学农学院 2020 届应届毕业生。党的十九大提出乡村振兴战略后，他便下定决心，要在研究生毕业后返乡创业，带动村民共同致富。谈及自己的理想，陈代涛说道，“在农大 6 年的学习生涯让我既‘知农’又‘爱农’，现在即将毕业的我要回到家乡，投身强农兴农事业，真正做到解民生之多艰”。他的想法得到了导师王小芬副教授的大力支持。在王老师的支持下，他在读书期间便开始着手农场经营的事情，现已经流转土地 60 余亩进行果树种植。

“作为农科学子，我们就是要在乡村振兴的第一线，打磨自己，历练本领，挽起裤腿，撸起袖子，把科研做在第一线，把论文写在田地里。”

防疫期间，抗疫情也要保生产。陈代涛在家乡的沃土上，践行着自己的理想。对于果树种植来讲，冬季果树修剪尤为重要，修剪的好坏直接决定了第二年的产量。为此，陈代涛返乡后便开始了一段“特殊”的隔离生活。白天，他戴着口罩到果园里进行果树整形修剪；晚上，他打开电脑在家里整理自己的实验数据准备研究生毕业论文。在近一个月的时间里，他完成了 30 亩苹果树的整形修剪以及果园的地形测量，并联系公司设计微喷系统，为 2020 年的生产做好充足准备。不仅如此，他还积极联系了农大优质食品联盟进行水果的线上销售，为家乡苹果“带货”1 200 余箱，为解决家乡农产品滞销、市民食品供应贡献自己的一份力量。

在疫情平稳后，陈代涛受合作社的邀请为社员们进行现场教学。“他从去年就利用假期，在村庄给我们进行授课，苹果不单品质有了提高，收成也增加了不少，合作社有了陈代涛这样的人才指导，我对增收致富充满了信心。”社员张冈高兴地说。

从儿时的“毛头小子”成长为村里的“果树专家”，陈代涛打心底里喜欢大家送给他的这个新称呼。“我是土生土长的莱阳人，父母都是果农，从小我就看到了父母管理果园的艰辛。作为一名中国农业大学的研究生，导师和学校教育我要始终秉持‘解民生之多艰’的校训，我很荣幸能够有这样的机会走上田间地头，用我所学知识帮助村民，为他们讲解实用的苹果管理技术，让他们能有个好的收成。”陈代涛高兴地说。

来到“名校大课堂”现场的除了合作社社员，还有叶家泊村党支部书记、合作社理事长叶国峰。站在合作社建成的连片的果园里，他反复思考，如何运用陈代涛在课堂中提到的新技术、新装备，推动合作社产业发展提质增效。“我们村的所有土地都是以果树种植为主，以前管理技术比较粗糙，导致我们村的苹果口感很好但卖相不佳，销售成了问题。在陈代涛的帮助下苹果的品质和产量都有了很大的提高，外地客户都来争相购买，解决了卖果难的问题。”叶国锋表示，他们已经聘请陈代涛为合作社的长期技术顾问，通过科学的种植和管理技术，进一步促进合作社发展壮大，不断增加社员和村集体的收入。

“2020 年 6 月我即将毕业，毕业后我打算回到家乡，全身心投入到家乡的发展事业中，依托我们镇的水果产业优势，继续提高苹果品质，建立现代化苹果生产基地和苹果电商供应链，带领村民致富，带动我们村的苹果产业走向优质化、现代化。”谈起将来的打算，陈代涛充满了信心。

疫情终将散去，春天已经到来。农耕时节，合作社的果园内，田间打井、安装喷灌、开挖水塘、平整土地、栽培幼树、网架搭建……如火如荼的忙碌场面，奏响着春天的美妙乐章。果林渐渐泛起绿色的氤氲，向蔚蓝的天际蔓延，带着农科学子陈代涛的梦想，延伸。

第二章 春季亦是收获季

五更天欲晓，三月春渐浓。两岸轻烟杨柳绿，一园细雨杏花红。河南省开封市永兴镇尉氏县西黎岗村，一个绿意渐浓的小村中，正进行着一场不同寻常的

"春耕"。在这里，春天亦是收获的季节。

杨树、桐树等苗木种植是在每年4月扦插、育苗，次年2—3月即可出售苗木。因为繁殖生长快，栽植简单，适应性强，5—8年即可成材，木材常用来制作家具，市场需求量较大。这个小村里，家家户户以此为生。各家的田地里都种有杨树苗、桐树苗等苗木，可称得上是树苗种植培育基地。

每年2—3月整个村都会充满忙碌、喜悦的收获气氛。春节之后，村里就会有大批买卖树苗的人前来。主干道两侧堆满了树苗，道路上停满了装卸车辆，车水马龙、人来人往，一派丰收盛景。春季是生发的季节，也是这个村庄收获的季节。

2020年的村子却有些冷清。受疫情隔离影响，村中已无昔日车水马龙的盛景。高游慧返乡前也没有想到，这会是她向树农们讲授专业的契机。

高游慧是中国农业大学农学院生物质工程专业的博士研究生，她的导师王小芬教授构建了"基于农用酵素零废弃种养循环农业生态体系"，可以利用废弃物资源解决有机投入品转化的难题，提高土壤健康和作物的免疫力。经王小芬老师团队在实验室研究发现，农用酵素是富含矿质养分、有机酸、有益微生物菌群及其他活性成分的生态系统，可与堆肥和沼气工程联合，促进整个生态链物质和能量的高效循环转化。

利用假期的时间，高游慧便在家中收集厨余垃圾制作农用酵素，计划在自家的小麦田中试验酵素防治白粉病、赤霉病的效果。村民听说可以利用"垃圾"制作生物肥料或者生物杀菌剂，能够防病防虫，学习的兴致非常高。高游慧便号召村里的叔叔阿姨们收集废弃果蔬、厨余垃圾等制作农用酵素，教他们怎么用农用酵素及酵素发酵的注意事项。村子里，各家各户都因之而被动员起来。

谈及对村民的指导，高游慧表示对村民表现出来的热情很惊喜，"村民对科学技术非常肯定和认同。他们接受能力很强，上手很快，在制作中勤学好问。还有一些叔叔阿姨们总是担心自己的制作不成功，隔几天就会看看是否出现霉菌，稍有不对，立马打电话询问。"

农用酵素发酵成功后，高游慧便帮助村民把经济林育苗田划分为不同的小区，尝试用农用酵素防治树苗易发生的腐烂病和黑斑病。起初，高游慧想以村里王叔叔家的半亩杨树苗做试验，探索农用酵素在经济林上的使用方法和效果。可是王叔叔说："你们实验室都已经研究出来农用酵素有效果，咱们就放心大胆地用，1 亩、2 亩太少了，咱家的树苗今年都用上，肯定有作用。"王叔叔话中透出来的信任，让高游慧十分感动，备受鼓舞。

农用酵素除了被用在树苗上，有些村民还想用在辣椒上、用在小麦上等。就这样农用酵素在这个小小的村庄吸引了不少热爱的它"粉丝儿"。高游慧也在疫情期间用实验室的研究成果为春耕奉献了力量。

疫情日趋平稳，为保证春耕正常开展，村里慢慢恢复了树苗买卖工作。每一棵树苗挖着都很费劲，但是树农们忙碌起来平均每天每人能挖 500 多株，早上 5 点起床，带着午饭去劳作，直到晚上 6 点天黑才回家，高游慧也加入了树农们的"丰收活动"。高游慧说："我帮着树农们挖树苗，才真正体会到他们的辛苦。跟着树农们一起劳作对苗木的培育有了更多的了解，但是收获最大的就是：春季亦可是收获季，农业具有非常强的灵活性、多变性和易受影响性。农民拥有丰富的实战经验，深深感受到自己的知识不如农民渊博，要向农民学习致敬。"

第三章 星星之火 可以燎原

奇特的喀斯特地貌，灿烂的文物古迹，浓郁的民族风情。四五万年前的旧石器时代晚期，"柳江人"和"麒麟山人"在此劳作生息，辛勤的人们创造了缤纷艳丽的文化文明。流传万年的土地绵延至今，人们依然在播种。

广西河池都安县地苏镇右江村，2017 级本科生梁芳婷加入到了村中的春耕行动中，和村民一起种植春玉米。一天的劳作后，她感触道，"种完玉米最大的感受就是腰酸背痛，'谁知盘中餐，粒粒皆辛苦'，这些道理其实大家都懂，但是当真正参加到劳动中来时，才会切身体验到这份辛苦。"不断实践使得课本上学习的知识更加鲜活，梁芳婷也开始思考家乡种植方式的利弊，"记忆中我家是今年第一次使用化肥做基肥种植春玉米，在基肥的用量上，长辈们依旧是凭经验施肥，事实上，同等面积的玉米地需要的商品化肥用量远少于农家肥，经验用量实则是在浪费化肥，同时也会影响长势。"

有所为，有所思。初涉农学的莘莘学子，亦如播撒的种子，不断成长、汲取营养，终有一天会为大地带来绿色的希望。

一碧千里的辽阔草原，沙海连天的戈壁，奔流不息的江河，宁静致远的湖泊。拥有悠久历史的夏都，静静屹立在世界的屋脊。虔诚白塔、袅袅佛音是它的轻灵辽阔，畅游在无边天际，诉说绵延的宗教信仰；泱泱湟水，肥沃河湟是它的沉稳厚重，深扎在无垠大地，无言古老的农耕文明。

在高原古城——西宁，2016 级本科生欧尔鑫参与到西宁市大通回族自治县新庄镇尕庄村汇丰农业公司春耕工作当中。作为一名农科学子，欧尔鑫很关注家乡的农业发展，“由于近几年老家大田作物病害增加，价格不景气，距离市场较远，务农收益少，而大通县距离西宁市场近，且当地特殊的气候条件，生产的红椒色度好，耐运输，收益较好。所以从 2017 年开始，选择在大通县种植辣椒，主要种植红椒。”欧尔鑫充满信心地说道。

这个假期，欧尔鑫主要负责温室辣椒栽培相关工作。“辣椒前期栽培主要注重病虫害的防治，辣椒晚疫病、黄萎病、病毒病与蓟马病害相似，很容易用错药。”一句句简洁的描述，吐露了每个农学人纯净、质朴的初心。每年寒暑假，欧尔鑫都会回到家乡从事各方面工作。他还积极将循环农业理念传播给当地百姓，积极介绍秸秆还田的利与弊，并通过在自家土地上做对比实验，得出采用油菜秸秆还田方式生产辣椒，不仅降低了辣椒患病率还提升了产量。

初心筑梦，散发熠熠华光，闪耀在世界屋脊，延伸向另一个远方。

结语

任何困难都无法阻挡辛勤的汗水滋润每一粒春种；任何困难都无法阻挡播种的渴望延伸每一寸沃壤。万物生发时节，伟大的劳动人民们用自己的双手创造一个个新的希望。这个特殊的假期，广大农科学子迎着艰险，在抢春耕的一线再次奉献农科力量。

自联合实践行动开展以来，中国农业大学农学院派出 115 支实践小队，共计 1 300 余名队员参与了实践行动，其中本科生 1 000 余名，研究生近 300 名。建立了山西省灵丘县和北京市怀柔区琉璃庙镇两个社会服务基地，助力山西灵丘成功脱贫摘帽。华夏之根山西丘陵，广袤辽阔内蒙古大草原，黑土沃壤三省平原，烟雨如画水乡江南，农科学子的足迹遍布全国百余个乡镇，誓以吾辈青春，护锦绣中华。

实践队员在大棚中完成辣椒栽培工作（摄影人：欧尔鑫）

（陈代涛　高游慧　梁芳婷　欧尔鑫　赵雪晴　娄凯皓　文）

东北大地

- 引　　言
- 一镇一村一社一区　真抓实干　聚力攻坚
- 每一粒播下的种子　都是心中的希望
- 农情同心系阡陌　追梦学子助春耕
- 助力精准扶贫　聚力乡村振兴
- 走锦绣河山　展农学风采
- 凝心聚力　扎根农业　贡献兴农青春力量

引　言

2016年，全国农科学子联合实践行动实施下发。联合实践行动将以全国贫困县脱贫摘帽为实践重点，每年选定一个联合主题，开展实践活动。为响应全国农科学子联合实践行动精神指示，充分发挥社会实践在高校人才培养中的重要作用，努力提高大学生的综合素质，结合时代特色和自身实际。全国开展精准扶贫工作，广泛动员全社会力量参与扶贫。

水绕山环、沃野千里是东北地区地面结构的基本特征，土质以黑土为主，是形成大经济区的自然基础。东北拥有宜垦荒地约1亿亩，潜力之大国内少有。东北地区各所高校也充分利用农业基础优势开展一系列扶贫助农的社会实践活动。各高校学院领导高度重视此项活动，积极动员、严谨组队、执行项目化管理。成立的多支队伍远赴东北各地贫困乡镇，开展扶贫工作。专家、学生志愿者入乡村，利用专业优势就病害、农业技术等问题与当地农民交流并且提出防治方案，走访贫困户，解决问题，组织开展大学生与留守儿童的关爱行动，开展文艺汇演，增加孩子们的学习兴趣。各项实践活动的开展，在当地均取得显著效果。

东北农业大学与沈阳农业大学聚力于精准扶贫。自2016年起，东北农业大学农学院党委通过开展“弘扬爱国奋斗精神，建功立业新时代”加强党的建设，主要以精准扶贫为载体，创新开展党支部组织生活，增强党组织生活的吸引力和感染力，不断提高党组织生活的质量和实效。自2016年起学院党委在全院党支部中创建了“1+3”扶贫工作模式，即1个教工党支部带领1个博士研究生党小组、1个硕士研究生党支部、1个本科生党支部，组成一个扶贫团队定点对接我省国家级贫困村。三年来，学院14个师生党支部共建立扶贫团队10个，定点对接了黑龙江省4个国家级贫困县、11个国家级贫困村，利用专业优势，开展扶贫工作。2016—2019年，几十位老师带队多次前往兰西县、拜泉县、林甸县、望奎县开展实践活动。经过考察调研，与当地政府达成新品种作物的合作种植意向，成立试验示范基地。多名专家来到扶贫一线，现场对农户进行技术指导，并且推广大豆、马铃薯新品种，为当地带来更高产量收入。沈阳农业大学农学院自2016年4月以来，采用PSP特色模式，助力精准扶贫。以“走进乡土乡村，助力精准扶贫”为主题开展专项扶贫社会调研和帮学支农实践活动。以大学生扶贫调研服务为主要模式，有针对性地解决贫困问题，切实助力精准扶贫，逐步实现长期可持续的扶贫帮扶；以科技支农活动为重点特色，宣传最新农业科技产品，让农民在科技的进步中获益，让科技真正惠民惠农；以大学生扶贫支教为重点辅助，精心策划了农业科普讲座、环保课堂、问卷调研等内容，取得很好的效果。

黑龙江八一农垦大学农学院与吉林农业大学植物保护学院，关爱留守儿童的成长。黑龙江八一农垦大学农学院“大手拉小手”关爱留守儿童行动自2017年参加全国农学院协同发展联盟以来，坚持教育同生产劳动和社会实践相结合。经过两年多的努力和发展，开展特色一对一帮扶活动，取得显著成效并且获得多项荣誉，先后被各大新闻网站和媒体平台宣传报道。吉林农业大学植物保护学院则成立了由大部分贵州籍贫困大学生组成的吉林农业大学吉农贵州帮帮团，赴贵州省铜仁市孟溪村民族小学开展关爱留守儿童“大手牵小手，共度愉快暑假”支教活动。帮帮团选择“寓教于乐”的方式与孩子们展开互动，学生们用上学期间省吃俭用、勤工俭学，节省下来的钱购买衣服和文化用品捐赠给留守儿童。帮帮团利用新科技展现“美丽乡村”建设结果，并且开展了座谈交流会与文艺汇演活动。吉农贵州帮帮团将与当地携手，共创孟溪美好未来！

吉林大学植物科学学院、吉林农业大学农学院与黑龙江大学农业资源与环境学院在助力扶贫攻坚的同时，不忘学生们的学习体验。各学院成立专项社会实践领导小组，多层面积极动员全体学生参加，让学生深入田间地头劳作，深入乡镇进行调查研究，让学生走出课堂，走近农民，引导学生学农，知农，爱农为农，让学生们重视对农业生产的认知体验，学习到知识。吉林大学植物科学学院同学们就植保病害、农业技术等知识同老百姓进行了交流，也提升了农民们对现代农业的认识，并且学院实践团还前往长白山地区进行了病虫害防治预实践工作。农民们也积极配合考察队的同学一道编写，制定了病虫害防治预方案。吉林农业大学农学院团队采用了横幅，海报，媒体等宣传方式将社会实践活动进行宣传，并且多个团队获得最美团队，优秀团队等荣誉称号，20多家国内知名主流媒体对学院多支团队的实践活动也进行了报道。黑龙江大学农业资源与环境学院，深入了解建三江农场和云山农场的农业发展现状，从而有效地开展精准技术扶贫脱贫攻坚。团队运用专业知识辨别错误中出现的害虫与杂草，观察灌溉水渠与作物部分，就此与工作人员交流。并且在当地进行理论宣讲，政策普及，精神解读，将新时代中国特色社会主义思想和党的十九大精神与当地的农业生产现状相结合，解决问题，助力发展。为当地制作实用的旅游攻略上传至各大旅游网站，为当地做出有效形象宣传。

东北片区各所农科高校坚守初心，弘扬党员精神，助力脱贫攻坚。他们努力奋斗的脚步，已经在东北的黑土地上踏出了一个又一个坚实的脚印，但是他们将会在扶贫助农的道路上坚守信念，继续前行。因为他们相信，通过不懈的努力，东北地区的发展一定会步入新的篇章！

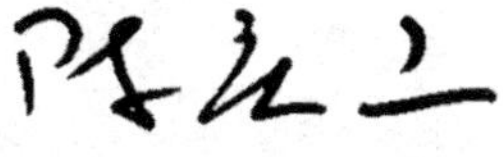

一镇一村一社一区　真抓实干　聚力攻坚

东北农业大学农学院赴林甸县社会实践团合影（摄影人：田慧霖）

用脚步丈量土地，用行动助力扶贫攻坚！

2016—2020 年，东北农业大学农学院响应国家号召，积极参与全国农科学子联合实践行动。五年来，在东北农业大学副校长邹德堂、农学院党委书记衣春生、学院院长陈庆山、党委副书记于向国、副院长樊东、武小霞、各系党支部书记、教师和各年级辅导员的带领下，定点对接援建黑龙江省林甸县、望奎县、兰西县、拜泉县的 15 个国家级贫困村，围绕“一县一镇一社一区”开展扶贫工作，累计 177 名学生参与到扶贫行动中。

学院充分发挥专业优势，院长、书记、各领域专家亲自实地指导，为当地提供东北农业大学培育的优质品种——东农豆 252、253，马铃薯东农 311、东农 310 等。大家深入政府、乡村、田间地头开展实践活动，解决实际困难，完善当地扶贫工作的资料。在此期间，参与人员加深了对国家战略的了解，掌握了乡村振兴实施计划的第一手资料；既增强了与人沟通的交际能力，又提升了思想修养；同时，有效地帮助大学生建立夯实服务人民群众的思想，让家国情怀在大学生心中稳稳扎根。

第一章　走进林甸　聚焦民生，一粒大豆的扶贫故事

黑龙江省大庆市林甸县工农村位于林甸县城区东南部，是一个集体经济相对薄弱的城郊村。工农村劳动力流失严重、贫困户思想落后，且土壤条件多为盐碱地、人均耕地面积又很少，针对以上致贫问题，学院院长陈庆山教授研发了“耐盐碱”的优良豆种——东农豆 252。该品种具有高产量、高蛋白、高油分、籽粒大、耐盐碱的特点，适应在工农村的土壤条件，且东农豆 252 各项指标均优于欧美转基因大豆及国内其他品种，亩产可高达 259.6 千克。

2016 年，学院为贫困户免费提供 5 000 千克豆种，并建设试验示范田。秋天再把豆子收回，以高于市场价两毛钱的价格出售，减掉豆种的钱再返给农户。这一年在该模式运作下，工农村累计增收达 250 万元。

东农豆的扶贫故事闻名遐迩。当地农户王小明家里原来种的是玉米，在村支书带领下，试种了 50 亩东农豆 252，收入每亩增加了 1 倍。他看到了效益后，第二年就承包了 300 亩地继续种植大豆。周边的农户也受到鼓舞，跟他一起连片种植了共 1 000 亩大豆。

就这样，在这种辐射带动下，整个林甸县的种植面积已经达到 1 万多亩，东农的大豆也成了真正意义上的“扶贫豆”！

2017 年，实践团通过实地考察林甸镇工农村东农豆 252 大豆新品种种植区，

对比新品种大豆与传统大豆的生产情况、发展前景、市场空间、经济效益等情况及走访林甸镇工农村、朝阳村，四季青镇宏丰村社区村民委员会，得出东农豆252是适宜当地种植的优良大豆品种。2018年，实践团在走访中了解到种植大豆的要点和注意事项以及东农豆252的优势。根据村民们提出的要求，实践团的专家给出了建议，并在耕种方面提供了一些基础知识讲解和技术传授。县里工作人员也指出，高产量、高油脂、高蛋白的东农豆252，改善了当地农民们的生活状况，提高了农民们的生活水平。

2019年，实践团队员们又先后走访了东农豆252种子繁育基地、韭菜温室大棚种植基地、贫困户住宅区、当地村委会4个调研地点，通过摄像调查和问卷调查两种方式，与合作社的种植技术人员、脱贫农户、贫困户、村委会干部等相关人员进行沟通与交流，了解工农村的脱贫计划和村民们的脱贫情况及脱贫后的生活状态。实践队员跟随工农村村委会主任来到已经实现脱贫一年多的王大爷和孙大妈的家中，进行了回访。随后又来到村委会，对村委会工作人员进行回访，在回访中，实践队员了解到：在如今驻村工作队有条不紊的带领下，曾经“著名”的贫困村已焕然一新！

经大力推广东农豆252，全村村民扩大种植，产量不断提高，实现了村民们的增产致富。该村还通过实施“托牛入场”规模化奶牛牧场项目带动58户贫困户、生猪养殖项目带动76户贫困户等脱贫项目，帮助村民们脱贫，实现稳定增收，并能有效保证脱贫之后不返贫。

脱贫先行，政策帮扶，这是工农村脱贫攻坚整体工作有序推进的重要保证。“两不愁、三保障”政策高度落实、贫困村出列指标全部实现、产业带富作用发挥明显、“志智”双扶有序开展、驻村帮扶成效明显、党建引领作用突出，让这个城郊村焕发出全新的色彩。

第二章　助力望奎　绿色龙薯，小土豆的燎原之势

通过组织座谈会，学院与黑龙江省望奎县多次就马铃薯产业及新品种的推广讨论研究，对马铃薯在国家扶贫、产业结构调整中起到的重要性达成共识，帮助所驻村引资金、调结构，激活了贫困村的发展活力，为当地农民脱贫致富提供了

新渠道。团队专家对农户提出的问题进行解答，从植物保护专业的方面给予了建议，并讲授了现代生物农业科技，帮助农民实现增产丰收。同时，成立龙薯现代农业农民专业合作社联社，以种植马铃薯为主、特色农作物为辅，为当地农民脱贫致富提供了新渠道。

2017 年，农学院师生组成的实践团曾参观了龙薯现代农业农民专业合作社联社，考察龙薯联社种植的马铃薯品种东农 311 和东农 310 的示范田，产量一垧（15 亩）地比以前高出 2 500 千克到 5 000 千克，每亩能增收 400 元左右。此外，学院指导建成的望奎县现代农业科技园区发展出了先进的栽培方式和环保的植物保护技术，以生态振兴为乡村振兴的关键，减少了农药使用量，逐步实现绿色发展。

2018 年，实践团通过调研，发现这里扶贫工作的普及度与重视程度相当高，是国家级贫困县里的贫困村，团队走访了近 30 户的普通农民家庭，通过调查问卷和访谈沟通的形式，了解到村民们近几年一直以种植马铃薯维持生计，全村种植马铃薯面积占总耕地面积的 80%。队员们再次走访正白前二村，就农村医疗与社区服务保障问题展开调研活动。2019 年，实践团走进农村，向村民展示了现代生物农业科技，将目光投向深圳的先进科技，展示了深圳现代农业生物育种发布的关于寒地杂交粳稻、“优薯计划”等多项深圳现代农业生物育种领域的最新技术成果，开拓了村民的眼界。

第三章 筑梦莲花 情系生产，大豆扶贫的奋斗情怀

莲花镇地处望奎县东北部，兴安山地和东北平原的过渡地带上。2016 年以来，东北农业大学农学院的教职工和实践团多次前往望奎县莲花镇进行访问调研，并多次参加望奎县莲花镇政府举办的专家座谈会，学院向村民们提供了抗病抗倒伏的优良豆种——东农豆 253，帮助当地整合土地资源，发展规模化种植，品种面积由 2016 年的 1 300 亩增长为 40 000 亩，年收益增长约 400 万元。望奎县莲花镇党委书记梁大东说：“2019 年我们试种了 1 300 亩东农豆 253，在一个种植周期 130 多天的时间里，咱们东农的专家来过十多次，看我们有啥问题就沟通解决。”

优异的扶贫成效获得了农民的信任和肯定，学院与莲花镇顺利达成合作关系，在当地建立"大豆科研试验示范基地"，多次开展"专家座谈会"，对农业生产问题提供切实有效的解决方案，并且通过学校科研成果的辐射带动和推广效应，惠及莲花镇的百姓，为当地脱贫发展奠定良好基础。

了解到当地的气候环境对东农 253 产量造成了影响，以及大豆有机认证和当地大豆向市场推广、与加工企业合作的情况后，团队从中寻找问题所在。团队连续三年走进当地农民的家中进行交流沟通，了解近年来居民生活的变化。2017 年，莲花镇试验种植的东农豆 253 大豆，产量较高，质量较好，为当地精准扶贫工作做出了突出贡献。农业专家和实践团队讲授农业生产的关键技术，帮助农户运用科技实现增产增收，对农作物和农业生产上出现的问题提出了切实可行的解决方案。

2018 年，实践团队来到望奎县莲花镇厢黄后三村走访农户，采取问卷调查形式进行考察调研。同学们分为三组对该村的 27 户人家进行了走访，对他们的贫困程度、受教育程度、年龄结构、居住条件、牲畜养殖、耕地情况、收支状况等进行了调研。在调查中，同学们对比了 2017 年的情况，得知 2018 年厢黄后三村村民的生活条件有所改善。同学们高兴地发现国家政策的帮扶在住房、医疗补助方面有了很大的体现，贫困户大多在 2017 年成功脱贫。实践团又来到了望奎县中心疗养院，为老人们打扫了房间卫生，与他们聊天叙家常，更直接、深入地了解了当地老人们在此的生活情况。

2019 年，实践团在农学院武小霞副院长、郑洪亮老师、刘丹老师的带领下抵达莲花镇。武院长与莲花镇镇领导赵书记作报告，并以"乡村振兴"为主题，围绕"产业兴旺、生态宜居"召开座谈会，初步了解当地近一年来扶贫工作取得的成效，已经确定的未来的扶贫工作计划，以及当地大豆、玉米等农作物的种植情况和政府对于当地农业技术方面的需求。实践团队组成了三只调查小队，深入走访 2016—2018 年各村实现脱贫的农户，了解当地居民的生产生活、人均收入、支出等情况以及当地居民对于未来生活的需求。团队为村民们举办了农业科技知识讲座，播放了由东北农业大学农学院所制作的科普视频，为农民生动形象地讲解生物农药的使用、有益农业昆虫的作用、农资选购注意事项及水稻新品种的介绍等知识，队员们也向村民们介绍了中华民族传统文化和夏季养生的相关知识。与此同时，实践队员为村民讲解了如何在抖音、快手等平台录制剪辑小视频的办法，引导村民通过当下流行娱乐方式带动当地农产品的销售，从而提高村民收入。

此外，学院帮助莲花镇进行产业发展规划，聚焦现代产业，建立温室大棚，打造酒厂、豆油厂、豆腐厂、豆包厂、酱菜厂的“前店后厂”产业模式，并围绕满族文化特色，建立“满族民俗博物馆”，大力发展旅游产业。

第四章　走进拜泉　倾听民意，黑菌乡情的蓬勃生长

黑龙江省齐齐哈尔市拜泉县国富镇卫民村，位于第三积温带，属于丘陵地势，主要种植作物为玉米、大豆、甜菜，在2015年认定为贫困村。自2016年以来，东北农业大学师生组成的社会实践团每年都会前往拜泉县开展当地农村教育、基础设施建设、农村医疗与社会保障、农村土地流转与新型农业经营模式、农民收入与农民经济发展等内容的调研。

2017年，拜泉实践服务团考察当地农作物大田，专家指导当地进行保障旱田高效作业，完善农田水利设施。大家考察了当地的自治村建设、农村合作社发展情况，以及黑木耳特色产业的发展情况。2018年，实践团在拜泉镇财政处处长靳小波、菌场技术总监惠朋陪同下对德润食用菌种植专业合作社进行了走访。实践团走进齐齐哈尔市拜泉县对木耳产业进行深度调研，认为该产业可长期带动贫困户脱贫致富，并成为该县的支柱产业。实践团来到国富镇保护村走访当地村民生活、生产情况。其中走访了村民邱富贵，他主要种植大豆和玉米。据悉，在种植时使用东升一号作为豆种播种，因为种出来的大豆品质好，蛋白和芽豆兼顾，既可以生产大豆又可以出芽生产豆芽，深受广大消费者欢迎，所以销量较好收入较高。研究生高文硕在走访后提出，建议引入东农253等新品种来尝试改变村民们贫困的现状。随后，靳小波和唐建军带领实践团走进田地，实地观察大豆及玉米的长势。实践团还走访了拜泉县鑫海医疗养老公寓，疗养院的工作人员向同学们介绍了这里的基本情况。随后，同学们主动为老人们打扫了房间卫生，陪老人们聊天、打扑克。老人对同学们说，在疗养院的生活十分充实，服务人员热

情积极、认真仔细，在这里生活很快乐。2019 年，在德润社区文体活动中心举办了座谈会，由学院书记详细介绍了从 1996 年至 2019 年拜泉县以及国富镇自治村振兴扶贫发展史。队员们来到自治村德润新型社区采访当地贫困户，了解到村委会还为无房的老人们提供了平房免费居住，水电费也是近年来才开始收取的。

专家们了解了当地的自治村建设、农村合作社，以及黑木耳特色产业发展情况，走访了食用菌种植专业合作社。自从扶贫项目实施以来，本地企业德润菌场设置岗位让村里贫困户工作，帮助村内贫困户增收，同时通过扶贫贷款等手段帮助村里拥有养殖技术的农户脱贫。东农实践团队针对乡村振兴的相关重点问题进行整理，村校达成合作意向，以种植东农大豆新品种改变村内种植结构单一的现状，在拜泉的部分地区引进东农豆 252 试种，有助于解决当地种植业面临的瓶颈问题。

第五章　青春助农　决战脱贫，坚定不移的执着信念

在支农助农、乡村振兴的道路上，青年人应承担自己的责任，发挥自己的作用，尤其是新时代的农科学子，要发扬农学精神，将所学知识运用于实践。

2020 年，学院开展了“团团青春助农，决战脱贫攻坚”宣传活动，将农民关心的各种热点问题以短视频的形式进行介绍，鼓励同学们将自己的想法记录下来并积极地报名参加此次活动，作品内容包含为农民介绍病虫害的相关知识，农民关心的土地政策以及农作物的相关内容等，学院选取了其中较为优秀的作品发布到各大网络平台，以此达到了宣传并助力乡村振兴的目的。

五年来，在学院领导的引领带动下，专家教师的努力下，农科学子的参与下，以建立联系、找准问题、精准帮扶、长期相助为原则，各项工作取得良好效果。通过实践活动，团结了学院党员、调动发挥了支部战斗堡垒作用和党员先锋模范作用、培养了学院师生党员的责任担当和服务意识、促进了科研工作的进展、服务了地区经济，同时助力了扶贫攻坚的长期工作。精准扶贫的路还有很长，农学人可谓是重任在肩，但对农学人而言同时也是机遇与挑战并存的时期。让我们携手共进，为我国农业书写崭新篇章！

东北农业大学学生于东农豆 252 试验田合影（摄影人：桂嘉唯）

（赫兆辉　何影　刘永辉　文）

每一粒播下的种子　都是心中的希望

实践队员向当地农户宣讲农业知识（摄影人：黄勇）

2020 年初，一场新冠肺炎疫情雾霭般地笼罩大地，举国齐心，共克时艰，全国人民翘首盼春天。虹升天见霁，雨落地逢春。在这乍暖还寒，人间绿意将现的初春时节，春耕生产渐渐拉开帷幕。黑龙江八一农垦大学农学院组织返乡学子积极参与“走进乡土乡村，助力精准扶贫”全国农科学子联合实践行动，面向全院返乡学子发布“赶农时、云宣讲”“稳春耕、亮专业”“助脱贫、悟担当”三大专项行动号召。活动发起后，共有 187 名本科生和研究生积极报名。在做好防护前提下，走进家乡的田间地头，利用所学专业知识，参与和指导春耕生产。

第一章　抗疫立明志，春耕献真知

“微雨众卉新，一雷惊蛰始，田家几日闲？耕种从此始。”家在四川省绵竹市西南镇醒狮村的陈雨洁，作为农学学子，积极响应习近平总书记的指示“全力组织春耕，确保不误农时”，她走进农田，协助本村开展春耕生产服务，指导村民们按照科学方法实施标准化作业，以提高土地利用率和作物出芽率，实现节本增效，受到村民们的交口称赞。

春耕第一天，她就跟随父亲一起到田里，松土、除草、施肥、播种，样样专业。她一边劳作，一边向父亲讲解一些常规操作的科学依据，同时了解家乡春玉米的播种情况。父亲十分欣慰，感慨是教育的普及，让更多的人走出家乡求学，又带着知识返乡，服务于家乡。

作为一名学生党员，她自愿报名参加了家乡的疫情防控青年志愿服务队，负责村落进出往来人员和车辆的排查、登记工作，并积极向村民宣传讲解科学防疫知识，累计志愿服务 350 余个小时。

疫情防控已经进入关键阶段，对春耕备耕的准备和把握也影响着全年的农业生产。只要采取得当的防疫措施，做好春耕生产的物资有效供应，定能保证“抗疫、春耕”两不误！家住在安徽省亳州市涡阳县新兴镇的刘春雨，通过村委会了解到现在正是农业生产春季管理的黄金时期。一方面要采取有力措施，毫不放松地抓好疫情防控；另一方面精准稳妥推进复工复产，有序组织群众，迅速恢复生产秩序，积极调配生产物资，加强田管技术指导，不失时机地抓好春季农业生产也是当务之急。

新冠肺炎疫情发生以来，她见证了村委会的一系列应对措施，积极响应上级的号召，派出专门技术人员指导春耕工作，帮助种养大户抗疫救灾，稳定肉、蛋、奶及蔬菜产能，保障“菜篮子”供应，打出了稳生产、备春耕、保供应的组合拳。当前阶段，稳住农业关键在于春耕，打好春季田管和春耕备耕这场开年关键一战，粮食再夺丰收、农民持续增收就有了坚实基础，脱贫攻坚战更增添了基础力量。

作为农学学子，在了解到目前春耕工作的重要性后，她凭借专业特长，积极投身春耕生产一线，走进农户的家里，介绍农作物科学施肥、科学除草等管护工作的方式方法及注意事项，确保小麦等农作物稳产增收，为农作物稳产、丰产打下坚实的理论基础。

作为农科学子，她们深知科学务农对农业未来发展的重要性，深知“强农兴农”的时代责任与担当。经过本次实践，更加坚定她们学农、知农、爱农、务农的决心，定要努力学号文化知识，将家乡的“三农”事业建设得更加美好！

第二章　志愿农先行，双线助春耕

一场突如其来的疫情让滞留在家的张蕊蕊、陈彧颜两名同学赶上了家乡的春耕生产。疫情严防控，春耕不等人。焦急等待开学的同时，作为新时代的农学学子，她们积极响应号召，组成助农志愿小队，投身于助力春耕的志愿活动中。网络的普及全覆盖让许多农户学会用短视频 App 来学习耕作知识，了解到这一点，她们决定将这次助农活动分为线上、线下两部分。

线上，她们开通了服务团队的微信公众号，并通过抖音平台扩大服务受益范围，通过短视频等平台推送，为农民收集、传送学校专家的助农视频，系统全面地传递科学的春耕知识，收获到了广大农民朋友的点赞。线下，志愿小队队员们先后前往贵州省纳雍县和贵州省晴隆县进行实地观察和助农活动，与农户一起探讨春耕的注意事项，将书本上的知识运用到春耕中来。遇到难理解的地方，她们俩一起探讨或者向学院老师寻求指导，然后细心整理，耐心地给大家讲解，身边的不少农户都表示受益良多，相信科学种植可以带来丰产丰收！

春耕一线的助农活动不仅让她们向外输出了知识，也向内输入了经验，做到了学以致用，用以检学。这次活动，让她们明白了作为农学人的使命和责任，立志要通过不断的学习，加强自身本领，努力提高种植技术及科研能力，争取早日研发出更优良、无毒害的肥料，使得粮食生产更加安全高产！

第三章　衣灰衣布鞋，行农学之志

燕子来时新社，梨花落后清明。四月云南的春，流连在院边粉的樱花云上，映出生机和炫彩，白的梨花雪恰过，檐下的蜜蜂便日日从那菜田里携粉归来，满载着甜美和甘醇。勤劳的蜂开始忙碌的采蜜，芬芳随之而来。自小生于农村，长于田间地头，如今学农知农也爱农的黄勇也常与家人下地劳作，这让他在一线参加生产实践，检验理论知识的同时，又找回孩提时草木虫鸣之间的简单乐趣。

林海四月春，万里无云。漫山遍野嬉窜着春风，整个世界都因此而盎然爽朗。郁郁葱葱的林间山坳里，有一处的小坪，那里便是黄勇家的豆地。整地，施肥，播种，覆土，一天的劳作平添了他一身沉香土气，虽灰衣布鞋内心却澄澈丰盈。春色近晚，天色见沉，远处有乌云密密的压下来，大概将有一场甘雨要“随风潜入夜”了。

恰逢的春耕让这个农学学子有机会将书本上的所学所悟实践于田间地头，同时也让他对理论知识有了更深刻的理解和感悟。他在完成自家春耕任务的同时，每天还挨家挨户向村民们做科学使用化肥农药的义务宣讲，传授自己的专业所学：如何通过科学施肥、合理用药推进化肥农药减量增效，开展绿色春耕，实现减少投入、提升产量，最终实现增加农民收入。他认为，随着科学的进步和农业现代化的发展，传统的农民定是无法适应现代农业的发展需要，而自己要做的就是把这些新的农业知识带给更多的人，带到这静谧的山间角落。春耕期间，他累计在大山中步行 100 余公里，用坚定的步伐丈量大山的土地，用真才实学践行科学真知。

不误农时守天道，精耕细作有荣华。辛勤劳作的春耕人播撒希望的种子，大地回赠勃勃生机和秋收硕果。春天如期来临，疫情也终会退去，明天定是山河无恙，人间皆安，举国上下，终会是一片“云海荡朝日，春色任天涯”之景。相信下一季，每个人都能用笑脸收获没有消毒水味道的清新空气。

第四章　书中尚觉浅，深知要躬行

二月春耕昌杏密，百花次第争先出。燕归草翠，春天悄然而至，不管是广阔田野，还是农家小院，三三两两的人陆续雀跃在黑黑的土地上。原来是到了春耕的忙碌时节。当看到习总书记作出“全力组织春耕，确保不误农时”的批示时，作为农科青年学子的邱天、唐华荣也摩拳擦掌，跃跃欲试，满腔热情地加入到春耕的大队伍中。

经过几天的备土、播种，他们发现在课堂学习到的理论知识操作起来并不简单，缺乏很多实践经验，要注意、要学习的事项很多，意识到了实践的重要性。播种后 1 周左右，当他们看到小小的种子冲破黑暗，带了一抹充满生机的绿色钻出地面时，心中升起满满的感动和希望，消散了满身的灰尘和疲惫。

在帮助老家务农的叔叔阿姨做农活的时候，同学们也和农民朋友们互相学习，农民朋友们会讲述一些多年积累的实践经验，同学们也会为他们科普一些专业理论知识。在这个相互输出的过程中，每一个农学学子都感受到前所未有地对自己的肯定，以及对农学专业的骄傲与自豪。

“纸上得来终觉浅，绝知此事要躬行。”此次春耕指导任务，让他们切实体会到理论与实践的区别和联系，凡事都应该多实践，将自己的所学知识真正用到实处。以前总觉得学农很苦，但是当见证自己种下的种子发芽、开化、结果，内心充满丰收的甘甜，这些都坚定了他们继续学农的信心。

第五章　山间小菜园，浓浓黑土情

屋角时闻黄犊鸣，相逢但可说春耕。清明过、谷雨即，辽宁的四月，正值春耕时节。迎着春日初升，勤劳的人们躬身劳作，播种希望，让绿意蔓延，让希望发芽，这是春天最美的注脚，是劳动最美的姿态。李思岩家在辽宁鞍山的一个小镇上。因疫情居家抗疫的她，在家上网课之余，积极响应习总书记“越是面对风险挑战，越要稳住农业”的号召，在做好疫情防控的同时，积极参与到家人的春耕劳作中。

在这山间小镇，最盛满绿意的不过外婆家的菜园子，每个郁郁葱葱的夏天，都记录着她蹒跚地跟着外婆摘菜的小小身影，这菜园不仅是回忆，也是外婆对土地的情怀，更是自己对农学最初的启蒙。如今作为农学学子，走到田间，走向大自然是最好的生产实习，李思岩也紧紧抓住这家门口的“第二课堂”，加入到火热的“菜园子工程”中。

劳动的过程总是充实而有意义，这次简单的春耕生产带给她特别的收获。外婆带着她一起给土壤覆盖薄膜，并采用薯豆间作套种的方式进行播种。李思岩回想起学校老师讲授的知识，耐心地给外婆讲起两种操作的作用：覆膜不但可以给土壤保温保水，还能抑制杂草生长，而薯豆间作套种，则可以充分地利用土壤资源和光照，抑制病虫害，并避免连作造成的土地破坏。她听外婆说，这些方法近几年才兴起，现在周围的农户都是这样种，大家普遍意识到种地讲科学才能收成好。听及此，李思岩暗暗下定决心，一定踏实学习专业知识，将来做一名对国家有用的知农爱农新型农业人才，让科学的种植管护知识普及到千家万户，把更多科学的知识带到生产一线，带进农民地里，带进这小小菜园。

春播应时而作，真理实践方知。作为一名农学学子，通过看似简单的生产实践，李思岩把在学校课本里学到的理论知识与实际生产相结合。她走向田间地头感悟农民们的辛苦；她加入生产一线，学习祖辈丰富的农业种植经验。她时刻牢记“困知勉行，积厚成器”的校训，愿乘新时代春风，为祖国发展注入农学人的朝气与活力。

一分耕耘，一分收获。农学学子通过参加本次活动，将理论与实践深入结合，发挥专业所长，做到学以致用，用以检学，在田间地头这个特殊“课堂”，深刻感受到了农科类专业在践行乡村振兴战略中的价值。农学学子通过实实在在的行动助力春耕，以高度的政治责任感和历史使命感为决胜全面建成小康社会、坚决打赢脱贫攻坚战贡献青春智慧和科技力量。

疫情在继续，春耕也在继续，在这春暖花开的日子，每个农学学子在土里播下一粒种子的同时，也在心中种下了一份希望。

实践队员在仔细查看播种前的种子（摄影人：陈雨洁）

（张春秋　李启涛　文）

农情同心系阡陌　追梦学子助春耕

刘润宇同学在农户蔬菜大棚帮助种植、除病害（摄影人：李农）

“越是面对风险挑战，越要稳住农业，越要确保粮食和重要副食品安全。”日前，习近平总书记对“三农”工作作出重要指示，强调要在严格落实分区分级差异化疫情防控措施的同时，全力组织春耕生产，确保不误农时，保障夏粮丰收。

为响应国家号召，提高学校农科学子专业素质和实践能力，黑龙江大学现代农业与生态环境学院引导、鼓励学校返乡大学生积极参加帮扶农事工作、宣讲最新“三农”工作指示、农业知识认知调查等实践活动。

新时代，新青年，新农村，新风尚。民以食为天，有粮安天下。虽然疫情尚未结束，但并没有削减学生参加实践的热情。他们主动报名、积极参与，充分发挥所学专业知识，分别在黑龙江省、陕西省、甘肃省和贵州省等地开展了社会实践活动。

第一章　守护

突如其来的疫情虽然让大家有些慌乱，但是全国人民齐心协力，攻克难关。疫情期间，无数党员奋战在抗疫一线，他们不分日夜，不计酬劳，始终坚守在工作岗位。刘润宇看见一线护士剪掉心爱的披肩长发，刘润宇明白了“哪有什么岁月静好，只不过是有人替你负重前行”的深刻含义。

刘润宇作为一名学生党员，深深地感受到自己肩上担当的责任。即便在零下十几度的低温下，外面刮着冷风，地面上的雪还没有融化，刘润宇依然主动报名到社区服务。刘润宇在小区门口测温、记录出入人员信息。刘润宇还积极参加社会实践，利用所学专业知识到农户家中和农民进行交流。

2020 年 3 月 4 日，刘润宇准时出发前往哈尔滨市阿城区李农家。此时的疫情还比较严重，去往农户家的路上几乎没有过往车辆，路过每一个村屯路口都要停车接受检查。村口工作人员穿着东北最有特色最保暖的军大衣、棉靴，手里捂着热水袋，讲话呼气时空气中弥漫着“白气”。工作人员核实通行证、登记信息、测量体温，待所有项目检查合格才会准予通行。经过两三个小时的车程，刘润宇终于在上午 10 时来到了李农家中。

刘润宇从社区工作人员那里了解到李农家的大棚主要种植黄瓜、辣椒、西红柿等蔬菜。特殊时期避免人员聚集，李农家的大棚工人还在居家隔离，现在大棚里只有李农夫妇在工作。大棚里种植的蔬菜种类较多，种植面积较大，面临春耕，人手有些不足。3 月的哈尔滨气温较低，现在时节较早，大棚里的蔬菜作物仍在种植阶段，刘润宇在学校学习的植物保护专业的病、虫、草害知识暂时还没有用武之地。但是，这并没有削减刘润宇帮助农户的热情。农科学子不应该离开土壤，大棚人手不够，刘润宇就帮助这对夫妇种黄瓜。

李农夫妇听说刘润宇是学生党员，又看到刘润宇熟练地种黄瓜，一直夸赞她。刘润宇一边种黄瓜一边和李强夫妇聊天。刘润宇和农户聊起了黄瓜病害。刘润宇问："李叔，大棚中黄瓜主要的病害是什么啊？"李叔说："黄瓜最常见的病害是霜霉病啊！黄瓜叶上有黄褐色斑点，叶子背面一摸潮乎乎的有灰褐色的霉，严重的时候叶子就蔫了。"看见李叔知道霜霉病刘润宇很安心。刘润宇和他们聊起黄瓜霜霉病的发病病状、病因、防治技术、防治方法，提醒他们要注意大棚湿度，多通风，注意预防。李农夫妇听得津津有味，似乎手里繁重的农活也不那么劳累了。

时间过得很快，一眨眼到了下午四点多，刘润宇结束了一天的实践助农。临走时，李农夫妇向刘润宇表示道谢。看着李农夫妇脸上洋溢着的笑容，刘润宇心里满满的成就感。能尽己所能帮助农户，刘润宇发自内心的高兴。回家的路上刘润宇有些疲惫，迷迷糊糊地在车上睡着了。只是种了一天的黄瓜就已经腰酸背痛，刘润宇真实地感受到农民伯伯的艰辛与不易，也更清楚地认识到自己作为学生党员、农科学子肩负的时代使命。

刘润宇帮助农户，助力春播的事迹在学院的同学间产生了积极的影响。在学院号召，班级同学影响下，为了解家乡植保技术发展现状，2020 年 4 月景若楠来到了陕西省渭南市富平县植保站实践调研。景若楠来到植保站时，大多数农技人员在田里细心又耐心地指导农户们做好田边、地里的杂草清除工作，帮助农户加强麦田管理，指导农户安全、合理用药。随着气温的回升，全县的春耕工作并没有因为疫情的影响而停止，都在有条不紊地展开。植保站负责人了解了景若楠的来意后，便向她讲述富平县植保站的基本情况。

近几年富平县为助力脱贫攻坚，金银花产业兴起。通过这次调研实践，景若楠更加了解家乡的农作物种植情况，拉近与农业种植的距离。身为一名农科学子，景若楠明白农科学子只学习理论知识是不够的，还需要在实践中总结农耕经验。

第二章　寻觅

魏嘉是一名来自东北农村的大学生。从小到大生活在"硒土之都"海伦——一座位于黑龙江省中部、绥化市北部的县城，因地处硒元素富集带而得名。海伦市被国家认定为农产品质量安全示范县、中国优质粮油示范县，是我国重要的商品粮食基地。春播夏除，秋收冬卖，在农村生活十几年的魏嘉对这些很了解。高考志愿毅然选择植物保护专业，想着将来学有所成之时，为家乡、为乡亲做点事。

学农爱农！疫情期间隔离在家，想着用所学知识为家乡做点事情。黑龙江气温回升晚，为了避免寒流霜冻农民通常提前购买种子化肥农药、检修农具，五一前后春播。尽管春播尚未开始，但是已经有一些种田大户开始置办农具。魏嘉学习到的专业知识还不足以向农户普及农业种植相关知识，魏嘉决定通过问卷调查了解家乡农业生产特点、基本情况、存在问题等。

魏嘉查阅了黑龙江省近几年农业农村发展意见、农业补贴政策，海伦市富硒农业、农业生产指导等相关资料。根据海伦市祥富镇新华村的地理位置、种植特点、农业生产结构等做好了问卷调查。魏嘉提前联系到海伦市祥富镇新华村村委会李主任，向他说明此次问卷调查的意图。李主任表示愿意号召父老乡亲参与。

4 月 5 日、6 日两天，李主任带着魏嘉走访农户收集问卷。4 月天气变暖，走在村子里的大马路上，能听见鸡鸭鹅狗的叫声，时不时一抬头还能看见燕子飞过。春风吹过，浓浓的乡土气息扑面而来，仿佛世外桃源，是大家向往的乡村生活。每到一家农户，乡亲们都热情地拿出水果、花生瓜子来招待他们，魏嘉被乡亲们的这种质朴、淳厚、真挚的热情深深地感动。

魏嘉和李主任来到水稻大户张叔家。张叔家的房子是 20 世纪六七十年代用泥土和砖混合建成的，看起来有些简陋。院子里停放着一辆崭新的白色汽车，一辆农用车。李主任和魏嘉说："魏嘉啊，你别看这房子破，这可是种稻子大户，种水稻赚了不少钱。"听了李主任的话，魏嘉对张叔的致富经历充满好奇。

填完调查问卷，张叔和魏嘉聊起了他这几年种水稻、卖水稻的故事。张叔一脸幸福地说："水稻插秧的时候得雇人，插秧就是抢时间啊！说实话，钱没少赚，也没少遭罪。我家稻子多，赶上这几年水稻价格比较好，卖的时候又正好运气好赶上高价，收入也就挺可观。"魏嘉知道水稻插秧的时候一整天穿着雨靴在水里弯腰干活，特别能理解张叔一家人的辛苦，深知张叔兜里的钱来之不易，看着张叔一脸幸福，发自内心替张叔高兴。

乡亲们和魏嘉聊家里的地的位置、打算种多少亩地、种什么等话题。也有父老乡亲说"去年涨大水把苗都淹了，收成不好国家给点粮食补贴！咱也不像电视剧里有农村合作社，我们这岁数也不知道啥种田技术，没上过学，都是土方法。”听了乡亲们的诉求，魏嘉问乡亲们如果有机会接受专业的技术指导，是否愿意呢？乡亲们眼睛里闪烁着希望之光说：“教我们科学种田那可太好了！”看着乡亲们渴望技术指导的眼神，体会着乡亲们期盼丰收的迫切心情，魏嘉的眼睛有些湿润。这或许是因为他觉得自己暂时还不能为家乡做些什么事情，或许是深感自己身上肩负的担子更重。

整理好200来份数据，魏嘉如释重负。但看见数据结果那一刻，心情又沉重了！问卷调查数据显示：70%左右的村民都是中小学毕业，50%左右的种田大户都是中老年人，仅有13%左右的村民接受过3次以上农业种植生产技术指导。近几年旱涝、农产品价格跌落等原因，农民收入不如前几年乐观。农户不了解现代农业的特点、好处。农户购买农用品、销售农产品的渠道是单一不变的。

进入21世纪，我国“三农”政策在不断完善，但是像祥富镇这样个别乡镇仍然存在农业生产落后的问题。生产技术跟不上时代脚步，农村发展跟不上时代变化，生产销售方式跟不上现代农业发展速度。看着眼前一行行的数据，魏嘉的眼睛有些湿润。这些数据不是冰冷冷的数字，而是乡亲们一年年辛苦付出，泪水与汗水交织出的劳动成果。想到乡亲们戴着草帽，穿着一身农用迷彩服，顶着炎炎烈日在地里喷药锄草的画面，魏嘉心里一酸，但这也让魏嘉更坚定自己扎根农村的想法。

与此同时，杨玉嗣在黑龙江省北安市开展实地调研。杨玉嗣前往北安市种子商店、农业园进行调研。他和一家种子商店的周老板交流后发现疫情并没有阻挡农业发展的脚步。从周老板这里了解到2020年很多农民购买豆角、大白菜种子，这些蔬菜的适应性强，不会因为恶劣的天气造成太大的影响。通过走访种子商店，杨玉嗣更了解家乡农业发展，更能理解“田家少闲月，五月人倍忙”。长时间生活在象牙塔内，对国情的认识不充分，对惠农政策的把握不透彻。参加社会实践让我们农学专业学生自己亲身体会，知晓民情国情，懂得“到基层去、到群众中去、到改革和建设的第一线去、到条件艰苦的环境中去。”

第三章　盼春

小岭镇，一个坐落于黑龙江省哈尔滨市阿城区的小镇，地处山区形成了特有的绿色银行。小北沟山庄风景区春季盛产各种绿色无污染，有药用价值的山野菜，深受人们喜爱。

五一假期，杨普特起个大早来到镇上的早市。疫情期间，虽然街道失去了以往的繁华，却没有止住赶集人的脚步。黑龙江 2020 年气温较低，小贩们叫卖的山货不多。顺着“野菜咯！新鲜的野菜”的叫卖声，杨普特走近一位戴着头巾卖野菜的奶奶。她看到筐里有好几种野菜，看着眼熟却又叫不上名字。杨普特拿起一把菜问道：“奶奶这是什么菜啊？”奶奶笑着说：“这是山菠菜，早上刚从山上挖回来的，可新鲜了！”奶奶指着筐里的野菜说：“这是小叶芹，包饺子好吃！这是山韭菜，这是柳蒿芽，这个是苦老芽，这是……”奶奶慈祥地向她介绍各种野菜，杨普特问：“奶奶，您卖山菜一天能赚多少钱啊？”奶奶骄傲地说：“四五十吧。”

第二天，杨普特和采菜阿姨去山里采野菜。在去采野菜的路上阿姨边走边说：“现在天气有点冷，阴凉处还没有多少野菜，要到阳面山坡找野菜。山茄子、婆婆丁、山糜子、小根蒜、老桑芹这样的野菜都长在灌木丛中。刺五加、刺老芽都长在树上。树枝上都是刺，摘的时候得戴手套。”

尽管疫情阻挡了我们返校学习的脚步，却不能割舍我们对农业的支持与热爱。找野菜，辨认野菜，挖野菜的经历让杨普特感受到大自然赋予我们的绿色礼物——野菜。采野菜，不只是为了取其食用价值和药用价值，更是一种乐趣，一种生命价值的体现，一种回归自然，探索生命意义的开端。

利用假期，王玉霞来到了草莓田间。一路上放眼望去除了整整齐齐的大棚，田地里的玉米已是挺直了腰杆，贪婪地享受着阳光。走进草莓地里，绿油油的叶子下缀满了红彤彤的草莓。大小均匀，熟透了的已经掉在地上了，老乡正在喷药。

在与老乡交谈中王玉霞了解到 2019 年因为遭受冰雹，所有大棚都未能幸免于难，几乎达到了绝收的程度，在后期重新进行育苗栽培工作，耗费人力、物力。草莓品种不同，对温、光、水、肥的需求也不尽相同。老乡脸上露出笑容，他说：“近几年国家重视农村发展，村子开发旅游业，现在草莓成熟后村子里接待游客采摘草莓，我们的收入也增加了，不仅干活有劲头，生活也更有奔头了。”

眼前一株株幼苗，承载的是农民对美好生活的希冀。党的十九大明确指出要发展特色优势产业，深刻把握现代化建设规律，顺应亿万农民对于美好生活的向往。作为农科学子，我们更应该不忘求学初心，牢记强农使命，为现代农业发展奉献自己的一份力量。

第四章　追梦

春山暖日和风，阑干楼阁帘栊，杨柳秋千院中。疫情之下，全国人民万众一心，取得了“战疫”的阶段性胜利，迎来了属于我们的“春天”。为锻炼自我、提升能力，张从会报名参加了贵州省六盘水县委组织的实践活动。

古人云，“万众农民为养家，五湖贸易结菇缘。”3 月 26 日上午，张从会到村委会与当地负责人会合，在县委工作人员的引导下一行朝气蓬勃的大学生们来到了中国凉都贵州六盘水杨梅乡台沙村食用菌大棚种植基地。张从会戴着口罩，时不时在本子上记一些要点。县委工作人员带领大家参观食用菌大棚种植地，向大家介绍食用菌基地等。张从会紧跟工作人员的步伐，边听边记。在食用菌大棚基地，映入同学们眼帘的是大小形状各异的食用菌。

在县委工作人员的带领下，张从会来到了食用菌农户家中。农户看到张从会对食用菌感兴趣，脸上的笑容格外灿烂，自豪、热情又耐心地向她介绍基地的基本情况，以及食用菌种植和食用价值、药用价值。

张从会了解到食用菌是台沙村的主要脱贫项目。台沙村改型种植食用菌解决了很多农户就业困难问题。基地食用菌四季可种植，没有主要虫害，不喷洒农药，纯天然无污染生长。为防止菌盖表面变黑，采摘以后的食用菌要等菌丝发育稳定后售卖。为防止生成畸形菌，朝下面长出菌以后要对菌棒进行翻面。为了防止菌棒之间营养争夺，每个菌棒之间有间隔。通过此次实践，张从会不仅更了解自己的家乡，增长专业知识、提高自身专业能力，也更加坚定自己以饱满的热情学好专业知识、为农科事业尽自己的绵薄之力的决心。

4 月 22 日，同在贵州省的潘夏丽与叔叔一起来到基地巩固所学专业知识。清明断雪，谷雨断霜，现阶段正是种植辣椒时节。在基地一眼望去，接二连三的小棚正搭着。潘夏丽看见基地种植卷心菜、莴苣、辣椒等蔬菜，棚里杂草多，气温低辣椒苗生长不好。潘夏丽想到最近学习的植物保护知识，便告诉叔叔如何在不伤害辣椒苗的情况下有效地将杂草除掉。她告诉叔叔打除草剂要赶早，最好在播种后杂草出土之前。下雨后用药药剂迅速达到杂草吸收的部位。土壤湿润，实际喷施的药液容易在土壤表面形成药膜。杂草发芽出土会与药液接触并吸收，导致死亡。打除草剂一定要按规定使用，注意安全。

学校农科学子参加此次社会实践，在了解农村农业发展现状的同时，也清楚地认识到自己身上肩负的责任。21 世纪是经济、科技迅速发展的时代，我国是农业大国，也是农民大国，发展现代农业是我国新农村建设的首要任务。

习近平总书记说，“中国要强农业必须要强，中国要美农村必须美，中国要富农民必须富。”新时代，青年勇于担当。“农业农村工作，说一千，道一万，增加农民收入是关键。”农科学子不应该离开土地，不应该离开农村。作为农科学子，我们有责任、有义务到田间去，闻一闻乡土的气息；到农村去，感受乡村的魅力。我们有农科学子那份独有的时代担当，我们愿意为我国现代担当，让青春在党和人民最需要的地方绽放绚丽之花。作为“90 后”“00 后”，我们愿意到祖国需要的地方去，到农民需要我们的地方去，让农科学子的青春之花绽放在美丽田间！

杨普特同学帮助农民采摘山野菜（摄影人：佚名）

（魏嘉　高健　文）

助力精准扶贫　聚力乡村振兴

老师在田间指导（摄影人：佚名）

为贯彻落实习近平总书记在十二届全国人大四次会议期间重要讲话精神，坚决守住民生底线，坚决打赢脱贫攻坚战，吉林大学植物科学学院响应党中央号召，结合“精准扶贫”任务，开展了一系列实践活动。多年来，吉林大学植物科学学院师生一直走在乡村发展建设一线，围绕贯彻落实《关于坚决打赢脱贫攻坚战的决定》和工作安排，展示了植科人与农业同呼吸，与时代共命运的强烈社会责任和蓬勃朝气，培育了广大青年学生的责任感和使命感，在实践中锻炼成才，在奉献中回报社会。

走在乡村建设实践的路上，植科人将服务国家乡村战略与开展社会实践育人活动相结合。植物科学学院专项调研小组于2016年及2017年暑假期间两次对北山村进行调研，组织培训当地农民，提高农业生产技术，助力脱贫；“水稻医生”都兴林教授以技术扶贫，主持培育水稻新品种，为通榆当地农民创收超12亿元；“崔全才”崔金虎教授走村入户、深入田间，以自身过硬的本领，帮助农户增产增收；植科院调研团走访长白山，探寻虫害，并与当地生产者积极交流，一起编写了病虫害防治（预）方案；植科院与吉林省通榆县贫困村实现村村对接帮扶，为通榆县的经济发展出谋划策。这些活动让同学们走进乡村，深入基层，将专业知识与社会实践相结合，在实践期间实现了艰苦奋斗、切身实践、服务“三农”、奉献社会的目标。

第一章　帮扶石门镇，富强北山村

“解疑释惑心贴民，访贫问苦慰人间。”为响应党中央的号召，坚守民生底线，坚决打赢脱贫攻坚战，植物科学学院调研小组于2016年和2017年暑假期间，两次前往安图县石门镇北山村进行“多元帮扶谋富强·精准扶贫献真知”专项实践调研活动，深入调研北山村的实际情况并为其贫困现状提出了合理的解决方案。

调研小组先到北山村村委会对村里的大致情况进行了解，并在村干部的领导下到村到户，走访多个贫困户，并填写了调查问卷百余份，由于北山村的留守人口老龄化严重，调研小组主要采取座谈及访谈的形式开展调研。在走访过程中，调研小组发现由于大部分水田地被占，农民收入减少，大部分年轻人外出打工，只留下丧失劳动能力的老人，而全村大部分老人仅靠政府补贴或占地补偿款维持生计。

根据北山村的实际情况，学院调研小组向北山村村委会发出邀请，邀请村干部及村民骨干到学院进行学习，提高农业技术水平，并组织开展农业实用技术的培训，提高贫困农民的种养殖能力。同时，为了扶持北山村的畜牧业养殖，学院还与动物科学学院合作，为北山村提供养殖技术方面的支持。调研小组还利用闲置的校舍或农宅建设了互助老人幸福院，为北山村的精神文明建设提供了帮助。

实践是检验真理的唯一标准，这次的专项实践调研活动为同学们提供了验证自我能力的机会，也促进了同学们和农民之间的交流。调研小组希望能够运用自己所学习的知识以及所具备的能力，为北山村的建设出一份力，他们希望自己为北山村提出的脱贫方案，能够真真切切帮助到这个地方的人们，并为祖国实现全面小康做出贡献，让新青年的力量在这片土地发挥作用。

第二章　水稻医生，技术扶贫

“丈夫贵兼济，岂独善一身。”为帮助通榆县完成脱贫攻坚工作，学院院长都兴林教授主持培育大量国家级水稻新品种及省级水稻新品种，为通榆当地农民创收超 12 亿元，通过技术扶贫，都教授用热情和真情，开展了一系列卓有成效的工作。

都兴林教授带领实践团队在 2015 年第一次来到白城市通榆县陆家村，成功地让通榆县贫瘠的盐碱地试验田长出了一片“稻海”。2018—2019 年间，都兴林教授在通榆县乌兰花镇武勇的种植专业合作社示范推广的新品种喜获丰收，经过两年的项目实施，都兴林教授及其团队在通榆县选择的盐碱地示范推广项目区，水稻的产量和品质都提高了一个等级，农民每亩的收益也提高了很多。

都教授对水稻的“问诊把脉四步法”独成一派，并且他坚信，这种源自自己多年行走在稻田间而积累的经验，是作为一名水稻育种工作者所必备的基本功，他就像是一名“水稻医生”，哪里的水稻出现了病害，他总是第一个出现在现场，为农民答疑解惑。

都教授希望推广的吉大优质、高产、抗逆、广适的水稻品种，能够在通榆县现有种植的 15 万亩的基础上增长到 30 万亩，实现水稻种植田翻倍的目标，并在追求社会效益和经济效益的同时，通过水田开发改善通榆县盐碱地的生态状况，为当地的百姓带来真切的变化，真正走上脱贫致富的道路。

第三章　农业全才，田间实干

“苦干实干加巧干，富泽百姓俱欢颜。”为落实扶贫工作，自2017年以来，植物科学学院崔金虎教授坚持服务地方，与其团队一直承担边昭镇科技扶贫工作，总结出了“十百千万行动”的工作思路：扶持十个贫困户，建立百个示范户，打造千个推广户，辐射万个普通农户。该团队为脱贫工作做出了巨大的贡献。

崔金虎教授与实践团成员们走村入户、深入田间进行技术培训与技术指导，使贫困户和示范户的新品种、新技术展示田增产20%以上。他们发现村民选择的玉米品种不适合当地的条件，及时为当地提供了有利于种植的方案和技术。同时，在当地建立了科研教学试验基地，将科技扶贫与实践教学、研究生培养、科学研究联系起来，针对农业生产中存在的问题开展研究与人才培养工作。

崔金虎教授的试验成果得到了当地农民的好评和学校领导的一致认可。新华社、吉林大学新闻中心等媒体多次报道了崔金虎教授的先进事迹。崔教授还在全校做了先进事迹的报告。他坚持走遍了吉林省所有村落的田地，每年都会接听近千名农民的求助电话，为帮助农村脱贫攻坚贡献自己的力量。

崔金虎教授希望可以通过自己的力量，帮助边昭镇完成脱贫攻坚的计划，并帮助当地农户提高每亩田地的收益，服务扶贫，点亮扶贫攻坚任务的致富明灯。对于扶贫工作落实的科技扶贫，崔金虎教授始终都在路上，牢记专业使命，坚持服务地方，为贫困地区贡献科技的力量。

第四章　寻虫长白，乡间力献

“纸上得来终觉浅，绝知此事要躬行。”为巩固和提高学生对森林昆虫的识别能力，熟悉各类森林虫害特点，植科实践团来到吉林省白山市露水河镇地区，通过对虫害现场的观察、取样分析并提出解决虫害病害问题的办法，从而帮助当地农民进行虫害防治工作，连续多年赴长白山地区进行了病虫害防治（预）实践工作。

植科实践小队奔赴长白山自然保护区采集并制作昆虫、植物病害标本，他们对长白山特有的长白鱼鳞松、二叶舞鹤草、野山参、猴头菇等植物进行了考察与识别，对长白山森林植物的主要病害进行了调研，并采集了部分病原物标本。小队还与当地农民深入探讨益虫与害虫的区别，并对长白山周边的虫害发生地进行了实地考察。在与当地农民的互动中，考察队与生产者积极交流，讨论反馈当地病虫害实况，并同学院实践团共同编写制定了病虫害防治（预）方案，为长白山周边地区病虫害防治（预）工作打下了坚实的理论基础。

为发展青年农民力量，深入贯彻党的十九大精神，“乡间力献”社会实践团连续多年前往九台区波泥河镇开展“三下乡”社会实践。2019 年植物科学学院团委书记姚彬老师、园艺系周连霞老师等带领实践团来到波泥河镇，与波泥河街道党工委副书记朱茂源，学院优秀毕业生、波泥河大学生村干部李威共同开展了“青春心向党，建功新时代”2019 青年农民学校夏季班第二期首次课程。学院园艺专业周连霞老师在课上为青年农民学生带来了许多实用性极强的专业知识。随后实践团成员们还与李威进行了交流座谈，她一直以服务农业、服务人民为目标，并将自己投身于目标之中。实践团在下午进行了当地的走访，参观了从 2008 年到如今建设社会主义新农村的蜕变历程，充分领略了新时期社会主义新农村的先进发展。走访的同时对 20 多个村庄的村民代表进行了问卷调查，旨在深入了解现今乡村发展态势与存在问题，为致力乡村振兴找寻支点。

此次实践活动树立了植科学子服务社会的思想，坚定了他们投身社会的信念。一切认识都来源于实践，植科院希望植科学子将所学的专业知识运用到建设美丽新农村中，增强学生团体对“三农”工作的认识，帮助农村进一步实现社会主义新农村建设、农业创新化、农业现代化等方面发展。植科学子也从此次联合实践中学到丰富的实践知识，明确了理想与目标，对自己的能力与价值有了更加深刻地认识，为学院良好学风的传承贡献出自己的一份力量。

第五章　情系乡村，助力脱贫

“绿桑高下映平川，赛罢田神笑语喧。”2019 年学院在农安、通榆等地，组织参与了与学科相关的省级项目。为积极响应党的十九大“产业兴旺、生态宜居、乡风文明、治理有效、生活富裕”总要求的号召，学院以“探索农安，寻求发展”为主题，组织社会实践调研团的志愿者们一同前往长春市农安镇。

团队在当地与相关工作人员开展友好交流合作，并举行了农安镇优秀青年农民学校与吉林大学植物科学学院合作签约仪式暨青年农民学校2019年夏季班开班仪式。学院教师在仪式上对优秀青年农民学校倾囊相授，向学生们详细讲解了苗木花卉种植的相关知识，为青年们提供了不一样的创业思路。院长为当地青年农民学生们解读了有关功能农业和乡村振兴战略的内容。调研团成员们还开展了村庄规划的基础调查，了解了当地居民的生活水平方式和经济发展状况，掌握了示范村的建设发展以及乡村规划等方面的情况，为今后的深入研究打下了坚实基础。成员们前往前锋村走访了当地的一些住户，采访了他们的家庭信息和盈利情况，并进行了村庄规划知识和环境保护知识宣传，丰富了当地农民的知识，开阔了视野。

农业是其他行业发展的基础，振兴发展，为吾辈之责；振兴乡村，为重中之重。希望植科学子能够帮助农村实现社会主义新农村建设的目标，充分发挥青年在乡村振兴中的“生力军”作用，真正做到学以致用，将振兴乡村作为一生的目标。

植科人将新时代火热的爱国情怀投入到伟大的脱贫攻坚事业中，这是对植科人脱贫攻坚活动的一次检验，也是实践团组员人生路上难以忘怀的经历。在基层的实践中，他们用行动为贫困群众打赢脱贫攻坚战增强了信心和决心。在这段时光中，学生们更是体会到了中国特色社会主义制度的优越性，在实践中接受了在校园里得不到的教育，为农村环境建设奉献出青年大学生的青春力量。大学生社会实践活动体现了吉林大学植物科学学院固本开源，参天尽物的院训，引导了学生知行合一，以实际行动践行社会主义核心价值观。植科人的脚步不会随着实践结束而停止，会有更多植科学子以青春助力农业发展，将自己学到的知识应用到实际中，让青春的力量撒播在这一片热土之中。

田间调查（摄影人：佚名）

（姚彬　文）

走锦绣河山　展农学风采

维护卡口秩序，为群众登记测温（摄影人：刘科研）

为深入学习习近平新时代中国特色社会主义思想，学习贯彻党的十九大和十九届二中、三中全会精神，引领教育广大青年学生在切实感受新中国成立 71 周年取得的巨大成就中增强“四个意识”、坚定“四个自信”、做到“两个维护”，按照《关于开展 2020 年全国农科学子联合实践行动的正式通知》相关要求，以实际行动助力精准扶贫，服务乡村振兴战略，切实在感受新中国取得的新成就新面貌的生动实践中受教育、长才干、做贡献，深入开展大学生志愿者联合实践工作。吉林农业大学农学院于2020年4—5月开展了联合实践工作。

第一章　若有战，召必回，战必胜

2020年的春节是一个与众不同的节日，没有了往年的喜气，完全笼罩在一片阴霾中。因为我们身边来了一位不速之客——新型冠状病毒。新型冠状病毒感染的肺炎疫情牵动着全国人民的心，也感召着新时代青年群体的使命与担当。面对疫情，各地青年积极行动，用文艺作品鼓舞人们的斗志，以实际行动为抗击疫情贡献力量，用责任感和行动力诠释了青春正能量！

徐子博是吉林农业大学农学院农学专业创新班学生。他从入学之初就展现出对志愿服务的热爱。他在辅导员的帮助下成立青春启航帮帮团，并利用寒暑假两次带领团队前往大庆市大同区，与团区委联合开展“乡伴童行”留守儿童助学班活动，得到当地及众多媒体的一致好评，这也为他接下来开展志愿服务工作提供了思路、端正了初心。

作为一名青年志愿者，奉献自己的爱心、身体力行地服务社会，是徐子博一直以来的志向和目标；作为一名兼职团干部、学生干部，服务同学、社会，无私奉献，为促进志愿者活动的深入发展不停奋斗和探索是他的追求。在参与志愿服务中，让他懂得了什么是志愿者，明白了什么是“奉献、友爱、互助、进步”，体会到了什么是“志愿付出，快乐奉献”，同时也收获了无尽的感动与快乐。

新冠肺炎疫情发生后，许多抗疫一线的工作者和志愿者们用奉献和担当谱写着一首首青春之歌。2020年2月初，黑龙江省大庆市的疫情状况异常严峻，市委市政府向全市抽调干部下沉社区参加抗“疫”一线战斗。作为一名新时代大学生来说，徐子博深知要做好表率作用，以身作则，于是他跟随团市委一起下沉到大庆市让胡路区银浪街道参加为期41天的抗“疫”战斗。用实际行动践行了“不忘初心，牢记使命”的精神实质。

在这过程中，徐子博深知作为一名青年志愿者，更应承担起社会的责任，服务好人民。他与团市委的青年志愿者们分布在银浪街道的9个社区，对出入路口的人员和车辆登记、测体温及防疫宣传等志愿服务工作，把好“进出”关卡，管好各出口通道，做到出入时“不漏一车不漏一人”，最大限度地阻断人员流动和疫情传播的可能性，做好社区疫情防控的第一道防线。

4 月中旬，虽然全国疫情已经得到了基本控制，但是黑龙江省作为祖国的边境省份，形势依然严峻。面对这种情况，市委市政府再次抽调干部下沉社区，得知这个消息，徐子博毫不犹豫地又一次报名，再次出现在了社区的卡口上，当起了“守门人”。当 4 月 23 日看到感谢信时，徐子博明白这是对他志愿服务的肯定，无愧学校对他的教育和培养。

徐子博用信念诠释“奉献、友爱、互助、进步”的青年志愿精神，用行动践行新时代大学生的责任与担当。他说：“防疫志愿者就是新时代的战士！战士就是要做到听党指挥、作风优良、能打胜仗！”

第二章　共战疫情，党员发声

新冠肺炎疫情防控到了关键阶段，为深入学习贯彻习近平总书记关于打赢疫情防控阻击战的重要指示精神，吉林农业大学农学院本科生党支部组织全体党员，开展“共战疫情，党员发声”线上主题党日活动暨同看《武汉战疫纪》纪实影片。

《武汉战疫纪》是全国首档实拍战疫纪录片，让全体党员隔空了解武汉真实的模样，展现了在伟大制度下从老百姓到各岗位工作人员，从医患到医护工作者的日常点滴，这些平凡而伟大的人们为保护人类免受病毒感染所做出的巨大努力，展示疫情期间一个个感人的故事，动人的画面，用 33 分钟时间，回顾了在武汉这座千万级人口的城市里，疫情是如何从快速暴发到逐渐被遏制的全过程。充分展现了在习近平总书记的领导下，中国政府对防控疫情采取的各项重大措施；记录了一线医护人员的伟大牺牲和奉献；同时还讲述了社区工作者、志愿者、快递员等普通武汉市民，在封城状态下坚守并携手抗击疫情的顽强精神。

中国国际电视台（CGTN）记者自疫情暴发之初就进入武汉，持续为海外受众报道当地真实的、一手的情况。这次记者们以新闻纪录片的形式，通过对过去一个多月的重要节点的梳理，用海外受众熟悉的语态，用感人至深的人物故事，真实记录了武汉的抗疫过程，为海外观众展示了他们知之甚少的抗疫中的武汉。

农学院本科生党支部全体党员认真观看了纪录片，并纷纷表达了自己对战斗在疫情前线的党员医务人员的敬佩之情，以及从自身做起，担好责任，坚定抗疫的决心！同时，党员们录制了暖心祝福视频，为武汉同胞以及奋斗在一线的各位工作人员送上最真挚的祝福。对在武汉的医护人员表达了敬意，并为中国、为武汉、为病患祈福加油。

一个党员就是一面旗帜，一个支部就是一座堡垒。疫情当前，农学院学生党员充分发挥模范带头作用，一方有难，八方支援，“我们无法身至，但我们心连心”，每个人都用自己的努力默默祝福祖国早日战胜疫情。

第三章　疫情防控，风雨同舟

曾康辉是吉林农业大学农学院 2017 级种子科学与工程二班的一名学生干部，他参加过一些社会实践活动，也跟着学校部门参加过一些志愿者活动。在一次次的志愿活动中，他感受到了服务社会、服务他人的快乐。在这个假期中，一次偶然的机会听到村里的人在招志愿者，他就去参加了。曾康辉认为一起为大家的安全负责是村里每个人都责无旁贷的事情。

2020 年农历大年初一上午，河南省宣布启动新冠肺炎疫情防控一级应急响应。次日，河南省各地都开始陆续封锁并且采取了严排严查措施。为响应共青团中央的“行动令”，曾康辉希望自己能在这场无硝烟的战“疫”中做出贡献，在听说村里招志愿者时，他主动联系村委会，表明想要参与到疫情防控工作中，为疫情防控贡献青年力量的决心。坚守阵地，是以党员之任；贡献他人，以燃志愿之魂。

在这次疫情防控工作中，曾康辉的任务主要是驻守在村庄主要路口劝导村民不要外出，排查外来人员和车辆，协助村干部做好防疫知识宣传以及走访贫困户采集需求信息。一张桌子，四条板凳，一条横幅，两个防控员，每天 8 点到 18 点半，是曾康辉和其他志愿者的防控日常。劝导村民的工作是曾康辉他们遇到的比较棘手的问题，有些村民不听劝阻，一意孤行，没有意识到问题的严重性，执意要外出。曾康辉作为一名大学生，一名疫情防控的志愿者，提前学习了关于疫情的知识，对于顽固的村民，进行耐心有效的疫情普及，使其意识到外出的风险。

曾康辉的工作不只是驻守在路口，也时常要走访村民。在走访贫困户采集需求信息以及协助村委会处理事务的过程中，曾康辉切实感受到了村委会干部的艰辛和不容易。虽然基层防疫工作没有湖北一线英雄们所做的那样轰轰烈烈，但正是村干部认真和细致的简单重复工作铸成了一道“防疫”的城墙守护着广大人民的安全，曾康辉说他愿做这城墙中的一块砖。

第四章　不负春光，春耕正当时

春回大地，正是农耕好时节！进入立春时节，全国各地农民又开始计划新一年的春耕事宜，翻耕、耙地、涝地、平地、起垄，关于春耕的工作正有条不紊地展开着。农业工作者对于春耕的专注不无道理，一年之计在于春，春季农业生产事关粮食稳定、农民持续增收和决胜全面建成小康社会的深入推进。也正因如此，近年来，国家对农业领域补贴力度不断加大。在春耕种植时期，我国针对良种、农资、农机购买等方面都设有相应的补贴，以维护粮食价格稳定和保障农民收益。国家政策对春耕工作的重视与支持，也令吉林农业大学农学院的学子们深受触动，作为涉农专业学子，他们毅然决定投身于春耕劳动中去。

农学院 2016 级种子科学与工程一班学生王武就是其中一员。响应学校号召，王武利用在家抗疫的便利就地帮助当地农民开展春耕生产，科学指导春耕，宣传春耕知识。

回到家乡，王武先简单地去了解了几家的收成，往年的收入状况，春耕的机械化程度，以及年后的备春耕进展程度，对本地的农业生产有了大致的印象。王武了解到大多数村民还未开始春耕，于是他结合专业知识向当地农民科普了整地的方式方法。在我国，整地的主要作业包括浅耕灭茬，翻耕，深松耕耙地，耢地，镇压，平地，起垄，作畦等。浅耕灭茬是用旋耕机等农业机器破碎根茬，疏松表土，清除杂草的作业；翻耕是用壁犁翻转耕层和疏松土壤，并翻埋肥料和残茬杂草等的作业，是整地作业的中心环节；深耕是用深松铲疏松耕层，破除犁底层的作业；耙地是翻耕后用各种耙平整土地的作业，有破碎土块，疏松表土，保水，提高地温，平整地面，掩埋肥料和根茬，除草等作用。镇压是在翻耕耙地之后，用镇压器的重力作用适当压实土壤表层的作业；平整地面，利于播种和田间管理；起垄是在田间铸成高于地面的狭窄土垄，加厚耕层，提高地温，改善通气和光照状况，便于排灌。

几天之后，行走在田间，王武看到田地里已经有不少村民在劳作。村民们抢抓时节，正在忙着除草浇水，由于疫情原因，他们采取了分散的劳作方式，不集中的劳作方式有效地保护了自己的健康。休息时，王武和村民们在田间一起聊天，发现当地采用旋耕犁耕地的人数较多，甚至好几家人排队等一台机器的情况。有的村民已经开始准备春播了。王武扛着铁锹，和村民们一起去田地里准备播种。工人为覆膜机装上地膜后，机器在田间缓缓前行，只见土层翻开，种子播到地里的同时，地膜也被覆盖在地面上。王武和村民忙着用铁锹铲土压在地膜上，盖得地膜严严实实的。播种与覆膜同时进行，他认为，机械化生产大大提高了生产效率，机器代替手工与工具生产，也有效的帮助村民扩大了生产规模。

王武利用在学校学到的知识，帮助当地村民整地施农药铺盖地膜，与村民们在一起交流农作经验，用自身的专业知识与农民的传统经验相结合，希望得到更好的务农方式，同时他更加坚定了钻研专业知识、拓展自身的知识面与实际生产相联系的想法。作为吉林农业大学农学院学子，以所学所研，服务家乡农业，无愧于“明德崇智，厚朴笃行”的校训精神。

第五章　春耕虽苦，无悔践行

家住贵州的陈友祥同学是一个勤劳并热爱生活的青年，在学习之余他不忘关注有关农业生产的实时动态，响应习近平总书记把论文写在中国大地上的号召，也本着对学习春耕操作流程的向往，他决定“躬耕于南亩之上”，为春耕工作挥一把汗、尽一份力、发一分热。在地垄旁，你可以见到他拔草锄地的身影；在泥土里，你能见到他负重前行的脚印；在归来的路上，你会听到他有关耕作技巧的提问；在村民们的口中，你也能听到对他的赞许。这一切，都离不开陈友祥的辛勤付出，以及面对挑战时他所表现出的一丝不苟的精神。陈友祥同学出身于农民家庭，但因多年读书，陈友祥其实没有太多和父母一起务农的经历，而春耕却是农业生产中较为辛苦的一环，它需要耕田、灌水、犁地、施底肥等。那么这次参与春耕对陈友祥来说是不是会感到过于劳累？过于辛苦的劳动有没有让他产生退意？都没有！在春耕中陈友祥同学乐于钻研、任劳任怨，践行着一个青年涉农专业学子的使命担当。

学有所成，志存高远。这次春耕对于陈友祥而言意义非凡，它不像是一次普通的田间劳动，更像是一次特殊的“田间课堂”。在这次劳动中，陈友祥深刻地体会到了农民在田间劳动的不易，更是体会到了那种“谁知盘中餐，粒粒皆辛苦”的意境。在今后的日子里，他决定要更加珍惜粮食，注重从生活上培养良好习惯，同时他还立志要继续努力学习并在将来致力于改进农业生产技术，优化生产模式，使以后的农耕摆脱人力劳作的困扰。“江海归来更何事，朝亲农圃夕穷经。”学不脱产，产源于学。陈友祥把知识与实践结合，这也让他看到了更多、想到了更多。他的目标在远方，他的脚步也坚定地向前。

第六章　挥洒汗水　春耕不停

“清明谷雨紧相连，浸种春耕莫延迟。”对于农学院 2019 级农学专业学生田灿来说，农活既是专业也是生活中的一部分。他帮助当地农民春耕生产和教他们如何进行春耕，与农民们一起进行浅耕灭茬、翻耕、深松耕、耙地、耢地、镇压、平地、耖田、起垄、作畦，然后将种子均匀地撒于田地表面。根据作物的不同特性及当地具体条件，撒播后可覆土或不覆土。田灿在示范中向农民讲解：手工操作，简便省工，但种子不易分布均匀，覆土深浅不一，后期不便中耕除草，要在播行上每隔一定距离开穴播种。点播能保证株距和密度，有利于节省种子，便于间苗、中耕。田灿还通过查阅准确、详尽的地形、地貌电子图，为进行节水灌溉和设计创造最基础、最必要的条件。如果要进行一个地块灌溉，前期的实地测绘和基础信息、数据的收集，是非常有必要的。田灿还教当地的农民如何使用先进的农机，并向农民示范展示农机的作用。由于疫情的关系，大家不能聚集在田间一起劳作，可以单人操作抢收的农机在此时发挥了很大的作用。田灿的讲解和示范让农民们更加意识到科技与实践相结合的重要性。

几天之间，田灿的皮肤变成了健康的黑麦色，与当地的农民一起进行着日出而作日落而息的生活。他每日都会在自己播种过的田地里徘徊观察，记录种子在田地里的变化，以便总结经验。还会时不时向当地一些有经验的人请教，以便了解传统的春耕方式，并与自身的方法进行比较。看着刚刚播种过的田地以及为了水分过多蒸发而覆盖的塑料膜，田灿感受到了将理论运用到实践的开心以及看到自己帮助过的农民那开心样子的满足感。

田灿利用自身主要的学习和研究方向帮助当地农民整地播种灌溉，以与村民们的交流作为自己研究的经验以及方向。在田灿亲眼见证了自己播下的种子长出嫩绿的小苗之后，他意识到了在自身专业知识得到不断充实的过程中，还要与传统的春耕方法相结合。这也让他更坚信成功都是要经历实践的想法，他也总结出了很多的心得。

疫情期间的居家隔离不是为了让同学们变得落魄，而是让同学们拥有充足的时间去做有意义的事情，比如春耕。作为一名农学学子，同学们深知自己的责任，农业的发展任重而道远。“纸上得来终觉浅，绝知此事要躬行。”对于返乡的吉林农业大学师生来说，就地帮扶春耕不仅是作为“三农人”的主动担当，也是一次十分“接地气”的实践教育和对于学习与研究成果的有效检验。

近年来，随着科学技术的发展和国家农业供给侧改革的推进，在各地区农业部门的指导下，各地农民因地制宜，通过调整种植结构，应用新技术等手段，让新时期春耕备耕展现出蓬勃向上的新气象。相信这些进步可以吸引更多像陈友祥那样的青年加入到农业生产中去，在实践中启发他们，助其进步，进而点亮他们的绚丽人生。“哪有什么岁月静好，只不过是有人替你负重前行。”千千万万的中国人同心协力，同时我们相信，这场战“疫”终将过去，到时候雨过天晴，山河无恙，人间皆安。

为大棚绑绳（摄影人：陈友祥）

（梁佳煦　范添琪　文）

凝心聚力　扎根农业　贡献兴农青春力量

吴周周在河南省周口市郸城县吴店村进行芝麻种植（摄影人：刘小强）

己亥末，庚子初，一场空前严峻的由新型冠状病毒引发的肺炎疫情席卷全国。面对来势汹汹的疫情，党中央临危不乱，紧急部署，一场全民参与抗击疫情的人民战争打响。

抗疫战一触即发，我们毫不畏惧，认真听从国家的决策部署，全国上下都有坚如磐石的必胜信心。院士、医士、护士、战士，无双国士逆流而上；医者、患者、隔离者，志愿者，亿万同胞风雨同舟。战死神，抗疫毒，攻坚克难显身手。十四亿人一条心，共同决胜抗疫战……他们都是最美的逆行者，正如那句话所说："哪有什么岁月静好，只不过是有人在替你负重前行。"这是一道震撼世界的风景，这是一句气壮山河的誓言，亦是一首中华民族的赞歌！

在这样的背景下，国家对"三农"人才的呼唤更加迫切，我们的国家需要有知识、有文化、有思想的青年人投身"三农"事业。中国要强农业必须强，中国要美农村必须美，中国要富农民必须富。作为农科学子，应当充分运用所学的专业知识，用新技术武装"新农人"，用新理念推动"新农业"，在这个特殊时期贡献自己的力量。

是这样一股力量，给身后的攻坚队伍打开一条帮助贫困落后地区脱贫的光明之道、便捷之道；是这样一种精神，为宣传"三农"精神路上将脱贫攻坚作为推进全面建成小康社会奠定了坚实基础；是这样一群青年，在新冠肺炎疫情防控斗争中，不畏艰险、冲锋在前，彰显了青春的蓬勃力量，交出了合格答卷。

虽然疫情形势严峻，但是并没有阻挡农科学子们投身社会、服务社会的决心。为充分引导学生投身实践、回馈社会，并积极响应习总书记对"三农"工作作出的重要指示，沈阳农业大学农学院五年来积极开展全国农科学子联合实践活动，团员青年们经过选拔、培训，在专业教师的带领下走入乡村调研、宣讲，助力乡村振兴。除此之外，在2020年这种特殊的情况下，农学院结合学院团员青年自身专业特性，号召全院返乡团员加入线上助力春耕生产活动中去，这次特殊的"返乡助农"活动对团员青年们来说不仅是利用自身专业进行的一次"云奉献"活动，更是一次关于自身专业的"云实践""云提高"。

第一章　开展宣讲，让乡村听见青年人的声音

田园美景如画，邻里相处和睦，远望晚山翠似轻眉，近瞧秋水澄如明镜——这是异乡人心中的故地乐土。40多年的改革开放，使数亿中国人甩掉了贫困的帽子，但中国的扶贫仍然面临艰巨的任务，与我国经济社会的快速发展相比，农村经济发展仍旧显得滞后和边缘化。尚未彻底解决的劳动力流失，基层管理缺乏，贫富分化加剧等问题依然刺痛人心。农业农村农民问题是关系国计民生的根本问题，必须始终把解决好"三农"问题作为重中之重，实施乡村振兴战略。作

为农科学子，做好宣传引导和调研工作，是责无旁贷的责任与使命。

2020年寒假，在疫情期间，沈阳农业大学农学院的青年和教师走入吉林省磐石市烟筒山镇北牛心村，在有关部门的指导下，通过广播、新媒体、社交平台、小规模宣讲等方式，用听得懂、记得住、可复述的语言积极宣讲习近平总书记关于“三农”工作的最新指示精神以及2020年中央1号文件精神。

没有城市的车水马龙和喧闹声，乡村显得干净又安宁，能够听见鸟儿清脆的叫声。成群的麻雀叽叽喳喳地叫着，鸣啭枝头，一会儿又向空中飞去，划过一道道美丽的弧线。在这样美丽的环境下，宣讲小队首先对农户进行了谈话和调查，发现北牛心村扶贫已经取得了很大的成果，农户们都很满意，村信用社是金融扶贫的主力，成立了脱贫攻坚小组，来帮忙处理农民遇到的问题。习近平总书记关于“三农”工作的最新指示精神要求要在毫不放松抓好疫情防控的同时，全力抓好脱贫攻坚和“三农”各项工作，确保两场战役都要打赢、两个胜利都要必得。宣传小队了解到村干部也准备大力推进这方面的工作，深入开展结对帮扶活动，实现建档立卡贫困户帮扶全覆盖。

在初步了解该村的情况后，宣讲小队提议融合线上线下同步学习为一体，创新打造多元场景的学习模式，做好中央1号文件精神宣讲工作。通过微信群宣讲，在疫情期间，一些小卖铺为了能卖出物品，创办了微信群聊，宣讲小队在店家的同意下加入了这些群聊，在宣传小队的讲解引导下，老百姓充分了解了惠农政策，并逐步参与享受到了惠农政策。

春分已过，满目新绿，最是一年春好处，又闻琅琅读书声。农学院的宣讲小队队员走进了当地的学校，给当地的学生们宣传习近平总书记关于“三农”工作的指示精神，并留下了他们的联系方式，在学生们有需要的时候可以通过网络向宣传小队提问。宣传小队的同学们说：“我们能为他们做的事情并不多，但只要能帮助他们的成长，我们都愿意去努力。”除此之外，宣传小队还通过广播、张贴宣传报这种群众喜闻乐见的形式进行广泛宣传，让政策深入人心、落地生根、家喻户晓。

“山光悦鸟性，潭影空人心。”在半个月的时间里宣传小队分别进行了走访、宣传以及考察活动。在此期间深入观察研究，既提升了自身素质，又在这个过程中切实感受学习国家“三农”政策，真真正正的帮助这里的村民。“物有甘苦，尝之者识；道有夷险，履之者知”，这次的学习实践经历，让宣传小队的同学们对专业有了深层次的感性和理性的认识，感受到了身为一名农科学子的责任与担当，更加坚定了自己学农、爱农、助农的决心。

第二章　春耕春种，用沃土播种青年人的热情

习近平总书记在给北京大学援鄂医疗队全体“90后”党员的回信中写道，“青年一代有理想、有本领、有担当，国家就有前途，民族就有希望。希望你们努力在为人民服务中茁壮成长、在艰苦奋斗中砥砺意志品质、在实践中增长工作本领，继续在救死扶伤的岗位上拼搏奋战，带动广大青年不惧风雨、勇挑重担，让青春在党和人民最需要的地方绽放绚丽之花。”农学院学子深受习近平总书记此番话感动与鼓舞，想通过自己的方式为祖国献出力量，在祖国这片沃土上浇筑属于他们的花朵。

春耕是一年中农业生产的重要时段，关系着农民一年的收入，更关系着农产品市场供应稳定。受疫情影响，2020年的春季农业生产面临专业技术人员缺乏、科学选种、病虫防治、配方施肥等工作无人指导等许多挑战。习近平总书记对“三农”工作作出重要指示，强调要在严格落实分区分级差异化疫情防控措施的同时，全力组织春耕生产，确保不误农时，保障夏粮丰收。作为农科学子，农学院团员青年响应党的号召，不忘农业人强农兴农的使命，全心全意为农业奋斗。在“顾小家”主动承担农事劳动重任的同时，还不忘“顾大家”，毅然决定加入助力家乡春耕的队伍里，积极发挥专业技能，为家乡农业生产贡献力量。

“春种一粒粟，秋收万颗子”，助力春耕的团员青年们每天早早出门，戴上口罩，背上背篓，拿上镰刀，走入田地里进行播种、施肥、育秧、覆盖地膜、除草等农活，同学们俯下了身子、亮出了法子，在知行合一的行动中得到锻炼。参与春耕行动的同学们纷纷表示，在春耕中感受了播种的希望，了解了农村的难题，更深层次地了解农业、农村、农民，奠定了扎根田野、深植时代的追梦基础热爱劳动才能扑下身子，深入实践才能学真本领，学有所长能奉献社会。

春光三月，蛙鸣山翠。位于杂交水稻发源地南红农场的沈阳农业大学南繁基地内，春风吹拂，稻浪滚滚，百花飘香，一派生机勃勃，忙碌的景象。农学院2018级研究生张小鹏、闫秉春两人正在田间工作，从播种到收获，从灌水到施

肥等，都是亲力亲为。每天天一亮，二人就前往试验田开始一天的忙碌。从播种、插秧、搭鸟网，再到除草、施肥。又到近期正在进行的材料杂交任务，二人事无巨细，认真完成好每一项工作。杂交这项任务是非常艰苦的。清晨和傍晚的时候他们要去剪雌蕊，为中午的授粉做准备工作。到了12点至13点，这是水稻开花的最佳授粉时间，也是一天中最炎热的时刻，海南的中午烈日阳阳，正应了那句诗“足蒸暑土气，背灼炎天光”，他们必须在这样的环境下进行授粉工作，且日日如此，但他们笑着说“这是一个农学人最基本的工作，虽然很热很辛苦，但想到我的劳动成果能为国家的农业事业献出一份微薄之力，我感到很骄傲，很值得。”

张小鹏说“号召学生‘就地春耕’这个提议非常好，这有助于我们学生主动担当作为，可以在生产一线实践学习，充分发挥农业科技知识和智力优势，总结来自一线的宝贵经验，把科技创新成果和专业实践成效体现在祖国大地上。”闫秉春说“在当前，疫情还在持续，我们农业院校的学生应该树立民族自信，坚信我们伟大的祖国一定会克服困难，战胜疫情。同时我们也更应该深入了解‘三农’问题，更好的服务农业生产，利用现代网络平台，微信，短视屏等将自己所学的农业知识为农民春耕备耕提供一些技术指导。”

微微的阳光透过云层，温暖而不炽热，微风掠过田野掠过秧苗，摇曳着庆贺着生命的开始。站在水田之中，望着春天的田野一种惬意的感觉驱走了身上的苦与累，正是印证了那句“手把青秧插满田，低头便见水中天”。

春耕让农院学子们在“实战”中得到锻炼，在泥土的芬芳中感受盎然生机。由于疫情的原因，学生们不能在老师的带领下实习。但作为农科学子，积极参与春耕可以利用在家的时间积极参加农事活动，丰富自己的假期生活；在广阔的土地上实践和学习，为农业农村发展贡献青春力量。青年团员们通过这次“就地春耕”活动提升了自身的专业素质外，最大的感受就是我国农业机械化水平逐渐提高了，农村正在推进农业机械化生产，推广各种机械用具和机械化作业方式。作为新时代的农科学子，更应该学习、使用并推广先进的农业种植方式和农业技术，正如习近平总书记对我们“后浪”上的农业“新青年”的嘱托，要加强科技创新，用新成果服务社会，用新技术武装自己，用新理念实现科技创新。作为新时代的农科学子们要加强自身综合素质能力，为农业插上科技的翅膀，用科技之光燃起田野新希望。

第四章　农耕正当时，农大教师共春播

一年之计在于春，春天是我们新的起点，新的起跑线。春耕正当时，莫负好时光。当前，从南到北，我国各地陆续进入春耕春管的农忙时节。然而疫情当下我们要“防疫不放松，春耕不误时。”习近平总书记强调，越是面对风险挑战，越要稳住农业，越要确保粮食和重要副食品安全。各地抓紧组织好春管春播等农业生产，既播下抗疫的底气，也播下一年的希望。

在农科学子们就地助力春耕的同时，沈阳农业大学的教师们也加入到了春耕的团队中来。此时，正值东北地区春耕春播关键时期，也是进行试验田播种、移栽、授粉、防虫防病、组培苗继代、试验材料保存养护等农业科研学习的重要时期。学校承担了许多国家东北区域试验以及“十三五”国家重点研发一些项目的播种工作。俗话说，“人误地一时，地误人一年”。受疫情影响，学生无法如期返校，为保证学生的科研课题不受疫情影响，农学院发起“团结防疫担使命，合作播种不负春”活动，学院教师、全体辅导员、班主任深入学生的试验田，到田间进行水稻插秧、玉米播种、花生播种，开展助播工作。起垄、施肥、播种……迎农时，稳农耕，全力帮助学生种好试验田。广大农学院教师们用行动言传身教，向学生们展示了农学人的坚守与使命，为学生们上了一场生动的田间实验课。

每一寸土地都是老一辈人默默无言的坚守，并非承大自然偏心所为的鬼斧神工，而是刻在骨血中代代的传承。新时代的农科学子身上亦背负着这不断传承的使命，唯一不同的便是于老人们眼中，广大团员青年是逐日的勇者，身负希望、不断前行在充满阳光的大路上。青年学生的成材之路正是完成历史使命的必经之路，心怀理想，那么心之所向，自然理所应当。

东风起了，春天来了。春风唤醒了河流，唤醒了大地，也唤醒了我们每一个逐梦人。在农业的舞台上，每一位农科学子都是主角。党的十九大提出“坚持农业农村优先发展”，历史性地把农业农村工作摆在了优先位置。农业农村发展的广阔前景，给青年人提供了干事创业的自由舞台。让农业大学生在投身实践、服务“三农”、助力春耕的“实战”中得到锻炼，在泥土的芬芳中感受盎然生机；让青年们努力奔跑，用行动展现农科学子的担当与作为，热爱劳动，服务社会，

提升自我埋头苦干去成就未来；让更多有想法、善治理的大学生回到农村，凭着对农业发展更深的见解，合理运用资本、技术，成为科学种田、开拓市场的带头人，把创新成果和专业实践书写在祖国的大地上，用行动去绘就一幅幅更加美丽的春天画卷。

闫秉春在海南育种基地春耕现场（摄影人：张小鹏）

（王恒 董琳 魏岚 文）

华东大地

- 引　　言
- 挥洒青春热血　服务现代农业
- 不负农时不负春　农院师生助春耕
- 向上的青春　要向下扎根
- 我们和西七里河有个约定
- 情满齐鲁　爱洒田间
- 祖国需要处　皆是我故乡
- 筑梦之曲　向阳而歌
- 强农兴农责任在肩　深入基层助力扶贫

引　言

2016年始，华东片区福建农林大学、浙江大学、上海交通大学、安徽农业大学、南京农业大学、扬州大学、山东农业大学、青岛大学8所高校涉农学院积极响应全国农科学子联合实践行动号召，坚持实践育人初心，根据《全国农科学子联合实践行动工作指导方案》文件要求，结合各学校、学院实际开展了以“走进乡土乡村，助力精准扶贫”为主题的系列社会实践活动，深入发展国家脱贫攻坚工程，汇智聚力国家乡村振兴战略，将一批批心系“三农”、志愿扶贫的农科学子送往田间地头，为培养“懂农业，爱农村，爱农民，有理想，有本领，有担当”的“一懂两爱三有”人才贡献力量。

五年来，片区各学校领导高度重视学生社会实践工作，形成技术专家指导，专职团干部带队，全体学生参与的社会实践引领模式，有意识地将社会实践活动与增强学生服务意识相结合、与专业学习相结合、与生产实践相结合、与创新创业相结合，在实践中聚焦实践地的农业生产难题，农民增收矛盾，农村留守儿童教育问题等。

五载春华秋实，矢志强农兴农，华东片区的8所高校坚持立足专业，强化引领、服务“三农”、心怀热爱原则，用双脚丈量了数十个阡陌乡村，用汗水诉说农情，用专业服务乡村。截至目前，片区各高校共有200余名教师参与其中，实践单位涵盖云南、贵州、江苏等省市的20余个乡村，累计派出实践团队100余支，8 000余人次。

五年来，华东片区实践成果丰富，形成了一系列社会实践特色项目。其中福建农林大学农学院打造新农人“十年百村千户”助农扶贫实践品牌和稻草人支教公益志愿服务品牌；浙江大学农学院开展“青年科学家扶贫行动”，累计在13省32地构建了长效帮扶机制，与校友会、地方产业化公司共同构建“浙江大学+扶贫产品”品牌推广专项计划，建立地方可持续化增收机制，打造了大学生双创教育的第一课堂；上海交通大学农学院精心打造的6支队伍走遍了定点的村落，并通过不断地摸索与尝试形成了西南地区支教学校学生易于接受的教育帮扶模式；安徽农业大学农学院以“智慧农业”助力农民致富为主线，围绕弘扬“大别山道路精神”，组织开展了科技支农、政策宣传的精准扶贫，“走基层、访典型、树信念”“绿色课堂”爱心支教等活动；南京农业大学农学院连续多年深入贵州麻江参与定点扶贫，将“兴农讲堂”、专家教授引进了大山，将“暑期夏令营”开进了大山；扬州大学农学院形成了“阳光协会”连续14年支教支农故事，并且连续13年组织“博硕士党员实践团”深入田间，科技支农；山东农业大学农学院作为全国“三全”育人综合改革试点单位，探索实施了“三田、两地、一课堂”专业实践育人模式；青岛农业大学农学院以学院特色品牌文化“禾文化”为主线，连续7年赴枣庄市山亭区开展“助力精准扶贫，聚力乡村振兴”社会实践活动，发挥专业优势，帮扶贫困地区，全心全力服务“三农”……五年来，片区高校引导学生从校园到田间，以调研触摸社情，以服务厚植情怀，以专业突破创新，学以致用，用科技助力美好生活，初心闪耀，将真情洒满清香田间，为助力农业农村现代化、确保国家粮食安全、打赢脱贫攻坚战、推进乡村全面振兴不断贡献青春力量，在推进农业农村现代化和乡村全面振兴的历程中用自己的脚步与汗水书写属于农学人的壮美篇章。

挥洒青春热血　服务现代农业

指导老师带队在田间调研（摄影人：佚名）

近年来，作物学科聚焦“新农科”与“双一流”建设，立足安徽、瞄准世界作物科学前沿，紧贴我国特别是长江中下游地区和黄淮海南部地区作物生产发展要求，采取“内扶外引”模式，实现学科特色与创新发展，努力打造区域特色彰显的高水平学科，为安徽现代农业发展和乡村振兴提供科技和人才支撑。一路走来，风雨兼程，安徽农业大学这颗高等农业教育的种子已经扎根在这片江淮热土，助力徽皖乃至全国“三农”发展。

第一章　脚踏实地助推学科发展

开展实践活动以来，安徽农业大学农学院优化治理结构，不断提升学科发展内生动力。为加强现代农业发展和人才培养、科学研究及社会服务要求，学院再造了内部组织结构，调整为以学科发展方向为基础，将支部建设、系部建设和学科建设融合，使得学院内部资源得到进一步优化，组织力、战斗力不断提升。同时，为保证社会实践的核心动力，学校同时加强治理能力建设，提升教师队伍水平，打造名师优师工程。近年来，作物学科教师获国家模范教师、学校教学贡献奖、育人贡献奖各 1 人；先后有 2 人获批省级教学名师，2 人获省级教坛新秀，3 人获国务院政府特殊津贴；入选国家级教育部新世纪优秀人才 1 人，安徽省优秀中青年专家 1 人、安徽省学术与技术带头人 4 人，等等。

多年来，学院积极响应号召，共组织 600 余名学生集中开展联合实践活动，在安徽各地开展农业科技推广、法律常识普及、支教扫盲、环境保护宣传、农村合作医疗等社会实践活动，活动范围覆盖广。以开展精准扶贫工作、助力美好乡村建设为主要内容，结合弘扬“大别山道路精神”，进一步加强大学生社会责任感教育。组织广大党员、团员广泛开展社会实践活动，根据团队成员专业背景和服务地实际情况，组织开展科技支农、政策宣传、爱心支教的精准扶贫活动；开展“走基层、访典型、树信念”活动。每个团队均有专门老师带队，学院专业教师、党政干部和团干部积极参与、指导实践活动；团队成员跨学院、跨专业、跨年级、跨学历层次自由组队，男女比例协调、构成合理、分布均衡；实践活动内容严格按照既定计划内容实施。

第二章　不忘初心助力春耕农业

2020 年春节期间，由于新冠肺炎疫情发生的时间特殊——正处于冬春之交，时值农村部分地区的春耕生产活动的重要时期，为贯彻落实习近平总书记的指示精神，响应学校和组织的号召，同学们决定结合所在市县的实际情况，赴赵苗村开展下乡实践活动。在进行实践活动之前，同学们向学院教授请教春耕的相关知识，还向同学学习实践活动的经验。在征得同意后，同学们共同商讨制定了实践的相关活动、注意事项及行程安排，开始下乡实践。

当天清晨，同学们自家出发，途中都严格佩戴了防护口罩，携带好宣传资料和拍摄、记录设备。初到赵苗村，同学们发现这里不仅修建了水泥路，就连路两旁也别有一番景致。映入眼帘的是路旁的木槿花林，增添了几分幽静和神秘。在行进的过程中，同学们看到乡亲们的住房风格各异，让人眼前一亮。此时正值早春，田野里的小麦仿佛还在忍受着寒冬，油菜花却已经跃跃欲试地准备绽放了，放眼路边的景色处处充满着生机。一路上，同学们看到老乡正在种果树。他得知同学们是农科学子后非常高兴地介绍说原来这一片田里种的全是马铃薯，但由于当时急功近利，缺乏专业知识，很多马铃薯都烂在了地里，收成并不理想，要是能有专业的人员指导就好了。老乡向同学们询问一些关于果树的种植和养护技术，并索取了联系方式，同学们告诉老乡："如果有什么我们可以帮上忙的话，我们一定会积极地回复您的！"

在家乡助力春耕的这段时间，同学们感受到家乡的"三农"事业发生的巨大改变。近几年我们国家的农业发展总体已经迈上了新的历程，正在经历着巨大的科技、技术、生产理念上的巨大变革。许多新型先进的农业技术正在代替过去落后的农业技术。随着城乡的发展带动了农村的建设，现在的农村可以称得上是真正的"新农村"，村村通路，家家有楼房，新颖的生活和工作方式，优美的居住环境，可靠的生活保障……这些无不反映着农村面貌的焕然一新，这些都离不开党的领导和规划，离不开乡亲们踏实辛勤的奋斗。农业生产理念的转变需要更多的新型"农民"来推动，他们能带来科学的生产管理理念，他们会使用先进的生产工具，他们掌握先进的生产知识和技术，只有让更多的"新型农民"投入到国家农业的建设上来，才能真正实现农业的"科技化、现代化"。把乡村振兴当作自己的目标，当成自己的事业。还要像他们那样经常学习党的先进的思想，不断强化责任意识和使命担当，把国家的事当成自己的事，把自己锻造成国家建设的可靠力量。更要忠于自己的信仰，坚持不懈地追求理想！就这次实践活动而言，农科学子必须努力学习专业知识，提高科学文化水平，不断增加自身的实践和加强行动能力，积极响应党和国家的号召，培养不怕苦、不怕累的精神，到人民最需要的地方去，投身到祖国的各项伟大事业中！

第三章 重任在肩投身脱贫攻坚

说扶贫工作难，而扶贫工作第一年最难。基础设施落后、种植传统单一、劳动力老龄化、技术落后、村民积极性低迷，这些棘手的问题在实践中被发现、被解决。以科技带动地方产业发展，用技术有效提高产品质量，改变传统农业模式，开展特色高效种植项目，伴随着水利交通系统的完善，才是一条正确的扶贫发展道路。

学子们多年参加安徽省脱贫攻坚第三方评估工作，在学校领导、老师的带领下，来到安徽省多个地区进行脱贫评估工作。在下乡的途中，目睹山清水秀的农村环境，见证产业扶贫的时效：种植构树、养殖鹅、光伏发电，给农户们带来了产业和希望。记得有位学生说：有一位老人家，颤颤巍巍地拉着他的手，说家里的房子是新改造的，村里还送来了棉被，生活可舒坦了。老人家的手是温热的，我们的心里也暖暖的。在忙碌而短暂的工作中，一本本帮扶人写满字的脱贫手册，一张张农户淳朴憨厚的笑脸，让学生们一次次感受到扎根农业、服务农村，是时代赋予青年的使命。

2020 年是脱贫攻坚决胜年，服务乡村振兴是农科学子展现学识的平台。作为农学院的学生，从专业知识的课堂到校内农萃园试验基地，从作物生产实习到暑期“三下乡”社会实践，从田间地头到机械化生产，要明白脚下的土地不仅仅是沃野良田，更是农科学子要建设、要服务、要奉献的家园。在实习的过程中，我们第一次见到了“旱稻”，它生长全程基本无水，且生长势强、抗旱耐瘠。旱稻打破了对种植的固有观念，更引起了大家对农业研究的兴趣。原来，我国的农业日新月异，海水培育水稻，“北斗导航”进农田，机器人遥控施肥，让我对未来农业充满期待，更加坚信农学是值得骄傲的选择。

在 2020 年的新冠肺炎疫情中，粮食问题成为备受关注的世界性话题。就在我们的身边，手机成为新农具，直播成为新农活。如何做好粮食的生产、存储、销售成为我们农科学子的新思考，也是我们面临的新挑战。中国要强农业必须强，中国要美农村必须美，中国要富农民必须富。我想坚守在中国农业的这方热土上，励志勤学，坚定理想，打拼未来，在激情奋斗中绽放青春光芒，做“一懂两爱”的“三农”人。

怀远县实践活动（摄影人：佚名）

（张璨　文）

不负农时不负春　农院师生助春耕

张招娟老师（左一）在南安市官桥镇指导马铃薯生产（摄影人：佚名）

突如其来的新型冠状肺炎仿佛给中国按下了“暂停键”，春节没有了往日的喧嚣，有多少家庭无法团聚，白衣天使冲锋在抗疫一线，部队公安基层干部志愿者筑起防疫堡垒，全国人民众志成城，守家防疫。

“春雨细润万物新，春风又绿神州地。”春是希望，是觉醒，是启航。春的气息，触动了防疫工作取得阶段性胜利的中国的启动键。根据习近平总书记关于统筹推进新冠肺炎疫情防控和经济社会发展的指示精神，各级政府在疫情防控常态化的同时，强化各项措施，统筹抓好春耕春防、复工复产等工作。福建农林大学农学院师生响应号召，肩负使命，发挥专业所长，投身参与各地春耕复耕工作。

第一章　线上线下，做解决农户春耕难题的贴心人

2月，正是万物复苏的好时节。可在福建省建宁县溪口镇枧头村“燕辉家庭农场”中，原本热热闹闹的农田，此刻正一片寂静。马铃薯是这里农民种植的主要作物，是帮助贫困户脱贫的宝藏。农场主谢锡辉盘算着春节后销售马铃薯，没想却遇上了疫情，近10万千克马铃薯滞销，即将烂在田地里。国家马铃薯南方冬作区区域试验主持人、福建农林大学农学院高级实验师张招娟得知此消息后，带领团队线上指导，为其牵线搭桥，帮助农民解决了农场马铃薯滞销问题。

疫情发生后，张招娟老师时刻保持手机畅通，接听来自各地的咨询电话，回复微信服务群农户的询问，每个问题她都耐心解答，几乎有求必应。2月17日，作为周宁县七步镇许家山村科技特派员的她，用两轮电动车将50多千克优良种薯分批运送到快递点捐赠给种植户，缓解了村民缺乏种薯的燃眉之急。18日，武夷市兴田镇大渚村村民100多亩马铃薯霜冻的消息传来。“低温冻害对马铃薯产量有一定的影响，但一般不会造成绝收。”张招娟在电话这头说着，对霜冻危害灾后马铃薯生产管理等技术问题进行指导，村民心中的大石终于落下。那段时间里，张招娟在线指导了福建、广西、广东、云南四省9个点的国家南方冬作区马铃薯病害防治、田间农事操作等农业生产及服务工作，第一时间帮助了农民们的马铃薯种植工作。

“尽快有序恢复农业生产，农业相关部门抓紧安排农资店有序开张，保证春耕及备耕过程中所需的种子、种薯、肥料、农药等农资物品，同时在保证安全的情况下，允许本地、本村人员加强保证春耕及备耕过程中，农事操作和病害防治农业生产服务，尽可能降低疫情对农业生产以及冬种作物如马铃薯、胡萝卜等生产与销售带来的影响。”面对新冠肺炎疫情，张招娟老师向福建省薯类产业技术创新联盟等相关部门提供当前与下阶段推进农业生产服务工作的意见和建议。

张招娟团队每年这个时节都会下乡指导农业生产。可2020年的疫情，一下子打乱了节奏，尽管他们一直开展线上指导和咨询工作，她还是不放心。俗话说，一百次空话，不如一次实干。在疫情稍微稳定，政府号召复耕复产工作后，3月7日，张招娟团队起了个大早，驱车赶往龙海市。这一趟，一口气跑了5个乡镇。实地走访了龙海、南安、福清、尤溪、周宁等地的农业种植合作社及农业企业公司。在每个乡镇一待就是一整天，了解他们的生产经营情况，就疫情防控措施、对疫情状态下加快恢复农业生产、提高农产品质量、化危为机等方面进行实地指导。

第二章　传承创新，做矢志“三农”事业的新农人

在峡阳镇一带，各村的留守、空巢现象普遍，农学院2016级种子科学与工程专业的小叶的家乡陈坍村也是如此，能参与春耕复产的年轻劳动力不多，基本是与田地相处了大半辈子的老夫妻，守着两三亩地，以市集买卖作补给，过着劳作、淳朴的生活。所以，不误农时翻地栽种，在他们心中是一件大事。

在正月十六种树除了适应农时，同时还象征着新一年劳作的开启，以种树为始，开枝散叶，庇荫后人。春耕也从这一天正式开始。疫情管控期间，村民普遍缺少防护口罩，好在各家种树的地址相隔有一段距离，同时也采取了错峰出行。元宵节后，在路上见到最多的是身着务农迷彩装、肩膀扛着锄头的阿公（老人家），他们肩上的锄头会挂一把树苗，树苗多以杉木、松木为主。选择这两种树苗栽种，除了适应当地的气候，更重要的是，它们会带来比较好的经济效益。杉木、松木成木时间相对较短，从1986年起，种植杉木、松木就是当地居民一大重要经济来源。

2020年村里给小叶家新批了一块面积达5亩的山头。家人打算种植杉木。因为疫情的缘故，停课在家的小叶第一次参与到家里的植树、除草和翻耕工作。在种树方面，她的父亲作为主力负责挖坑、填压，她负责放苗、扶苗。种完树后，接下来的半个月至一个月内要对这块山地进行翻土。在还未翻土实践前，她还自诩是一名农学院的学生，田间实践课的翻地操作是手到擒来，可参加实践之后，最终还是不得不向现实低头。5亩的山地斜坡，从山脚到山顶都要翻耕一遍。翻耕需要长时间使用锄头，这是一场“真刀真枪的战役”，不是学校里半小

时就能结束的实践课。种树的第一天，她勉强坚持了 4 个小时的劳作，暴露在太阳下的手背早已和手臂是不同的颜色，手指根部磨起了水泡，酸胀的手臂更是疼痛难忍，但她还是坚持了下来。

小叶和家人一起，在原来只有土色的黄山种下了上千棵杉木。泥浆蘸苗、刨坑、放苗、填土、压实，一批新的生命将从这开始。种树容易养树难，树苗栽种后还有长达 5 年的管理期。树苗种下的前三年，每年需要进行两次的除草、翻耕。上半年一般在清明前进行，而下半年则在水稻收割完成后的农历八九月份进行第二次翻耕。后两年则只需每年在农历三四月份期间完成管理工作。从 2003 年村里二次分配山林以来，村民们便对树苗的培育倾注了更多心血，在他们心中，这不仅是老一辈人的工作，更需要几代人的付出。

完成了林木一块的种植和管理后，农田的活计也渐渐多了起来。从清明节开始，一直到五月，水稻田的翻土、晒田，菜地的翻耕，此间所需的劳力投入不言而喻。真实的农业生产没有如李子柒用滤镜与剪辑后的视频中所展现出来的完美，没有实现现代化的农村，无论是春耕还是其他农业活动，往往都是一场顺应大自然的甘霖。同时又是一场与大自然的博弈。这次参加春耕，小叶深刻体会到实现粮食安全与农业现代化的不易，更明白了作为一名农科学子的担当与责任，以及祖辈对土地深沉、不能割舍的热爱。2020 年考上福建农林大学农学院研究生的小叶，立志成为家中第三代的新农人，加入科研与实践，为农业做出自己的贡献。

第三章　团结互助，做有时代担当的新青年

天气转暖，渐有春雷，眼看春耕时节就要来临了，由于疫情的影响，农学院 2017 级植物科学与技术专业小左所在的村封了路，对病毒的传播有一定的阻滞作用，这也给春耕复产工作带来重重困扰。

玉米种子、化肥、农药等春耕所需的农资必需品如何购买？再不解决购买问题，怕是错过了玉米、花生最好的种植时期。小左看着父母满脸愁容很是心疼。她了解到附近村民也面临同样的困难，就提出建议：“几家一起合买春耕所需物资，只需要一个人去买。这样既避免了人流的流动，也解决了物资短缺的问题。”没想到随口一提的建议就被采纳了。突发的疫情可能会阻滞春耕的进程，但却阻挡不了农民的热情，办法永远比困难多。

农资问题解决了，春耕有序进行着，村中家家户户都为春耕而忙碌。松土、犁地、播种、施肥、盖土，在疫情下彼此相互扶持，共同期待春日的真正到来。

作为儿女，停课在家，不忍心将所有的春耕工作丢给父母，小左果断地挽起袖子，帮父母做起了播种工作。希望能尽自己的力量，做一些力所能及的事以减轻父母春耕的负担，尽早完成春耕工作。花生、玉米的播种间距是多少，每穴应该放多少种子……在学校学习的专业知识，让她能够更加顺利地完成播种工作。由于每天的播种量很大，她常常会忙碌到下午一点，回家吃个午饭，休息一会儿又要开始下地，每天高强度的劳作让她切身体会了田间劳作的辛劳，也更加能够体会父母的艰辛。

在全家的努力下，小左家及时地完成了春耕任务。就在这个时候，她得知朋友家才刚刚开始春耕，眼看春耕时节就要过去了，她朋友怕耽误春耕最好的时期，非常着急，她毫不犹豫地去帮忙。好在朋友家也及时完成了春耕，让 2020 年的粮食生产有了保障。小左说："疫情期间，我被奋斗在抗疫一线的医护人员、警务人员舍小家为大家，切切实实将群众利益放在第一位的精神深深触动。'我是党员，我先上''国家需要，我们义无反顾'这样感人的话语在防疫期间不断回响，他们用自己的行动诠释着'随时准备为党和人民牺牲一切'的大无畏精神。我不能像医护人员、警务人员那样在抗疫一线奋斗，但是作为一名农科学子，一名入党积极分子，我能够用自己的专业知识为家乡的春耕复产贡献一份微薄的力量，我也感到了一份踏实和自豪。"

第四章　践行体悟，做乡村建设发展的见证人

在 2019 级农艺与种业研究生小杨的记忆中，上一次参加春耕，还是他上小学的一个周末，之后便是漫长的求学生涯，辗转于各个城市，以至于记忆中的故乡，只有冬夏，没有春秋。

小杨的家坐落在贵州省的一个偏远山村，那里的人除去青壮年外出打工或者求学以外，多是以农耕维持生计，而如今的农耕与十年前相比，正悄然发生着日新月异的变化。

十年前，各家各户都会有一头大的黄牛用来耕地，还会存很多的稻谷草用来喂牛，以便在开春没有青草的时候不至于让牛挨饿，从而不影响用黄牛耕地。因

此，强壮的黄牛也算农村家庭的劳动力之一。而放眼现在中国的农村，哪怕种了漫山遍野的烤烟，也不曾看到一头牛经过，只能听得见机器的轰鸣声，基本上各家各户都用上了耕地机，不仅省力，而且速度很快，打的土地厚薄均匀。大家对土地进行一次性整理后即可开始耕作。

10 年前，小杨家乡主要种的植物大都是适宜当地气候的庄稼，或者随大流，看别人家种什么就跟种什么，延续着前人的种植模式。让小杨记忆最深刻的是套种模式，比如玉米地里种大豆、葵瓜子以及南瓜等，在除草以及收割的时候十分不方便。最常见的作物有玉米、红薯、土豆和花生（家乡有“珍珠花生之乡”的称号）等。那时候的农民，虽收获良种颇多，可依旧十分贫困，每遇旱灾或涝灾就面临断粮风险。在党的关怀下，农村迎来了脱贫攻坚政策，这项政策让农村再一次焕然一新。在作物方面，农民响应党和政府的号召，开始种植经济作物，摒弃了经济效益差的作物。考虑到贵州地形的特殊情况，政府因地制宜，在海拔低一点的地区推广种植需日照强以及适宜温度较高的作物，如高粱、辣椒、稻谷等，而在海拔较高的地区则推荐其他的作物，从而最大化提高农民的经济效益，提高农民的生活水平。

与 10 年前相比，因响应国家的号召，进行了退耕还林活动，农村的耕地面积急剧缩小，种上了各种经济植物，比如花椒树、李树、桃树等，只有少部分的地用于农耕活动。此刻的农村，没有了之前因过度放牧与砍伐而出现的“荒漠”，看不见因没有树木遮掩的“裸石”，取而代之的是一片又一片的保护林，整齐而又统一的各种树木，曾经的耕地里不再“寸草不生”，而是栽种了各种果树。国家会根据栽种果树的面积对农户进行相应的补偿，并且收获的果实归农户所有，从而又从另一方面提高了农民的收入。

当再一次参加农耕活动时，小杨的心情发生着翻天覆地的变化。10 年以前，觉得生活本该如此，日出而作，日落而息，日复一日。遵循着父母的教诲，向他们学习农耕经验。10 年后的今天，因特殊情况需居家求学时，她重新审视了曾经的生活，体会着不一样的感受。

第五章　田间课堂，做播种幸福希望的耕耘者

土壤孕育无数生命，水稻的生长也离不开土壤，把土地打碎耙平是春耕的重

要一环。春天的早晨有些许凉意，伴着初升的太阳，2018 级作物栽培与耕作学研究生小王和父亲开着小型旋耕机，在已经灌溉的田里耕田耙地。旋耕机的刀片飞快地转动，不停地把底层的土翻上来，同时把耕作层的土埋下去。这样不仅能够减少杂草和病虫害，而且能改善土壤的结构和提高肥力。溅起的泥点不停地打在小王父亲的身上，不一会儿，他全身都是泥，仿佛在泥里打了个滚，但是他一点也不在意，继续开着他的“铁牛”在田里奔跑。父亲笑着对小王说：“不要嫌脏，土地养活了我们祖祖辈辈，它是我们的根。”土地养育了一代又一代的人，对土地的热爱在祖祖辈辈中不断传承。农家人感恩自然的馈赠，也感恩国家的政策让农家人的生活越来越好。

在整平的田里撒上肥料后，小王和母亲开始抛秧。作为一名研究生，她习惯在实验室中探索科研、积累理论知识。但是，理论要在实践中践行，科研要在田间得到验证，学校的试验田跟现实中的农家田地还是有很大的区别，这是个难得的实践机会。刚开始抛秧的时候，小王意气风发，飞快地抛秧苗。太阳慢慢向西走，她流的汗越来越多，感觉手脚有千斤重。远处传来牛低沉的“哞哞”叫声，她不禁想起了记忆中爷爷奶奶劳作的场景。爷爷一手扶犁，一手牵牛，吆喝着老牛翻田犁地。奶奶弯着腰在田里插秧，所到之处都是整整齐齐的秧苗。爷爷奶奶依靠简单的畜力和人力辛苦侍候十多亩地，年复一年，日复一日，他们大部分时间都花在地里，土地是他们生存的根本。和爷爷奶奶的辛劳相比，小王知道这几天的辛苦算不得什么，擦干汗水，继续抛秧。太阳西沉，只剩下一点余晖，她和母亲终于抛完了秧。看着插满秧苗的田地，她心里充满了自豪感。想象到了秋天，田野里大片水稻汇成了金色的海洋，微风拂过，稻浪翻滚。一分耕耘一分收获，没有汗水的浇灌，怎么会有秋天沉甸甸的稻穗?

布谷飞飞劝早耕，春锄扑扑趁春晴。在春耕大考面前，福建农林大学农学院师生们积极参与、主动承担、深入思考、勇于实践，融入春耕复耕的美丽画卷中，用知识和个人的力量汇集磅礴能量，助力抗疫工作和社会稳定发展，交出了一份份满意的答卷。

小叶和父亲在林地植树（摄影人：叶方仪）

（李钰婷　叶方婷　左雪倩　杨亚娥　王如梦　林彬彬　文）

向上的青春　要向下扎根

赵亚南助力家乡春耕（摄影人：佚名）

我们时常想新时代青年的青春应该是什么样子的，是如我们从小珍爱的糖果般色彩多样而甜蜜，还是如春风花语般温和而又充满迷人的气息，又或如泡沫般色彩美丽却吹弹可破，再或如刚出生的小牛般对世界充满好奇与无畏的勇气……

2020 年庚子假期，突然暴发的疫情让我们看到了新时代青年的担当、勇敢和对国家、对这个世界的爱与责任，勇担责任、践行使命的无畏。南京农业大学农学院农科学子积极响应号召，用所知、所学为防控疫情贡献力量，为帮扶春耕献智献力。在社区、在田间地头、在云端描绘了属于他们的最美春景图。

第一章　志愿情怀沃膄田，奉献精神绘早耕

突然暴发的疫情让人们猝不及防，严密管控人流量，宣传防控疫情事宜，统计人口流动信息，严密把控每个社区、村庄……与疫情抗争的第一线社区工作人员显得有点“势单力薄”，了解到情况后，沈袁媛、莫凡、潘炜等30余名学生主动向社区、街道、村委会报名，加入疫情防控第一线。

“返乡离乡要报告，自我防护要加强，有了症状就要诊，公众活动要取消，群众聚餐要禁止。”这句话成为沈袁媛同学两个月以来最熟悉的语言，在村口量体温、查证件、做登记、做说明、派发《致全省广大农民群众的一封信》，成为她最流畅的动作。有的时候一站就是一天，但是看到村里的人都健康并按照要求做防护，她认为这是她假期做的最有意义和最自豪的一件事情。

莫凡在看到母亲工作的社区人手不足时，主动报名成为社区的一名防疫志愿者，并主要负责登记车辆出入情况。疫情防控的管理打乱了人们日常已经习惯的生活，莫凡的工作引起了社区很多业主的不满与牢骚，一米八高的大男孩用耐心与责任心将抱怨、不满转换成了居民的理解与认可，甚至是积极配合。潘炜主动联系小区居委会协助居委会网格员进行小区业主的信息收集、社区单元楼梯间的消毒、张贴防疫宣传单。李璐琪协助工作人员一起到村里各家各户发放消毒液，运送新鲜蔬菜，同时帮助大家安装“云上原阳”App，及时了解本地疫情进展，一天上百户人家的走访让其笑着说：“志愿服务完成了我的减肥计划。”研究生卢城报名成为社区信息员，对几千名居民进行走访排查、信息等级、分类整理、电话核查、网上登记……一批批志愿者涌现在了不同的社区、不同的岗位与家庭，但是做着同样一件事情：为打赢疫情防控阻击战贡献力量。

值得一提的是不同地区的学院青年志愿者组建成团队，及时交流工作进展，共同分享防疫经验，相互取长补短。这支由“95后”和“00后”组成的团队，学着“大人”的样子守护着社区和乡村里的每一个小家，用志愿者精神肥沃了青春之田，用主动担当绘制了属于他们的早耕图。

第二章 知行合一促学习，线上话农绘农景

新冠肺炎疫情暴发以来，全民响应国家号召自觉居家防疫，农学院学生在防疫一线志愿者的带动下，结合自身专业知识以及家乡近年来的发展变化和生产生活实际，用听得懂、记得住、可复述的语言助力“三农”发展。

在此前“莘莘向农”科普讲堂活动项目的基础上，在与南京农业大学附属小学、南京理工大学附属小学、学校周边社区等合作的经验中，同学们觉得将科普讲堂从线下搬到线上，并且缩减为每堂课 5 分钟的时间，只不过是用网线代替了现场，却没想到困难重重。录制视频有卡顿、晃屏，录制 PPT 播放时画面与语音有时间差……这是技术问题，同学们可解决，可是 5 分钟内要讲透、讲准一个知识点并且还要讲得有意思，同学们犯了难，同学们查阅资料、请专业教师指导，力争知识点准确没有疑议，但是讲透与有意思如何实现呢？于是同学们让身边的父母、兄弟姐妹、社区的居民、村庄的村民作为代表对课堂视频录制提出意见建议，经过近 10 次的修改与雕琢，第一篇话农小课堂科普视频终于推出。

3 个月以来百余名志愿者提供作品，“无土栽培”“小麦病害与防治”“油菜成长记”“水稻病虫害与防治”“农田草害”……共 32 期作品被推出并推广。从水稻种植到小麦田再转向油菜花海，通过小小“云课堂”，引导志愿者们在家耕耘“云沃土”，农田里的景象尽收眼底。

选讲课主题、寻找相关资料、整理教案、制作 PPT、录制视频、请专业老师指导、参选评比、退稿或改稿意见，看似普通的“教学”流程，需要同学们在一次次规划和实践当中掌握，但是我们却乐在其中。一方面，通过课堂讲解深化了专业知识掌握程度，增加了自身的专业自信度与专业自豪感，另一方面，通过课程推广与宣传可以更好地向社会大众普及农业知识，引导其发现农业之美，客观评价农业；除此之外，选题、审题以现有时间点以及农作物生长点为依托，一定程度上的匹配了农户的当下需求。

这是一个我在这端，你在那端的最美纽带，也是青年农学人在青春，在这个全国疫情防控的“冬天”，在这个全民助力春耕的“春天”应该有的最美的样子。他们用青春之担当，青春之责任，以网络为媒介，以“播音员”为身份，描绘了属于他们的这个春天的最美春景图。

第三章　就近实践亮身份，乡土田间绘农情

国家对春季农业生产工作作出重要指示，要在严格落实分区分级差异化疫情防控措施的同时全力组织春耕生产，确保不误农时，保障夏粮丰收。

3 月初，春耕备耕阶段正式开启，返乡农科学子主动“亮明身份”加入春耕行列，组建春耕实践小队，就近深入田间地头，将“话农小课堂”从云端搬到田间，达到线上“输入”知识与线下“输出”实践的有效结合。

“种块太小无法提供充足的营养，不利于生长，尽量保证其在二指宽左右进行分割，提高种苗存活率。”宋佳伟家乡“土豆”的种植季节，滞留在家的宋佳伟在做好自我防护的同时就近走进农田，做起了当地农民的“小老师”。村民对这位学农的大学生纷纷竖起了大拇指说，“这样相对有章法的种植既节约了一定成本，又避免了费时费力，虽然种块刚刚种下，但期待‘补苗’减少。”

宋佳伟说，家乡种田地的还是以中老年为主，对于作物生长期以及施肥种类的判断还是依靠种植经验和“土方法”，考虑到土地特质以及小麦种植区容易受大风影响，需要对小麦进行矮化药剂喷施，以防小麦倒伏影响机械化采收等问题。刚忙完土豆种植的他就奔赴了小麦田地，帮助村民确认施肥比例，教当地农民识别小麦不同生育期的辨别方法。

现代农业技术还是有很多进步的，宋佳伟在帮扶农耕时意识到，现在使用的薄膜都是两边黑中间透明的样式，原来是因为现在的土豆种植都偏早一些，黑色保证了土豆发芽生长的温度，以保证其正常发芽生长，给下一茬的晚玉米留出足够的生长期，中间的透明膜却是为了能看清种苗，方便后续“透风”的管理，这是宋佳伟课本里未学习到的。只有深入农田，才可从“实践经验”中加深对科学知识的理解和掌握，宋佳伟感慨道。

与宋佳伟不同的是，生活在内蒙古乌兰察布市的一个小村庄的赵亚南在参与当地甜菜种植的过程中，本来是建议采用透明的薄膜，现在大地回暖，甜菜种植不需要过度保温，并且透明薄膜还利于观察，但当地村民纷纷选用了黑色，询问后才知道原来田地里经常有鸟雀“光临”，鸟雀看到透明薄膜里面的露珠就会啄开解渴，从而丧失了薄膜的作用。赵亚南说，这是课堂上学不到的，真正投身到农田才能学以致用，将“科学”与“经验”结合，达到最好的农作物种植效果。

现在正值赵亚南所在家乡的甜菜育苗期，选种、读不懂种子包装盒的外文成了村民的一个难题，“甜菜种子怎么是蓝色的?”“产品说明里的‘徒长’是什么?”“施用时期是在‘真叶将出’，哪一片叶子是真叶?”每年都是靠“经验”来进行使用，滞留在家的赵亚南结合自己专业所学与产品说明做起了小小解说员。“蓝色的种子”是因为甜菜种子很小而且颜色接近土壤，而在种子外皮“裹”上抗虫剂、杀菌剂、染料和填充物，以期能够更好地播种，使种苗茁壮地生长。“徒长是指幼苗在接受光照不足或者水分太多时出现茎加长的田间现象”“真叶是生产中我们看到的幼苗长出的第3、4片叶子”。还是读书好，村民纷纷感叹道。为了更好地服务于农业生产，赵亚南主动向村民学习操作农机，“村子里的年轻人日益减少，国家对农业人才的需求与日俱增，作为‘95后’的农学人，能为家乡生产助力，是我的责任也是青年一代的担当。”赵亚南如是说。

实践才是最好的老师，怎样才能成为社会需要的农业人才，这些深入田间地头的学生给出了最好的答案。远在贵州的小姑娘周述兰也积极加入农耕行列。由于贵州山地较多，无大面积田地，更无法将机械运用到田地耕作中。不到20岁的小姑娘，也拉起了犁，挥起了锄头，参与了农忙。她说，家乡由于选择外出打工的人数较多，留在家中耕地的人基本是老年人，而我作为一名农学人有义务也有责任参与农耕，帮助农忙。滞留老家湖北的周维梁，也在做好自我防护的同时步入了农田，学习旋耕机原理与操作，帮助干农活。“虽然还未学习专业知识，不能给一些科学建议，但是春耕的帮扶是我的责任”周维梁如是说。

在玉米的播种中，为了提高玉米的出苗率，播前应把种子轻晒1～2天，以有利于播后种子吸水，增强种皮透性和种子酶的活性并且进行人工剔除瘦弱籽粒、破碎粒等有明显缺陷的种子，以保证田间出苗率。然后准备好肥力适中的土壤，可分粒播种于适当行间距，待出苗后再进行移栽这是课本中的讲解，而郑文涵发现实际操作中，当地农民利用草木灰对土壤进行增肥，并且将土壤分成土团，每一团中播两到三粒种子，以此增加出苗率，这样既节约了成本，也达到了一样的效果，这样的“土方法”让她受益匪浅。

大一学生张阳这学期的一门课程是“植物学”，课堂上的知识很详细却又很“模糊”，“互生叶、对生叶、轮生叶等有什么区别呢？家乡周边这么多植物会有这些现象吗?”他带着疑惑在家乡开启“寻叶之旅”。谈到实践后的感受，张阳说："把'课堂'搬到田地里，会发现一叶一世界，每一个现象都不是记住知识点就够了，只有切身看到、体会过鉴别的过程才能'真正'理解，这次经历让我对本专业有了全新的认知。"家乡田地为新农人提供干事创业的实践平台，农科学子在疫情期间主动为国家粮食生产助力，把饭碗牢牢端在自己的手上。

疫情防控期间，同学们主动亮明身份，利用专业所学，将不误农时，助力春耕挂于心间，牢记"强农兴农"的初心和使命，为农业发展、农业现代化不懈奋斗，深入田间地头的他们用专业与"力气"在田地里播撒了农情，向社会传递了农情。

青年学子正值韶华，在疫情期间积极作为，彰显蓬勃向上的青春，扎根基层，扎根人民，为春耕护航，为"三农"助力。"青春因磨砺而出彩，人生因奋斗而升华"，勇担时代使命，堪当大国重任，是我们这一代人的青春信仰，传播农业知识，传递农业情怀，助力农业发展更是我们新一代农学人的担当与责任。

莫凡参加志愿活动（摄影人：佚名）

（王彬　孙小雯　赵亚南　文）

我们和西七里河有个约定

实践队员教孩子们跳舞（摄影人：王冠颖）

前言

习近平总书记在党的十八届五中全会上提出，到2020年要实现全面建成小康社会的奋斗目标，为实现第二个百年奋斗目标、实现中华民族伟大复兴的中国梦奠定更加坚实的基础。党的十八届五中全会还特别强调了农村全面小康社会的标准："农业现代化取得明显进展，人民生活水平和质量普遍提高，我国现行标准下农村贫困人口实现脱贫，贫困县全部摘帽，解决区域性整体贫困。"在由中国农业大学农学院发起的农学院发展专家咨询会暨作物学科发展高峰论坛上，经全国八位作物学科院士和部分农学院院长书记倡议成立"中国大学农学院协同发展联盟"。在国家积极开展农村全面小康建设的大背景下，青岛农业大学农学院以全国大学农学院协同发展联盟开展的"2016 年全国万名农科学子联合实践行动——走进乡土乡村，助力精准扶贫活动"为契机，结合自身优势，积极组织开展"聚焦农村发展现状，助力齐鲁精准扶贫"暑期"三下乡"社会实践，旨在发挥专业优势，帮扶贫困农村，激发学生服务"三农"的热情，提高社会对"三农"的关注，切实解决贫困农村存在的问题，为全面小康社会的建设贡献一份力量。

为此，青岛农业大学农学与植物保护学院自 2016 年起积极着手开展助力农村扶贫实践活动。经学院学科调整，农学与植物保护学院于 2017 年 6 月更名为农学院，延续优良实践传统，继续开展助力精准扶贫实践活动。2016 年 4 月至 2019 年 8 月，参与实践活动的教师共 9 名，学生 546 余名，其中中共党员 20 名，共青团员 526 名，均为本科学生；实践地涉及济南、青岛、威海、烟台、潍坊、滨州、菏泽、东营、泰安、枣庄等地，足迹遍及山东各大地级市；共收集调查问卷近千份。

第一章　七年坚守，传承实践之风

不同的时间，不同的人，去同一个地方做同一件事情。而这都是因为一句承诺，才有了 7 年的坚守。2013 年，时任学院团委书记的姜涛老师去往枣庄市山亭区西七里河村任第一书记，在离开时向村委会主任承诺，"人可换、事不变"，一定会将西七里河的扶贫工作进行到底。在农科学子联合实践行动之前，我们已经开始了两年的实践活动，7 年来，农学院社会实践服务团共开展暑期社会实践 7 次，有 800 多位队员参与服务工作，累计服务近万人次。从技术、物质、思想三个方面展开扶贫工作。7 年过去，西七里河村的环境明显改善，村民收入明显增加，生活水平明显提高，一批批实践队员陪伴和见证了西七里河村 7 年来的变化与发展，同时也始终不忘初心，牢记科技兴农使命，与西七里河村共同成长。

第二章 齐聚调研，了解西七里河的发展之道

倾听脱贫故事，深化扶贫内涵。走进乡土乡村，倾听脱贫故事。在前几年开展的工作基础上，以“敬农、爱农、助农”为实践基础，开展实地调研，从农户生活的方方面面开展实情询问调研。

精准调研找准脱贫之路。实践小队在选定作为帮扶对象的贫困户后，根据由全国农科学子联盟成员之一的中国农业大学统一设计的调查问卷对该户的基本情况、基础设施和社会服务、人口、劳动力流动及资源、农业生产状态和年收入等做充分细致的沟通和调研。

通过大量地查阅相关文献以及对实地的考察，在前期实践获得的数据和信息的基础上，通过分析已形成的数据库，总结致贫的原因，并邀请学院老师指导工作，寻找脱贫方法，带给当地村民“农天下 App”的线上农业办法，帮助村民与线上专家进行面对面交流。采取改良禾稻新品种的方法，改良当地的传统经济作物 12 余亩，平均每亩增产 100 千克。

第三章 用心支教，给孩子带来艺术启迪

以当地实际教育水平为基础，结合学院特色文化品牌——禾文化，为当地孩子们开展手语课堂、种艺画手工课堂等特色支教活动。从开始的“LUCKY”主题课堂，到 2019 年的“6 + 1 七彩课堂”，与实践地贫困家庭的学生建立了长久、可持续的联系，通过面对面交流、线上交流等形式，在学业、成长成才等多方面尽全力帮扶学生。

“禾”你共行爱途——赴愿。人生是花，而爱是蜜。白鸽奉献给蓝天，星光奉献给长夜，我拿什么奉献给你。带领小朋友看望村里的孤寡老人，在他们的心中播下尊老爱幼的种子。

“禾”你共享书香——德润。骄阳炙烤着大地，连同思绪一起飘逸，一时找不到心灵的静谧，此时唯有嗅着书香，才能使心神宁静。在“润禾”读书课堂，“闻鸡起舞、天道酬勤、邯郸学步、班门弄斧、入木三分……”勤劳敬业、脚踏

实地常常为世人所推崇，好高骛远、不求上进则常常为人们所摒弃。为了加深孩子们对成语的理解，侯圣玺以小故事形式为孩子们讲解成语寓意，故事环环相扣，代入感十足。他从正反两面选取成语，正面宣扬正能量，鼓励孩子向其靠拢，反面指出不足，以警示孩子。一堂课下来，孩子们聚成一团，与同伴继续回味在故事中，纷纷表示要做一个刻苦的孩子，努力学习，走出大山，做一个对社会有用的人。

“禾”你共绘漫画——逐乐。通过漫画的形式向小朋友讲述有意义的故事，介绍有故事的英雄，让小朋友在漫画中寻找共鸣，感受现实生活中缺失的情感，拥有多彩的生活。“乐禾”四格漫画主要以四格漫画为主要构成元素，通过可爱的漫画人物、诙谐幽默的语言、贴近生活的小故事记录着实践生活的点点滴滴。乐禾课堂上，孩子们全情投入其中，队员们鼓励他们用自己的艺术创造快乐。

“禾”你共赏曲艺——享韵。绕梁三日，余音不绝，欢快洒落在心窝里，音乐与舞蹈的韵律是生活中不可缺少的，它可以净化心灵，让我们共享曲韵，追逐梦想，奏响生命的乐章。培养有理想并热爱艺术的人是韵禾艺术团坚守 7 年不变的初衷。韵禾小课堂上，队员的歌声赢得孩子们的热烈掌声。让大家体会韵禾艺术团的激情与个性。“我和你一样、一样的坚强、一样的全力以赴追逐我的梦想……”一首充满正能量的《和你一样》响亮整个教室，这不只是为了唱歌，它所弘扬的是一种态度，一种精神。

“禾”你共阅报刊——识稼。虽说追随科技，接轨时代，但在科技高速发展的今天，大家仍不能忘记信函对于中华民族的意义，它不仅是传统文化的见证，更是“从前慢”那个年代最典型的例子。课堂上孩子们每人一张信纸和一个信封，大家用文字和绘画的形式给未来的自己写了一封信，孩子们将自己的梦想封锁在信封里面。我们开展的“一封信”课堂目的是让孩子们从小就在心底埋下一颗梦想的种子，逐渐伴随着孩子们成长。

“禾”你共演手语——倾心。花开无声，手传温情。手语，是温暖人心的一种沟通桥梁。“如果说你是海上的烟火，我是浪花的泡沫，某一刻，你的光照亮了我……”心禾成员们为同学们带来了手语表演，在《追光者》的音乐里，孩子们更能感受到手语的魅力。队员们满怀热情与决心，让大家在活动乐趣中感觉到集体温暖。孩子们，尤其是女生，对手语课表示了极大的热情与兴趣。孩子们手上的每一个动作，都像是他们对未来无声的祝福，希望他们能够坚定不移地向更宽广的世界前进。

红色铸就七彩希望。红色文化是中华民族在历史锻造中形成的民族灵魂，是国家和民族的宝贵财富。年轻一代承载着民族的希望，是民族精神的传承者。

为增强孩子们的爱国意识，实践队为当地孩子举办了升旗仪式，同时向爷爷发出真挚的邀请。但考虑到爷爷腿脚不便，队员在升旗仪式当天带领优秀少先队员来到爷爷家中，由爷爷亲自为少先队员戴上红领巾。少先队员和张爷爷相互敬礼。张爷爷向新青年提出两点要求：一是热爱祖国，时刻把国家放在首位；二是努力学习，争做国家的栋梁之材。少先队员表示定不负张爷爷的期望。

在西七里河村支部大院里举行的升旗仪式在孩子们的内心播种下了一粒红色种子，滋养孩子们的心灵，增强孩子们对党、对国家、对人民的基本认识和朴素情感，为形成良好的世界观、人生观、价值观奠定基础。

后记

记得我们刚到当地的第一天，一个小女孩跟我说："姐姐，这是我第七年来你们这上课了，这是我每年暑假最开心的时候了"，看着孩子天真的笑容和奶奶的双手，让我明白了何为初心，为何扶贫，更明白我们当代农学人身上的担子。

老师和实践队员对于西七里河的坚守，正是我们农学人对初心的坚守，是一代代农科学子对当代青年使命的担当。我们从前辈们手中接过扶贫兴农的接力棒，这不仅仅是情感的传递，更是责任的传承，是初心的守护。

作为新时代的青年，我们是祖国建设的中流砥柱，要时刻明确自己的使命，努力奋斗；作为新时代的农科学子，我们要争做懂农业、爱农村、爱农民、有理想、有本领、有担当的"一懂两爱三有"新型农业人才；作为130万农林师生的一分子，我们要牢记习近平总书记对我们的殷切期望，为打赢脱贫攻坚战、推进乡村全面振兴贡献青春力量。

实践队员与当地的孩子们共同举行升旗仪式（摄影人：郝晓宁）

（王一娜　郝晓宁　文）

情满齐鲁　爱洒田间

赴五支刘村实践团爱心助力贫困家庭（摄影人：李璐璐）

朝阳携着黎明，落日伴着余晖，天空坠着烈日，田野散着幽香。沿着时光的脉络，寻着枫叶的纹理，忆起 5 年来的幅幅画面，如在眼前，清晰如昨天。一群一腔热情心怀农业的农科学子从理论到实践、从校园到田间，学以致用，用科技助力美好生活，初心闪耀，将真情洒满清香田间。自2016年启动全国农科学子联合实践行动以来，山东农业大学农学院精心组织师生团队，勇挑重担，先后派出12支联合实践小队，100余支“三下乡”团队，指导教师150余人次，1 300多名农科学子走进700多个村庄、100余家企业，回收调研问卷万余份。在实践中聚焦实践地的农业生产难题、农民增收矛盾、农村留守儿童教育问题等，用实际行动书写美丽青春。

第一章　“余”风长存，精神永续

有这样一支队伍，他们沿着小麦栽培学奠基人余松烈院士在山东省枣庄市滕州市级索镇农村实践的足迹，探寻“半世辛劳付热土，一生情怀系麦浪”的崇高精神。余老常说：“学农，就要到有农业、农村和农民的地方去。”而他这一辈子也是这么做的。

伴随着悠悠麦香，大家走进级索镇余松烈院士小麦科技馆，在那古朴的建筑中，仿佛看到一代代艰苦卓绝的农学人忙碌耕作的画面。余院士在滕县5年，有计划、有组织地安排小麦精播高产试验，集成创新了冬小麦精播高产栽培技术。1978年，他的“冬小麦高产栽培的理论分析”获全国科学大会奖。他的努力付出为滕州农业做出了极大贡献，创造了当时北方冬小麦高产纪录。站在历史和未来的交接处，老一辈农业教育家的艰苦奋斗，矢志创新，一心为民的精神不断地涤荡着大家的心灵。

如今的级索镇，农业基础优越，建有小麦良种产业化基地15万亩，年外调小麦良种300万千克，被农业农村部命名为全国优质小麦丰产区和全国玉米高产示范区。“为了守护国家的厚爱，为了余院士点点滴滴为滕县的付出，也要将粮食安全这一国家命脉守护好！”级索镇孙镇长说道。

坐在院士生活的小院里，想象着余老曾经在此与农民一起吃喝同住，守护着高产精播的信念，过着“日出而作，日落而息”的生活，日复一日坚守在生产一线，麦浪滚滚，烈烈我心，有些感动与情怀在切实体会后才会时刻铭记于心。走过院士工作的试验田，感受着炎炎烈日，脑海中不由地想起40年前余院士在这里耕种研究的各种艰难困苦。40年后的今天，同一试验田，我们青年一代，重走院士路，感悟那份情满齐鲁，爱洒田间的大爱，感受那份心系农民农村生产的赤子之心，斯人已逝，余风长存。

我们将永远铭记，那块麦田，那缕“余”风。

第二章 “人才+科技”，助力乡土乡村

习近平总书记给全国涉农高校的书记校长和专家代表的回信中提到，农村是充满希望的田野，是干事创业的广阔舞台，高等农林教育应培养更多知农爱农新型人才。在山东农大有这样一群人，他们是山东省公费农科生，为基层开展农技推广服务，用知识和汗水担负起强农兴农的使命。

难以忘记2019年夏天的酷暑难耐，首批公费农科生组建团队抱着对基层农业的未知与好奇，走进服务地济宁市汶上县，开展调研与交流，用赤诚与激情为小县的这个夏天带来不一样的热烈。为尽快了解当地对农业技术的需求，到达汶上县后，团队立即前往鲁迎种植农民专业合作社等四个龙头合作社交流学习。合作社负责人说：“目前汶上县种植传统大田作物的合作社很少，绝大多数合作社由于产值问题都相继进行了转型，转为种植甜瓜、葡萄等果蔬产品。”及时转型虽然取得了收入上的提升，但大家都反映合作社存在技术人员匮乏的问题，缺少防治甜瓜白粉病、葡萄霜霉病等病虫害的技术，各合作社经济效益受到不同程度影响。

走得越远，听得越多，越发现基层对农业技术的渴求很高。在汶上县坤达农机站，赵斌老师为当地农户带去科技讲座，得到了农户们的热烈响应。“赵老师，我们家的玉米叶子黄了许多，会不会影响玉米的收成啊?”“每年我们合作社的20多亩甜瓜都会在这个季节受到白粉病的影响，怎么能根治啊?”炎热的天气没有影响农户们求知的渴望，此时此刻到场的同学们深刻地感受到这种被需要，能够帮助更多人解决种植生产中的实际问题是多么的有价值、有意义。

也许同学们的力量还很弱小，也许他们还没有长成参天大树，但是大家奉献农业、扎根基层的脚步和梦想却从未停歇。2020年春天，这个漫长的寒假，带给同学们的是焦急的等待和不停的探索，如何能够在疫情期间帮助农村解决实际生产难题。

2月底开始，同学们与专业老师互动开启“科技支农云助力”模式。2018级公费农科生陈思所在的山东省泰安市东平县新湖镇小河崖村陈庄的小麦种植户陈

大哥遇到了个难题，陈大哥的麦田里麦穗高低不齐，怀疑野麦子太多，担心会减产。陈思拿起手机，与学院小麦栽培专家王东老师在麦田里连线解决这个难题，王老师仔细询问了陈大哥的小麦种植情况，了解到这块地的小麦播种期是2019年10月7日前后，一亩地投入20多千克麦种，一般往年亩产量在550～650千克。王老师通过视频勘察苗情，给出诊断”结论：陈大哥在播种时品种纯度不够导致麦苗混乱情形，同时因播种量太大，导致麦苗过密，长势不均，王老师就正确的种植和管理方式与陈大哥进行了深入交流。

为切实帮助农村、农民解决农业技术难题，每隔一段时间，在基层一线的同学们就将收集到的问题与学院老师进行线上沟通和处理，用行动传递温情。疫情期间，60多位同学陆续将身边的农业难题通过连线得到解决。

因为热爱，他们希望让青春之花绽放在祖国最需要的地方。因为热爱，他们希望在“基层”这片广袤的土地上，给年轻的力量注入活力，为美丽新农村建设增添别样的光彩。

第三章　走过的每一步，都算数

几年来，东平的玉米田、蔬菜大棚、农资门市部、县农业局农技服务大厅、县农科所及滨州阳信县水落坡镇五支刘村、滨州中裕食品有限公司都留下了学生们的身影，也留下了学生们的汗水。这激发了学生们的学习激情，坚定了学生们科技助农、助力乡村振兴的决心。玉米田间，戚菊峰、沈自芳两位同学给农户讲解玉米穗期田间管理技术的时候，有人拿着玉米病害植株和田间捕获的虫子问如何防治时，把处在三年级尚未学习相关知识的她们难住了，也使整个团队的同学了解到作为一名农业生产技术人员需要了解方方面面的知识，不仅要学习作物育种、作物栽培，还要学习其他涉及作物生产各方面的知识，增强知识储备。当天晚上，他们回到驻地就积极与植保学院的老师联系，了解当时玉米田间病虫害的主要发生种类与防治技术，又学习课本、查阅网上资料，制作了玉米田间植保技术指导宣传单向农户发放。在滨州中裕食品有限公司，实践团队听取尹经理给大家介绍公司如何经过17年的发展，由一个只有46名职工的小型面粉厂，发展成为拥有固定资产20.62亿元，职工6 000多人的山东省农业“新六产”示范企业。如何通过“公司＋基地＋农户”的形式，推广种植优质小麦，实行“五统一”和

"三免一加"管理模式，使公司小麦年加工能力达到100万吨，年产挂面42万吨、谷朊粉6万吨、特级酒精10万吨，速冻、烘焙食品各2万吨，年出栏生猪30万头，年繁育仔猪100万头的。中裕食品有限公司的小麦全产业链生产模式让大家看到了农业发展的良好势头、广阔前景。

——赴朝阳庄、五支刘村实践帮扶团指导老师刘鹏回忆

在沂蒙革命老区这片有着红色基因的热土上，我和团队同学们一道，发扬新时代泰山挑山工精神，勇挑重任。四年里，以临沂市莒南县北小官庄村为基础，以点带面，从北小官庄村扩展到大店镇、筵宾镇，再进一步扩大到莒南县、郯城县等县市区，整体调研了临沂市的强筋小麦产业发展情况。通过调研优质强筋小麦的种植管理、销售、加工和产品销售等环节，明确了区域强筋小麦的产业发展情况及突出问题，并针对各环节现状的优化或改善提出了意见建议。

产业振兴是乡村振兴的基础，同时也是促进农民增收、助力贫困户脱贫的有效途径。应用优质强筋小麦的提质丰产增效、减肥减药综合栽培等技术，北小官庄村及团队服务的多个优质强筋小麦生产点新型经营主体和小农户亩均节本增收120.8元，有效提高了种麦收益，助力贫困人员脱贫。同时，雨露计划的实施也帮助贫困家庭的孩子接受更好的教育资源，促进了众多农村学子可以到大学继续深造。生态宜居是乡村振兴战略的重大任务。调研中发现，经过近年来乡村振兴和精准扶贫战略的实施，农村环境越来越好，厕所革命、废弃秸秆和畜禽粪便利用等技术的推广、清洁能源的大面积应用，有效改善了农村人居环境。走过的这四年，我们难以忘怀那些逐渐舒展开的笑靥，那些难以言表的喜悦。

——赴北小官庄村实践帮扶团指导老师代兴龙回忆

山东省菏泽市单县是国家贫困县，单县莱河镇贫困村和贫困人口多，是团队确定的重点帮扶对象。山药种植是莱河镇的传统产业，结合专业知识，我们确定立足山药产业开展科技服务和帮扶工作。从调研了解到指导帮扶，从理论到实践，从课堂到田间，从田间到实验室，脚踏实地，一步一个脚印，一路走来，深切感受到乡村脱贫振兴对科技和人才的极大需求，深切感受到了农业、农村和农民又一年发生的巨大变化。作为指导教师，我有几点体会。

第一，农民在思想上得到了极大的解放和进步，对科技的认同感不断增强。第一年给村民发科学种植宣传材料和组织讲课，大家的积极性不高，但到第二年、第三年的时候情况逐步发生了变化，积极性有了很大提高，有的甚至带着田间采来的发病植株想问个究竟，有的讲座后直接把老师请到田间进行针对性的指导。村民的这种变化是因为从我们的指导中获得了实实在在的实惠，产量提高了，成本降低了，产品质量更好了，几年下来，农民已经变得乐于接受新知识、新技术。扶贫先扶智的正确理念在我们的实践中得到了充分体现。

第二，实践活动促进了山药销售方式大变革，提高了农户收益。2016 年暑期调研的时候，种植面积大量增加，种植户对山药价格还是很满意的。然而到 2017 年春天时，山药大量滞销，山药难卖成了种植户遇到的普遍难题。团队得知这一情况后，立即组织讨论，确定将 2017 年度的工作重点放在帮扶山药销售上。经过团队不懈努力，如今网络销售已遍地开花，莱河山药销往全国各地。

第三，促进贫困地区可持续发展，实现乡村振兴是我们始终如一的追求和使命。根据调研，山药在种植、储存中大量使用化肥和农药，种植户观念是宁可过量多施也不能让山药沾染病虫害和腐烂，这种思想观念严重影响了产品质量安全，也造成了环境污染，最终影响当地山药的声誉和销售。针对这一问题，2018 年我们重点开展了山药绿色发展理念和绿色种植技术宣传，如今绿色发展深入人心，山药的安全和质量显著提升。同时我们也积极宣传和引导当地开展山药深加工，延长产业链，促进可持续发展。专门组建药食同源创新创业团队，开展山药产品研发工作。2019 年团队针对产业发展问题，调研大型农产品加工公司和合作社，把调研成果形成宣传材料带给了当地农业主管部门，送到了农民手里，为当地山药产业发展打开了一扇新的大门。我们也期待着山药深加工产业在那里生根、发芽、成长和壮大，成为助力莱河可持续发展的主力军。

——赴莱河镇实践帮扶团指导老师房信胜回忆

第四章　爱心接力，精准帮扶点亮未来

那一年我们发现了亚萍、兆健，一位因为家庭贫困打算上完初中就去打工，另一位是因为脑瘫久未上学，家庭多人残疾、贫困潦倒。对于亚萍，我们发现首先是心理上的障碍，这个女孩较为敏感，对学习产生了厌学情绪，家里父亲也是

听之任之，决定不再让其继续学业。团队成员对其一家进行了心理上的疏导，并答应与亚萍建立长久的帮扶联系，不仅是书籍和生活上，而且在精神思想上，只要有需要一定给予力所能及的帮助。最终亚萍考上了一所高中，我与她一直保持联系，已然成了她的一个知心朋友，2020 年她即将高考，正抓紧复习，祝她考一个心仪的大学。对于小兆健，那年我们联合当地政府人员、单县电视台到兆健家慰问并发放慰问金，莱河镇民政所也当场表示加强对许兆健一家的救助力度，扶贫金额从每年的 3 000 余元增至 6 000 余元。现在再想起那残破不堪的庭院、两眼无神的目光，还是很难受，幸而一切都在变好，我们虽力薄，却做了该做的。也相信 2020 年，他们的家庭一定会和全国贫困户一道，如期脱贫奔小康。

每年我们实践的时间都在 7 月中下旬，正是一年中最热的时候。每天早晨不到六点便要出发调查访问宣讲，晚上回到住处整理数据、撰写材料、及时发稿，往往要到凌晨。

很庆幸大学里有过这么一段时光，它不仅没有被荒废，还因为被赋予了某种意义而显得熠熠生辉。还记得离开莱河的前一天晚上，我彻夜未眠，在院子里静静地看着那片天空、那块土地，写下了这样一段话："今时相聚，莫道不是缘。"莱河已成为我们青春的一个印记、一次相守、一段回忆。作为一名农科学子，我们曾携手为这块热土贡献了力所能及的力量，我们曾在一次次团结互助中获得成长。

——2017 年、2018 年赴莱河镇实践帮扶团队员路官正回忆

结语

最难走的路通向最美的风景。时光荏苒，老师和同学们携手冒酷暑、进乡村、入农户、下田间，将科技的种子播撒在齐鲁大地上，用奋斗的汗水，激发起每一个雄心勃勃、奋发前进、献身农业的决心和斗志。联合行动实践团里的同学们返校后，学农爱农热情高涨，60 多名同学考取中国农业大学、中国科学院遗传所等高校院所从事农业科研，为将来更好地回馈和反哺未尽的科技支农事业不懈努力和奋斗。作为新时代的农科学子，"以其所学，还于乡村"是义不容辞的责任，助力精准脱贫，服务乡村振兴，我们一直在路上！

疫情期间师生连线帮助农户解决小麦种植管理难题（摄影人：许超）

（尹昌美　程璐　许超　刘鹏　房信胜　代兴龙　路官正　文）

祖国需要处　皆是我故乡

“走进乡土乡村，助力精准扶贫”云南洱源实践调研走访（摄影人：高艳华）

每年 7 月，有这样一批上海交通大学农科学子，怀揣着憧憬与希望，初心与担当，从国家的经济中心，随着一趟趟呼啸而过的列车融进全国各地不同的县乡村、山区、林间。上海交通大学农业与生物学院自从加入“走进乡土乡村，助力精准扶贫”全国农科学子联合实践行动以来，2016—2020 年，5 个年头，6 支队伍，50 多名朝气蓬勃的青年大学生，用双脚丈量滇黔豫蜀四省乡土，把汗水洒在十余个贫困县村的地头田间，用知识去承载启航当地儿童的梦想，用心灵去观察倾听农民的真实境况。作为交大人，我们把青春融入祖国的山河，作为上海市唯一涉农高校的农科学子，我们始终心系“三农”，不忘初心，在每年盛夏时节，带着共同的思考与愿景，走进贫困地区，走向乡土人情。

“务农重本，国之大纲。”作为一个农业大国，自古以来农业就是我们国家国民经济的重要组成部分。如今，用10%的土地，养活世界上约20%的人口，这样的历史性、世界性的壮举正是由世世代代生养呼吸在这片土地上的人民所创造的。然而由于历史和自然的原因，我国各地区之间和地区内部的经济发展很不平衡。全面建成小康社会，我们必须完成的最艰巨最繁重的任务还是消除农村贫困。“哀民生之多艰”对于农科学子而言，不应只是在校园的舒适圈中了解新闻的一句感叹，实践才能出真知。不接触，不能体会农民的辛劳；不实践，不能感受真实的困苦；不深入，不能了解政策的利好。

身为当代农科学子，必须肩负起时代的重任和使命，将习近平总书记精准扶贫系列讲话精神用心领会，把脚印踩进贫困地区的泥土里，把当地人民的生活现状刻画进自己的眼睛里，把农民的真实心声转化为思考与行动，将政府扶贫政策的落实与反响情况反馈与公开出来。我们只有通过深入的了解，深刻的体会，才能将志愿服务“三农”转化为行动和信念；只有脚踏土地，亲近农民，才能仰望到乡村振兴的灿烂星空。秉持着实践求索的态度与情怀，利用好我们的专业知识和态度，到国家和农民需要我们的地方去，这是每一个农科学子都应该去做的事。

穿行在时空的隧道，将时间定格在每年的7月，连续5年，饶是夏日炎炎似火烧，仍有一群学子兢兢业业、奔波在祖国的东海之滨和西南边陲。往往在深夜，我们登上西向的火车，它像一头不知疲倦的耕牛载着我们消失在无尽的黑暗中，离开灯火璀璨的上海，带着相同的目的，奔赴不同的贫困地区。火车有节奏的轰鸣声、车厢中嘈杂的交谈吵闹声，还有对遥远的目的地的憧憬和遐想，都使人久久不能入睡，漆黑的铁轨边偶尔会突然出现几户零散的人家，屋里亮着几盏孤独的灯。他们生活得怎么样？如何才能让他们生活得更好？我们到底能做些什么发挥多大的作用？一个个问题反复激荡着我们的神经与内心，我们在一次次亲身实地的实践中寻找着方向和答案。

第一章　洱源情思源梦，新人旧情代代相传

“苍山不墨千秋画，洱海无弦万古琴”。云南，一直是很多人魂牵梦绕的地方，经过两天的奔波，我们才能到达目的地——云南省洱源县。截至 2020 年学院已是连续 5 年前往洱源县开展不同形式及方向的社会实践活动。

上海交通大学与洱源县虽然远隔千里，但是隔山隔水不隔情，根据教育部定点联系滇西边境山区工作总体方案部署，上海交通大学承担云南省洱源县定点帮扶任务。2018 年，洱源县顺利通过国家考核，完成“脱贫摘帽”阶段性任务，成为云南省首批脱贫出列的县。上海交通大学坚持“摘帽不摘责任，摘帽不摘政策，摘帽不摘帮扶”，巩固脱贫成果，防止返贫的原则，持续发力，创新帮扶举措，加大帮扶力度，继续深入推进定点帮扶云南省洱源县各项工作，设立“心”“行”“梦”“恒”四个专项帮扶基金，围绕教育、医疗和产业三个方面，系统开展帮扶项目，2019 年选派学院教授许文平任洱源县新一轮挂职副县长。在到任的两个月里，许文平教授实地踏勘走访，完成了全县 6 个镇、3 个乡的种植业调研，撰写专门调研报告，系统分析洱源县种植业结构、存在不足和解决思路，大力推动洱源县产业结构调整和升级，提升洱源县自身“造血性”发展潜力。

在洱源，海拔两千多米的狭窄山路上，时而会有牵着牛羊的农户迎面而来，他们黝黑的脸上上总是能泛出淳朴友善的笑容，坚毅而略显憔悴的面孔充满着好奇与疑惑。细节处见人心，一个干瘦黝黑的老爷爷牵着水牛朝我们走来，佝偻着的瘦小的身躯上还扛着一把显得格外大的锄头，针似的银发下的脸沟壑纵横，诉说着岁月的沧桑，看到我们一行人后，他热情地和我们打招呼，坐在村口石头上和我们寒暄几句后，老爷爷便牵着他的牛咳嗽着向村庄深处走去。而在村民们的家里，随处可见漏雨的屋顶、漏风的门窗、简陋的桌椅板凳和破旧的家具，他们没有现代化的厕所，没有洗澡间，没有大多数城市里常见的日用电器，一盏台灯对他们来说已经是奢侈品。平时的主食是土豆，只有逢年过节才会吃米饭，一般吃的都是素菜，自己地里摘的。今天因为我们的到访，村委会主任特意去镇上买了两斤猪肉。望着桌上的米饭和猪肉，我们久久不能释怀，连吃饭的动作都慢了下来。

一方水土养一方人，无论村子里的男女老幼，在交谈接触中总是充满着朴素

勤劳的品质，处处透露着一种淳朴的热情与善良。虽然调查问卷设置的问题很多，有些甚至比较晦涩，但是每一位受访者都很耐心的回答问题。由于语言的障碍有时双方很难明白对方的意思，受访者还是不厌倦地回答我们的询问。许多贫困户村民甚至会主动和我们聊他们的生活，话语间流露着的有对现实的无奈，但更多的是对国家、社会的帮助的感激。在唠家常的过程中，我们真正走进了农户的心里，想之所想，了之所愿，为他们顽强的精神所折服，也为他们所设想的美好未来而感动。

作为国家扶贫开发工作重点县、滇西边境连片特殊困难地区片区县和云南省12个首批脱贫摘帽县之一，洱源县把脱贫攻坚作为头等大事，举全县之力，拔穷根铺就脱贫致富幸福路。每个贫困乡、贫困村都有明晰的扶贫作战图，标明扶贫措施、脱贫时限、责任人等信息。县、乡、村层层签订“军令状”，优秀干部分赴贫困村任第一书记，一村一个工作队、一户一个责任人，精准入户结对帮扶，确保“精准扶贫，不落一人”。洱源县郑家庄在2015年被中央精神文明建设指导委员会授予第四届“全国文明村镇”荣誉称号，是一个由汉、白、藏、彝、傣、纳西、傈僳7个民族组成的典型的多民族聚居村。虽然众多民族杂居，但是各民族世代相交，相濡以沫，和谐发展，团结共进。该村在政府相关政策的实施下，由村主任带头，种植收购中草药，多年来，不断奋进，坚持努力，使全村村民的生活水平发生了极大的改善。令我们印象最深刻的就是郑家庄墙上的标语：“我为全村守一天，全村为我守一年”，因为郑家庄以前频发偷盗、作奸犯科等恶性事件，于是村民们想到了每户人家轮流值班、巡逻等的方法，这种心往一处想、劲儿往一处使的念头，促使着郑家庄的村民齐心协力改变着自己的生活，这是集体精神带动个体奋进的最好案例，也是众多贫困地区所缺乏的精神。

在群山之中停下脚步，倾听那风声、那鸟声，那自然万物的耳语；欣赏那山上草原、那天空、那云海美景。身处大山之中，身体的每一部分仿佛都融入了大自然。柱子一般矗立在大地上的山峰之间，田野绿宝石般镶嵌，山峰上几头牛羊心无旁骛地吃草，不理会仅隔几步的悬崖万丈。田野中，农人在阡陌上往来，有的挑着担子，有的赶着水牛，还有烂漫的小朋友野马似的追逐嬉戏着。在如此艰难的条件下，洱源人以坚毅的品格开创出了自己的一片天地，顽强地在这片神奇的土地上扎下根来，繁衍生息，用辛勤的劳动养活自己，不需要旁人的半点怜悯和同情。这种对生活的希冀与热爱、对美好生活的向往，激荡着我们的心灵。我们在这里看到了许多交大人的身影，切实地看到了贫困地区在基建、教育、医疗、产业发展上相对落后与绝对进步的现状，体验到当地的民情风俗和饮食文化。洱源县或许可以作为中国众多贫困县在扶贫攻坚战中的一个小小的缩影，可以代表这一场正在中华大地上轰轰烈烈进行着的、前所未有的脱贫历程。许多世世代代生活在贫穷之中、不敢奢望未来的人们，终于有了这样一次历史机遇去追赶早已迈入现代化的东部沿海地区。通过这一个地方，去思考中国未来的发展和青年人的责任担当。

第二章　扶贫扶志扶教育，希望在泥土里坚定地萌芽

调研和支教在实践中持续交叉进行着。在洱源县的炼铁乡，脱贫工作需要的不仅是农业和工业的发展，更是观念的脱贫，教育的脱贫，这也证实了洱源县正是我们能发挥自己所学所得的地方。当了解到当地具有数十年历史的学校，面临地震破坏、年久失修、难以为继的窘境时，当我们听到当地百姓在资金不足的情况下仍维系着学校不被撤销时，享受着交大优质教育资源的我们受到了巨大的震动。驱车两个小时到达山顶时，才发现原来在山脚下看到的大山中竟然还有着这样的一片“世外桃源”。土坯房，牛羊，老人，孩子，村庄尽收眼底，如此的简单、纯粹。走进这里唯一的小学，看着无忧无虑的孩子，心中却带有一丝悲伤，不是因为学校的环境有多差，也不是因为孩子们的穿着，而是因为他们中的绝大多数并不能在这样的校园里待多久，由于生活所需，他们会被硬生生地从这里拉走，被强行拉上父母亲年复一年的务农或者外出务工道路。看着那一个个天真烂漫的孩子，难以想象他们以后走上工地搬砖拉车时满脸辛劳沧桑、佝偻蜷缩着的背影。在面对我们所讲解的知识，接过我们募捐的物资时，孩子们的兴奋与眼里的光是那么的强烈，虽然他们生活在大山之中，却从没有放弃对外面世界的憧憬和期望，他们明白“再穷不能穷教育”，他们希望明天会更好，期待用自己勤劳的双手能创造更加美好的未来。

而在与洱源同属云贵高原的贵州，有些孩子就没有那么“幸运”了，不同于物质的匮乏，重要角色和观念的缺失才是更为棘手的。在贵州的大山深处，我们遇见了这样一群孩子，他们的世界没有高楼大厦，没有车水马龙，但是在这群山

环抱，白墙灰瓦之间，他们呼吸着最干净纯洁的空气，守护着他们心中最美的梦。贵州省遵义市务川仡佬族苗族自治县石朝乡，是贵州省新阶段100个极贫乡镇和遵义市17个重点扶贫乡镇之一，因扶贫工作的深化展开，政府统一规划建房，石朝乡的贫困村民基本上都迁到了统一建房区居住。由于务农收入微薄，难以维持生计，村子里的青壮年大都选择外出打工，孩子留在家里由爷爷奶奶照顾抚养，因此石朝乡留守儿童占比大，高达60%。在给当地孩子们上课时逐渐发现半数以上的孩子完全没有主动学习的意识。由于缺少家长的教导，他们不知道学习的重要性，普遍对学习存在排斥心理，很多孩子不会听课，甚至在上课期间还会跑出教室玩耍，对学习是非常抗拒的。相较于其他较发达地区的孩子们而言，贫困地区的留守儿童真正缺乏的是对学习的热爱和要学习的意识，而追根溯源，留守儿童问题还是由于落后地区沉重的经济压力，所面对的没有选择余地的选择。

教育所带来的效益和改变不是立竿见影的，但是对于长期的思想转变至关重要。在与孩子的接触中我们发现一些孩子或天资聪颖或踏实稳重，但由于教育环境和家庭原因对学习没有正确的认识，没有良好的习惯。这些孩子大多是留守儿童并普遍为非独生子女，许多孩子非常敏感，缺乏关爱、倾听与正确的指引。来到这里的每个队员都清楚，我们不过是众多志愿者中的一员，短短十来天，无法提高孩子们的学习成绩，我们更希冀的是改变他们对于学习无谓的态度，更期盼在他们心中埋下希望的种子，哪怕只有一丝一毫，都叫我们欣喜不已。我们所做的只不过是千千万万支教团队所行之事，但我们仍旧愿意相信，一石激起千层浪，团队的所作所为不会白费。

7月份的上海，太阳亮得耀眼，吴越软语道不尽繁华与喧嚣。7月份的石朝乡，细雨迷蒙绵长，盘山公路弯不尽宁静与狭隘。支教团转山而上，去打破空间与思想上的闭塞，去弥补山里孩子教育资源的匮乏，抚慰他们心灵的孤寂。希望我们在每个夏天所做努力，能够像夜空中的点点星光，即使不能驱散阴暗，却可以点亮黑夜，带给孩子们爱与希望。在泥土中播种一颗希望的种子，用耐心与关怀持续滋润，直至冲破黑暗，坚定的成长。这条路道阻且长，从一次定点捐助、一批对口帮扶到一个支教老师、一堂趣味课堂，一点一滴，汇聚成河，其中需要各个方面的资源和人员、政策的大力扶持配合，还需要思想观念的一次次引导与树立。扶贫工作仍在如火如荼地进行中，其中的一系列建设、补助措施只是“授人以鱼”，如果要实现真正的脱贫，就必须要先实现精神上的富足，教育就是一个“授人以渔”的过程。

在实践的路上，你看得见“劳动力丧失”“放弃医疗救治”“鳏寡留守”的现实，也看得见国家、政府、基层干部的大力扶持，更看得见一双双向往美好生活的眼睛和勤劳的双手，精准扶贫不是一句口号，乡村振兴不是一个空想，这里始终有无数热忱的青春气息在喷涌向前。5年只是一次记录，洱源扶贫攻坚战依然激烈地进行着，扶贫干部们依然在山间的路上挥洒着汗水，下一批援滇人员又将在这片土地上践行交大人的责任，更多的年轻热烈的心扑在定点支教帮扶与乡村教育上，无数农科学子正持续关注乡村振兴的举措与反响。在志愿投身“三农”的农科学子心中，实践精神的传承与心系乡土的情感寄托，激励着我们不断前行，永不停歇，祖国需要处，皆是我故乡！

书香山行——贵州遵义暑期支教夏令营营员与当地学生合影（摄影人：罗渝宵）

（遇瑶　文）

筑梦之曲　向阳而歌

队员们和孩子们一起画画（摄影人：程雯曦）

“薪火相传十四载，初心不变始如一”，扬州大学阳光协会暑期支农支教团，以脚踏实地的学习态度、孜孜不倦的前进精神，恪守“坚苦自立”的扬大校训，用一个灵魂陪伴一个灵魂，用一个梦想唤醒一群梦想。我们笃行习近平总书记的殷切期望，感悟时代精神、紧跟时代步伐，自觉按照党和人民的要求锤炼自己、提高自己，志存高远、德才并重、情理兼修、勇于开拓；我们牢记习总书记的深情嘱托，勇做走在时代前列的奋进者、奉献者，让青春在实现志愿情怀的接力奔跑中展现蓬勃英姿。

自 2016 年起，全国农学院协同发展联盟开展“走进乡土乡村，助力精准扶贫”为主题的全国农科学子联合实践行动，每逢暑期将至，扬州大学阳光协会便向全校征集志愿者，走进大别山，支农支教，助力扶贫。如今已是 2020 年，是全面建成小康社会的决胜之年，联合实践行动也步入总结阶段。14 年来，支教团队的志愿者们，改善了大别山的教育与农业情况，同时助力乡村扶贫与振兴战略，聚焦大别山贫困户问题，努力用大学生的力量来改善人民的生活。

在大别山的青山绿水间，叙写的是车马很慢、书信很远的大山情致。阳光协会支农支教团，用脚步丈量每一寸乡间小路，用耐心、真诚和热情，书写一段段助人渡己的支教故事。2020 年是一次总结，并不是结束，支教的精神不仅仅是给予，更是传承——最初踏上这片土地的支教队员们早已毕业，但总有年轻身影奔赴大山，这方最需要他们的净土。

第一章　薪火相传，初心不忘

“我的老师是个盖世英雄，总有一天他会坐着长长的火车来到我的身边。”

从 2006 年阳光协会带领支教队员们第一次走进大别山起，爱心就不仅仅存在于课堂，更体现在针对性家庭辅导、素质拓展训练等多种活动中，去更深层次地、更有针对性地了解山区儿童，为需要帮助的孩子及家庭提供帮助，你们快乐成长，我们守护童年。这也是用我们无悔的支教青春书写爱的最好篇章。阳光协会支农支教团的这群人，来自不同的地方，学着不一样的专业，却有着共同的心愿。我们来了又走了，走了又来了，一届届传承陪伴。我们与大别山相逢相遇相知，亦师亦友亦亲人。我们坚信即使支教只是短暂的二十几天，但带给孩子们的力量是永恒的，是一份终身的启迪。我们突破传统课堂的桎梏，创新梦想课堂，将“舞台”留给孩子，实现有效交流，在孩子的成长中带给他们鼓励，帮助他们培养自信，树立正确价值观；我们通过小游戏，讲解自救常识，我们希望让孩子们在快乐中学会保护自身，茁壮成长；我们有丰富的课外活动，笔尖下，孩子们描绘童真，伴着天真无邪的笑脸，这是正在火热绽放的生命姿态，耀眼而绚烂……曾经惊慌无措的“支教小白”，在教学相长中早已成长为经验十足的“孩子王”。用行动汇聚爱的力量，将知识与希望的种子撒向每一个角落。14 年，阳光协会就像照进黑暗里的光束，引领着一批又一批的队员走进大山，又引导着一个又一个的孩子走出大山，追寻最真挚的梦想，寻找最精彩的人生！

第二章　授人以鱼，不如授人以渔

“老师，你会唱《小星星》吗？不会啊，那我教你好了。”

“老师，你会唱《小星星》吗？”

“不会啊！”

“那我教你好了。”

支教就是一场擦亮星星的旅程，伸出手，擦亮每一颗星。参与支教，才能体验初为人师的忙碌与答疑解惑的幸福，才会感知三尺讲台的魅力与阳光下的热忱。教学对于大部分队员都是初尝试，即便是师范专业的同学，也未真正地体验过在讲台前传授知识的过程。为了呈现最优课堂，培训前期，我们多次召开研讨会，集体学习优质示范课，合力总结授课注意点，做好充分备案。在真正教学时，我们关注的不是尽可能传授“多”的知识，而是如何教会孩子们“好”的学习方法与习惯。

有这样一个女孩，学习认真刻苦，可考试的结果却一直不理想。担任这个女孩数学老师的队员一直在教学中默默地观察她，发现她虽是高一学生，却从未记过笔记。其实随着学习的不断深入，便需要将知识点以及一些重点整合成笔记，以供复习巩固。女孩在学习的过程中并没有养成习惯，面对大量知识点融合在一起的考试，常常自乱阵脚。队员及时与女孩沟通，纠正她错误的学习习惯。在队员的悉心指导下，女孩的笔记既细致又全面，还利用空余时间整理了错题本。如此一来，女孩能够从容应对各项考试，屡获佳绩。

临行前，女孩偷偷塞了张纸条给这名队员，写着“原来我觉得自己很努力地学习，成绩总是不拔尖，可能是自己天资不如别人。但是这个暑假，您指正了我学习上的问题，这一定会让我在以后的学习过程中少走很多弯路。谢谢您！”后来这名队员也在回忆中写道“在她以后的路程中，也许正是因为这些，她的人生会多那么一点可能性。这于她、于我而言，都是一件很有意义的事情。”

我们怀揣着“传道授业解惑”的神圣使命，矢志做学校艰苦自立精神的传承者、乡村教育的筑梦人。我们始终充满斗志，我们虽只是星星之火，但我们期待未来的燎原之势。支教，是一种使命、一种奉献、是中国青年一代又一代接续奋斗的志愿情怀和责任担当的体现。

第三章　伴你一起，远山织梦

“你我素未谋面，短暂相处的日子，有汗水，也有泪水，有欢声笑语，也有沉寂思索。当我踏上返乡的列车时，记忆中的二十几天，那些珍贵的课堂影像，梦幻般，浮现在我脑海，久久无法忘却。”

为了激励孩子们走出大山，团队特别开设了一堂班会，委婉生动地介绍城乡差异。孩子们高高举起双手，和我们分享他们的独特见解。令人欣慰的是，他们深知“少壮不努力，老大徒伤悲”。谈及“我们为什么要学习”这一话题时，他们一番具有前瞻性的回答令我们倍感惊讶：“当今人工智能技术发展太快了，如果我们不学习有创新性的技术，我们只能去做技术含量低的劳力工作，那样我们终将被机器人代替。”孩子尚且自主独立，作为支教老师的我们，更应伴他们一起，远山织梦。

夏天，是一个承载离愁别绪的季节，二十几天的支教生活转瞬即逝，上一秒还是风尘仆仆，下一秒就已坐上离开的火车，耳畔回荡着孩子们的嬉笑与山间莺啼；但夏天，正是果实积蓄力量，走向成熟的季节，感谢支教，让我们尽全力助他人，凭一心做自己；感谢支教，让更多天真且充满无限可能的孩子看到更多的可能，愿你们一直是简单、清澈、充满力量的追梦人。

第四章　这里阳光温暖和煦，是笑容开始的地方

“我们原以为是我们以支教的方式去帮助孩子，但后来发现，是他们带我们去看这个世界的纯粹与美好。”

奥地利哲学家维特根斯坦曾受托尔斯泰的影响，毅然前往乡村支教。也许我们不能如他那般有着奋不顾身的崇高，但我们也愿意尽所能地去带给孩子们更多的可能性。只有给一个故事以开始，它才有被续写为华篇的可能。在支教这场关于爱与梦想的故事伊始，主人公是每一个想要寻求突破的队员们，或许是出于好奇，想体验日常轨迹以外，又或者是对自己信念的简单实践，我们开始去了解这个神秘而又向往的概念；故事的结尾，主人公是这些单纯而对未来充满希望的孩子们。在大家的固有印象里，支教是稀奇少见的道德消费，是只能摆在电视节目橱窗里的阳春白雪。但阳光协会十几年来的始终如一让大家明白，支教并不是白月光，它是真切而可触碰的。

十余年来的支教实践中，无数的支教团队员们，迈着坚定的脚步走进了大别山，支教结束后又不舍地离开。山里孩子们的天真质朴是一座通往纯洁心灵的桥梁，我们开始明白，支教不是单纯地体验生活，增加阅历，而是实实在在能改变什么的。这次支教也不仅是珍贵的个人回忆，更是孩子们的指路明灯。我们衷心地祝愿，希望这些尚且稚嫩的孩子们能来到更广阔的天地，创造更光明的未来。

第五章　任云卷云舒，阳光总会普洒大地

“只要大别山需要我们，我们便即刻起航。”

时光荏苒，自从阳光协会开展支教活动以来，十四个年头白驹过隙，忽然而已。随着这些年支教实践产生影响的扩大，更多人愿意去了解，并积极参与其中，曾经的怀疑和不解，早已烟消云散。因为相信自己能为这些孩子们做些什么，一届又一届的支教团队员们才会不畏困苦，来到大山中；因为相信我们能改变孩子的未来，家长们才会毫无保留地将孩子们交付到我们手中，孩子们才会如饥似渴地学习。元冲村的书记曾说：“我们需要你们过来，我们的小孩需要你们过来。”也正因为这一环扣一环牢不可破的相信之链，才让孩子们的生活变得更好。我们深信，支教的确能为大山带来些什么，改变些什么。就像尽管落日的余晖已完全消失，但太阳明天仍然会照常从东方升起，刺破云层，将光洒在大地上。

第六章 雁寄锦书，筑梦“云”端

“最初的梦想，紧握在手上。”

2020 年是注定被铭记的一年，突如其来的疫情“大考”使我们见证了时代英雄们的光辉事迹，也见证了阳协的责任担当。“大考”中，阳协秉持将爱心接力进行到底的精神，为孩子们送去了源源不断的温暖。

2020 年，是扬州大学阳光协会走进大别山开展支农支教活动的第 15 年，疫情当前，为保证孩子们“停课不停学、隔离不隔爱”，协会成员通过网络坚守支教岗位，为孩子们指导学业、心灵相伴。

我们不仅进行“云”支教活动，还开展了千里送书，专心“智志”的主题活动，成员们在假期开始后便联系了在大别山长期帮扶的学生和家长们，除了关心他们的生活还逐一了解上学期的学习情况，寄去书籍。

即将升学的小卢还收到一封来自阳协指导老师周立云的鼓励信，成员们精心准备的备考资料也一起送到了他手中。

只要孩子们心中怀有梦想，我们即使披荆斩棘，也定会保驾护航。

第七章 初心不变，青青苍木爱中生

“支农这条羊肠小道，走的人多了，也就成了康庄大道。”

习近平总书记到安徽大别山考察时，提出：“采取稳定脱贫措施，建立长效扶贫机制，精准扶持大别山地区的教育与经济。”安徽金寨县因山高林密，出行不便，产业基础不扎实，经济建设较落后，是国家级贫困县。近几年，虽然在党的带领下已走上了脱贫致富之路，但距小康水平仍差之甚远。助力脱贫在此时便尤为重要。

乡村发展的建设，不仅在于支教，传道授业；更在于支农，脱贫攻坚。为了切实地改变大山里的家庭生活，不只是我们为大山里的人们带来了支教这种功在当下、利在未来的长远计划，他们也为改变现状做出了努力。通过开展收集废旧报纸和饮料罐头、义演义卖和进行阳光企划等活动，我们募集了数目可观的善款，为大山里的人们送去关怀；而商家赞助及协会成员勤工助学所得的资金更使得善款愈发充裕，让献爱心不仅停留在对他们的精神层面的支持上，更多了对他们的物质生活的帮助。

为了更好地合力帮学支农，我们开展了社会调研。调研通常在傍晚进行，一天辛苦劳作的村民和学习归来的孩子们齐聚一堂，热闹非凡。我们伴着暮色，沿着山路，从最平常的问候开始闲话家常。从户主基本情况，到家庭居住基本情况，再到家庭的年收入消费、生产经营状况，调研就在像邻里聊天一样轻快的氛围下进行着。调研的方式多样化，问卷调查、实地考察、与政府合作，层层深入，围绕当地农业现状、经济条件、交通状况、农资电商等方面开展实地走访调查，从而多方面地进行专业指导，为当地农业发展提供参考规划。与此同时，"农天下"手机软件也发挥着至关重要的作用，在线农技问答、即时通信交流，让更多农民享受到"互联网+"模式下的农业新便利。村民们也想通过自己的双手去创造财富，扶贫并不是送上几份物资，而是要让他们用自己的方式改变现状，走出大山。调研中了解到，微薄的种植收入和青壮年外出打工收入，使很多村民家庭状况并不乐观，许多孩子因缺少父母的照顾，成为留守儿童。正因为如此，更让我们坚定信念，加快扶贫步伐。

有这样一个孩子，他叫卢德福。哥哥脑瘫，妈妈久病成疾，爸爸收入微薄，家庭的担子一天天加重，他在本该无忧无虑成长的年纪，被迫理解着生活的艰辛。在我们和指导老师的沟通了解下，将卢德福定为阳协的长期资助对象。一年又一年，德福与阳协仍然保持着联系，从偶尔收到的信中，我们得知他家中的生活条件日渐好转，德福也渐渐放下心中的防备，学习生活上的困惑也得到解决。

相较于实地调研考查，前期的准备工作也不可或缺。支教队员的严苛选拔，14 年募集的 20 余万元善款，扶贫路上，看着许多村民的家庭状况得以改善，我们体会到授人以渔的快乐与温情。

同学们或许还稚嫩，仍是一名学生，但既然来到这片一直深爱着的土地，他们便担起了乡村建设的重任。国务院新闻办公室、共青团中央学校部多家单位的官网的转载报道更提升了同学们努力坚持的决心。同学们用爱守护阳光，走进乡村，优先发展教育事业，推进乡村振兴战略，同学们希望未来能继续在支教支农的道路上不忘初心，砥砺前行。"当太阳升起的时候，我们的爱无处不在"，阳协就像那给人温暖的阳光，普照而又炽热。这条路只有起点，那就是2006年仲夏；没有终点，只会更远更远……

爱国画册手工课（摄影人：林国冰）

（徐乐　毛思哲　张宝涵　张跃　樊鑫锴　文）

强农兴农责任在肩　深入基层助力扶贫

实践团赴景东县安定镇河底村开展“乡村振兴”论坛（摄影人：李星瑶）

自2016年起，浙江大学农业与生物技术学院便积极响应党和国家的号召，以“立足专业，强化引领，服务‘三农’”为工作理念，在实践摸索中持续完善大学生“精准扶贫”社会实践工作体系，并于2016年正式确定“精准扶贫实践专项计划”，行动主题从2016年的“深入调研，建立联系”、2017年的“扎根乡土，科创支农”、2018年的“助力精准脱贫，聚力乡村振兴”到2019年的“思想振兴、产业振兴、人才振兴”，“联系—扎根—聚力—振兴”，逐步体现实践项目的稳步增长与实践成果的稳步推进，彰显学院从理论走向实践的计划道路十分成功！

学院始终坚持“立足专业，强化引领，服务‘三农’”的工作理念，充分发挥学院学科资源优势，以服务“三农”为使命，以科技支农为目标，主要围绕党建引领、产业支农、扶贫扶智等方面，深化计划成果，注重实际产出。积极通过强化思想引领、优化团队结构、实化实践成果，全方位、立体化搭建学院实践育人体系。4 年来，学院共组织 64 个小分队（2016 年 9 支、2017 年 11 支、2018 年 22 支、2019 年 22 支），计 73 名教师（2016 年 9 名、2017 年 16 名、2018 年 33 名、2019 年 15 名）和 1 206 名学生（2016 年 174 名、2017 年 222 名、2018 年 432 名、2019 年 378 名）分赴云南、贵州、内蒙古、北京、陕西、江西、山西、四川、福建、河南、重庆、湖南、浙江、青海、安徽、湖北、广西等 17 省（市）32 地开展社会实践，以信念为基、产业为题、技术为笔，着力培养引领未来中国农业发展的“一懂两爱三有”的“三农”人才。

学院一直用实际行动奉行“‘十三五’规划”，尽心培育农科学子并将其反哺给中国农业。2019 年，也正是新中国成立 70 周年，是中国决胜“全面建成小康社会”的关键之年。学院的社会实践更是准确把握乡村振兴战略的丰富内涵，围绕“思想振兴、产业振兴、人才振兴”三大主旋律，生动诠释了农业农村现代化在科技、在人才，为决胜之年进行冲刺、铺路搭桥，并进一步深化农学院社会实践“五年计划”成果。该举措以信念为基、产业为题、技术为笔，培养“顶天立地”的兴农人，充分发挥了学院学科资源优势、创业项目资源与青年科学家师资力量，搭建了农学院可持续、可复制、可推广的社会实践育人模式。

第一章　信念为基　“党建＋”引领　青春铸魂献礼新时代

社会实践既是对大学生进行思想熏陶的有效手段，也是学校教育的重要组成部分。它是打开学生视野的一扇门，门外未知的挑战热切呼唤着学生们，引导他们合理运用所学的知识，转化科研成果，做到真正的“竭尽所能，致力国家”。实践初期，学院团委与实践地接收单位进行密切联系，提前派遣团委干部和专业老师前往项目地洽谈可行性，整合各方需求和建议后，积极架构科学实践模式，提出“技术专家—专职团干—农学院研究生—农学院本科生—其他学院学生”五组分联组队的实践模式，保障实践团队的能动性、专业性和多面性。

“党建+解读国家政策”。实践过程中，各实践团积极成立临时党支部，实时推进“两学一做”，将国家的方针政策、政府的统筹规划真正地灌入到老百姓的思想里，真正做到发挥党建引领作用，落实学生对“三农”的贡献。在陕西安康，党员张波同志在镇坪县曾家镇联合展开“精准助农”乡村振兴论坛。在云南景东，实践团与景东县茶叶和特色生物产业局合作，由党员王岳飞同志主持“聚焦精准扶贫，助力乡村振兴”论坛暨基层党支部党建互动活动。在湖南武冈，实践团成员顾晓华同志以“聚焦精准扶贫，助力乡村振兴”为主题，围绕“我国‘三农’问题的由来”“乡村振兴的含义及浙江省乡村振兴”“实践案例”三个方面将“乡村振兴战略解读”娓娓道来。

“党建+再忆中华历史”。百年岁月间，祖国历经磨难，有热血的浸染，有激情的燃烧，贯穿上下的却是尊严无上、自强不息的民族气节。在陕西渭南，实践团成员联合乌池社区党支部开展了主题为“献礼七十华诞，聚焦乡村振兴”的“1+1”党日活动。在湖南茶陵，盛夏烈日中，实践团成员以“铭记历史，不忘初心”为主题，来到烈士陵园共同缅怀先烈，追思英魂。在青海乌兰，实践团成员学习并发扬了“特别能吃苦，特别能战斗，特别能奉献”的柴达木精神，同康鸿农牧开发有限公司的冯总在菊花苗圃唱响《我和我的祖国》，献礼祖国，为青春筑梦！

“党建+反哺学习成果”。在陕西宁陕，实践团深入秦岭深处采捕昆虫，制作标本供当地昆虫资源分析，并针对当地常见作物害虫提出防治方案。在浙江庆元，潘科炜同学介绍了常规绿茶、红茶的加工工艺及标准，并与茶农共探在加工中技术问题及解决措施，并从务实、创新、提高消费者购买欲等方面多方位提出龙溪乡茶叶品牌建设的途径。在浙江温州，汪自强教授帮助“养蜂大王”改进老式蜂箱，并为新型板式蜂箱申请专利。在云南昆明，当地政府通过农学院核农所吴殿星教授带领的彩稻团队研发的彩色水稻在田间设计了一组以“宜乡欢歌”为主题图案，庆贺新中国70华诞。

“党建+宣传浙大精神”。从1910年创办至今，浙江大学农学院跨越两个世纪，风雨兼程，弦歌不辍，在学院历史上，一批批农学大家为“农业兴国”贡献了毕生心血和智慧，正是农科先贤和革命领袖们的薪火相传才有了今天的农学院。“承先辈之风，创时代之新”暑期社会实践团成员采访了7名农学院的老师，寥寥几个故事，难以掩盖这些老一辈学者对国家诚恳的爱，对学科、学院、国家发展所寄予的厚望。当初为我们点燃的萤火，如今早已璀璨万千星辰，他们身上传递的刻苦钻研、不畏艰难的科研精神与积极投身祖国事业建设的爱国主义情怀，如同一面面鲜红的旗帜，引领同学们树立正确的世界观、价值观。

第二章　专业为石　扶贫为路　激发乡村振兴内动力

科技扶贫，攻克乡村技术瓶颈。我国正大力推进现代农业的发展，而现代农业的发展离不开技术的支撑。实践团通过前期文献资料的收集与实践方案的策划，结合实地调研情况，充分发挥学院专业优势，以带队青年科学家为主导，以青年农科学子为主要力量，与当地农业局、农业推广站等合作，累计在乌兰、武冈、昆明、咸丰等地开展蔬菜、果树、彩色水稻、茶叶等农业技术培训讲座/座谈会40余场。

在青海乌兰，陈利萍教授、党政办副主任傅炜琳介绍了学校农业学科分类与研究方向等内容，随后研究生王挺进做了题为《枸杞上的小番茄》的主题报告，最后康鸿农牧开发有限公司对团队带来的枸杞嫁接番茄苗进行尝试性种植，双方就未来合作、主要产品、设施农业、农资等交换了意见；在湖南武冈，继2019年就乡村旅游给出规划方案后，2020年王蒙岑、曹方彬、吴迪三位副教授带领团队走访了武冈市海平蔬菜专业合作社等20余家农业合作社，每到一处，都会同农户们开展座谈会，了解实际情况，助力当地的农业发展；在云南昆明宜良县政府，吴佳雨老师与吴殿星教授分别就国家乡村振兴战略的制度逻辑、功能型农业育种与应用作了报告，并提出了建设性建议；在湖北咸丰，周继红博士后在“咸丰县东西部扶贫茶叶致富带头人”培训班上进行了题为《中国茶产业与茶健康》的科普讲座；此外，赴淳安鸠坑团队在2019千岛湖茶博会暨鸠坑有机茶小镇发展路径研讨会上做了调研结果与解决措施的汇报。

产业扶贫，助力乡村经济发展。产业扶贫作为一种内生发展机制，根植发展基因，激活发展动力，是扶贫开发的战略重点和主要任务。茶叶作为一种经济作物，又是中长期回报产品，目前已成为大多数贫困县较为青睐的产业，也是学院长期聚焦帮扶的产业。本次实践，有贵州台江和湄潭、云南景东、湖北咸丰、湖南武冈、淳安鸠坑5支分队分别根据调研地的实际情况给出了茶产业发展指导方案，各具特色和前景。2017年实践团在云南景东提出要发挥“互联网+”的驱动效应，如今，“互联网+茶叶”电商模式已在湄潭掀起新热潮，成为湄潭现代茶业发展的重要引擎。

湖南武冈、贵州台江的实践团都深入调研了当地的蔬菜产业，分别提出了“提高对蔬菜产业的认识，创品牌、增收益，重营销、避风险……”“完善村集体经济、发展特色种养业……”等理论策略。陕西眉县的实践团则主要针对当地特色——猕猴桃产业展开调研，参观了眉县龙头企业、国家级猕猴桃产业园区、脱贫攻坚及乡村振兴示范点共8处调研地点，为响应“乡村振兴”战略，打好脱贫攻坚战，用自己赤诚的心，实际的行动来建设祖国，振兴祖国。

教育扶贫，焕发乡村内生动力。乡村教育是我国教育中的短板。实施乡村振兴战略的关键在于振兴乡村教育。在新时代，乡村教育需要将观念转化为信念。实践队员将城市较先进的教育理念及教育方式带入农村，与乡村现有教育体系相融合，联动聚力，构建了大学生社团、社会公益组织、实践地“三位一体”的良好协作模式。自2016年来，除了在贵州黄平等地长期支教外，实践团不断拓展支教覆盖区域。2020年在安徽滑集，团队依托广东日慈公益基金会、北京音画梦想事务工作所等社会公益组织，开展了心益计划特色课程和音画梦想艺术课程。据统计，单计2019年的实践教学便覆盖120余人次，10门特色课程，非重复课程总课时160课时，班级总授课时长达200小时，手工作品300余件。

科技、产业、教育相融合，多地实现长效帮扶。贵州台江、贵州黄平、云南景东是实践团自2016年“精准扶贫实践专项五年计划”开展起就“精准帮扶、长期相助”的3个实践基地。在精准长期的帮扶下，实践团对该三地的了解与认识逐渐加深，其调研扶贫活动也覆盖科技扶贫、产业扶贫、教育扶贫多方面。以云南景东为例，从最初的参观交流、开展讲座，到后续的共建大学生创新创业实践基地、举行品牌推广签约，获得切实可观的效益，激发乡村振兴内生动力。

第三章　兴农为梦　创新驱动　培育现代农业开拓者

触摸尖端，创新产学模式。长期以来，我国义务教育阶段城乡之间、东西部之间存在很大差异，教育资源分配严重不均，致使偏远和乡村地区的教育水平严重受限，这也是我国历年来着力解决的重要教育问题。学院多支实践队伍奔赴教育欠发达地区，为提供公平教育献上自己的力量。在贵州黄平、浙江温岭、安徽滑集等地，他们开展爱心支教活动，在传授课内知识的同时，增加素质拓展课程引导孩子们以科学的眼光探求知识，改变思考和思维方式，提升自主学习动力、增强自主学习能力。

落地基层，探索毕业生帮扶机制。积极响应国家的号召，扎根基层，是多少年轻人曾经许下的伟大理想。那些愿意抛掉安逸、戒掉拖延、摒弃惰性，扎根祖国最基层的地方的选调生群体，用他们的行动诠释了心中大爱。为更深入地了解选调生行业，号召更多毕业生投入基层，农学院实践队伍分别赴陕西合阳县、陕西眉县、湖南武冈等地，对浙大农学院选调生校友进行访谈。深入基层，踏实苦干，选调生们传递出的是一种坚守的信念，是从仰望星空到脚踏实地的作风。不仅如此，学院一直在发展道路上探索基层就业毕业生的帮扶机制，2017 年，学院在湖南武冈建立了大学生社会实践基地，结合当地水稻、茶叶特色产业，邀请学院茶学系常务副系主任陈萍、农学系副系主任吴德志担任专家进行科技指导，充分发挥学院在学科和社会服务方面的优势，助力当地的精准脱贫，建构阶梯式的成长发展规划，让毕业生可以留得住、干得好，脚踏实地，顺着台阶一步一步攀升到梦想的巅峰。

创新驱动，助力科研成果加速转化。随着现代农业的高速发展，社会对农科人才的需求愈加迫切，农学院旨在通过带领学子纵观国家农业产业大局、深窥涉农学科建设、细探农学科研前沿的方式，来加深学子对国家农业现状前景的认识以及助力未来人生规划，从而更加坚定学农助农惠农的初心。从北京到内蒙古，在殷学任老师和吴旻老师带领下，神农班实践团成员先后走访座谈了农业农村部国家转基因研究中心、中国农业科学院植物保护研究所等 7 家国内涉农机构、企业、高校，在学子们心中串联起产学模式下青年人与现代农业中的创新、科技、学科交叉等要素相结合的模式与感受。

产学研成果的真正落地，才能使科研技术有效发挥其巨大产能。为营造大学生创新创业的“良性生态”，依托课题组多年积累的科技成果，进一步推进科技成果的转化，学院通过农业创业项目全面激发学生创新意识，提升学生的技术应用迁移能力。在青海乌兰，创业实践团成员偕同乌兰县副县长，农牧和扶贫开发局、组织部、教科局等政府部门负责人共同商讨当地农牧产业问题。实践团结合专业知识和百姓需求，介绍了其科研成果“枸杞番茄”，并阐述了以乌兰作为试点令科研成果转化落地的想法。在云南昆明，实践团利用自身专业优势帮助当地农民解决彩色水稻中间出现的技术难题，并在云南应用了浙大系列的彩色稻专用品种。活动策划筹备期间联合了结合浙江大学学生农创联盟的联系企业彬康种业开展良种良稻的推广和栽种技术培训和彩稻田项目的应用；联系了新农都中心和景致田园的网上销售平台，开展农产品电子商务方面的设计和对接；联系了中国农大的“农天下”为农户提供长期交流与技术咨询的平台；联系了电力局和相关企业，以开展新农村绿色电力平台的应用。

结语

四个炎热的夏天，浙江大学农学院的队员们默默坚守，将足迹遍布于田间地头，在他们内心将责任、将汗水、将满腔热血幻化成曼妙的画笔，谱写一首首扶贫赞歌。这些成果饱含成员们对实践地的祝福与持续关注；对收获颇丰的社会实践的感激；对建设祖国、实现中国梦的热忱。乡村振兴的关键在于人才振兴，引领大学生奉献青春热情，助力乡村发展。活动中收集美丽农人故事、坚守驻村扶贫干部的故事，将农人和基层扶贫干部们最朴实的话语深深印刻在每一个求是学子的心上。通过各界媒体的广泛关注与支持，弘扬新一代青年服务社会的精神和愿景。这些果实铺就了农学学子脚下的道路，那是一流大学、一流担当的责任之路！是与国家、民族同呼吸共命运的引领时代之路！让我们齐心协力，风雨同舟，让我们“农情”作伴！

查看作物根部病害（摄影人：刘旸）

（吴旻　汤沈杨　朱环清　陈蔚　文）

华中大地

- 引　　言
- 散为爱农之星　聚为兴农之火
- 行走在美丽乡村大道上的青春追梦人
- 熠熠生辉　向农而生
- 助力早稻生产　不负好春光
- 让青春之歌在新时代唱响
- 春风吹　助耕行

引　言

“凝聚青春力量，助力脱贫攻坚，一直在路上。”

2016—2020年的五年间，华中片区包括华中农业大学在内的7所高校，共组建500余支实践团队开展农科学子联合实践行动，在实践工作上取得斐然成果：

实践团队前往全国各地，深入农村、深入基层，深入生产第一线，坚持送理论、送科技进农家，为人民群众生产生活办实事、办好事，得到了当地政府的充分肯定和群众的广泛赞誉；开展爱心支教精准扶贫活动，充分发挥智力优势，助力地方教育扶贫。

实践单位充分发挥岗位科学家在人才培养中的重要作用。结合产业发展和产业链特点，大力推动岗位科学家带领学生利用暑期深入到农业生产一线开展科技咨询、产业调研、生产指导和社会观察等工作。

疫情期间，各实践单位积极响应习近平总书记对全国春季农业生产作出的重要指示精神，引导、鼓励广大师生就地参加春耕活动，助力生产，把专业知识运用到春耕实践中去，坚决打赢疫情防控阻击战、脱贫攻坚战。

此外，各单位注重新闻宣传，扩大实践效果，形成了良好的社会影响。

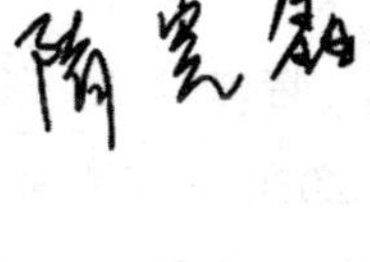

散为爱农之星　聚为兴农之火

和农民在一起（摄影人：佚名）

2020 年，是我国“全面建成小康社会”的实现之年，更是“全面打赢脱贫攻坚战”的收官之年。突发的新冠肺炎疫情，使全世界的经济发展都受到了严重影响。特殊时刻，长江大学农学院积极响应中国作物学会人才培养与教育专业委员会 2020 年继续深度开展“走进乡土乡村，助力精准扶贫”全国农科学子联合实践行动的号召，组织了近 1 000 名师生立足家乡，利用专业知识，走进田间地头，为打赢疫情防控阻击战和脱贫攻坚战，做出了应有贡献。聚是一团火，散作满天星，长江大学农学人散布在全国各地，即使无法正常复学，他们仍将农学、植物保护、种子科学与工程、农业资源与环境的专业知识应用到了农业生产之中，全力发光发热，为学生所在地的农业生产贡献了智慧和力量。

第一章　俯首躬行：助力春耕战疫

“防疫”“春耕”两不误。中国是农业大国，一年之计在于春，春耕是衣食之源，长大学农人投身田间，把汗水留在土地上，把心血埋在土地里。

疫情当下，众生皆停，湖北被按下了暂停键。家住武汉的张萌同学此时才明白，原来吃热干面、豆皮、喝酒这些看似很平常的事，现在成了武汉人最大的幸福。3 月 7 日，武汉市新洲区农业农村局发布了新洲区第一批无疫情区村名单，她所在的陶咀村也在其中。3 月 15 日，张萌便戴着口罩下地参与春耕。她思量着，等到这座城市按下播放键后，自己就可以重新吃上最爱的热干面，欣赏到金灿灿的稻田，看到农民伯伯脸上洋溢着收获的喜悦。

“晨兴理荒秽，戴月荷锄归”。这句诗句是胡吉丁同学二月初的生活写照。退伍战士胡吉丁是农学院出名的“热心肠”，疫情期间村里物资短缺，他与家里人商量，将年前地里种的几亩白菜免费送给外出打工、家里没种地的村民，并将家里剩的几千斤土豆以每斤 8 毛钱的低价卖给需要的人。胡吉丁的家乡在山区，田地无法使用大型机械耕作，他便扛起锄头，参与劳作。三天锄掉三亩地里的杂草，然后将马铃薯块播种下去。“马铃薯种下去了，生活便有了保障，春天也就有了希望，只需静候秋季的佳音。”胡吉丁感慨地说。

“手把青秧插满田，低头便见水中天，六根清净方为道，后退原来是向前。”唐海洋同学变身为“插秧小能手”，帮助家里完成了秧苗的插播。之后，他通过查阅资料认识到，现在的粮食产量不能够满足人们未来的需求，水资源和耕地的面积也将会严重缺乏。“目前，我们只能在亩产量上下功夫，所以，需要运用自己所学的知识，对水稻的品种进行改良，培育更高产、更耐旱的优质品种。”

饶彬同学虽然家住县城，但在疫情期间，他随外公一起加入了老家春耕的队伍。在他眼中，水稻是可爱富有生机的。微微的阳光透过云层，温暖而不炽热，微风拂过田野，掠过秧苗，摇曳着庆贺生命的开始。站在水田之中，望着春天的田野，一种惬意的感觉驱走了身上的苦与累，他感受到了人与春天融合的美好。

受疫情影响，被困在老家的徐海莉同学收获颇多，认识到自己的实践能力需加强。与家人一起亲手种下土豆后，她明白了“春耕”的意义。将理论知识运用到实践，她更清晰地了解了二者之间的关系。徐海莉认为，民以食为天，粮食是人类最基本的生存资料，作为当代农科学子，能够去农村实践，体验最基层的生活，既能增长知识，还能提高能力，对于未来的人生路来说是一笔重要的财富。因此，她牢牢地记住了袁隆平院士为长江大学农学院的题词：“长大学农，大有作为！”

春雨过后，柯珂同学和母亲一起去挖竹笋。“春天的精灵一夜之间就从地下蹿了出来，正静静地等候着我们，新鲜的竹笋是自然给劳动人民最好的馈赠。”鄢节同学则和父母一起，在曾经荒芜的田地上种下了玉米和黄瓜，让土地充满了生机和希望。“风调雨顺，五谷丰登”，这是黄炎垒同学参加完春耕后的期望。

胡严炎同学在电视上看着英雄们为了国家舍生忘死，赶赴前线的英勇事迹，钦佩他们能实现自己的人生的价值，忠于自己的理想信念。她开始反思，自己作为一名农科学子，能为国家做些什么？经过思考与探索，她认识到学农的自己和同学们肩负的使命：“我们研究作物，我们利用作物，我们发展作物，这是自然馈赠给我们的礼物；而我们维护土地，保护植物，创造美好的环境，是我们给自然最好的回报。”

“停课不停学”，农学院的师生在疫情期间将理论与实践相结合，通过实实在在的行动助力春耕，获得了书本之外的知识财富，展现了农科学子“勇于承担时代责任”的良好精神风貌。

第二章　学以致用：助力产业振兴

科学技术作为第一生产力，在我国现代农业的发展进程上起着重要的作用。长江大学学农人积极参加实践，将课堂上学到的专业知识和生产方法带到了田间地头，帮助减少损失，增加农民收入。

“鞭毛类菌物，霜霉目，盘梗霉属，孢子梗二叉状锐角分枝，末枝顶端膨大，呈现盘状，边缘生 3～6 个小梗，小梗上单生 1 个孢子囊。”周璇同学看着眼前长霉的莴苣，面对枯萎腐烂的白包菜感到很无奈。于是，她向植物保护系邓建新博士请教，老师指明了原因，并建议她进行田间试验。通过这次实践，她感受到“纸上得来终觉浅，绝知此事要躬行”的真谛。同时，周璇也明白了不仅要将知识装进大脑里，更要将其运用到实际生产中的道理。“从小到大，我们学习过的知识已然不知多少，但真正能留下并发挥出作用的又有多少呢？所以，将学到的知识最大限度地转化到实际生活中，才能真正进入‘知行合一’的最高境界。”

家住湖北襄阳的孙振艳同学参与了家里的天麻种植。天麻种植是当地的扶贫特色产业，然而，天麻对生长环境的要求极其苛刻，当地 2019 年才开始普及，加上疫情期间交通封锁、缺乏专业人员指导，天麻出现的杂菌感染问题迟迟得不到解决。不过，这并没有难倒孙振艳，她通过上网查阅相关文献得知，天麻的繁殖必须与萌发菌和蜜环苗共生，即天麻胚胎生长早期生长靠萌发菌，当胚胎形成后必须与蜜环菌共生。她与父母全程参与了天麻的种植，发现杂菌来源于腐朽的木头上，于是她建议邻里种植户杜绝使用腐朽发霉的木材作为营养料。功夫不负有心人，后续种下的天麻没有受到杂菌感染，邻里乡亲更为她选择学农点赞。同时，她也体会到了农民依靠土地生活、风吹日晒的辛苦。“种下的作物要是因为病虫害减产甚至无产的话，农民们真的是血本无归！”这更坚定了她作为一名农科学子“一定要丰富专业知识，致力于帮助农民们解决农作物病虫草害问题”的决心。

“篱落疏疏一径深，树头花落未成荫，儿童急走追黄蝶，飞入菜花无处寻。”侯韦同学步入油菜地，调查了油菜开花期出现的病虫害现象，感觉收获颇丰。

来自山东的亢凯同学则针对家里草莓苗圃中出现的灰霉病，展开调查并进行实地实验。他发现，异菌脲和咯菌腈治疗灰霉的效果最佳，省时又省力。同时，他提醒父母必须严格把控温棚内的温湿度，并及时清除枯叶和坏果，大大降低了灰霉病的发病率，挽救了家里的草莓产业。

第三章　精准研究：助力脱贫攻坚

“产业扶贫”是实现脱贫的根本之策，各个地区因地制宜，开发出富有当地特色的产业链。长江大学学农人针对产业持续发展的可行性展开调研，为实现“三农”梦想提供参考性数据。

“其树如瓜芦，叶如栀子，花如白蔷薇，实如栟榈，蒂如丁香，根如胡桃”

“茶圣”陆羽是这样描述茶树的。茶是世界三大无酒精饮品之一，我国更是茶的发源地和重要产地，茶叶产业也在脱贫攻坚和农民增收致富中起到了重要作用。

在鄂西的恩施州，有一种名为“恩施玉露”的绿茶，使用蒸制的方法杀青，因其独特的制作工艺，在全省声名远播。随着疫情的逐渐好转，我国广大农村地区开始了春耕，“美丽硒都”恩施也开始了采摘茶叶的工作。

清晨，茫茫的白雾合着绵绵的细雨，笼罩不远处的小山，轻柔的微风夹杂着泥土的清香迎面袭来。四周的茶树吐露着嫩嫩的新叶，鲁姣同学和家人一起将一片片刚采摘的茶叶装车，准备送到茶叶加工厂深度制作。鲁姣介绍道：“以前的茶叶都是农户自己手工制作，将茶叶放入一口大锅，生火炒至萎蔫，再用手搓至细丝，晒干即可，如今，越来越多的人选择机械制作，此种方式能够很好地控制温度，机械的揉搓能使茶叶成品的口感更加细腻，让茶叶的芳香最大限度地散发、沉淀!”

与此同时，距离恩施州340公里外的著名产茶之地——湖北远安，刘骏同学正在鹿苑村忙碌，利用课堂之余，他跟随鹿苑黄茶非遗传承人杨先政先生学习制作黄茶，调查当地的黄茶产业。鹿苑黄茶汤色黄绿清透，滋味甘醇绵长，是湖北省非物质文化遗产之一。近年来，远安黄茶产业经历了良种化、规模化、集约化、发展标准化、品牌化发展，打造出了千亩黄茶示范基地，有效地促进了远安地区的经济发展，成为鹿苑村脱贫致富的“金法宝”。

同样，位于远安县茅坪场镇白云村的猕猴桃专业合作社，300亩猕猴桃种植基地正在热火朝天地建设中，村里原本荒芜的山地上建起了果园、采摘园、农事体验园，成了村民增收的绿色引擎。张大弘同学正在果园里帮农民进行田间管理。“如今的远安县，产业发展让农民的增收路越走越宽，虽说还存在一定的弊端，但是我相信，在全县人民的共同努力下，远安会变得越来越好，真正地实现‘村村诗画，美丽远安’。”张大弘说。

熊梦圆同学调查了所在村子里的八月瓜种植产业。八月瓜，又名“野香蕉”和“八月”，中药名称“预知子”，村民种植的普遍为食用品种。熊梦圆在帮村民们除杂草时了解到，八月瓜原本是一种生长在山野林间的野果，近年来因环境遭到破坏已不多见。于是，村民引进了一批种苗，将较难耕种的坡地利用起来，每年都可以获得一笔可观的收入。熊梦圆决定，在毕业之后，将回老家推动八月瓜的大面积种植。

来自湖北红安的李瑞杰同学积极展示推介自己家乡的特产——“红安苕”（红薯）。红安属低山丘陵地区，昼夜温差大，有利于保证红苕的内在品质和实际产量。红安县的红苕种植面积常年可达 3 万亩左右，年产量 5 000 万千克。当地种植的红苕类型大多是“直接食用型”，红苕品种是红安的本地品种，独具地方特色。红苕是百姓脱贫致富的潜力农产品。

张尧同学对本村耕地的使用情况展开了调查，得知村内大部分的年轻人会选择外出打工。村主任告诉他，该村大部分土地都将拿来种植“魔芋”。张尧结合自己所学知识，查阅相关资料，发现当地为亚热带大陆季风气候，其特点是四季分明，雨热同季，常年平均气温在 21℃左右，降雨量充沛，无霜期长，与魔芋生长环境的要求大致吻合。而他们村采取的是冬季播种、地膜覆盖的措施，考虑到魔芋的生长习性，张尧觉得冬季播种温度可能会影响到魔芋生长，他立即向村主任反映了这一情况。村主任随即同他一起去种植地查看魔芋的生长情况，果然发现很多魔芋都烂掉了。张尧马上推介了长江大学农学院周燚教授的防治方法——推迟播种期，改 3 月底播种为 4 月底播种；种芋彻底消毒；种芋与商品芋严格分开种植；改人工除草为除草剂除草；模拟自然生态状况就地露地储藏、防治冻害；种植时现挖现消毒现种植。之后，全村范围内的种植区都开始重新播种，张尧也参与到重播的活动中，帮忙做些力所能及的事。

“参与这次春耕，对我的触动很大，在偏远的山村，各种现代化技术应用的很少，农民的生活很辛苦，现代化农业的道路还很遥远。所以，我会更加努力地学习，增长才干，扎实掌握过硬的专业知识。”张尧在他的实践日志里这样写道。

结语

有人说“90 后”“00 后”是“垮掉的一代”，但在此次防疫攻坚战中，不乏青年一代的身影。无声的战役，无价的奉献，每一位“逆行者”都可歌可泣。这是一场危机，也是一次考验，充分说明了青年人已经具备了劈风斩浪的勇气和魄力。散为满天星的农科学子，可以化为兴农之火，已成燎原之势。正如习近平总书记强调：“青年一代有理想、有本领、有担当，国家就有前途，民族就有希望”。中国特色社会主义进入新时代，农科学子必将牢记嘱托，扎根基层，躬耕力行，献身一线，掀起“乡村振兴”的浪潮，争取把饭碗牢牢端在自己手中，将科研成果写在祖国的大地上，为实现中华民族的伟大复兴而贡献力量。

学生在田间（摄影人：佚名）

（侯聪　周海锋　刘骏　文）

行走在美丽乡村大道上的青春追梦人

队员们在番茄大棚前合影留念（摄影人：贾斯凡）

岁岁年年花相似，年年岁岁人不同，来来往往的我们在春夏秋冬中领略着春的绽放、夏的绚烂、秋的成熟、冬的收藏。行走在路上，走进农民耕作的田庄，那里沾染着泥土的清香，劳作的气息，稻麦的芬芳，丰收的喜悦，在那里可以磨炼出我们坚韧的意志，倔强的性格，知足的乐观；我们吹着青春的号角，追寻之路在心中牢牢扎根，将青春的张扬，织成真挚热切的爱心！

——题记

党的十八大以来，党中央从全面建成小康社会全局出发，把扶贫开发工作摆在治国理政的突出位置，全面打响脱贫攻坚战。党的十九大之后，党中央又把打好脱贫攻坚战作为全面建成小康社会的三大攻坚战之一。为深入学习贯彻习近平新时代中国特色社会主义思想和习近平关于脱贫攻坚重要论述，河南科技学院生命科技学院结合自身农科专业特色优势，积极组建“脱贫攻坚，稼穑培根”社会实践团队赴封丘县城关镇中孟村、封丘县闫庄村开展理论宣讲、科技支农、扶贫调研、文艺下乡等社会实践活动。

火红七月，流光溢金。它像极了一位性情中人，情感异常丰富。前半晌还艳阳高照，滚滚热浪让人大汗淋漓，后半晌却风云突变，倾盆大雨使人猝不及防。社会实践启动仪式的宣誓环节，队员们个个情绪高涨，慷慨激昂，大有“广阔天地大有作为”的壮志豪情。2016 年以来，河南科技学院生命科技学院农科学子联合实践行动的同学们都会如约来到 100 多公里外的封丘县中孟村和闫庄村开展社会实践活动。这里民风淳朴、村民热情好客、环境充满自然气息，团队成员们所经历的一切都在他们成长的道路上留下深刻的印记。

第一章　知行合一，贵在行动

闫庄村委会建起的番茄大棚基地是全村父老乡亲为了增加经济收入一砖一石亲手建起来的，凝聚了不少的心血。同学们到这里进行参观学习并帮助农户进行番茄采摘，还有专业老师指导生产，田间一片忙碌的景象。满怀新奇与期待的队员们刚开始来到坐落于村庄外围的番茄大棚基地时还担心里面异常闷热，但是到大棚中却发现身在其中竟还能感受到微风习习。经过观察，细心的队员发现在每个大棚的底部都有可开关的纱窗，需要提高温度时关闭纱窗，需要通风时便打开。这一发现打破队员们对温室大棚的刻板印象，原来温室大棚不仅能够提高室温、二氧化碳浓度，它还可以根据实际需要进行调节。“纸上得来终觉浅，绝知此事要躬行。”看来劳动中人们总结的宝贵经验，我们还要好好学习啊！

番茄大棚内果实累累，一片丰收祥和的景象。或青或红的番茄挂满枝头，犹如一盏盏可爱的小灯笼。农户刘大爷告诉队员们采摘番茄时只需握住果实轻轻一旋就可以使果蒂分离，不用费力地拉拽。队员们在采摘过程中与农户就番茄种植方面的问题展开交流，刘大爷告诉队员们，这里种植的番茄全部是无公害绿色食品，种植过程中不打农药只靠人工治理。队员们也根据实际状况向农户提出了一些关于病虫害治理方面的小建议，在保证番茄绿色无污染的情况下提高其产量与口感。人多力量大，果真如此！不一会儿工夫，队员们就帮刘大爷采摘了好几桶番茄。刘大爷说："搁在往常，我自己可要好一会儿摘呢！"队员们三三两两抬着自己亲手采摘的果实如同一个个凯旋的战士，这些番茄运回市里卖上好价钱就能为全村增加收入。

在封丘县城关镇中孟村，社会实践队员们走村入户，深入田间地头，开展调研走访，详细了解玉米、番茄等农作物生长、施药、施肥情况。实践队员用所学知识，就无公害蔬菜生产、病虫害防范治理等内容对农户进行了指导，为中孟村提出了发展现代农业、调整种植结构、改善土壤环境等建议。在此基础上，生命科技学院还为该村 18 户贫困家庭送去了 1 000 多千克优质小麦品种，帮助该村节约种子购置款 6 000 多元，获得了村民们一致好评。张大娘在领到学院提供的优质小麦品种后激动地握着发放小麦种子实践队员的手说："真是太感谢你们了，你们这么热的天跑这么远来我们这帮助我们，还免费发给我们这么好的种子，真不知道该怎样谢谢你们。"后期经过实地了解，由我院提供的优质麦种，让每个贫困户平均每亩增产 150 千克左右。习近平总书记指出："脱贫攻坚越往后，难度越大，越要压实责任、精准施策、过细工作。"总书记的要求我们一定要在活动中步步落实。

为落实文化帮扶和精神脱贫，加强新农村精神文明建设，满足农民群众的精神文化需求，生命科技学院社会实践队员在封丘县闫庄村为村民开展了一场以"不忘初心，牢记使命"为主题的文艺汇演，舞蹈、歌曲、戏曲、武术、相声以及健美操等文艺表演，为闫庄村村民献上了一场精彩纷呈的视觉盛宴。歌伴舞《不忘初心》《我们都是追梦人》《强国一代有我在》唱出了共产党人的初心，展现了广大青年学生青春心向党，建功新时代的壮志豪情，相声《赞赞新时代》让村民在欢声笑语中感受新时代的幸福和美好，合唱《我和我的祖国》唱出了对伟大祖国的热爱与祝福，成为全场的高潮。人无精神不立，国无精神不强，物质生活的贫困需要帮扶，精神扶贫更不能忽视。精神失守就会“缺钙”，就会得“软骨病”，得了“软骨病”即便再多的人帮扶，也难扶得起。真正能够帮助自身从根本上脱贫的最终还是自己。从这个意义上来说，精准扶贫的同时不忘精神扶贫，才是扶贫攻坚的制高点和决胜场。同学们深深体会到了这一点。

第二章　实地体验，身心成长

读万卷书，行万里路，身体和思想至少要有一个在路上。知行合一的思想政治教育模式不仅是时代的要求，更是解决当今大学生思想政治教育的有效途径。社会实践队员们参加社会实践，通过自己深入农村与群众开展互动式、接地气面对面交流，通过看乡村变化、听感人故事，深刻理解广大农村经济社会发展的新变化，切身感受我国社会主义现代化建设所取得的伟大成就，在实践中深刻理解领会习近平新时代中国特色社会主义思想的精神实质和丰富内涵，坚定“四个自信”、做到“两个维护”，厚植爱国情怀。这一点在长垣县新农村建设的过程中体现得淋漓尽致。

“春路壁上添花，花美一村景色。行到院中深处，有枝蔓千百，引黄蝶飞舞，蜂采蜜来。”2019 年 7 月 9 日，实践队来到长垣县云寨村进行实地考察深入学习了解美丽乡村建设情况。这里的新农村建设如火如荼。当天下午的天气格外闷热，树上的蝉直叫“知了”“知了”。沿着宽敞的柏油路往前走，满目皆是“花”：野花在路边肆意生长，路边的行道树的枝条上花儿们都在舒展着腰身，树上的叶一片片交错在一起，一串串的果子挂在枝丫上，留下了斑驳的影子，一切被规划得恰到好处。抬头看，连村户房屋的墙壁上都绘满了花卉的故事，有“情不知所起，一往而深的‘牡丹’亭”，有“我若爱你，绝不学攀援的‘凌霄花’”。“如此美景，在这里住上几日，肯定感觉很不错。”队员中有人喃喃地说道。这时，一位村民爷爷主动招呼队员们，过去采访后知道，原来这里曾经也是一下雨便泥泞的土路，村中的老老少少也盖不起绿瓦白墙的房子。这几年发展好了，铺上了柏油路，画起了墙绘，还早早地搞起了垃圾分类。“你看见外面那垃圾桶了没，那是俺们村让村民垃圾分类用的，扔进那个蓝色的是可以回收当肥料使的。”爷爷给队员们指着门外的垃圾桶。而爷爷身边的奶奶指着街对面的大棚又给队员补充道：“你们看到那个大棚了吗，那是我们村技术员种的花，等到灯节的时候卖了，给社员们分钱。”“娃娃们，是哪个学校的学生?”“娃娃们渴不渴，喝不喝水?”“要不要来家里坐坐?”一路上队员们被村民热心地询问和招呼着。村民真的很好客呢，询问村民的问题，他们都热情地回答着：“现在的政策是好咧，人家来参观的都说俺们是最美乡村，俺们都是村民，都来干干活，建设建设我们的新农村。”“特别是这三年变化大，你看看那些花花草草都是俺们种的，还给俺们发工资呢。”……美好的生活都展现在了村民的笑容里。

第三章　脱贫攻坚，展现实效

几年来，封丘县闫庄村把握住了发展的机遇，脱贫攻坚成效显著。从村主任以及实践团队分组调研得到的数据看，闫庄村有村民 215 户，共 800 口人，其中贫困户 50 户，现 47 户已脱贫，3 户因孤寡老人离世而自然消亡。村民张大爷告诉前去采访的队员，他家里受政府的关怀比较多，不管是医疗方面还是生活方面都得到很大帮助，当地村委也对他家很是关心，村支书经常和其交流，了解其生活状况。从张大爷口中队员们还了解到闫庄村发生的巨大变化，修新路，安路灯，建立文娱活动广场还有危房改造和厕所统一改建等，这些改变给村民带来了极大的便利，充分展现出社会主义新农村的新面貌。他还在国家政策的支持下养了 8 只羊，这些羊还是小羊羔的时候被送到这里，经过养殖出售可获得 6 000 元左右的利润。提起国家，张大爷十分激动地表示：“好！政策也好，啥都好！现在的好生活都是党给的呀!”

活动中通过走村入户的调研，实践队员切实感受到了中孟村、闫庄村近年来发生的巨大变化。“现在的生活好，多亏了党的政策好。”“以前没东西吃，更不敢生病，现在逢年过节村里都给老人发面、油等生活用品，看病都有医保，真是赶上了好日子。”村民们朴实的话语、饱含深情的叙述给实践队员留下了深刻的印象，也使广大实践队员更深刻领会习近平新时代中国特色社会主义思想的精神实质和丰富内涵。习近平总书记在党的十九大报告中关于脱贫攻坚、乡村振兴重要论述引导着农科学子以实际行动投身脱贫攻坚战和乡村振兴战略。

陶渊明将对美好乡村的向往写在了《桃花源记》一文中：阡陌交通，鸡犬相闻。而今的云寨村，不仅有“良田美池桑竹之属”，更有每一户村民都洋溢着脸上的笑容。因为他们是时代的见证者，见证了村庄的变化，从泥泞的黄土路到柏油大道，从落后的设施到能带给游客“一步一景一陶然”的建设。因为他们是时代的见证者，见证着乡村的发展变化，见证着新中国美丽乡村的建设。我们坚信自己所走过的几个村庄是祖国千千万万乡村的先行者，也将是祖国千万乡村的缩影，日后祖国千千万万的村庄都将成为陶渊明文中的“桃花源。”

夜幕降临，分散在村庄各处的队员们像往常一样开始朝着住宿的地方集合，在蛙鸣声中分享着各自的经验体会，指导老师也对队员们遇到的问题进行一一解答。忙碌的队员们怀着对明日的憧憬在乡村晚风的吹拂下进入梦乡，屋外万籁俱寂，只有蛙鸣依旧……

这些只是学校农科学子联合行动实践过程中的一部分，几年来队员们对乡村一线的状况有了更为直观更加深刻的认识，对其发展模式也有了更多自己的思考。作为新时代农学专业的大学生受到激励自觉做到不忘初心、砥砺前行、坚定目标、报效祖国，以青春梦想书写精彩人生华章，为中国农业现代化的发展添砖加瓦，为全面小康的胜利贡献自己的力量。

文艺演出（摄影人：刘亦铭）

（周旋　文）

熠熠生辉　向农而生

当地农民为实践队员讲解天麻情况（摄影人：佚名）

如果记忆能像电影般倒带，5 年来在实践中一幕幕的采访、调查、宣讲何尝不是那最想定格住的瞬间？河南农业大学农学院学子为深入学习宣传贯彻习近平新时代中国特色社会主义思想和党的十九大精神，积极践行社会主义核心价值观，近5年来认真落实团中央暑期社会实践任务，在老师的带领下，陆续前往周口以及中牟现代农业示范点等黄河周边地区，围绕黄河周边开展一系列考察实践活动。

在每次实践行动开始之前，老师都会着重强调习近平总书记对“三农”问题的重视。小队成员们之间合理分工，规划路线，尽可能搜集社会实践所需的文件材料及背景知识，通过多种渠道详细了解每次实践地点的实际情况。

踏上路途，车窗外的风光不断变化，由黄土到赤土，由平原到山脉，放眼望去，沃野万里，重岩叠嶂。我们常年安逸于繁华的都市，抬头时是数不尽的高楼，低头时是大理石地板倒映出的倩影，这样的我们，如同温室里保护完好的花卉，又怎么能理解贫困地区人们的窘迫？更不会懂，我们“理所应当”享用的一切，是他们多远的奢望。

紧邻黄河岸边，我们视线稍移，望向不远处的芦苇荡，土黄的山，随风摇摆的芦苇，空中一只只白色鸟儿盘旋，时不时传来几声清脆的啼鸣声。“飘飘何所似，天地一沙鸥。”我们为眼前的景色所震撼。上善若水，黄河于无声处润物，成就了辉煌的中华文明，千百年来不曾停歇，滋养了亿万华夏儿女，绵延的黄河水流淌着，不舍昼夜，用自己的身躯来谱写中华民族雄浑壮美、气势磅礴的民族史诗。

第一章　黄河滚滚，源远流长

正值夏日，望着稻田里黝黑的皮肤，浸透的衣衫，“足蒸暑土气，背灼炎天光，力尽不知热，但惜夏日长。”正是这种扛着锄头弯腰劳作的村民的写照吧。他们保持着最传统的耕作方式，日出而作，日落而息，田地里哞哞叫的耕牛和绿波涟漪的稻田正是最美的人工画卷。

黄河作为中华民族的母亲河，穿高山，绕平原，飞峡谷，跃丘陵，呼啸奔腾浇灌着沃田万顷，簇拥着工厂如林，拥抱着无数峻岭高山，它正以它亘古不竭的水流和万载不息的波涛诠释出着中华民族不屈的精神。到达岸边，一行人前往黄河大堤，走访沿岸地市。同学们了解到农民们现有的耕作方式主要有旋耕和深耕，主要以地面灌溉方式为小麦提供水资源。

在第一年，经过详细的了解我们发现制约现代农业发展的主要因素包括农业基础设施落后，特别是农田灌溉设施等水利设施。农业发展到今天，农业生产虽然一定程度上取得了巨大成就，但是基础设施没有跟上。周边村庄的农田灌溉仍是采取传统的大水漫灌方式，既浪费了水资源也不利于农作物的高产丰收；即使存在潜水泵出水口，也是数量稀少，供不应求。在和农户交谈中了解到，每遇干旱时段，很多农户都会选择连夜进行农田灌溉。还有许多村民不正当引流黄河水灌溉作物也导致黄河水一度匮乏，进一步加重了水土流失。当地农户还表示，水土流失会冲毁土地，破坏耕田，剥蚀土壤使肥力减退，导致村民们的粮食作物收入降低。

除此之外，农户们普遍反映，近年来，种植西瓜的农户日益增多，但是种植户的专业知识水平依然不高，对西瓜种子的选择和土壤的选择不甚了解，没有专业人员给予专业的指导和建议，导致出现产量不高的现象。在耕作制度方面村庄里有了很大的改善，虽然没有完善的耕作制度，但是轮耕套作的种植方式也体现着农业的进步。我们结合自己掌握的知识，向村民们普及了滴灌喷灌、不同作物不同生长时期的不同的需水量、不同浇水时间、化肥用量等建议。

第二章 探路生态文明，助力绿色发展

生态环保文明近年来都被国家和政府重视，通过切身走访，我们调查到黄河周边地区村庄一直存在水土流失，毁地挖沙现象，阻碍了现代农业发展的脚步，而近几年愈发严重。严重的水土流失，是我国生态恶化的集中反映，威胁国家生态安全、饮水安全、防洪安全和粮食安全，制约山丘区经济社会发展，影响全面小康社会建设进程。

没有调查就没有发言权。诚然，在我们社会实践的途中，只有深入农业，深入农村，深入农民开展调查研究，把最切实际的数据反映出来，去伪存真，由表及里加以分析，明确农村的发展状况，才是调研过程中我们应该收获的东西。

通过采访附近居住的居民，我们认识到，水土流失最主要的原因就是前几年重视发展，忽略了水土流失的严重性。同学们也加入了农民们续肥、铺水管的行动中去，根据专业知识教给农民们如何改善土壤肥力状况，铺设水管的距离如何计算，还有一些常发病虫害的应对方法等。在为当地农民提供技术指导的同时，

同学们的专业知识也得到了巩固加深。现如今当地政府已经逐渐意识到问题的严重性，开始采取各种补救措施：修梯田、修石坝、退耕还林、还草，禁止陡坡开荒，也取得了一定成就。当地负责人介绍道："我国生态环境保护作为推动高质量发展的新动能，绿水青山美丽画卷将会越铺越广，金山银山发展之路也会越走越宽。"听过村民们的反映和当地负责人的介绍，我们感受到环境问题在不断地被更多人重视，相信在不久的将来，环境问题会得到更大的改观。

第三章　走进中牟田间，切身实践出真知

在了解黄河周边的农业状况后，次年我们走进中牟走进田间，明媚的阳光洒在我们一行人的肩上，混杂着泥土味的风儿从指尖吹过，我们的心情顿时变得舒畅。

烈日炎炎的天气并没有阻挡我们的切身实践，我们和农户们一起清理田间杂草，对农作物进行优化处理。除草间隙，通过询问一位农民伯伯了解到，平时禽畜粪便也会当作肥料施洒在田间，既可以节省种植成本，又能降低化肥对土壤的污染问题。但是我们也在田间发现了到处堆积的农药瓶、化肥袋等其他残留的垃圾，可见使用化肥农药依旧是不可缺少的，因此如何在合理使用的情况下又同时降低污染就成了一个问题。

为更好地对当地农药、化肥种类及施用情况进行调查，我们又找到当地负责监管的负责人，了解当地农业污染源。我们一位成员提出："可以在田间地头增设一些专门投掷农药瓶等其他残留垃圾的垃圾桶，并派人专门负责进行清理，这样就能更好地减少垃圾乱扔乱放的情况。"负责人表示会考虑我们的建议，争取把绿色理念贯彻到底。

第四章　聚焦现代农业，筑梦未来发展

怀揣对农业高科技发展的期望，老师带领我们来到中牟国家农业公园。映入眼帘的是数字化生产技术和机械化农业生产技术的集中展示，设有包括道路、水利、农机服务机构、农资销售网点、农业技术服务机构、农业示范区建设、农田林网建设等农业方面的设施建设和农作物机械化生产技术应用、农作物检测技术应用、农作物疫病预警技术应用等数字化农业产业生产技术的展区。

成员们为国家农业公园自成立以来各方面建设取得的成果而震惊，我们言语中满是对国家农业高速度发展的惊叹与身为农科学子的自豪，我们从各个层面深入了解中牟国家农业公园的现代化智慧农业成果技术，我们受益颇深，不禁慨叹：农业发展如此迅速，我们岂能懒懒散散，碌碌无为？

传统农业向现代农业的转型符合我国农业发展的趋势。现代农业发展迅速，作为农科学子的我们只有投身到第一线才能真正了解农学专业的实际效应。新时代的青年学子要以实干书写青春华章，以实干成就青春梦想，紧扣时代梦想，掌握时代脉搏，将青春梦和中国梦紧密结合，以吾辈之青春，护卫盛世之中华！

在目睹过无数生活的艰辛之后，打破了理论学习与实践操作的壁垒，队员们学会了坚定内心，自强自立，面对任何困难都以团结一致的姿态去克服，用彼此的陪伴去慢慢化解。同学们从此定下一生为农奉献的决心，生活在和平年代的我们定要有一番作为，在大学四年的锤炼下不断完善自我，练就过人的本领，担负起国家伟大复兴的使命。

5 年来，一次活动，一段过程，一段难忘的记忆，忘不了黄河岸边走访居民们的身影，忘不了扎根田间用所学知识为农民解决问题的场景，忘不了为国家农业高速发展惊叹的我们。实践调研体现了农业院校学子生机勃勃又开拓奋进的发展活力，展现了河南农大人纯洁、包容的胸怀。精准扶贫、科技先行，用自身的专业知识武装我国新农村建设；社会实践、以农为本，脚踏实地追求农大人成果璀璨的星空；学农爱农、稼穑培根，以满腔的热爱不断开拓出中国上万平方公里的沃土。乡村稼穑情，振兴中国梦，将是河南农业大学农学院不曾停止的追逐和不会放下的情怀，共同奋斗，为中国社会主义现代化建设添砖加瓦。农业兴，则百业兴，则国家兴！

同学们一同见证了这份努力，也更明白农村发展之于我们的意义，我们要在党和国家先进政策的指引下，在路上不停探寻。

赴新县抗洪减灾（摄影人：佚名）

（王萌　马鑫钰　赵东旭　文）

助力早稻生产　不负好春光

指导春耕生产出征仪式合影（摄影人：李晗枫）

2020年是具有里程碑意义的一年，我们将实现第一个百年目标，即全面建成小康社会。新冠肺炎疫情对脱贫攻坚战造成了极大的影响，尤其是武汉这座城市。但全国万众一心，众志成城，这次疫情不能阻碍我们前进的步伐。习近平总书记对全国春季农业生产工作作出重要指示强调，把农业基础打得更牢，把“三农”领域短板补得更实，为打赢疫情防控阻击战实现全年经济社会发展目标任务提供有力支撑。

为贯彻落实习近平总书记强调精神，3 月 1 日以来，湖南农业大学农学院号召师生员工参与指导全省的早稻育秧生产，80 位教职工带领湖南省内的 114 名学生，配合省农业农村厅组成了 66 个早稻集中育秧及粮食生产调研指导组，奔赴全省 66 个双季稻生产大县，驻县时间长达 1 个月，联络当地农业管理部门，走进农村基层，深入田间地头，调研落实当前春播生产面积与进度，了解农民的实际困难和生产问题，宣讲保证粮食安全的重要性和恢复双季稻的特殊意义；结合专业所长，为各地政府部门、种植大户、农民专业合作社落实 2020 年早稻生产任务提供咨询和技术服务，助力湖南早稻种植面积稳中恢复性增长，保障国家粮食安全。湖南农业大学农学院学生发扬了不怕吃苦、无私奉献的精神，大家联手抗疫，共助春耕，展现了当代农科学子有责任、有担当、求上进的优良风貌。

第一章 深入基层 迎接挑战助春耕

习近平总书记强调，当前要在严格落实分区分级差异化疫情防控措施的同时，全力组织春耕生产，确保不误农时，保障夏粮丰收。“农时不等人，发展不等人”，湖南农业大学农学院学子积极响应号召，很多同学自愿下田春耕，大家一边传播“抗疫”知识，一边助力春耕。

蓝山县早稻集中育秧调研指导小组先后对塔峰镇、所城镇、祠市镇、楠市镇等 9 个乡镇的 55 个种粮大户和专业生产合作社进行了实地走访调查，了解当地的早稻生产和集中育秧情况。同时还查看了大户们的育秧场所、播种情况、秧苗长势以及农用机械设备，并与部分种植大户开展了座谈讨论。同学们表示，在完成这些工作的同时，自己也收获了许多。其中，2016 级植物科学与技术专业一班的曾红丽利用所学知识对蓝山县 5 个种植大户的 4 个品种进行秧苗素质调查，发现成秧率均在 70%以上，由于播种天数不一，同一品种的株高存在较大的差异，其余数据差异不大。在调查过程中发现，郴香优 1 号由于低温导致秧苗叶片发白枯死，其他品种则未出现病虫害情况。她说，作为一名毕业生，学习最好的结果就是能把自己所学的知识运用到自己以后工作的地方，更好地适应社会需求。

3 月 8 日，双峰县早稻集中育秧调研指导小组抵达双峰县并同该县农业农村局主要领导进行了工作对接，明确湖南省农业农村厅给双峰县下达的2020年早稻专业化集中育秧面积为60 000亩（大田）。根据双峰县农业农村局提供的“早稻集中育秧方案”，全县早稻专业化集中育秧计划面积为70 000亩。在此期间，调研指导组先后参加了“农业农村部春耕生产调研督导座谈会”“全国早稻生产推进落实视频会议暨全省早稻生产推进落实视频会议”和“双峰县2020年粮食生产推进与早稻集中育秧工作部署会”，各会议精神使调研指导组充分认识到2020年早稻生产的重要性和重大责任，大家对此次集中育秧调研指导工作充满了热情，干劲十足。同时调研指导组根据“双峰县早稻集中育秧方案”先后前往双峰县荷叶镇、锁石镇、印塘镇、永丰镇、青树坪镇、花门镇、经开区7个乡镇的部分早稻集中育秧点，对春耕备耕工作进行了实地调研，了解到早稻集中育秧点的条件设施、农资配套、技术力量等方案落实情况并现场解决每一个育秧点存在的问题，确保了2020年早稻集中育秧工作的顺利进行。双峰县早稻集中育秧调研指导小组成员郭浪同学发现各地机械化程度差异大，有的地方依旧是大面积的手插秧、直播、不覆膜育秧，有的地方则已经实现大面积机插秧。他提出农业技术推广部门需要多下点功夫，推广先进技术及机械。郭浪还说：“作为一名农学专业的大学生应该走进农村、走下田野，多和土地、多和农民打交道。研究出对农民有实际意义的东西，解决他们的问题。”

3月10日，湘潭县早稻集中育秧调研小组组长陈浩，副组长张俊，组员杨建、贺日升等四人深入湘潭县生产一线，走遍了湘潭县易俗河镇、中路铺镇、青山桥镇等在内的所有17个乡镇，共计对54户农户调研，电话联系34户，完成调查问卷14份，对所有乡镇对照早稻育秧面积上报台账进行抽查，已圆满完成了上级布置的工作。

4月5日，调研组工作结束时，扶利民总农艺师、粮油站胡建湘站长感慨，现在很多大户和个体都不愿意种早稻，更不愿意早稻育秧，早稻种植面积基本能保证，但是育秧的任务还很艰巨。2016级种子一班贺日升发此感慨：“没有这些农户，尤其是种粮大户，我们未来的农业何去何从？他们赚不到钱，我们水稻产业的出路在哪里？他们确实是我们发展农业生产的宝贵资源和财富。农户真不容易！去年我省早稻生产面积达到1 600多万亩！今年还要实现1 800多万亩！今年的粮食生产在各级政府的重视下，产量也可能会创造‘新连增记录’，但我更希望不要再让农民伤心和流泪!”

第二章　多方调研　确保粮食安全

毛主席说过：没有调查，就没有发言权，唯有真正深入农村了解农民，才称得上是一名当之无愧的农学学子。

3月5日至4月5日，学校选派80名教师和114名研究生，会同省农业农村厅66位管理与技术专家，进驻全省66个水稻主产县开展春耕指导与粮食生产调研。调研发现，农业农村厅以及相关厅委、各地党委政府积极落实中央和省委“稳面积稳产量稳政策，确保粮食安全”的要求，采取了比以往更加具体、更为有力的措施抓粮食生产，取得明显成效。但同时也发现，农民种植双季稻积极性仍然不高，有些问题需要在全省范围进一步统筹解决。不同的水稻主产县调研方式大同小异，均在各个镇抽样检查。例如，湘潭县调研小组根据农业农村局上报的文件（湘潭县2020年早稻专业化集中育秧主体到户面积台账），在每个乡镇中随机选取几户进行抽样检查，实地测量秧田面积，检查任务落实和完成情况。湘潭县调研小组在访谈过程中接收到了部分农户的反馈，包括收购粮价、农田水利、重金属治理、农机与人力、政策与资金等这些方面的问题。

根据专家们的研究和老师同学们的走访调查，目前，广大农民尤其是种粮大户对于种植早稻、发展双季稻的积极性总体不够高，主要原因有以下几个方面：集中抢收抢插导致人机资源紧张，成本和风险增高。区域性缺水与气象灾害等自然条件影响。先进的双季稻生产技术入户率不高。生产成本高，收益低。早籼稻谷销售出路不确定。

为了稳定双季稻生产，湖南农业大学调研组提出了关于提高农民种粮积极性的建议：大力推广集中育秧模式。稳定保护价格，及时保障收购。加强农机具配套应用与社会化服务。扎实推进农业基础设施建设。加强双季稻节本增效技术创新与集成。夯实双季稻生产的人力资源基础。加强高校、科研院所与政府的合作与协同。

民以食为天，湖南省坚持以集中育秧为抓手，扩大早稻面积，稳定和带动双季稻生产，实践证明，这是行之有效且需要巩固的方式。一是有利于稳定双季稻生产面积，据调查了解，100%的种粮大户认为集中育秧十分必要。目前，承担集中育秧主体主要是种粮和农机大户、专业合作社、村组或基层农技站三大类，形成了“全包式、代育式和播管分离式”三种主要的集中育秧组织方式。这些育秧主体设施相对齐全，育秧技术基本到位，管理较规范，提高了3～5个百分点的成秧率和秧苗素质，为稳定双季稻生产面积提供了保障。二是有利于发挥规模经营主体的重要作用。目前规模化生产经营主体一般具有高中以上文化水平，青壮年居多，接受新技术新产品能力强，而且对国家稳粮政策、惠农政策以及对发展粮食生产重要性的认识都能及时理解、接受和响应，具有较强的责任意识和担当精神。县农业农村局、乡镇和基层村对粮食生产的任务安排与落实，主要通过大户来开展，相对于村组干部找散户来做工作难度小，思想易通。如果种粮大户流转了本县50%左右的土地，更能有效发挥种粮大户的示范和引导作用。因此，通过集中育秧，可充分发挥规模化经营主体的示范带动作用，有利于稳步推进湖南省双季稻生产。三是有利于先进技术与设施的推广应用。“秧好一半禾”，先进的技术与设施才能育出高素质的秧苗。据调查，使用全自动蒸汽喷淋式水稻种子催芽机，一个人每天能完成500千克稻种催芽，发芽率达95%以上；推广“1＋N”育供秧新模式和密室叠盘快速催芽齐苗新技术，育秧效率比传统模式提高了10倍以上；水肥一体场地无盘机插育秧的秧龄可增加到26～30天，比传统硬盘机插秧秧龄增加6～10天，每亩可减少用种等费用50元左右，并且水肥一体融于岩棉中不与种子直接接触，可减轻种子病害，减少烂种，实现增产增效。积极推进水稻集中育秧，加强先进育秧技术培训和先进设施建设，引导种粮大户应用新技术新设备，为湖南省水稻持续稳定生产提供了坚实保障。四是有利于双季稻生产节本增效。推广早稻集中育秧，应用先进技术与先进设施设备。

第三章　挥洒汗水　谱写最美青春

在本次春耕活动过程中同学们不怕苦，不怕累，坚持完成了这一个月的工作，大家在下田考察、调研访谈、科学普及、广泛宣传等任务中投入了极大的热情，并尊重当地习俗和风土人情。各个调研小组与当地很多农户建立了深厚的友谊，有的甚至建立了上百人的微信讨论小组，进一步方便了与农户的沟通交流。

正如抗击疫情一样，助力春耕工作也存在很多困难，大家选择了迎难而上，不退缩不回头。值得一提的一项问题就是早稻生产面积的落实。君山区粮食生产调研指导小组在开展育秧指导同时还及早地兼顾早稻生产面积的落实，他们组早起晚归，逐村走访，深入40余村，扎扎实实开展调研工作，细密调查可种植双季稻的面积底数，并对接村支两委统一思想，尽早部署。他们及时将有关情况反映到区农业局、岳阳市农业农村局君山指导组以及区政府，再经过几次区委政府、市政府督查行动之后，全区逐渐引起重视，形成了早稻扩面的热潮。付出总会得到回报，在人间最美的四月天里，这些农学学子吃苦耐劳的精神会传递给一届又一届的大学生，他们的青春散发着耀眼的光芒，这就是当代中国的脊梁。

结语　心系“三农”将青春无私奉献

青春不是用来贪图享乐的，而是用来奋斗的，是用来奉献给国家和社会的。“三农”是一个受关注的话题，因为人是铁饭是钢，我们不能没有粮食，否则我们无法生存。虽然当今农业中存在一些问题，没有想象中乐观，但是总有一天中国会全面走向乡村振兴之路。本次春耕活动让大家切实体会到了粮食的来之不易，他们发挥自己的专业优势，和农户交流、处理难题，为家乡农业发展贡献出无悔的青春。心系“三农”，我们终将走得更远，实现自己的人生价值。将青春无私奉献给土地，无怨无悔。

美国学者布朗曾在《谁来养活中国?》中表达了对中国粮食的供给的担忧，但是中国自改革开放以来，粮食产量便逐年上升，2020年我国的粮食储备量更是到达了新高峰。其中栽培技术和作物品种的不断更新为粮食增产提供了源源不断的动力。希望所有农学学子能够在学术上有更高的造诣，能够为“三农”做出自己的贡献。

调研组在石亭镇指导早稻育秧（摄影人：何展坤）

（赵世浩　文）

让青春之歌在新时代唱响

高誉文同学在自家樱桃园户外“云直播”（摄影人：佚名）

新冠肺炎疫情发生以来，华中农业大学植物科学技术学院师生牢记习近平总书记“与祖国同行，为人民奉献”的殷切嘱托，认真学习习近平总书记给北京大学援鄂医疗队全体“90后”党员的回信精神，在疫情防控中勇担使命，用实际行动唱响新时代青春之歌。

第一章　战疫有我，彰显青春担当

在这场突如其来的疫情中，武汉遭到了巨大的打击，但在党和政府的坚强领导下，在全国人民的支持下，武汉挺了过来。在学校的号召下，植科院领导干部、专家学者、青年学生都站到了“战疫”前线。

以陈志强为代表的青年教师党员突击队主动进入密接隔离点，开展 24 小时服务工作，不仅克服自己心理上对病毒的担忧，还要疏导隔离人员对感染的恐慌；为缓解学校高龄老人的焦虑恐慌，时常长时间电话交流；面对高龄独居教师不便出行的生活困难，青年党员主动上门送药买菜，细心照顾；农时不等人，突击队员连续 3 天参与油菜育种试验田 120 余个花粉隔离网的搭建，抢救大量科研试验材料。

学院 2018 级植保专业吴沛珊同学通过微益行社团了解到湖北省慈善总会海外物资捐赠工作需要志愿者参与，吴沛珊积极报名并成为其中一名志愿者，具体负责捐赠物资资料收集整理的工作。谈及加入这项工作的初衷，她说：“每天看到疫情的消息，都会感到揪心，如果能为社会做点小事，便会开心一些。”由于此次志愿活动是负责境外物资收集，所有捐赠人都是海外华侨、企业等组织，加上捐赠必须实名制，信息整理工作量很大，吴沛珊付出了艰辛努力。她介绍说，志愿工作都在网上进行，刚开始不清楚流程，幸运的是，每个新参与的志愿者都会分配一个“老队员”，协助解决问题。“工作的时候需要不停地看五六个群里的消息，手机不停响。慢慢熟悉了流程，渐渐就乐在其中了。”虽然工作有时会繁忙和单调，但是志愿者们以及慈善总会的工作人员之间的关心和互助让吴沛珊倍感温馨。她说：“看到无数汇聚的爱心也更加坚定了我的决心。”

众志成城抗击疫情的日子里，2017 级种子科学与工程专业陶欣茹一家齐上阵，每天奋战在抗疫一线，用点滴平凡播种着春天的希望。陶欣茹母亲是武汉市公安局治安管理支队一大队的一名老民警，已经 51 岁。2019 年是她母亲最辛苦忙碌的一年，刚忙完“新中国成立 70 周年”和“第七届世界军人运动会”两项重大安保工作任务，又投入到省市两会的安保工作中。原以为 2020 年的春节可以稍微轻松些，没想到新春伊始，突然来袭的新冠肺炎疫情却让母亲又投身更加艰险的抗疫工作中。疫情期间，母亲主动放弃春节休假，及时补位，克服恐惧心理，舍小家顾大家，越是困难越担当，不顾个人安危，大年初一向疫而行。她毫无怨言，以“巾帼不让须眉”的精神，连续工作至疫情得到全面控制。陶欣茹父亲是武汉市第十二初级中学教师，也是江汉区教育局的第一批下沉干部。疫情伊始，他率先报名，主动请缨去支援疫情更严重、更需要帮助的汉江区循礼社区。“多通风、勤洗手、不出门”，社区的群众早已熟悉了他的大嗓门，他说“越是艰险越向前，迎难而上，共克时艰的时候到了。”在父母的感染下，陶欣茹作为班级团支书和入党积极分子，虽然面临网课繁重的学习任务，她依然坚持联系同学线上战“疫”。在学习强国志愿者平台网上报名后，陶欣茹又第一时间到东西湖园博社区报名做社区志愿者，成为一名光荣的抗“疫”志愿者。国难当头，匹夫有责，没有一个人是局外人。作为土生土长的武汉姑娘，陶欣茹希望以实际行动，同武汉共命运，勇作践行人。

第二章　助力春耕，发挥专业优势

疫情防控的关键时期，也是春耕备耕和春季田间管理的关键时期。学院积极响应中央推动各地分区分级恢复春耕生产秩序的春季生产要求，倡议师生做好安全防护的同时就地参与春耕生产。周广生教授在线下就地下田指导春耕，深入油菜田地一线；在线上为广大农民答疑解惑，进行科学“云指导”，扎实帮扶春季油菜田间生产。疫情期间，周广生教授体验了当“网红”的感觉，自从他在快手上传了《春季湖北油菜田间管理技术及操作要点》的短视频之后，找他咨询的微信、QQ 消息便不断，拍摄短视频、通过软件在线“云指导”田间管理，对于周广生教授来说也是个新鲜事。同时他还在微信群里组织所在重点研发项目的农业科学家都行动起来，积极参与春耕指导。

和周广生老师一样，在学校发布《关于全校师生就地帮扶春耕生产的倡议》之后，植物科学技术学院师生积极响应国家与学校号召，参与春耕帮扶生产一线。2 月 27 日黄见良教授参与起草的《湖北省早稻、再生稻生产技术指导意见》由湖北省农业农村厅发布，作为“再生稻”栽培技术专家，黄见良知道不误农时的重要性，疫情刚刚发生，他就在微信上与武穴、黄冈的几个再生稻种植大户联系，积极应对春耕生产。同时他还起草了《疫情对再生稻生产的影响和建议》，发布到“湖北再生稻交流群”，几十位种粮大户纷纷点赞“及时雨”。

食用菌专家边银丙教授结合当前疫情背景下湖北食用菌生产面临的困难，针对性地给出了应对技术措施，尤其是针对春季出菇管理、栽培原料处理、春栽菌种处理、企业菇房车间管理、大田出菇管理、产业扶贫基地管理提供详细的应对措施，为食用菌产业提供了切实的指导。水稻栽培专家曾汉来教授积极与当地农业局联系，对外公布自己的联系方式，开启电话咨询和线上答疑；吴洪洪教授当时身处江西省上饶市鄱阳县油墩街镇马墩村，他积极响应学校号召，在村里参与大田春耕生产，并提供一些相应的作业技术指导；而在遥远的海南，育种基地里刘永忠研究员、牟同敏教授、李林教授带着自己的学生团队，边进行科学实验，边结合产业情况做技术指导。

结合疫情期实际，植科院学生在家乡的田间地头开始了一堂新形式的三田课，大家把家乡所在地遇到的一些病害情况拍照或录制视频发给自己的老师，老师在线上针对问题给出解决方案，构建了“云春耕”网络，师生共同面对农业生产难题，在春耕一线磨砺成长。

第三章　直播带货，赋能产业扶贫

受疫情影响，2020 年全国许多地方的水果和农产品的销售情况不容乐观，为缓解农产品的销售压力，助力脱贫攻坚，植科院借助网络直播平台，举办了“我为家乡云带货”活动，号召青年学子助力家乡农业发展，贡献自己的力量。为了更好地助力本次“云带货”活动，植科院前期做了充分的宣传准备工作，通过微信公众号、微信群、QQ 群等方式进行了宣传，“云带货”当天，现场直播得到了校友的大力支持，直播当天农产品成交额万余元。

黄星星同学向大家分享的是仙居杨梅，活动后她激动地说道，“这次云带货活动非常棒，采用新兴的方式让我们有机会向大家介绍家乡的特色农产品；家里长辈也很赞同，因为往年就是老客户会通过微信和电话向我们订购，或者自己的微信朋友圈转发，现在可以让更多的人了解到仙居杨梅，我感觉很开心！”

家在山东五莲的高誉文同学给大家推荐的是五莲樱桃，为了让大家直观地感受到樱桃品质，她下到樱桃园，开启了户外“云直播”。她表示很感谢学校有这样一个活动，让自己能够尽己所能为家乡做一点贡献。农村的发展，就是靠农产品的出售，农家乐以及采摘活动，疫情期间，农民们的农产品卖不出去，采摘园

“无人问津”，给农村经济带来了不小的困难。线上云带货活动，是一种解决农产品滞销的有效方法。通过这次活动自己也了解到农民真的很不容易，农业发展还有很长的路要走。

2020 年是我国脱贫攻坚决战决胜之年，植科院会继续举办相关活动，培养广大青年学子学农爱农的精神，增长学生的专业实践能力，让学生用实际行动助力乡村振兴和脱贫攻坚，激励广大青年不惧风雨、勇挑重担、共同进步，鼓励青年一代厚植爱国之情，勇立报国之志。

学校专家学者助力春耕备耕，众多学生党员，直面疫情，参与志愿抗疫活动，投入春耕、直播带货等故事，诠释着华农师生“与祖国同行、为人民奉献”的群体担当。

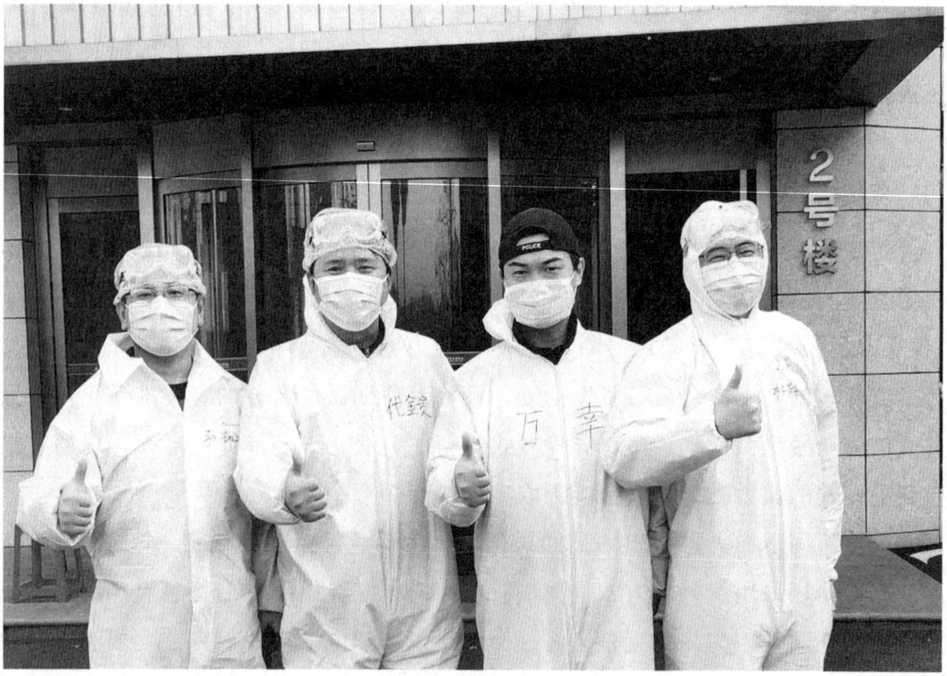

陈志强加入青年党员突击队参与防疫工作（摄影人：佚名）

（张涛　文）

春风吹　助耕行

助力春季农耕（摄影人：王惠加）

晨曦漫透，

微风轻拂。

迎着朝阳，

乘着清风。
又是一年，
我们如约而至。
时至今朝，
热血仍在谱写新的青春乐章。

——题记

还未脱去寒衣，便开启了热血之旅。春天是那么地充满希望，一草一木都从睡梦中醒来，桃花率先展开了笑脸，观望着来往的农民；鸟儿吟唱，为他们加油打气；牛儿吃着开春的第一批嫩草，满足地哞叫。

不同的时期，不同的征程，但我们一直在路上——江西农业大学农学院“全国农科学子联合实践行动”志愿服务营队，于 2020 年 3 月 10 日至 4 月 5 日的双休日开展了为期 8 天的联合实践活动。疫情当下，习近平总书记对“三农”工作做出重要指示，强调要在严格落实分区分级差异化疫情防控措施的同时，全力组织春耕生产，确保不误农时，保障夏粮丰收。在此特殊时期，江西农业大学农学院“全国农科学子联合实践行动”志愿服务营队由江西农业大学农学院团委牵头，通过互联网跨地域号召 13 名返乡大学生展开本次“助力春耕”“三下乡”活动。

互联网像马良之笔勾勒出桥梁，将处在全国各地的我们连在一起。活动期间，我们通过网络共同商讨活动方案、制订活动计划，并结合队员们所在地区的实际情况，深入农户，开展农业科技下乡、宣传讲解国家中央 1 号文件等活动助力春耕生产。作为新时代社会主义的建设者和接班人，为助力精准扶贫，为普及科技兴农，为建设美丽乡村，为打赢疫情防控阻击，奉献青春热血，也展示出我们作为农科学子的风采。

第一章　春耕　助农

三月春暖，正是疫情防控的特殊时期，也是复工复产的关键节点，更是备春耕生产的重要时节。在习近平总书记对“三农”工作作出重要指示中强调，“越是面对风险挑战，越要稳住农业，越要确保粮食和重要副食品安全”，在严格落实分区分级差异化疫情防控措施的同时，全力组织春耕生产，确保不误农时，保障夏粮丰收。

江西农业大学农学院“全国农科学子联合实践行动”志愿服务营队队员积极响应习近平总书记对全国春季农业生产作出的重要指示精神，队员们结合地方情况深入田间地头，在该地采取有效措施切实做好新冠肺炎疫情防控工作的同时，积极投入到当地春耕备耕中，把所学的专业知识运用到春耕实践中，并主动到蔬菜大棚种植基地进行生产实践，实地了解农作物的生长环境、栽培方式、形态特征，利用所学知识服务当地农业生产，为农户解决生产中遇到的困难和技术难题，助力广大农民群众全力推进备春耕工作，帮助种植户减少因疫情带来的经济损失。

疫情期间，江西农业大学农学院“全国农科学子联合实践行动”志愿服务营队江西省抚州地区队员曾 4 次来到抚州市东乡区农科所，深入农村调研，走访询问，队员们发现了许多很有针对性的问题，并且总结出了农户在实际生产中所遇到的问题，利用所学专业知识，与当地经验丰富的农耕人员进行深入交流，并联合江西农业大学相关专业老师通过互联网的方式为农户解决当地播种、耕作中出现的难题，切实保障了疫情防控和备春耕生产两不误。

在走访田间时，我们望见有位老奶奶弯着腰费力地挥着锄头在翻地，便上前询问老奶奶是否需要帮忙，正当奶奶犹豫时，队员们表明了身份及来意，得到奶奶应允后我们便接过锄头埋头苦干起来，在帮忙翻地的过程中，细心的队员发现在上海青、卷心菜等蔬菜上留下了咀嚼式害虫留下的咬痕和伏在绿叶上的黄曲条跳甲，告知奶奶后，奶奶皱着眉说：“这虫子啊，小小一只，我眼睛不行，看不清啊，但这叶子老被吃出那么多个窟窿，每次都卖不出个好价钱，原来我也试过喷药，可效果总是不好。”我们恰巧在农业昆虫学课上学过关于黄曲条跳甲的防治手段，便给奶奶提出建议，奶奶乐呵呵地说，“好呀，你们说得专业，我明天就去药店买来试试，希望今年的菜能卖个好价钱！”

当我们的队员再次来到农科所附近的田地，望见熟悉的身影，奶奶见到我们也格外欣喜，她笑着说：“上次我们村的陈大爷听说了你们给我小白菜治病的事，他也想请你们去帮忙去他的大棚里看看嘞，正巧你们来啦。”我们便跟随着奶奶走进陈爷爷的大棚中，我们发现棚中整齐地种着刚出芽的豇豆幼苗，我们俯身观察幼苗叶片时发现了密密麻麻的红褐色斑点，以我们所学知识初步判断其为豇豆锈病。陈爷爷的另一个大棚里种的是蕹菜。陈爷爷看着我们一脸凝重地说：“等它们长到一定阶段，就容易发生倒伏，接着就活不长了。”向爷爷询问了蕹菜的相应种植管理情况后，我们利用所学知识提出了预防与解决的方案，但鉴于我们的知识水平有限，考虑的不全面，我们与爷爷约定好 2 天后再来，回去查阅相关资料和寻求专业老师的指导，完善好防治方案后再来详细给爷爷指导。

在老师的指导与帮助下，病害得到了更为经济环保的防治，爷爷连连道谢，我们也对问题的解决感到十分喜悦。夕阳似乎在金红色的彩霞中滚动，然后沉入阴暗的地平线后面。通红的火球金边闪闪，迸出两三点炽热的火星，成为太阳送给我们最美的礼物。

第二章　团结　助学

由于疫情的原因，队员们不能在同一个地方开展助力春耕活动。江西农业大学农学院“全国农科学子联合实践行动”志愿服务营队队员一部分在北方，一部分在南方，虽然所处地域不同，但互联网却将我们仅仅牵在一起——队员们通过视频会议的方式结合实地调研成果进行经验交流，共同商讨活动方案、围绕地方特色制定活动计划。活动期间，队员们团结协作，通过网络带货帮助当地村民销售滞销农产品、进行春耕技术推广等活动。

江西农业大学农学院“全国农科学子联合实践行动”志愿服务营队河北省唐山地区的一名女队员参与了协助当地农业有关部门进行农用机械的调试、深松耕地、水稻种植等。当地为了响应国家提出“藏粮于地、藏粮于技”的要求当地引进了曲面深松旋耕复式作业一体机，非常适合本地水田作业，既解决了传统作业耕深浅、犁底层加厚，又解决了深松浅翻造成机插秧困难等问题。她在与当地农技人员一起为机器监控调试时，一位农户告诉她：“前几年我们还要自己和家人一起下田播种、插秧，自家的一块地要种好久，现在机器代替人工作业，又快又好，种田的机具也越来越先进，现在连打药都可以用无人机了，省时省力，真是方便了不少。”不光是种起地来不费劲，农户坐在家里还能对耕种情况进行测算。

在了解现在农业形式时，她发现农业“互联网+”发展环境不断优化。互联网技术在农业生产中的应用不断深化，农业转型升级成效显著。农业农村电子商务快速发展，新业态蓬勃兴起。网络基础设施建设不断优化，农业“互联网+”支撑条件明显改善。农业“互联网+”会让农业种植更加科技化，成本更低，生成模式也会多样化，会逐渐减少农田到餐桌的中间环节，效率会越来越高。

在参与秧苗育种时，她学习了一些有关于秧苗育种的知识，比如要控制温度和水分才能让秧苗得以健康生长。也发现随着现在水稻全程机械化进程的推进，在水稻生产的过程中，耕耙、收割和加工主要环节都基本实现了机械化，机械栽插也为农民所接受，经过多年努力，有效提升了水稻栽插机械化装备水平和作业水平。并且现阶段的农业生产紧跟国家政策，农业机械也是越来越普遍，既在现在这种特殊时期节省了劳动力，又能够在同等的劳作任务中减轻劳动强度。也让她明白学习知识并不能完全局限于课本闭门造车，而是要深入实际，去了解现阶段农业生产机械化发展的进度，以便于我们更好地学习。

此外，队员们还发动身边的亲友下乡，帮助家中无青壮年的农户赶农事，并在实践地借助村委会广播平台，开展了“无接触”宣讲活动，为农户宣读讲解中央1号文件精神及相关扶贫政策，为打赢疫情防控阻击战、脱贫攻坚战，为决胜全面建成小康社会做出贡献，于五湖四海奏一曲春暖花开。

第三章　筑梦　助力

为更好地“零距离”服务农民，推进农业科技进村入户，江西农业大学农学院“全国农科学子联合实践行动”志愿服务营队队员们提前与地方政府或农业农村局沟通联系，以“送政策、送科技、送信息、送服务”为主题开展农业科技下乡活动。这次活动，集中宣传推介先进农业关键技术和惠农政策，努力提高农民群众依靠科技致富的能力，为推进农业农村现代化，实现农业稳定增产增效、农民持续快速增收，提供强有力的科技支撑。

在江西省抚州地区的队员在美丽的东乡区开展了这次活动。丽日当空，群山绵延，簇簇的白色花朵像一条流动的江河，仿佛世间所有的生命都应约而染。队员们与抚州市东乡区农业农村局的工作人员一起组织“三下乡”活动，活动现场，前来咨询的农民络绎不绝。队员们现场针对广大农户提出的农业生产问题进行汇总，交给专家，由专家耐心细致地讲解。队员们还主动向他们了解生产现状和科技需求，并帮助抚州市东乡区农业农村局工作人员为当地上百名农户发放《强农惠农策》《农产品质量安全知识问答》《农业栽培技术手册》等技术资料300多份，主导品种技术资料300余份，宣传画册100余张，农业书籍200余本。前来询问的爷爷奶奶、叔叔阿姨纷纷表示感受到科技下乡带来的实惠和政府心系百姓的关怀，并对党的政策和大家的帮助表达了深切的感谢，这让我们万分高兴与激动，同时也更加坚定了我们甘于奉献的初心。

“赠人玫瑰，手有余香。”一想到自己所奉献的事业能够给他人甚至一个地区带来如此大的影响，队员们心里都不由得升起满满一股的自豪感。天已近黄昏，太阳慢慢地钻进薄薄的云层，变成了一个红红的圆球。西边天际出现了比胖娃娃的脸蛋还要红还要娇嫩的粉红色。我们伴着夕阳脸上都露出了灿烂的笑容，无比踏实、无比开心。

结语　曲终　助行

一系列的实践活动，队员们都颇有感触。实践活动让我们明白了诗句“农事蛙声里，归程草色中”并不是书本上寥寥数字就能说得清道得明。不入其中，不知其味。也更加理解“纸上得来终觉浅，绝知此事要躬行”，只有进入到真正生活实践中才能品味不一样的人生百味。在此过程中，我们明白了要有一颗积极向上、探求知识的心。作为大学生的我们在新时代、新背景下肩负使命。这次的实践经历也让我们懂得了“不忘初心，牢记使命”的真正含义，我们也将继续发扬“俯首农桑，耕读致远”的农学人精神，以青春之我，创建青春之国家，为全方位扶贫脱贫、决胜全面建成小康社会做出应有贡献。

短短时光，无限美好，春天就是有这样的魔力，让人怀有希望。万物复苏的季节，万难都可消除。此次“三下乡”活动伴着轻柔的春风悄然而止，但我们用青春奏出的精彩乐章仍在我们心头回响，也将激励着我们继续踏上下一场征程，不断经历，不断突破，不断沉淀，最后蜕变成蝶。青春正好，你我不负！

进行专题调研（摄影人：王欣）

（李宇妍　余晴　冯莉情　王惠加　黄翠欣　陈惠梅　班安山　苏高杰　高丽琳　白旭杰　章宇微　余志汇　文）

华南大地

- 引　　言
- 行千里筑梦之旅　助百年乡村振兴
- 阡陌圆梦　热作人砥砺前行
- 防疫不误农时　人勤不负春光

引　言

2016年，全国农学院协同发展联盟启动实施了“全国农科学子联合实践行动”，以“走进乡土乡村，助力精准扶贫”为主题，通过帮学支教、支农增收，精准帮扶、持续帮扶等，切实解决农村地区贫困问题。

华南地区位于祖国最南端，拥有得天独厚的地理优势，在全面建成小康社会和全面脱贫攻坚战中都始终走在前列。全国农科学子联合实践行动一经开展，便吹响了华南农科学子积极投身和助力国家脱贫攻坚战略部署的冲锋号角，他们牢记总书记的嘱托，在联合实践活动中展现了勇于担当、甘于奉献、教育济民、支农报国的拳拳赤子之心。他们走进乡土乡村、心系乡音乡愁、情牵乡亲乡民，以支农报国之情，行勤学力行之事，在深入农村、服务人民的过程中磨砺意志、增长才干。

华南农业大学农学院、海南大学热带作物学院以及广西大学农学院根据《全国农科学子联合实践行动工作指导方案》通知文件的要求，高度重视，周密部署，精心组织，全力推进，有序开展“振乡村之路服务改革，乘灯塔之光筑梦芳华”全国农科学子联合实践行动，以开放共享之心，凝聚三校协同合作之力，心系家国天下、忧患贫苦苍生，勇挑助力党和国家脱贫攻坚、精准扶贫战略的重任；以实干为笔，以躬行为墨，形成了一个聚焦华南地区脱贫摘帽、助力扶贫攻坚为主要目标的师生联合体，开启了探索助力“三农”和培育青年的全新之路，奏响了波澜壮阔的发展华章，汇聚了一支支心中有阳光、脚下有力量的庞大队伍。

5年以来，华南片区实践成果丰富，百余支队伍在以粤、桂、琼为主的实践地开展了包括义务支教、科技支农、产业调研、扶贫走访、改革发展、政策宣传等多项专题活动，举办了多场农业科普座谈会以及专业培训会，深受当地群众的欢迎。

其中华南农业大学农学院充分利用广东的地理优势和经济优势，发挥始终走在前列的冲锋精神，以培养“懂农业、爱农村、爱农民、有理想、有本领、有担当”的“一懂两爱三有”人才为目标，利用互联网＋公益的模式采用“线上＋线下”的形式同时宣传实践活动，形成了以政府—学校—企业—社会组织四位一体的特色工作模式。5年里共有23支队伍参与实践活动，实践总人数超过450余人，足迹遍布粤东、粤西乃至重庆、云南、贵州多地乡村，展开了以科技支农、土地确权、入户扶贫、关爱儿童为主的多项活动，受到了来自广东省农业农村厅的嘉奖以及人民网、中国青年报、中国青年网、清远日报、大学生网报等多家媒体的报道。

海南大学热带作物学院坚持服务海南自贸港建设，积极响应助力精准扶贫、乡村振兴的伟大号召，立足海南、服务热区，对标国家重大战略和海南热带特色高效农业王牌产业发展需求。学院社会实践活动与海南各县市的合作近年来不断深化，并得到了校团委以及院党委的大力支持。在学院团委的精心部署下，5年来，已有28支团队赴海南各地开展实践工作，开展的科技服务“三农”、精准扶贫等优秀事迹已经得到中央电视台、中国教育报、中国青年报、海南电视台、海南日报等主流媒体多次报道，取得了多项优异成绩。

广西大学农学院以深入助力广西脱贫攻坚为己任，以培育懂农业、爱农村、爱农民的领军型农科人才为目标，积极汇智聚力推进八桂大地乡村振兴，开展极具区域特色的社会实践活动。5年来，累计派出17个学生团队，46名老师和276名学生，足迹遍布全区5个地市35个乡镇。各个团队根据自身专业特点，结合农业、农村和农民生产生活实际情况，积极探索通过科技支农实现农业农村发展和农民富裕，扎实开展调查研究和志愿服务活动，形成了以农行八桂大讲堂、农业科普夏令营为主的一系列经典活动。实践团队也先后荣获首届中国青年志愿者服务项目大赛银奖、团中央最具影响力的好项目、团中央“三下乡”优秀团队、团中央活力团支部等十余项荣誉。实践事迹也被中国日报、人民网、光明日报、中国青年网、中国教育报、凤凰网等30多家国内主流媒体报道，取得了良好的社会效益。

四季常青的南海之滨，万木争荣、天高海阔、潮水拍岸。又是扬帆远航时，在“十三五”的收官之年，华南片区的3所涉农高校将继续作为“排头兵”，进一步发扬以农立足、敢闯敢试、埋头苦干的躬行精神，书写属于全国农科学子联合实践行动的“春天的故事”。

张文祥

行千里筑梦之旅　助百年乡村振兴

那坡县农业农村局农行八桂大讲堂活动合影留念（摄影人：韦雪露）

时光飞逝，岁月不居。从 2016—2020 年，在广西八桂大地支农支教征程中，有这样一群年轻人，他们从校园走向田野，从城市走到农村，响应时代的号召，吹起青春的号角，走在乡村振兴最前线，在农村、在基层播撒希望。他们就是广西大学农学院联合实践团的同学们，是一群具有家国情怀的农科学子，他们怀着感恩的心，积极投身社会实践活动，立志成为“懂农业、爱农村、爱农民”的

“三农”工作人才，扎根到农村去、到基层去，用自己所学的专业技能服务“三农”，以满腔热情和所学所长为国家乡村振兴贡献青春力量。

五年来，广西大学农学院累计派出 17 个学生团队，17 名带队指导老师，29 名随队老师和 276 名学生（其中党员 126 名、团员 150 名，本科生 183 名、研究生 93 名）开展科技支农支教活动，活动内容丰富，成效显著。

他们肩负职责，跋山涉水，奔赴广西区内扶贫第一线，走向乡村田野，开展支农支教活动，以期尽献绵薄之力，助力乡村振兴。或曾跋山涉水只为一户人家，或曾披星戴月只为一份温暖，正是怀揣着这种不畏艰难、乐于奉献的诚挚之情，实践团历经层层艰苦，不忘初心，在广西 5 个地级市 35 个实践点以青春接力，终有所得，成果颇丰。

全国农科学子联合实践行动，广西大学农学人一路前行。

助力乡村振兴，广西大学农学人一直在路上。

第一章　足迹布八桂，勠力助振兴

实现全面小康，离不开乡村振兴，离不开农业强、农村美、农民富。为助力脱贫攻坚，为国家乡村振兴战略汇智聚力，广西大学农学院立足学科专业特色，先后组织农学院博士团、农学院青年志愿者服务队、农学院益农公益服务队和广西大学乡村振兴学社到农村、到基层，引导和带领大学生开展支农支教活动。

经过多年不懈努力，建立起了具有特色、有效的实践形式，各个团队根据成员自身专业特点，结合农业、农村和农民生产生活实际情况，积极探索通过科技支农志愿服务助力实现农业农村发展和农民富裕，扎实开展调查研究和科技支农志愿服务活动，成效明显。

一、立足阡陌，科技助发展

广西乡村大都处于边远山区，存在经济不发达、技术落后、人才短缺等特点，而这些特点又因各地情况不同而各有差别，不能一概而言。为了更好地推动乡村发展，助力产业振兴，师生们深入了解当地农业生产实际情况，掌握一手资源，再因地制宜发挥学院师生的力量，真正解决农民实际问题，助力脱贫攻坚，助推乡村振兴。

学院各实践团队在各学科领域的专家教授指导下，连续多年前往马山、那坡等国家级贫困县开展农行八桂大讲堂的活动，深入挖掘实践地优势，收集第一手资料，并进行分析整理，为当地生产实践提供建议和帮助。在广西国家级贫困县那坡县实践调研时，实践团了解到该县地处石山地区，气候、土质、地形等自然条件比较恶劣，农事生产比较困难，甚至有部分村庄为了利益只能以伐木为生，经济发展十分艰难。在走访调研过程中，实践团发现当地较适合发展林下经济，尤其是中药材类作物，于是着力推动中药材与品种引进、中草药种植栽培和病虫害防治等帮扶内容，对那坡县喀斯特地貌中药材产业发展提出有针对性的意见和建议，并捐赠给当地贫困村价值不菲的中草药种苗。

如百林村，通过对百林村调研，整体较为适合牛大力种植。牛大力是目前我国尚未产业化的一个经济作物，一方面可以作为药材，另一方面可作为保健用品发展，种植效益明显，就目前的市场行情来说，十分可观。牛大力作为目前经济效益较好的一种中药材，有助于改善产业结构，成为那坡的“造血和输血”产业。2017—2019 年，通过不断追踪、指导，目前牛大力已成为那坡县百林村支柱产业。

走过山山水水，访遍风土人情，同学们感受到了乡村所拥有的无限潜力以及乡民们对于发展的迫切渴望。乡村虽小，却有地，有人，有特色，唯独缺少了科技及人才，如果能充分发挥每一位农科学子的专业知识，培养无畏艰苦、无私奉献精神，服务乡村，以科技推动农业生产，广西乡村发展必将拥有翻天覆地的变化。

二、切合实际，助推产学研

科技实力薄弱、人才稀缺一直是阻碍农村发展的重要因素，为有效针对该问题提供解决方法，学院实践团根据各实践地实际情况，围绕农村产业发展、乡村建设和乡村振兴等问题，通过到市政府职能部门、农业主管部门收集信息，实地走访当地农业产业、查询资料和问卷调查等方式，在实践区域开展农业产业结构、产业布局、产业发展等与当地农业产业发展有关内容的实地调研，并着重在实践地建立“产学研”的合作关系，以先进的科研技术力量助力当地农业发展。

通过调研了解农业产业结构，掌握当地农业发展情况和发展趋势，在相关专家教授指导下，完成调研报告，反馈给当地政府和农业企业，为日后制定发展计划提供参考意见，得到了政府和农业企业的广泛信任和好评。同时，建立学院与地方农业企业实现“产学研”的合作，通过开展理论联系实际的实践活动，不仅加深了同学们对专业知识、专业技术的认识和运用，还将引导带动地方农业产业发展，实现合作共赢。

广西大学农学院博士团近年来与贺州市、那坡县、上思县等地密切联系，通过探访上思县广西糖业集团昌菱制糖有限公司、在妙镇平良村甘蔗“双高基地”和上思县上上糖业有限公司等当地支柱产业，提供技术理论指导，为贺州市农业种植业产业和上思县糖业、农业旅游产业发展纳言献策，建立良好的“产学研”合作关系，深受当地村民和企业欢迎。

农科学子的特色便是具备涉农专业知识。在实践过程中，通过与各地生产基地进行技术交流，交换观点，同学们切身感受到了科技对农业生产的重要性。实践团的成员纷纷表示愿意运用相关知识，投身乡村振兴之中，实现自身价值的同时，为我国农业发展事业添砖加瓦。

三、特色课程，助推乡村教育

扶贫先扶志，扶贫必扶智，教育之重要性不言而喻。为了使贫困地区的孩子们能享受到更好的教育条件，形成良好的阅读习惯，扩大视野，达到精神上脱贫的目的，学院益农公益服务队实践团队根据实践地教育发展的实际情况，连续多年定点前往三江县高滩小学、荔浦市双江镇龙萍村龙坪小学开展支教活动，不仅在学业、成长等多方面对留守儿童给予教育帮扶，更重在拓宽他们的眼界，让他们树立远大志向。

在支教过程中，实践团结合学院特色，发挥农院学子特长，为实践地的孩子开设乡村植物探秘夏令营活动。活动主要是通过开展自然科普小知识问答、植物叶脉书签、植物标本制作和植物认知等特色系列游戏，以寓教于乐的方式，培养孩子们的动手能力、实践能力，激发他们对于探索自然的兴趣，让他们明白世界之大，万物之奇，永远不要因为现在所拥有的一点点理解而沾沾自喜，而应该去探索更广阔、更精彩的世界，进而引导他们向着更远大的目标方向前进。通过该系列活动，不仅填补了乡村教育的不足，同时也为同学们践行农科学子社会责任提供了机会，助力乡村振兴的同时，培养同学们的综合素养，意义深刻，效果极佳。

回望支教生涯的最初，每当老师领着孩子们来到农田时，孩子们总是摘下一些路边的野花，露出好奇而又渴望的眼神。“大哥哥，这个叫什么花呀？”当支教同学一一介绍后，孩子们会露出天真烂漫的笑容，这些笑容，有收获知识的喜悦，有对自然的新奇，有对未知的向往，我们永远无法忘记，也无法拒绝。而现在的田间植物认知课，已经有高年级学生记住了当年的植物讲解，“老师老师，我知道这叫羽状复叶，它们的叶子是对称的，左边有一片，右边有一片……”。与刚开始进行支教活动时相比，经过几年的坚持，大山里的孩子越来越向往外面的世界，并深知读书是走出大山的一条重要途径，孩子们积极向学的热情随着接连不断的暑期支教活动的开展，变得更加的炙热，有些顽童从一开始的捣乱厌学，慢慢变成了期待。第一年支教时，只会调皮捣蛋的学生小东，在第三、第四年的支教里，变成了维护班级秩序的纪律委员；而那个隔三岔五徒手攀爬篮球架的“顽猴”益清，现在也考上了县城最好的中学就读。往后的日子，同学们愿倾尽自身绵薄之力，但求一轮轮朝阳冉冉升起。

第二章　不忘初心　助推乡村振兴

“一善之功不为难，难于不懈付年年。”5 年来，学院师生不忘初心，矢志不渝地致力于助力乡村振兴的工作中，实践团根据成员自身专业特点，结合农业、农村和农民生产生活实际情况，积极探索通过科技支农志愿服务助力实现农业农村发展和农民富裕，扎实开展调查研究和科技支农志愿服务活动。“春蚕到死丝方尽，蜡炬成灰泪始干。”秉承着无私奉献、不惧艰险的精神，实践团累计派出 17 个学生团队，17 名指导老师带队，29 名随队老师和 276 名学生，奔赴广西 5 个地级市 35 个实践地点开展科技支农支教活动，活动形式丰富多彩，所幸终有所得，获得社会上的一致好评，先后获得了多项国家荣誉。

5 年来，学院实践团队始终坚持不懈，站在田间地头，切实帮助基层工作者、农业企业和农民解决农业生产上的问题，为广西农业发展、新农村建设等献言建策，服务农业、服务农村、服务农民。每一滴流下的汗水，仅为换取一个朴实的笑脸；每一个留下的足迹，仅为获得丰收时的多一粒米。只要付出能有收获，能让农民添一丝笑容，为乡村增一份光彩，我们都愿意为此不懈付出。

事实证明，苦心人，天不负。在这几年的助力脱贫攻坚工作中，学院取得了显著成效。包括在那坡县设立定点扶贫基地，连续 5 年采取多项举措有效增加当地农民收入、改进当地农业生产方式，推动当地脱贫攻坚工作进展；于三江县设立定点支教基地，连续 4 年开展定点支农支教活动，真正为当地孩子增添受教育机会，拓宽知识面，弥补教育的不足；此外，实践团于不同实践地开展讲座、捐赠、调研等活动，为当地带去了人力、物力技术支持，受益人数之多，产生的效应之大，难以计量，得到了广大群众的好评，多年来更是得到了社会各界的广泛关注，先后被人民日报、光明日报、中国青年网、中国教育报、凤凰网、广西日报等 30 多家主流媒体报道，取得了良好的社会效益。

第三章　路有千里遥　吾有万里志

捧着一颗心来，不带半棵草去，心怀真挚之情，学院通过开展丰富多彩的实践活动，深入乡村基层了解实情实况，受益匪浅。实践出真知，对于乡村振兴战略的认识不能仅仅停留于文字。心中醒，口中说，纸上作，不从身上习过，皆无用也。通过多年实践，同学们切实了解了乡村发展的基本情况，各地区通过各种发展模式，因地制宜发展经济，打造支柱产业，现已取得了一定的成效，但在个别方面还存在着一些问题，亟待解决，需要深入探究。

“绿遍山原白满川，子规声里雨如烟。”踏在乡村的小道上，轻嗅自然的芬芳，一切都那么美丽，那么安逸，那么不可限量。在乡村的大地上，同学们看到了实施乡村振兴战略所带来的变化，感受到了农业发展的勃勃生机。乡村振兴是实现国家现代化和中华民族伟大复兴的前提，作为农科学子，同学们将继续秉承奉献精神，不遗余力地投入到乡村振兴的工作中去，充分发挥专业优势，服务社会、回报社会。实现乡村振兴，路遥千里，而学院有行万里路的决心，在往后的时间里，必将一步一个脚印，稳扎稳打，继续开展形式更特色、内容更丰富、影响更广泛的实践活动，并汇聚青春力量，培养具备专业知识、实践技术精湛的高、精、尖学生人才团队，更好的服务乡村，为全面实现农业强、农村美、农民富的目标而不懈奋斗。

三江县八江乡高滩小学学生（摄影人：莫求杰）

（肖纪铭　黄建颉　王伟超　文）

阡陌圆梦　热作人砥砺前行

抱板村社会实践产业振兴实践队队员在走访当地贫困户（摄影人：抱板村实践小队）

“云散月明谁点缀，天容海色本澄清”，在祖国最南端的美丽边陲小岛上，阳光璀璨，椰影婆娑。海南大学热带作物学院，自1958年以来，一代代的热作人立足热区，怀着一颗颗丹心，凭着一棵棵橡胶树开创热作事业；今天，热作人砥砺前行，致力于海南热带特色高效农业产业。热作学子心怀海南，响应祖国助力精准扶贫的伟大号召，多年来，依托科技支农、人才支农、智力支农等方式开展助农实践，在实践中学习本领，在实践中绽放青春。

2020是决胜脱贫攻坚之年，为响应国家的号召，响应中国作物学人才培养与教育专业委员会的号召，海南大学热带作物学院师生近年来多次深入全岛各地，走在助农实践的一线，守在脱贫攻坚的前方。

第一章　坚守扶贫一线　助力乡村振兴

2019年暑期，海南大学热带作物学院组织了7支实践小队奔赴全国各地，抱板村实践小队、五指山实践小队、保亭实践小队、临高实践小队、琼中实践小队、白沙实践小队、琼中实践小队在实践中各放异彩。

暑期社会实践队伍于2019年7月抵达海南省东方市大田镇抱板村开展了为期7天的社会实践活动。何为扶贫？如何扶贫？同学们究竟能为抱板村536户人家脚踏实地地做些什么？这些，都是参加扶贫实践活动的小队成员们要面对的问题。实践队员们在到达抱板村后并没有陷入迷茫，他们第一时间制订了详细的调查走访计划。536户共3 336人，经过周密的安排，实践小队精准走访了近100户人家，收获了极具参考价值的信息。走访期间，无论是炎炎的烈日，还是漫长泥泞的小路，都丝毫抵挡不住同学们对工作的激情。在充分地了解了村民们的需求后，团队便开始了紧张的实地调研工作。调研小队通过对东方市大田镇水污染情况的深入调查，并根据污染现状与影响污染因素的调查提出相应的生态对策，为后期完善管网等配套建设正常高效运营，村镇污水治理方案的提出做前期准备，以实现村镇污水排放达标的目标。另一方面，通过走访5户农户，实践小队观赏了黎族有名的织锦艺术，还发现了一种独特的艺术符号——黎族图腾。了解到抱板村黎族人民自古以来都没有文字的记载，各居住区域在其母语条件下形成了本民族的文化共识，那就是图腾崇拜，通过图腾以寄托族人的精神崇拜。文化兴则乡村兴，在现代文明的洗礼中，传承黎族文化，海大热作人在路上……

无论是乡村振兴，产业振兴，还是文化振兴，队员们都将自身全部的心血注入在了这短短的7天中，倾注在了抱板村这个小小的村庄上。村名民们的笑容，同学们的笑容，一张张笑脸交织在一起，构成了海南这座小岛上一个小小村庄里最美丽的风景。

7 月 13 日，海南大学热带作物学院农科楼前，在指导老师李沐潼的带领下，12 人的特色临高调研团同样踏上征程。

一个小小的村庄，一个美丽的名字，头星村陈副书记热情地接待了队员们。在特色临高的实践路上，乡村调研再出发。还有一个美丽的村镇，东英镇扶提西村。在副镇长王子彪的陪同下，队员们参观了特色黄皮种植基地。沿着曲折跌宕的小路，踩着弛纵疏松的红壤，撩着嫩绿繁茂的枝条，队员们走进黄皮种植地。400 亩新种植的黄皮初见成效，每一株都在空旷的田野上挺直身板沐浴此刻的阳光。对于高度集约化的管理，李沐潼老师带领团队成员积极向林书记请教。言语间，队员们看到林明奉书记眼神深情而坚定，对未来的美好生活充满了期待。

海南大学热带作物学院“琼黎先锋，助力保亭”实践调研团以助力乡村振兴为主题，深入保亭县农户基地、示范村落，开展了为期五天的社会实践活动。实践调研团通过实地考察、问卷调查等方式对保亭县展开调研，先后到什进村、华盛生态农业开发基地和保亭县民族博物馆等地进行调研工作。详细了解到了吊罗山热带雨林生态环境保护与当地脱贫攻坚的互助关系，深入调研养蜂、橡胶、红毛丹、黎锦等产业推动农民脱贫战略的现状和未来发展趋势，认真分析了什进村将第三产业植入乡村带动第一产业发展、什吉村依靠旅游产业为主发展致富等扶贫模式的实际效果，全面了解到乡镇村落的自然生态环境、农民生活条件、基础教育设施、道路修建情况及特色文化产业对当地脱贫发展的具体情况。

“搞农业要脚踏实地，不怕吃苦，潜心钻研，就可以干出一番成就。”这是海南华盛生态农业开发基地负责人于先生对每一位保亭实践队队员说的话。脚踏实地，艰苦创业，懂农业，爱农村，爱农民，运用所学知识，发挥学科优势，把热情传递给每一位需要帮助的农民，打一场漂亮的脱贫战！

就这样，一个村一个镇，一步一个脚印，队员们在踏过的路上留下了坚实的脚印，但旅途终有终点，这一天白沙实践队的队员们和所有实践队的队员们一样，在离别的最后一天都充满不舍。这一早，队员们走了最后一次乡村之路。队员们在村口阿叔家受到了热情地款待，一杯杯原生态绿茶，一道道可口农家菜肴。回想起昨晚围坐在路边茶店的小桌旁，蔡书记语重心长地与队员们谈论当前白沙乡村发展的种种现状，发觉时间过得真快。

热作学子的实践立足于海南，却也不局限于海南。2016—2019 年，热作学子的实践从海南出发，也在从云南到江西的广袤祖国大地上留下足迹，撰写下一篇篇优秀论文，传下一件件事迹。扶贫道路任重而道远，一个阶段的实践结束，意味着热作学子即将开始新的实践路程，扶贫与乡村振兴，我们一直在路上！

第二章　实践基地学本领　产学结合促转型

走访实践基地，学习各种农业经济体系的运行模式一直是各个实践团队的核心工作之一。

五指山实践小队走访了多达 6 个实践基地。在椰仙水满香有机茶生产基地中，队员们不仅了解到了该基地采取“公司 + 合作社 + 农户”的生产模式，致力带动贫困户脱贫致富，还在基地内茶艺师肖姐姐的带领下，学习了各种茶艺；在中甸山竹生产示范基地中，同学们不仅实地考察了山竹的种植模式，还在基地师傅的讲解下了解到了种植山竹工具的使用方法……这样不仅使得队员们能够学习到各大基地的运作模式和生产理念，还收获了不少乐趣，同学们的欢声笑语久久地回荡在基地上空，飞向远方。

白沙实践小队则以雷公笋为实践核心，从里到外将雷公笋相关产业了解得十分透彻，从亲自下地体验采摘雷公笋，到细致地了解雷公笋档案，再到最后走访雷公笋基地，与厂长和副厂长促膝长谈，这一系列过程，不仅加深了队员们对雷公笋的感情，更让队员们看到了雷公笋生产基地与雷公笋产业链的光明未来。

抱板村实践团队也真正做到了实践薪火代代相传，海南大学热带作物学院抱板村社会实践基地在村委会举行了实践基地揭牌仪式，热带作物学院党委书记兼抱板村驻村第一书记张银东进行致辞，并由卢茜老师和抱板村村支书符圣明共同揭牌，最后大田镇镇委副书记王昌东进行总结。抱板村实践基地旨在为农科学子和真实的农村搭建一个沟通的桥梁，让农科学子能发挥所长，并在农村生活中锻炼自我，成长自我，树立奉献农村，奉献社会的伟大理想。此次挂牌仪式标志着抱板村将长期成为海南大学热带作物学院的实践基地，双方将持续合作，为乡村振兴发展共同努力。一代代农科学子将在这里为扶贫工作做出自己的贡献。

在 2019 年的实践中，学院新建成实践基地两处。海南大学热带作物学院保亭实践小队与海南华盛生态农业开发基地在实践过程中达成了合作意向，将果园设为实践教学基地。海南华盛生态农业开发基地被海南农科院确立为保亭县红毛丹生产技术培训基地，同时也是海南省热带作物标准化生产的示范园，是保亭乃至整个海南种植红毛丹技术最成熟的基地。这次合作的达成不仅对于学院的发展和人才的实践培养起到了极大的作用，更是为乡村振兴战略提供了一种新的发展模式，让专业知识更好地投入到农业生产中，能更好地利用科技为当地解决“三农”问题。在保亭什吉村实践时，热带作物学院团委负责人王文峰老师为保亭黎族自治县什进村授予“海南大学热带作物学院社会实践基地”牌匾。此次双方共建大学生社会实践基地，是深入探索校村合作的一次有益尝试。双方将在组织学生实践实训、为村民进行作物栽培技术培训等方面展开合作，为学生实践、就业以及提高当地农产品产量搭建优质平台。

实践基地不仅是促进乡村转型的重中之重，也是乡村经济发展的命脉。在走访了大大小小的各种实践基地后，同学们能看到的，不仅是有着勃勃生机的乡村经济产业，更看到了扶贫工作的光明未来，队员们也都时刻做好了将各大实践基地的成功模式应用到未来的扶贫工作中去的准备。

第三章　走遍秀丽海南岛　发现乡村新景象

海南大学热带作物学院实践团队，坚持立足海南，服务热区，与海南全部19个县市不断深化合作。目前，实践团队走遍海南各处，从海口出发，走过临高县、昌江黎族自治县、白沙黎族自治县、东方市、五指山市、保亭黎族自治县，从美丽乡村建设到当地特色乡村旅游产业的开发，实践团队在实践的同时，感受海岛美丽乡村的新景象。

在东方市大田镇抱板村里，实践小队沿着小路，走进村中。村里大多都修成了水泥路，路旁的路灯、公厕，一栋栋拔地而起的小楼，新建的活动中心，使抱板村成为摆脱脏乱落后的新型美丽乡村，响应“十九大”乡村振兴战略重要实践内容与内在要求“脱贫治穷，水务当先”的号召，学院实践团队帮助抱板村调研解决饮水安全问题，通过了解水源类型，取水方式，对水源地污染分析等，提出相应的土壤—水体—植物联合修复的对策，为抱板村饮水安全问题提供智力支持和科学指导，为精准扶贫的顺利开展提供重要保障的同时，为建设美丽乡村和美丽中国提供重要推动力。

走进琼中黎族苗族自治县，作为“最美中国乡村”的什寒村坐落在黎母山和鹦哥岭之间的高山盆地中，森林茂密，溪流缠绕，在云雾中若隐若现，有着“天上什寒”的美誉。这里曾经是琼中最偏远、贫困的村庄之一，如今正从贫困山村向着原生态休闲旅游村转身，林下经济的发展迅速，第一产业林下益智的种植面积已经发展到两千多亩，成为琼中县将自然生态与旅游发展结合最典型的范例。中国最美乡村之一的堑对村，这里山清水秀，这里种植以槟榔为主辅以其他，还规划出一片秀丽的景区，以槟榔林结合旅游发展的远大前景让我们看到了槟榔产业的新方向，看到了美丽乡村的新海南。

位于保亭黎族自治县的什进村，从原来贫困落后，住房简陋，环境脏乱的情况经过改造后，成为“保亭最美乡村”，在改造后的什进村村民安置房不仅保留了“船型屋”的外观造型，还融入了村民崇尚的黎族图腾文化，已成为“布隆赛乡村文化旅游区”内一道靓丽的风景线。在产业结构方面，将极具特色的民族文化作为旅游资源，统一包装成为“布隆赛乡村文化旅游区”的有机组成部分，由此实现村民“不离土、不离乡、不失地、不失业”的目标。

位于三道镇的什进村通过政府主导、企业牵头和村民参与的方式，共同打造生态环境优美、自然环境优越、生活环境优良的原生态旅游景区，提高区域经济社会发展水平，真正将大区小镇建设成为百姓的幸福家园和游客的度假天堂。

坐落在万余棵亭亭玉立、婀娜多姿的槟榔林海的国家 AAAAA 级旅游景区槟榔谷。槟榔谷两边森林层峦叠嶂，中间是一条延绵数公里的槟榔谷地而得名。景区由非遗村、甘什黎村、雨林苗寨等构成，风景秀丽。景区内有十多项国家级非物质文化遗产，非遗村内有海南原住民四大主题博物馆：无纺馆、麻纺馆、棉纺馆、龙被馆，这里是海南民族文化的“活化石”。槟榔谷既是国家级非物质文化遗产生产性保护基地，又是黎族苗族自治县重要的扶贫基地，依托槟榔开发旅游产业，不但让更多的国内外游客体验到了美丽的传统文化，也帮助当地村民脱贫，希望未来海南可以依托槟榔开发出更多有意义的产业。

通过扶贫解决村民的民生问题，建立起乡风文明、村容整洁的美丽乡村；通过因地制宜，发展特色旅游，推动乡村第一第三产业结合发展，利用好海南独特的自然资源，建立起生活宽裕，适宜旅游的美丽乡村。热作实践团队，走遍秀丽海南，实践于美丽新乡村。

第四章　实践助农齐推进　我同海岛共前行

热区崛伟业，丹心耀南疆。热作人的初心是建设祖国，是奉献海南。学院每年如期举行的实践活动，使热作人增长实践能力的同时，也让我们与海南建立起不可分割的深厚情感，使我们牢记我们作为新时代农科学子的使命，助力乡村振兴。推进实践工作的同时，帮助海南农村开启新时代的新篇章，把知识付诸实践的同时，帮助村民过上新农村的美好生活。

作为农科学子，作为热作人，同学们是带着使命来到海南的。不忘初心，牢记使命，砥砺前行。知农、爱农，献身美丽乡村建设，助力海南消除贫困，从阡陌中圆梦。服务海南自贸港建设，在学习与实践增长自身才干的同时，助力海南发展腾飞，热作学子们会与海南一同前行，共同迎接新未来。

我爱槟榔科技支农服务团在琼中进行有关槟榔的调研工作（摄影人：琼中实践小队）

（沈君泽　崔佳庆　文）

防疫不误农时　人勤不负春光

农学院 2019 级曾莉玲同学于凤凰镇某茶园采摘春茶（摄影人：曾瑞君）

在新冠肺炎疫情所裹挟的迷雾之下，2020 年的春光依旧带着它蹒跚但又坚定的步伐向全人类阔步迈来。这个春天，华南农业大学农学院师生目睹、见证甚至经历了太多人生中的至暗时刻，这些时光甚至一度让我们对生活、对未来充满焦虑与迷茫。但与此同时，我们也一同携起手来以“青山一道同云雨，明月何曾是两乡”的信念为人类防疫筑起一道道铜墙铁壁，让寒冬不再漫长，令暖春不再遥远。因为，春天，就是生机。

2月4日，庚子鼠年的第一个节气，立春悄然而至。春为岁首，立，始建也，立春，春气始而建立也。按气温标准统计，立春期间，我国只有云南、两广、海南等部分区域处于气象意义上的春季，全国其他绝大部分地区仍处于寒冷的冬季，冷空气依然活跃。正因为如此，中国版图上的不同地域会因时空上的不统一而先后进入春耕春忙春种时节，也正因为如此，不同地域的不同自然景观会孕育出特色各异的农业作物。也是在这一时期，习近平总书记对广大农业从事者提出了“要不失时机抓好春季农业生产，确保农业生产不误农时”的殷切嘱托。因此，春耕生产正式拉开帷幕之后，除了长期深处春耕指导一线的农业科技特派员之外，深处五湖四海、天南海北的农学院学子也纷纷响应党和国家、学校和学院的号召，将理论知识与生产实践相结合，就地帮扶各地的农业生产实践，用实际行动书写着“春风依旧暖，春耕依然忙”的和谐景象。

第一章　莱州湾旁　瓜果海洋

如果恰好乘坐途经山东潍坊的列车，你将会看见一片特殊的海洋。列车掠过，你会望见它们不断向你靠近而后又后退，又在行驶的前方漫漫延绵，像海似的与天际相接。那就是承载了无数农人汗水和希望的种植大棚，当人们站在高处望去，那和天空一样颜色的棚膜像海一样铺开。棚膜外风儿吹起微微波浪，棚膜内人们用汗水育护着收获的希望。5月初将是大棚内作物成熟的季节，4月下旬走进大棚，去看一场即将到来的“收获初夏”。

春季大棚内种植的香瓜，从植苗到成熟只需要两个多月的时间。2月中旬瓜农在闲置下来的育苗棚中定植香瓜，瓜苗有一定长度后便开始做吊挂瓜蔓工作，瓜蔓吊挂更大化利用了空间、阳光等资源，同时避免了一些紧贴地面带来的病害。3月中旬瓜蔓长度已至一人高，而如今已至收获时刻。走进棚内即萦绕于香甜气息里，淡黄色的香瓜累累缀于翠绿的瓜藤中，嗅觉和视觉上的盛宴让人满心欢喜。这次的生长期内没有明显的病害发生，几乎没有施药。现在家乡的香瓜收购价格一般是6～8元/千克，多数香瓜种植户对这个价格很满意，疫情当前，这种收获是对生活的很大保障。

相对于香瓜这种小型瓜来说，西瓜、南瓜的生长期要长一些，瓜农们判断大约还需要半个月的时间才可以收获。在家乡的春季，西瓜是大棚里的主要种植作物。春节一过就开始在大棚中定植，初春温度较低，需要对每道瓜沟加盖油膜以保温，就像大棚中又撑起一道道小拱棚。白天要把油膜撤下以保证光合，傍晚温度开始下降时需及时将油膜盖回。3 月中旬起瓜农们就渐渐开始忙于除侧芽和授粉，以保障西瓜的优质生长。4 月底高洁一行实践队员去棚区调查西瓜的成熟情况，可以看到西瓜的大小已经基本成形。除此之外，少数农户还在大棚中栽种了南瓜，小队去调查时南瓜已经基本成熟，南瓜的叶子非常大，伙伴戏称假设不那样软嫩，底部的老叶（通常最大）会是很好的荷氏遮雨伞。橙红色的南瓜已经像灯笼一样挂在藤上，像初夏的暖阳惹笑了辛劳了整个春天的农户。

育苗棚中成熟的香瓜 4 天前已完成采摘，实际上这些香瓜藤上还缀着一些生长中的果儿，但它们大大小小，成熟期并不一致。对农户们来说，其经济价值已经下降，此时尽快拔除瓜蔓，休整土地是更好的选择。

拔除瓜蔓、撤去地膜、清理杂乱……最后利用阳光晒田。近年来，土壤修复越来越被农户们所关注。大量施药、施肥等对土壤产生的破坏，修复起来是一个缓慢的过程。尤其是大棚、温室内的土壤，其壤质对于供养作物、提高作物抵抗力、减少尤其是土传病害的发生至关重要。也因此，连茬种植的现象在当地渐渐少了，适当的科学休整成为当下的最佳选择。

第二章　漓江河畔　砂糖橘园

越晓倩的老家位于美丽漓江河畔的广西壮族自治区桂林市阳朔县兴坪镇新崴洲村。众所周知，桂林属于喀斯特地貌，多山地。她的老家，一个寂静的小山村，三面环山，面朝闻名中国的漓江。

兴坪镇盛产沙田柚，砂糖橘，夏橙。家家户户的农民都以种植这三者为生。砂糖橘的成熟时间在每年的 2—3 月份，过年前后更是砂糖橘集中销售的时候。本地的砂糖橘主要销往湖北，但是 2020 年，由于新冠肺炎的影响，砂糖橘的销售受到了影响。到了 3 月，每家每户树上的砂糖橘都已熟透，加之气温越来越高，很多果实都烂在了地里。由于地形的原因，村里的果树大都种植在山上，种植难，采摘也难。眼看2020年就要颗粒无收了。不过幸运的是，随着疫情的逐渐缓解，各地的交通也逐步开放，村里的砂糖橘也开始售卖。

3月7日，惊蛰过后，春雷滚滚，春雨绵绵。春耕到了，收获完砂糖橘，又到了给果树施肥的时候。农事，适时而作。只有按时施肥，果树才能长得好。果树健壮，来年果实才会结得多，果子才会又大又甜。来到果园后发现，万物生机勃勃地生长，地里的杂草也是如此。为了让果树更好地吸收肥料，下肥之前还得把树根旁的杂草除掉，先拔草，再挖沟渠，后施肥，最后盖土。施肥时，有的树长得高大，所以施肥时让人感觉没有那么费劲；而有的小树由于种植时间还比较短，长得比较矮小，施肥时，全程都得弯着腰。由于果树种在半山腰，每施完一棵树都需要重新推拉着载有肥料的两轮车重新爬一次山。就这样，弓着背，在树林里来回穿梭，从低到高，再从高到低。一天下来，身体非常劳累，不过想着来年能够再丰收，心里也还是乐开了花。

对于越晓倩来说，小时候在农村长大的经历，如今教会她面对任何事情都要学会吃苦，她永远都不会忘记自己的根在农村。并且，关于农村习俗，耕作知识，她从老一辈的长辈们那里学习到了许多。最近回到村里与爷爷奶奶一同劳作，她依然感觉收获颇多。现如今，赵晓倩也是一名农科学子，要学习的东西还有很多。希望，在将来，她能为国家的农业发展做出自己的贡献！

第三章　南海之滨　春茶山庄

整个疫情期间，曾莉玲一直身处于家乡——广东省潮州市凤凰镇。提到这个地方，知晓凤凰单枞茶的人便会自然而然地将两者联系起来，而她这一次实践参与的便是自家茶园的春茶采摘。

春茶的采摘从元宵节过后便开始了，一直持续到谷雨前后，这段漫长而又辛苦的时期像极了漫长又难熬的冬天，被这里的人们形象地称为“茶冬”。整个“茶冬”，茶农们都全身心投入到茶叶的制作中，从老人到小孩子集体出动，为家里出一份力。茶叶的制作过程包括“采青”“晒青”“浪青”“杀青/炒青”“揉捻成形”“烘焙”这5个主要的过程，环环相扣，在茶农们的精心制作下，乡里茶香阵阵，沁人心脾。

往年一直都是从长辈口中得以了解的“茶冬”，如今终有机会体验，曾莉玲也成了家人口中的得力助手。这个春天，乐茶农之乐，忧茶农之忧，尝茶农之苦，收获一份特别的经验和感受。她主要参与了“采青”“晒青”和“烘焙”这3个过程，同时包揽了打扫卫生、做饭等家务活。

之前总以为“采青”是相对容易的，但只有亲身经历了才知道，“采青”其实是最费时费力的一个过程。因为茶园的分散性、茶叶的成熟情况不同等因素，茶农们不得不四处奔波。茶树高度不一使茶农们采摘后腰酸背痛，长期采摘茶叶还会导致手指容易被划破，双手被染黑。

相比之下，“晒青”工作便轻松了些，但是茶叶的萎蔫程度却不好把握，之前一直以为只要看起来蔫蔫便可以收起来了，而今经过了培训才知道这里面大有文章。譬如“晒青”的时间最好是在天气晴朗的下午三四点，此时温度最为适宜。若是阴天或者下雨天，那便是要抓紧时间“晒青”。又譬如茶叶的萎蔫程度因品种的不同而不同，像蜜兰香、鸭屎香便是偏向较大程度的萎蔫，只有达到一定程度才会出香。而大乌叶、宋种则与之相反。在她接手“晒青”工作的这段时间里，被晒的萎蔫程度不够而导致茶叶没有出香的经历也有，被晒得太过以致茶叶发红的经历也有，当然也有成功的经历。

在采茶季的最后，曾莉玲制作了一个“茶冬 vlog”，视频详细记录了茶叶制作过程。第一是为了宣传家乡的特产，希望能有更多人了解茶叶，加入品茶队伍。第二是帮助更多的人了解茶叶的制作，让大家充分感受和认识茶叶制作的具体过程。

第四章　青山脚下　花生田间

春耕备耕战役交叉进行之时，作为农学院的一名学子，黄绮琳认为，主动防疫情、战春耕，是她本就应该做的。在她的家乡每年都会种植花生、红豆等作物。2020年，由于疫情原因，她有了更多的时间为春耕工作贡献力量。

花生种植的第一步是要做好前期准备，施足肥料，提前整地，除草，施用鸡粪鸭粪等农家肥。第二步是精心选种，黄绮琳和家人一起对比了一下自己家和别人家往年所种花生的产量，并择优选取了种子类型。然后对种子进行挑选，选择饱满且健康的种子来种植。第三步是精细播种，由于种植面积较小，不像大种植户需要利用机械播种，她们家选取了人工播种的方式，一人翻土和覆土，一人播种。由于种植花生的土壤是雨后润土，播种后无须进行多余的浇水淋洒。播种时，种植的密度要适当，花生不能种得太稀疏，要均匀一些，间距需要在 15 厘米左右。第四步是等花生出苗时及时除草，不要施用农药，出苗时还要注意鸟和害虫的吃苗情况。同时也要记录出苗情况，做到及时补苗。第五步是在快要开花时，适量撒用花生专用肥。同时要及时锄草避免杂草争抢营养。初花期、盛花期末和终花期都要喷施相应的专用肥料。第六步是防病治虫，若花生出现叶斑病、锈病和枯萎病时，可用吡唑醚菌酯或苯醚甲环唑等药进行防治。花生虫害主要由地下害虫蛴螬和叶面害虫蚜虫引起，当这些虫害出现时，可用辛硫磷防治。最后就是适时收获，当花生植株上部叶片变黄，中、下部叶片由绿转黄，并逐渐脱落，多数荚果变硬、网纹清晰、籽仁饱满时，适时收获。

“纸上得来终觉浅，绝知此事要躬行。”在学校和课本学到的知识，终究得通过实践来检验，真正经历之后才发现，原来一切都没有想象中的那般容易。一次次简单的实践，黄绮琳得到了锻炼，也替家人分担了劳动，同时更加坚定了专业自信，她希望以后可以有更多的机会去实践锻炼，去提升自己。

第五章　抬头望眼　摄山掠水

如今，春日已逝，夏至将至。疫情的笼罩已被逐渐拨散，2020 年全国两会终于召开。往日的平静生活渐渐回归，但平静生活中的艰难发展也如期而至。2020 年是全面建成小康社会目标的实现之年，是全面打赢脱贫攻坚战的收官之年。但正如习近平总书记所提到的那样，中华民族最终能否实现这个千百来年的伟大梦想，关键取决于农村在这一关键时期的发展势头，能否全面建成小康社会，最突出的短板在“三农”，最大的潜力也在“三农”。发展“三农”，需要多方力量协同并进，在这其中，除了最直接的农业生产建设者，涉农高校和学子则需首当其冲。而农学院必将也将定将在广泛开展各类社会实践的基础之上，引导广大农学院学子深入生产一线，注重学习人生经验和社会知识，注重在实践中加强磨炼、增长本领。令广大知识青年在亲身参与中认识国情，了解社会，受教育，长才干，为其今后的成长道路标注鲜明的时代坐标和基层导向。

农学院 2017 级黄绮琳同学于花生田间拔除杂草（摄影人：罗明爱）

（郜子峰　高洁　赵晓倩　曾莉玲　黄绮琳　文）

西南大地

- 引　　言
- 农农携手黔行　共绘最美春耕图
- 不负农时　农院学子助力春耕
- 春锄扑扑趁春晴
- 春耕战疫出风采　全民脱贫展决心
- 农科学子助力疫情防控期春耕生产
- 贴乡实践　“滞乡助农”
- 践行时代楷模精神　奋力打赢脱贫攻坚战

引　言

2020年是“走进乡土乡村，助力精准扶贫”联合实践行动总结之年，5年来西南片区联盟积极响应国家号召、勇担历史使命、牢记育人责任，为全面建成小康社会贡献了新时代“农科”力量。高校师生们都努力做到了把心贴近人民，做好乡村建设这篇大文章。五年来，西南片区各联盟高校共组建110余支实践队伍，80余名老师作为实践活动的指导老师，随队教师超过100人，参与队员总数超过1 800人，据不完全统计党员（含预备党员）数达到了209人。5年来，在脱贫攻坚道路上，涌现出一批具有示范效应的教师和学生。

“圣人不利己，忧济在元元”　高校专家组队助力扶贫，科技支农

四川农业大学农学院党委副书记、副院长王西瑶教授带领马铃薯、油菜和藜麦等团队和社会实践小分队深耕凉山布拖10年，用农业科技助力凉山脱贫攻坚。贵州大学农学院党委委员、社会实践水城队指导教师龙友华教授，为了贵州省六盘水市水城县（贵州省贫困县）猕猴桃产业发展，在身体不适的情况下仍然坚持到水城县米萝镇、发耳乡猕猴桃基地指导猕猴桃冬季修剪、病虫害防治等栽培管理技术。西南大学薯类作物专家王季春教授带队师生赴重庆巫溪县马铃薯脱毒繁育中心进行薯苗试种植与马铃薯病毒的检验，帮助当地村民检测2020年脱毒土豆的产量。2020年春季，西南大学油菜育种专家李加纳教授带领“黄大年教师团队”克服一切困难推进育种工作进程，学院薯类作物组、荞麦组全体在校科研人员在疫情期间积极备耕，抢抓农时。

“视其所以，观其所由，察其所安”　定点扶贫成效显著，实践育人成果丰硕

截至2020年2月，黔江、武隆、秀山、云阳、奉节、巫溪、彭水逐步退出国家扶贫开发工作重点县序列，7 个定点实践基地全部实现脱贫摘帽。各个大学对口帮扶的贫困县实践队的服务得到了当地政府的认可和较高评价。通过 5 年的社会实践，云南农业大学农学与生物技术学院在普洱澜沧合建的院士工作站建立了社会实践基地，主要针对当地直过民族（拉祜族）深度贫困的现状，开展农业科技扶贫，助力国家的脱贫攻坚。除此之外，还建立了扶贫帮扶联络点。通过多年多次派遣学院不同专业学生老师赴该地区开展脱贫攻坚社会实践，已取得因地制宜的扶贫模式。学校引导和教育大学生把实现农业进步、农村富强、农民富裕的振兴责任与自身的成长成才紧密地联系在一起，实现实践育人与理想信念教育、专业认同教育、文化自信教育、爱国主义教育相结合。践行社会主义核心价值观，履行学院社会责任的重要实践。四川农业大学农学院在四川凉山州雷波县、绵阳平武县等地建立长期联合实践基地。持续、定点地在这些地区组织实践活动。实践队伍在以上地区深入农村进行调研，了解当地农户基本情况，与贫困户建立“一对一”帮扶关系，根据每户不同情况给出切实详细的帮扶建议，帮扶效果显著。同时，团队成员以科研课题为科技主线，调查种养结合技术普及率，并推广“粮—菜—猪”种养模式，发放相关技术指导手册等资料，真正做到了“学有所用，用有所得”，实践使同学们深切体会到扶贫攻坚的任重而道远，并激发了提升专业水平，学以致用、服务“三农”的使命感。

疫情岁月中做到不违农时　将春耕变为进行时

通过社会实践活动，带领大学生走进基层、走入农村，为基层带去了文化科技知识，丰富了农村的精神文化生活，提高了学生的综合素质与服务能力，同时也为大学生了解农村、体验生活提供了平台。在受新冠肺炎疫情影响的关键之年，联盟开展“在线实践、直播家乡、助力扶贫”全员社会实践活动，全域助力脱贫攻坚。深度开展“走进乡土乡村，助力精准扶贫”全国农科学子联合实践行动。广大学子用积极行动在疫情期间展现其实干能力并肩负其时代责任。学生们走访调查、下乡实干，用最质朴的方式为春耕农业发展和脱贫攻坚做出了积极贡献。

联盟师生自觉把社会实践作为了解社会、接触社会、投身改革、锻炼才干的重要渠道，积极投身农业生产第一线，把自己的专业知识运用于实践，提高了自身的动手能力，培养吃苦耐劳的精神，为当地脱贫攻坚事业贡献着自己的一份力量。

胡迅

农农携手黔行　共绘最美春耕图

贵州大学沿河县辣椒产业扶贫技术作战队合影（摄影人：崔帅）

2020 年是全面建成小康社会决胜之年，突如其来的新冠肺炎疫情给决胜脱贫攻坚带来了挑战。春耕在即，重农固本是安民之基，为稳住粮食发展的“生命线”，习近平总书记对全国春季农业生产工作做出重要指示。为深入贯彻习近平总书记指示精神，贵州大学农学院积极响应中国作物学会人才培养与教育专业委员会的号召，组织8支农科学子联合实践队伍，深度开展“走进乡土乡村，助力精准扶贫”行动，引导、鼓励广大农科学子积极参与打赢疫情防控阻击战、帮扶春耕生产，为决胜全面建成小康社会做出贡献。来自不同学校不同专业的60余名返乡大学生，身体力行帮助家乡搞好春耕生产，在贵州各地区为春耕贡献自己的力量，用行动诠释当代青年的责任与担当。

第一章　投身贵州黔北　奏响春耕乐章

“人误地一时，地误人一年。”农时不等人，发展不等人。抗击疫情关键时刻，贵州黔北返乡学子牢记爱农为农的嘱托，步入田间地头，奏响春耕乐章！

阳春二月，贵州省遵义市习水县董家坝村迎来草莓基地作物管理的关键时期。返乡大学生吴易放下笔杆，扛起锄头，把知识投入生产。2月中旬，她争取到草莓基地负责人陈伟喜的同意，来到草莓基地进行勘察。负责人满面愁容地说：“年前一场洪涝，导致草莓园收成减少，长势也不好。”吴易发现大部分草莓呈青色，个头也小。见状后，她立即查询相关资料，并通过电话咨询了姜春芽老师。原来淹水过的草莓根系已坏死，现在并不能着急看到收成，要等到草莓植株长势好了才可进行下一步的催熟计划。与老师商讨之后，吴易建议道：“等到草莓植株长势好了联系我，我再和学校老师为你制订催熟计划，尽量挽回损失。”“村里有人专业学农就是好，有什么问题都可以问问，不用自己瞎忙活了！”负责人连连称赞。

3月8日，贵州省遵义市返乡大学生曾庆会利用寒假时间和农户赵久英到田间进行农田杂草清除、翻耕和修整苗床，随后进行种子播种。在育苗的过程中，她与乡亲交流了一些旱地育苗经验。在夜郎镇凉水村花椒种植产业示范基地，她积极参与农事活动，与种植花椒的茶台村村主任王立交流花椒压枝、修剪等生产技术。在学习花椒栽培技术时，利用所学知识对花椒上的病虫害进行分析，给出建议。她说：“在春耕实践活动过程中，虽然汗流浃背，但收获满满。我积极向行业学习知识，向前辈请教经验，打开了我的眼界，也提高了自己的各方面能力。”

3月12日的这一天阳光明媚，暖意袭人。作为“走进乡土乡村，助力精准扶贫”实践活动队员，工农小分队成员舒远兴，来到黔北某村万亩辣椒产业的辣椒育苗大棚，认真观察辣椒苗的生长状况，当地扶贫产业负责人杨兴宏主任介绍道：“我乡气候稳定，土壤肥沃，非常适合种植辣椒，在辣椒之中产量最好的当属二荆条。我们乡生产的二荆条个头大，饱满，水分充足，香味浓郁，是老少皆宜的蔬菜。我乡今年计划种植万亩辣椒，帮助精准扶贫困难户走出贫困，打赢疫情防控战和脱贫攻坚战，力争把我乡建设成为美丽、富饶、幸福的乡村。”听了杨主任的介绍，舒远兴收获颇丰，“纸上得来终觉浅”。他还与杨主任交流学习了辣椒病虫害防治和移栽知识，用自己的实际行动加入这紧张的生产中。

贵州遵义市有许多马铃薯种植户，安婷婷和吴鹏作为贵州大学农学院马铃薯晚疫病科普队的成员步入田间地头，了解马铃薯育苗播种情况。为预防马铃薯晚疫病的发生，科普队介绍施行种薯消毒和发病初期药剂防治的重要性，建议农户要加强栽培管理、轮作换茬、加强田间管理和合理密植。

在黔北大地上，学子们反哺家乡投身春耕备耕，时刻以强农兴农为己任。为推进农业农村现代化、确保国家粮食安全、提高亿万农民生活水平和思想道德素质，为打赢脱贫攻坚战、推进乡村全面振兴不断做出新的更大的贡献是我们的职责与使命。

第二章　科技支农兴黔东　乡村振兴助发展

大地回暖，春意盎然，正是春耕春种的最佳时机。克服新冠肺炎疫情带来的影响，恢复原有的农业农村经济发展秩序和节奏，加快“三农”领域的复工复产，意义不同寻常。贵大学子收到贵州大学助农专家团的召集令后，踊跃报名参与贵州黔东沿河县辣椒种植技术的培训和宣传，师生齐力在春耕帮扶中群策群力，为打赢脱贫攻坚战奠定坚实的技术基础。

3 月 23 日，支农助农队师生驱车奔赴铜仁市沿河土家族自治县，马不停蹄地于当晚在沿河县政府大楼完成整队集结，并与当地农业局同志及铜仁市驻沿专家等进行会合。在贵州大学、沿河县农业局、街道办事处及当地村委会等多方共同努力下，专家们发挥专业特长，同学们尽心尽力，对沿河县中界镇、晓景乡的多个村寨进行了地毯式培训。培训内容包括：辣椒单作地、套作空心李幼树、间套作幼龄茶园、温室大棚内设施辣椒单作、主作辣椒接茬冬春喜凉蔬菜作物、各村“辣椒种植明白人”等。培训会结束后，专家实地示范套作时如何正确施用肥料、移栽辣椒苗、覆盖地膜。在交流环节，农民们纷纷表示培训效果好，掌握了栽培种植的关键技术要领，大家都相信这种辣椒种植技术一定能带来生产效益。在成立专门的春耕作战队后，结合疫情，还有黔东返乡学子在当地发挥自己的专业特长，来为春耕生产出力。2020 年“春耕助农”实践队董华同学决定帮扶本庄镇石头溪村许山组的枇杷产业。许家山组目前 70%的土地均种植果树枇杷，但是当地种植户没有经过专业的培训，导致一年投入高，产量低的现象。董华同学走进许山枇杷地，从地里面寻找原因，寻找提高产量的方法。

黔东地区的返乡大学生在田间地头谱写了支农、助农、爱农的“春天故事”。坚决打赢攻坚歼灭战，夺取脱贫攻坚最后总攻的全面胜利。

第三章　走进黔东南　温暖与活力并行

“布谷飞飞劝早耕，春锄扑扑趁初晴。千层石树通行路，一路水田放水声。”一幅热闹繁忙的春耕图在黔东南徐徐展开。为贯彻落实习近平总书记对“三农”工作的最新指示精神，响应学校号召，春耕计划小队全体成员以及春耕小分队部分成员走进黔东南，让温暖与活力并行！

疫情期间，由队长胡仁建同学带的“春耕计划小队”先后走访考察了位于黔东南天柱县凤仪农业示范园的生态草莓采摘园、西瓜种植基地、高酿镇金秋梨示范基地、蓝田镇蔬菜种植示范基地、东风村羊肚菌种植基地、栖凤油茶生态园、天柱县烟草分公司与百香果种植基地等多个地点，对各基地负责人进行采访。将采访资料与图片资料整理编辑成实时推文，向大家展示疫情下种植户春耕备耕的情况。

清明过后，雨水增多，谷雨时节临近，是水稻苗移栽的黄金时期。为追赶谷雨，不延误水稻播期，贵州黔东南剑河县磻溪镇化敖村的村民纷纷在自家的楼顶建起了小型育秧棚。来自贵州黔东南剑河县磻溪镇化敖村的王栋同学，作为春耕小队的一员，他对村里育秧棚进行观摩，积极向村民们学习旱地育秧技术，希望自己的见识能得到拓宽。经过十多天对育苗情况的观察与调查，他发现每个村民在后期管理的方法不同，他将其中优势的方法做详尽记录，整理后分享给更多村民，希望他们的管理方法能更加完善和全面。

走进黔东南，助力春耕生产，让温暖与活力并行。经历练的新时代大学生，终将迎来属于自己的蝶变，背负责任与使命，大步走向未来。

第四章　凝聚青春力量　谱写黔南故事

“春雷震百虫，惊蛰万物生。”待惊蛰过后，国内疫情已渐渐好转，农民纷纷投身于春耕之中。队员们凝聚青春力量，谱写黔南故事！

“春耕助农”实践队队长莫盛龙家住黔南州独山县百泉镇尧梭村，他的家乡以水稻作为主要粮食作物。春耕期间，他积极参与本村的水稻种植工作，4 月中旬，水稻育苗以及插小秧已经基本结束。4 月 18 日傍晚一场大冰雹肆虐他的家乡，第二天他来到秧地里查看秧苗的受损情况，发现仅栽种 2～4 天的秧苗 95%以上都飘在了水面上，而已经栽了 5～6 天的秧苗也有不同程度受损。作为一名硕士研究生的他献言献策，并与家人、农户一起同心协力，抓紧时间补救。由于长时间的漫秧浸泡，根系缺氧松动造成秧苗漂浮。因此，他建议农户排水捞苗，重新整栽，对受损轻的秧苗进行扶正。一场冰雹，将农户对收成的希望打得千疮百孔，莫盛龙说，他的心情与农户感同身受，内心满是担忧。但是，他们没有沮丧，而是捋起袖子，鼓足干劲，抓住这个春天的尾巴，把损失降到最低。

4 月 19 日，一心为农队队员蒙小贵和村民带着锄头、耙子、花生种子和肥料等播种用具前往山上种植地。村民缺乏理论知识但经验丰富，而蒙小贵缺乏实践经验但理论知识强，两者相结合，定能帮助村民种植出优质高产花生。他和村民分工忙碌，在除草翻土过程中，村民说，把草根翻出来地面且尽量少带土，便于接下来收拾，翻土不要蛮干，锄头容易碰到石头损坏锄头……他建议，不要浪费野草，堆积在周围板栗树下可作肥料，村民积极采用他的建议。

最后蒙小贵说：“通过实践，我学到了很多课本上学不到的知识和宝贵的经验，作为农科学子，要通过自己力所能及的工作来帮助家乡脱贫和春耕，春耕农忙正当时，此时播下的，不只是种子，还是希望，是秋天金黄色的希望，是脱贫致富的希望。”

第五章　黔西南州寻春去　春耕农忙正当时

“抢时不误农耕季，祷望秋来五谷香。”春耕农忙正当时，黔西南州的农户在田野里用双手绘制最美春耕图。

雾雨蒙蒙，微风阵阵，春耕服务团的两位志愿者杨敏敏、罗演雙，装上种子，背上锄头，拉上肥料，与农户一同到种植地打理耕地。耕地杂草丛生，残余大量烤烟秸秆。两位志愿者与农户一起撇净烟杆，用除草剂喷洒杂草，准备播种。在播种撒肥料时，农户不时向两位志愿者介绍技术要领，她们受益匪浅。辛苦的劳作让志愿者感慨万千，与土地共存亡的农户们，在不断努力中，自会有五谷丰登实现小康的一天！

“路漫漫其修远兮，吾将上下而求索”，千年前这汨罗江畔的楚声跨越时间的长河，掷地有声地落在青年大学生的心上。春耕的道路还有许多她们未曾遇到的难题困苦存在，漫漫春耕路有千千万万和她们一样的志愿者在行动着，她们铮铮助农心是毋庸置疑的。求索春耕的漫道她们追求着效益，追求着美丽，更守护着初心！

第六章　心系“三农”　情暖黔中

“半浓半淡四山景，快雨快晴三月雷”，万物生长的三月，是春耕播种的良时，黔中返乡大学生心系“三农”，投身实践，情暖黔中！

“巧春耕，种花生”，经济价值高且富含营养的花生成了春耕的主角，而实现花生高产，必须对种植技术要点有精准掌握。为抢农时，抓生产，春耕小分队队员吴安波投身春耕实践。他利用在校学习的知识向村民提出改进花生种植技术的建议，对知识空缺处进行填补，义无反顾地践行农科学子的职责与义务。

云耕故里实践队的三名成员邵胜雪、张慧敏和张海艳积极投身春耕，在黔中某玫瑰花基地里助农移栽花卉。她们帮忙移栽玫瑰花，并与农户相互交流学习花卉栽培技术，还上网查询相关技术改进措施，积极与农民探讨学习。

心系“三农”，用自己的力量助力家乡的产业发展，这便是“云耕故里队”存在的意义。在抗击疫情的同时，黔中大地不误春耕，农耕进行时，农科学子在行动！学以致用，在实践中学习，这是她们最大的收获与骄傲所在！

结语　黔行　用爱谱写青春诗篇

寒冬退去，暖春袭来。此次黔行，使我们明白农业发展需立足于科学技术，正确的种植方法，才能为农民带来更多的经济效益。实践活动结束后，每一个实践队员对实践的情况进行分析、总结。切实体会到了实践出真知的重要性。此次实践活动让我们有机会将理论与实践结合，身体力行帮扶家乡春耕生产，翻整土地，除草施肥，播撒种子，农技培训，技术推广……切实将爱撒入家园故土。发挥自身专业优势，给当地乡村建言献策，帮助农村、农户解决实际难题，提高经济效益，不断向乡村振兴之路迈进。在未来的日子里，我们将以更饱满的热情投身“三农”服务，为家乡农业发展贡献自己的青春力量。

贵州大学“博士村委会主任”病虫害专家在普定县韭菜基地进行春耕虫害调查（摄影人：张海艳）

（曾庆会　蒙小贵　文）

不负农时　农院学子助力春耕

布拖马铃薯耕作（摄影人：唐永康）

2020年，注定会是历史长河中令世人永远难忘的一年，一场突如其来的新冠肺炎疫情打乱了我们所有人的正常生活。自1月23日武汉“封城”开始，全国省市陆续启动一级响应，举国上下全面防疫。在疫情暴发之时，令世人更为担忧的还有农业生产问题，即粮食保障。雨水过、惊蛰即，春光日渐浓，疫情防控到了最吃劲的关键阶段，全国春耕备耕也进入了关键时节。2月23日，习近平总书记对全国春季农业生产工作做出重要指示，强调越是面对风险挑战，越要稳住农业，越要确保粮食和重要副食品安全。要不失时机抓好春季农业生产。抓紧解决影响春耕备耕的突出问题，组织好农资生产、流通、供应，确保农业生产不误农时。3 月 2 日，中央应对新冠肺炎疫情工作领导小组印发了《当前春耕生产工作指南》，就统筹抓好新冠肺炎疫情防控和春季农业生产作出了指导。

四川农业大学农学院学生积极响应习近平总书记战“疫”生产两手抓的号召，不负好春光，在做好个人疫情防护的同时，也自愿参与到家乡的春耕备耕工作中去。他们深入田间地头进行学习、实践，为农业科技提供智力支持，这同时也是我们农科学子提升强农兴农本领的重要机遇。

第一章　风华正茂　居家抗疫忙春耕

“人误地一时，地误人一年。”时令不待人，春耕繁忙，同学们在做好防护的情况下积极投入到当地农业生产中，利用所学知识助力春耕，更是理论结合实践，受益匪浅。

在河南省新野县，农学专业的张恒同学自觉参与家中农活，学习开拖拉机新技能。张恒自家田地因为前些年耕地不当，导致地块起伏不平。另外由于上一年浇水太多导致地块容重增加，土壤较为紧实。2020 年在疫情期间正好有空闲时间，张恒的父亲决定将地块重新翻整。纸上得来终觉浅，学农的张恒同学抓住这次实践机会，自觉跟着父亲去翻地。

在重庆梁平，植物科学与技术专业的董雷同学参与到四季豆种植当中。在董雷看来，四季豆的种植方法比较简单，需要费神的地方很少，只要一块地、几粒种、几根竿子就可以种植。若是无藤豆，直接连竿子都省了。挖几个小坑，丢下几粒豆种，然后覆上土，就可以静待它发芽。整个春夏都可以播种豆角，一颗豆种从播种到成熟只需要 3 个月左右，当豆苗第一次开花到第一次成熟，源源不断的豆角可以连续吃上一个月时间。疫情期间待在梁平老家的这段时间，董雷和妹妹一起去地里种四季豆。首先是打窝子，然后撒种，浇农家肥，盖土，接下来便是日常田间管理，期待豆角成熟。

“一年之计在于春”，为避免错过了蔬菜种植良机的杨文艺同学果断行动起来，抓住管理蔬菜的良好机会。杨文艺说：“宅家三个月之久，有些腻烦家里一直吃的食物，不料去市场买菜才知如今的菜品价格已是如此高昂，不由得心里涌现了要回家悉心管理蔬菜的想法。”杨文艺做事果断，当日下午便扛起锄头，挑起清水，舀了粪坑里的猪粪，拿起粪桶就开干。先是除草，修剪番茄和茄子的枝条，理好四季豆的藤，后是浇水施肥，做保水保肥措施，再给番茄搭架子，以便后期的果实结得稀疏而大，连续两天的辛苦劳作，看着蔬菜逐渐长大，茄子、番茄、四季豆纷纷开花，准备结果，满满的丰收让杨文艺内心愉悦至极。杨文艺说：“相比那些抗疫志愿者、医护人员，管理自家蔬菜虽算不上大贡献，但就算是一小点付出也是有收获的，也能对社会做出些许贡献的。”“只要人人都贡献一点力量，社会因此也会更加美好。”我们就在这光芒的引导下，抵抗面前的危机，万众一心，共渡难关。

疫情期间，“三农”问题牵动着亿万人民的心，俗话说“一年之计在于春”，作为四川农业大学农学院的一名大一学子，秦誉洋深知自己作为农科学子对于春耕的责任。于是，在与家人的协商下，他踏上了地间田头，参与春耕实践。春色最浓在田间，秦誉洋深入田间地头，跟大爷大娘们相互学习。在四川省南充市罐窑村，他参与了红薯制种、菜花除草、给桂花树挂营养液等农活。在实践中，秦誉洋发现当地机耕还未完全普及，使用黄牛耕地依然常见。热情的村里人向秦誉洋介绍了许多平日里少见的作物，还有平日里课堂上不曾学到的节气与务农周期的相关知识。而作为植保专业学生，秦誉洋仔细了解了大娘大爷们对于杂草和作物病虫害的处理方法，同时提醒他们记得及时翻耕灌水灭蛹，从而有效防控二化螟；整地之前、杂草冒出之前打药除草的效果好。此外，还为他们科普了植保无人机等现代化的作物保护设备，告诉他们我国农业模式正迎来变革。在实践结束后，秦誉洋对本次实践做出了许多思考，他认为农村发展迅速，农业大有可为。我国要实现从农业大国到农业强国的转变，还需要扎实的科研基础和丰厚的人才储备，在这一点上，农科学子必须清晰、紧密地将自身的发展同我国“三农”事业的发展联系起来。作为农学类专业学生，要发挥专业特长，勇挑发展重担；还要理论结合实践，永远心系土地。秦誉洋说：“作为一名在校农科大学生，能够在这个特殊的春天参加春耕实践，深入到农村基层，对于我以后的专业道路是一笔宝贵的财富。通过这次活动，增长了知识，锻炼了潜力，自我的认识和理论水平也有了较为明显的提升，让我对今后的专业学习充满信心，我会以更加饱满的热情投身农科事业，扎根‘三农’，服务‘三农’!”

2月下旬，南方早稻产区育秧工作正当时。农民开始选择高产优质早稻品种，备足种子，适时浸种泡田，抢晴播种育秧。烟草研一的学生郭冲就在自家秧田里学习锄草整田，并亲身实践，为育秧工作做足充分准备。

南方玉米能种两季，西南山地因地理差异大、小气候多样等原因，玉米播种时间差异很大。就长江流域来说，3月正是玉米播种的黄金时期，农学院研二学生李珍珍在课余参与了自家的玉米播种工作。

在多数农村，年轻人都离开家乡外出打工，留下老人孩子在村里。为了生存，也为了少让土地荒芜，留守老人们纷纷下地耕种，重庆市奉节县农学院研二学生张阳帮助村里的留守老人除草。

在农业生产过程中农民也很关注病虫害防治工作，开展统防统治和联防联控，坚决遏制病虫害扩散蔓延。农艺与种业的学生陈艳琦，在田间地头学习小麦病虫害治理措施，并亲自实践喷施治理红蜘蛛的农药。

资源利用与植物保护专业的学生陈昊楠在四川省泸州市叙永县马岭镇高店村帮助四户农户进行水稻育秧工作，并且按照农业农村部规定使用药剂量指导农户施用70%吡蚜酮拌种防治飞虱。

“战疫情，保春耕”，川农还有许许多多的学生投入了春播春种，在这戒严时期，川农的学生们尽管不能拿起试管，但是他们能挥舞锄头，挥洒自己的知识和汗水，在帮助农户进行春耕春种的过程中，也把理论转变成实践，真正做到了学以致用，将青春活力与家国情怀付诸行动！把知识用在春耕里，把论文写在大地上！

第二章　不负春光　科技小院保生产

“打春阳气转，雨水沿河边；惊蛰乌鸦叫，春分地皮干。”由于受到疫情的影响，春分虽已到，但农科学子们返校的时间尚未确定，作为农学院的一分子，布拖马铃薯科技小院团队抗疫情，保生产，利用所学助力春耕。

布拖马铃薯科技小院团队从2018年开始驻扎于四川省凉山州布拖县特木里镇，布拖县是2020年全面脱贫攻坚战中的“脱贫攻坚挂牌督战县”，2020年的春耕工作尤为重要和艰巨。现在处于一个疫情防控的关键期，同时也是“春管春种”

的黄金时节。于是团队从2020年2月初开始，首先与小院在当地的依托单位进行了联系，根据“统筹部署春耕生产、脱贫攻坚等工作”精神要求和小院2019年驻扎期间的调研结果，制定了《布拖马铃薯科技小院抗疫情保生产工作方案暨高产展示方案》，并开始按照方案进行春耕准备。虽有疫情影响，但团队仍分工明确，并在此期间多次开展线上会议，进行沟通联系种薯，规划种植地块。

2019年布拖县马铃薯遭受了大面积的晚疫病害带来的严重减产，而在多个品种马铃薯栽培评比试验中发现，“云薯108”“川凉薯10号”品种表现出高抗晚疫病特性。但因为疫情原因，在购买过程中出现了很多曲折，甚至有运送时被困于路途中等突发情况。

一如抗击疫情的决心，小院团队克服种种困难，边实施边动态修改，利用预留土地、增加备用品种选择、根据种薯活力情况催芽控制合理播期等多种方式不断调整方案，最终选择2020年度仍以这2个品种为重点，配套多个当地优势品种开展抗病高产栽培示范与品种对比研究，在园区、当地土地流转基地、贫困村示范农户家进行种植指导。并且采用示范适宜于四川及周边特困山区的种薯活力调控技术及“良种、良繁、良法、良品、良模”五良联动新体系，增强马铃薯产业抗逆丰产能力，同时配合园区引进播种的各类马铃薯品种进行品种示范比较以促进当地农民增收，企业增效。

农时不等人。随着疫情形势逐渐好转，与导师协商后，大家向学校申请返回小院工作。经学校同意后，6名研究生分批次返回基地，同学们跨越千山万水于3月18日成功汇合，21日上午终于到达小院。路途期间，大家牢记导师王西瑶教授嘱托，做好自我防护，戴好口罩，积极配合有关部门填报健康证明与体温测量。

虽然疫情尚未完全解除，但小院师生都愿做“逆行者”，“俯首农桑，耕读致远”，用知识武装自己，指导当地农民进行马铃薯科学种植，为脱贫攻坚贡献自己的力量。“把初心与使命写在大地上，把论文写在大地上”，才能真正成为具有“懂农业，爱农村，爱农民”“三农”情怀的当代务农者。

3月21日，随着驻扎的研究生们全部到岗，布拖县马铃薯科技小院全面恢复工作，同学们将充分利用科技小院这一重要平台，抓住时机继续开展春耕管理及田间试验工作。

3月的布拖在风雪之后慢慢迎来暖阳，布拖的土豆也在春耕之后吐露新芽，一如布拖马铃薯科技小院这朵脱贫攻坚战地的小花，将年年在布拖的大地生根、绽放，吐露芬芳。疫情终会结束，当春回大地，美丽的马铃薯花朵和格桑花、索玛花将绽放得更加绚烂夺目，科技小院的同学们也将在实践中成就自我，绽放属于自己的光彩，将“兴农之己任”带出校园，带向土地。

犁地（摄影人：张恒）

（李道杨　郑昕宇　杨文艺　秦誉洋　唐永康
黄美瑕　刘佳媛　曾薪越　文）

春锄扑扑趁春晴

严庆同学在甘肃省武威民勤县蔡旗镇沙滩村和农户一起摘西葫芦（摄影人：佚名）

2020 年 1 月，新冠肺炎疫情突袭中华大地，为打赢这一场疫情防控人民战、总体战和阻击战，全国人民万众一心、同舟共济。2020 年 2 月，本着“停课不停学”的原则，西南大学农学与生物科技学院学生全面开启线上教学，紧跟课程进度，让知识在防疫的隔离之下传播仍旧；2020 年 3 月，眼看春耕在即，农学与生物科技学院返乡大学生在“走进乡土乡村，助力精准扶贫”的号召下，就地参与春耕生产实践，在特殊关头仍旧为坚决打赢脱贫攻坚战奉献自己的力量。这一次，因疫情影响滞留在乡的农学与生物科技学院学子积极响应全国农科学子联合实践行动号召，13名同学、一支实践小队（共18名本科生）的足迹遍布了重庆、四川、贵州、云南、河北、江西等9省、18个市区，以“助力春耕生产”为初衷，深入农户开展春耕农事帮扶、扶贫调研、“赶农时”宣讲与中央1号文件宣讲、扶贫支教、撰写活动心得体会5类实践活动，让助力扶贫与实践下乡的口号响遍广袤农村大地。疫情之特殊境况下，农科学子们用另一种方式继续践行着不负青春、不负期待的抱负，在乡土课堂中感受乡土智慧，在拥抱土地时汲取可贵经验。

第一章　关爱独居老人，帮扶春耕备耕

在人们专注关注疫情之际，广西壮族自治区桂林灌阳新圩乡不知不觉中迎来了春耕的气候，3月份就已是风和日丽，到处生机盎然了。因疫情滞留在乡的易广权同学，得以见识家乡一年之初的春耕景象。广西春季的清晨，不带着一丝“料峭春寒”的意味，从天刚蒙蒙亮便有着若有若无的暖意，十分喜人。来不及吃早饭，老人便满面笑意地前来招呼他：“看着啊今年又会是个丰收的年景，要赶紧在我那一亩三分地上种庄稼啦!”简单收拾后，便只“两人”“两锄”前去，准备开始进行春耕的第一要务——耕地。去往田边的路上，淳朴的老人带着无限的善意与易广权同学唠起了家常。他也是在这次的谈话中得知了老人的生活情况。“我啊，一个人生活在这里。孩子们成年之后就都出去闯了，他们忙，也没有时间回来看我。我就趁着自己还能行动，在自家田里种些蔬菜和粮食，一来自己吃省了花钱买，二来也能卖些钱，省得孩子们替我担心。”听着老人的话，他想：虽然带给老人的陪伴时间很有限，虽然在自己的陪伴下老人心里独居时的孤独感并不能彻底退去，但是有了自己的陪伴，老人的生活会增添一份欢乐，垂暮的孤寂感不至将老人干枯的心湮没于夕阳之下。

到了老爷爷的田地边，老人让易广权观察自己翻地的动作。他便一边观察、一边学着动作。他突然意识到：经验是在课本与课堂上学习不到的，只有走到田间地头，才能学习到课本之外的实际经验，而这些也正是一个大学生所需要的。

一上午的翻地工作，惊喜与汗水交织，满足与疲累交融，但只依靠着惊喜与满足，他一次次挥锄，不曾停下。那一天的劳累，也在此后的某一个瞬间突然闪现在他的脑海，他明白：在我们国家仍然有一些地方有着这样的个体——他们用着最原始的方法开垦田地，田间不曾见到过机械化的操作设备，更不曾引进先进的科学技术。我国的乡村振兴还有很长的路要走，作为新生一代的农科人，实现全面振兴乡村之路道阻且长，当砥砺前行。

第二章 知识传递力量，扶智创造希望

病毒侵袭，社交封锁，资源的限制也几乎封锁了农村接轨时代的步伐。一声声叹息寄托着孩子们对接触知识的渴望，一滴滴泪水饱含着乡亲们对无法触摸时代脉搏的无奈。这些农村孩子的教育问题和乡亲感知国家政策的滞后便迅速走进了农生院返乡大学生的日程。

段倩楠同学在家中开办起小课堂，吸引村子里的小孩子前来学习。一张简简单单的木质小桌、几只稍稍发旧的小木凳、一间能够遮风避雨的小屋和几名村中闻讯前来的小朋友，便支撑起了一个温馨支教小课堂。她入户走访，关心困难家庭孩子并给他们送去温暖。她认为只要有孩子来听，知识都将得以传递，哪怕只有一个小孩子，她也要将这份“好读书”的精神保护下来。阳光灿烂的笑脸上、欢歌笑语里、琅琅的书声中，无不传达着孩子们学习到新知识的喜悦。在她的课堂上，孩子们不仅仅学到了扎实的知识，更有意义的是让他们看到知识的光芒和心中的希望。

董美迪同学在家乡小镇，一只话筒、一杯温水、一份认真圈注的稿件，一读便是一个早上。这天一早，董美迪怀着按捺不住的激动之情，前往了家乡村委会，走进了静谧的广播室。四下里一时寂静，但她明白，在当下疫情肆虐却仍要坚决打赢脱贫攻坚战的关头，这里就是战场、是抗疫、攻坚脱贫前线的重要部分。她必须担得起这样的重任！就这样，从“紧抓防疫不放松”到中央 1 号文件，她向乡亲们宣传疫情的科学应对方式、解读时事政策，用自己的声音默默浸润乡亲们的思想。

疫情采取的封锁措施抵挡疫情蔓延的同时，却阻隔不了孩子们对知识的渴望，也阻挡不住乡村百姓与国家的同频共振，更阻隔不了返乡大学生对乡村教育、对乡村政策落实依旧执着的心。

第三章　观新兴农业，歌未来可期

新时代新科技，新思想新农业。现如今，科技无时无刻不在影响着我们的生活，给我们的生活带来些许变化。随着一系列新技术在农业领域的运用，一阵改革的春风吹绿了我国千年的土地，让传统农业生产变得焕然一新，而甘肃省武威市民勤县蔡旗镇沙滩村红旗谷农家乐项目正是在这股温柔的春风下茁壮成长起来的。

半个学年的紧张学习过后，严庆同学打算利用假期做些有意义的事情，经过认真思考，她决定动身前往家乡的红旗谷，参观农家乐项目，并借此机会积累经验，提升自己。出发前，她对有关新兴的农业发展方向不甚了解，但对这一新兴旅游项目充满了期待，对家乡的旅游业发展满怀憧憬。

在参观的过程中，她亲身体验到红旗谷农家乐项目的发展理念与经营模式，不仅如此，她还积极思考这个农家乐项目的优势与不足，认真考虑农家乐的成功之道；参观过后，她又主动查阅了大量资料，了解相关知识，扩展了自己的眼界。最后，经过总结与评析，她认识到家乡农家乐带来的新型农业的发展方向：日益重要的农业正与新型科技结合在一起，迸发出灿烂的火花。

她很为这一新兴农业发展方向带来的变化所惊喜，但同时，她也遗憾地发现现如今农家乐项目还有很大的发展空间：“农家乐项目发展方向单一，只有一排大棚种植着作物，供人们采摘。这种方式辐射范围小，对外吸引力弱，只能吸引居住在附近的人。它缺少产业联动，建议设置自助做饭的设备，打造风景较美的公园供人们野餐，让人们一起攀谈的同时享受自己亲自采摘的作物，感受淳朴，远离城市喧嚣。同时也应该化短处为长处：家乡缺水，不应该主打绿色风景，而应该去开发更稀缺的滑沙、沙地露营等项目，增加采摘产业的联动性，对现有的产业链进行整合，开发全新产业，更多的吸引外来游客。”

这一条条客观的评价、中肯的建议，都是她对当下农业发展的牵挂的心。在这次实践中，查阅资料，实地走访，严庆同学也意识到农学专业的重要性和本专业主要发展的方向。并且，目前脱贫攻坚的突破口就是在农业，我们专业的学生必定是未来可以以新型技术提高农业生产力的动力，而且在未来的城市化进程中，农家乐项目也将会成为热点，为生活在城市喧嚣里的人们找回“采菊东篱下，悠然见南山”农家情怀。

第四章 走进乡土课堂，聆听乡村智慧

清明前后，种瓜点豆。然而2020年却是别样的“清明”，也饱含着不一样的“情”。这情，有对战疫英雄的崇高敬意，也有对“三农”事业经久不息的热情。滞留在乡的农科学子，不能奔赴战疫情的最前线，但可以借此机会去农村深入实践，走进乡村、走去田间、拥抱泥土。18级郭青青同学一路踏歌而行，“努力在为人民服务中茁壮成长、在艰苦奋斗中砥砺意志品质、在实践中增长工作本领，让青春在党和人民需要的地方绽放绚丽之花”。

河南的冬天有一些长，漫长又寒意骇人。新年以后，气温渐渐回升，到清明前后，已有些许暖意。晴朗的午后，踏着期待的步伐，一路被这清明节气迷人的午后风景吸引，郭青青同学去往对接农户的田地，跟随农户麦田拔草、观察苗情。地里的村民不多，麦田也大多早喷施了除草剂，村民细心讲解：“趁着杂草长势小的时候喷药啊，清除效果才好。”但她看到，虽然地里已经喷施过除草剂，但并没有把地里的杂草清除干净，农户向她解释：除草剂是有种类之分的，比如为小麦除草时，考虑到麦子是尖叶的所以要买专门除圆叶草的除草剂。听到这里，她也想起自己在课堂上学到的除草时区分单子叶植物和双子叶植物，她也从更专业的角度向农户补充道：“除草时，其实区分的就是单、双子叶植物的问题，除草剂要看好说明书再来用。”她也不禁暗自感慨：“知识是指导农业生产必不可少的利器，淳朴的农民真是富有生活的智慧啊!”

除草后，她来到了对接农户家的“小菜园”，门前有大片的空地，为了方便日常照料，农户就近种上些应季的瓜果蔬菜。覆膜放气、菜地拔草，农户老奶奶倾囊相授，一点点地启发着缺少实践经验的她。

借着这次实践的机会，她也常常来到农户家里，帮着老奶奶做些杂活，也更多地陪伴他们。有时，老奶奶正在打扫院子，她便从奶奶手中接过扫帚帮忙扫，奶奶笑着说这些事情她自己还是可以做的，她便带着笑意连声催老奶奶去休息。有时，奶奶和她便会聊些家常。一次，奶奶说到家里的煤气。原来，农村生活设施远没有城市齐全，老人家出行也不方便，所以家里煤气用完的时候只能等第二天充煤气的人到村里才能充气。老人家一般就会在家里囤一些柴火，遇到紧急情况时备用。奶奶拿出陈年的芝麻秆当作柴火，她便自告奋勇地去帮奶奶烧锅。起初，她填了太多

柴火，火势越来越大。奶奶向她解释：烧锅也有学问，不能一次性塞太多，不然火起不来，只会窝烟，反而还浪费柴火；用油炸食物也是有大小火之分的，开始的时候用大火，等到快出锅时再用小火。乡土生活中的智慧，稍有浅显却是那么深入人心，无时无刻不提醒着她凡事都有方法，要学会灵活变通。这些细微的生活点滴通过这次的实践机会在返乡大学生心中扎下了“聆听乡村智慧”的根，真理来源于实践的检验，这将为他们的远航扬起风帆，为他们的前行铺上地毯。

第五章　农科学子担大任，攻坚扶贫在路上

突如其来的疫情中，看不见的敌人使得全国上下陷入被动。一次次数据更新、一场场应对会议、一次次专家会诊，争分夺秒，挽救生命。即使在阳春三月，却也显得些许沉重。前方医护人员、抗疫英雄最美逆行，后方全国春耕任务愈加紧急，青春助农耕耘队小队成员虽分隔五地，却因同样的初心走到了一起，一步一步，从每一点滴中学习、也从每一小处实践知识。

大地回春、农事渐起，陕西省榆林市米脂县的春耕事务也渐渐地提上了日程。马宇萌同学怀揣着对“三农”事业的热爱与“挥斥方遒”的风发意气，走进了家乡的田间地头。她跟随家中有丰富农事经验的长者，为红薯苗的栽种、翻地、覆膜、浇水、施肥、挖土窖而忙忙碌碌，辛苦劳累却充实满足；为种大豆与花生而给田地分地垄、覆膜，略显枯燥却毅力坚定。暮春三月，杂花生树、群莺乱飞，她坚信“一分耕耘，一分收获”，春种一粒粟，秋收万颗子！

而在河南省沥川县丹阳镇，春天往往来得稍迟一些。前几日的一场春雨唤醒了死寂的大地，春天终于到来了！阳光明媚、万物复苏，村子里绿意盎然的景致，甚是令人欢喜。3月份正是春耕的好时节，可村子里仍然空着不少春闲地，零零散散地长着一些野油菜，开着黄澄澄的花朵儿，村民们决定种上一些春葱。杨洋同学在河南省淅川县丹江水穿过的小镇感受到了春耕渐近的脚步，听到这个消息，她激动满怀，加入了劳动的队伍。刚下过春雨的土地十分松软，她也拿起铁锹便开始松土，干得热火朝天，即使是汗流浃背也不曾休息。经历了几个小时的松土地后，在家中长者的指导下，他开始在地里刨四五条浅浅的沟壑，然后把葱排列成行，摆放到挖好的浅沟当中，眼看这个过程比较轻松，但若要亲自下地动起手来，还真是一件有学问的事情。接下来她需要做的是盖土，她在书本上了

解到葱的生命力较强，容易成活，在小心翼翼盖土之后，她便需要完成浇水了。这时候，尽管腰酸背痛，提不起神，但一想到马上就要到最后一步——浇水，她开心极了。一个半小时后，杨洋同学终于和村民们一起完成了春葱的移栽。经过这次实践活动，她受益匪浅，她深刻地意识到课内学习和课外实践是两码事，大学生要走出课本，深入自然，了解更多有趣而深厚的道理。

第六章　一年之计在于春，防疫春耕两不误

云南的春天阳光明媚，处处绿树成荫，片片姹紫嫣红。行走在这片土地上，看着路边俏皮可爱的小花小草，心中有一种莫名的触动，一株春草就是一个甜蜜的梦，一抹炊烟就是一首朦胧的诗。

受疫情影响，虽然已经到了惊蛰天，但返校时间还未确定，这让离家很久的李婧重新体验了一次春耕的忙碌和喜悦。

从幼时起，做农活就成了李婧同学生活中的一部分，但上了高中、大学之后，回家的机会渐渐变少，在家的时间也越来越短，做农活的机会也就少了。这次待在家里的机会，她再次扛起锄头、拿起水瓢，模糊却又熟悉的记忆又涌入了脑海。

3 月下旬的一天，李婧来到地里进行翻地整修，这块土地，许久未耕，不仅上面满是杂草，而且紧实得要命，翻起来也很困难。同行人商量后决定先把杂草都除了，再进行翻地。湿漉漉的泥土翻到上面，鼻息里满是那股泥土的芳香。忙碌了一天后，拖着疲惫的身体回到家，汗流浃背，手臂酸痛无力，腰也直不起来，但心里却是劳动以后的满足与充实。这也使她深刻感受到耕作设施落后带来的不便，春耕实践中有劳累，也有思考，才不枉此行！

晒地两天后，李婧到附近的小镇——大屯镇上买了各种种子和秧苗。当一行人来到地里时，泥土已经基本晒干了。他们得以继续进行播种。划分好每个品种所需要栽种的区域，便把种子播种到土地里，玉米粒上还需要再撒上一层草木灰，再进行覆土、浇水，种苗刚插到土里，耷拉着脑袋，一副有气无力的样子，大家都希望它们能够喝饱了水，尽快抬起头来。

播种后，剩下的就是每天都要给小苗浇水，秧苗从第一次刚种下时萎蔫的模样，现在已经挺直了腰，看到它们茁壮成长的样子，心里满满的都是成就感和幸福感。经过这次春耕实践，李婧体会到虽然已经进入农学专业学习，但是做农活

和村中有经验的长者相比还是不够熟练，需要更多的实践锻炼。同时家庭栽种模式和学校里也不同，家里种地多以老人的感觉为准，步骤较为简洁，但收获不好把控；学校里的试验田要计算产量，因此需要量化，更规范也更可控。因此，参与春耕对于农科学子来说，在理论学习之后投身实践，兼容并蓄，是不可多得的自我提升，参与春耕，自然是受益匪浅。

“耳闻之不如目见之，目见之不如足践之。”正确的方向是在“躬身实践”中找到的。通过此次特殊时期的社会实践，农生院的学子对中国乡村有了更真切的认知、对农事活动有了更直观的体悟，对肩上所担重任亦有了更加深刻的理解。疫情中的 5 月花开，绽放的是农生学子们的假期成果。作为新时代的农科学子在学习科学的理论知识的同时，又将面临新的挑战，扛起责任，投身于服务社会、服务人民的事业中，在前行道路与挫折泥泞中不断提升，在乡村振兴和脱贫攻坚的道路上实现自我。

易广权在广西壮族自治区桂林灌阳新圩乡调研（摄影人：佚名）

（李欣玥　韦秘　姜航　文）

春耕战疫出风采　全民脱贫展决心

西南科技大学生命科学与工程学院联合社会实践出征仪式（摄影人：佚名）

突如其来的疫情让人们在逆境中迎难而上，期盼着美好生活的再次来到。悄无声息之间，春天带着希望拂面而来。这一个春天是“温暖”的，亿万同胞用众志成城的决心、无畏生死的勇气将疫情渐渐驱散，给这个春天带来了新的希望，更加坚定了全民族打赢脱贫攻坚战的决心。中国人民伴随着春耕的步伐正在快速调整，为彻底战胜疫情、脱贫攻坚战奏响春天的第一首交响乐！一滴汗水，可以融入一片田地，灌溉无数的幼苗；一声呼唤，可以引起八方支援，挽救无数的生命；一份决心，可以激起无数人的呼唤，去拼洒无穷无尽的汗水。

有这样一群人，他们跋山涉水，不辞辛苦地来到了乡村田野间，带来了先进的育种技术、浇灌知识，掀起了当地居民对科技的热潮；有这样一个人，他在全民抗疫期间，默默无闻地为家里人减轻负担，除草、育苗、播种、插秧，带来了春的希望；2020是一个吉祥的数字，它蕴含了无限的希望，抗疫尾曲、脱贫攻坚都将在此发生，它承载了祖国人民对美好未来的憧憬——全面小康的到来。古人常说：不登高山，不知天之高也；不临深溪，不知地之厚也；学以致用，将知识运用于实践，将课本幻化成山水，方能授人以渔；春雷乍起，一场与时间的赛跑拉开了帷幕，无数因疫情在家开展网课的同学们踏上了实践的道路，他们和家人一起，用汗水浇灌秧苗，用勤劳去耕耘土地。“蜀道难，难于上青天”，巴蜀的山连绵起伏，古时候的人们靠着栈道克服了这片崇山峻岭，在今天，他们的后辈，再次用脚印走在了这条泥泞的山路上，以坚韧的精神去攀爬，以非凡的毅力去坚守着，以拼搏的精神去克服！他们俯首躬行，带来的是科研技术，是内心的坚守；留下的是一片琅琅书声和欢声笑语；带走的是那一抹抒情与满足。在漫长的岁月里，一代又一代实践成员们踏遍巴山蜀水，播种下了一片片希望，在2020年的今天，希望的幼苗正在茁壮成长，终有一日，希望的果实将会洒满祖国大地，这带给人们的不仅仅是希望，而是胜利的果实！

第一章　五年时间　巴山蜀水育青年

在乡间的每一步前行留下的脚印都是实践的轨迹，每一份辛苦的耕耘都是为了生命的一次绽放。一个背包，一片果园，一行满脸笑容的年轻人，在西南地区度过了1 000多个日日夜夜。绕着田埂散步，享受阳光在脸上跳跃，吮吸着弥漫在空气中的淡淡泥土清香，感受生命的延续。西南科技大学生命科学与工程学院实践队员们以“知农”之本领、“爱农”之初心、“强农”之技能、“兴农”之所愿，肩负起新时代青年人的使命与担当，共走过四川省阿坝州藏族羌族自治州、凉山彝族自治州、绵阳市、德阳市等13个市县、30余个村落，始终坚持在以“乡村振兴，脱贫攻坚”为核心的联合实践道路上。开展科技扶贫，将“输血”

与“造血”紧密结合，采用“田间课堂”“科技入户”“田间观摩”等方式普及农业技术，通过“农民上大学”“农技人员知识更新”“新型职业农民培育”等方式开展生产实践指导等服务活动，为农业转型发展提供高效的智力支持，通过新技术培训和新理念传播，有力地提升了当地农业科技水平。他们主张扶贫先扶智的思想，用外界的宽广和现代化科技为孩子们打开心灵的天窗，以有趣诙谐开展普通话推广与支教相结合的活动，用自己专业知识给孩子们打造一场身体与心灵的盛宴。他们走过松潘、北川、布拖、木里等少数民族集聚地，回族服饰、羌族礼仪、彝族婚礼、布依族语言等都让他们对民族文化博大感到叹服。他们发掘当地民族特色文化，为当地发展旅游产业提供依据和建议，提高了旅游增收的生命力，增大经济效益。无论是课堂上，还是农田间，同学们始终保持着热情，热血的心，对生活的热爱，对学习的热爱是他们有能力，有信心在帮助农户解决问题的道路上走下去的重要因素。“不忘初心，砥砺前行”，习近平总书记的指导时刻铭记在他们的心间，鼓励他们，支持他们。

第二章　科技支农　乡村振兴风采

清晨的第一声鸡鸣叫醒了沉睡中的太阳，也叫醒了熟睡中的人们。太阳爬上山坡，人们挑起扁担，透过门缝，看到一辆生锈的三轮车沐浴在阳光下，似乎是在回忆过往的男耕女织，劳累沉重的生活，还有吱吱呀呀碾过岁月的声音。而曾经沧海难为水，过去的一切早被历史扔进了尘埃。五年后的乡村似乎不再那么萧瑟，村庄道路平、路灯闪闪亮、河塘砌石坎、亭子村中建、器材装公园、生活越美满。实践调研、技术指导、科普宣讲、入户扶贫等工作的多次开展帮助农户们搭建了自己的产业链。镇江关乡的雪山香梨已经经过了扦插育苗、大量种植、品牌申报等过程，成为当地的特色农产品；为改善水晶乡的贫困面貌，设立了三家草莓种植试点，为他们免费搭建大棚、提供草莓种苗，而后试点顺利、草莓长势良好，成功吸引了当地村民将之发展成为集体经济，带动了当地经济发展；黄龙乡的西沟蓝莓在团队帮助其改良了种植技术，改善了果实形状畸形、味道酸涩、产量稀少的状况后，成功上市且销售良好。深入布拖县开展科技扶贫的合作学校与凉山州建立了蓝莓种植基地，进行引种栽培，成功实现由“输血”到“造血”的脱贫，谱写了新时代农科高校师生报国兴农情怀和助力精准扶贫乡村振兴的奋进篇章。如果此时在乡村散步，会时不时地邂逅一大片瓜田，还有守田的大叔送上清脆可口瓜实。抑或是遇见一大片草莓园，这些草莓调皮地聚拢在一起。连绵起伏的群山，炊烟袅袅的乡村，蔚蓝高远的天空，还有浓郁的原生村落。没有熙熙攘攘的游人，没有四处传来的叫卖，一切平静祥和。村里的一桥一亭，一屋一瓦，远山蓝天，竹林小溪，倒影在波光粼粼的水中。农科学子的背影在波光里慢慢远逝，踏上下一班实践的列车，他们将继续扛着时代使命和青年担当走访调查、下乡实干，用最质朴的方式为农业发展和脱贫攻坚做出积极贡献。从乡间走来，回到乡间去。同学们心中从未忘记的是自己的根，进步不仅是自己的进步，带动家乡，为祖国献力才是心中真正的向往！疫情虽然会产生影响，但它影响不了进步的节奏，也挡不住学子进步的步伐，在家中也可以为农耕做出贡献，也可以为防疫工作提供帮助。

第三章　心之所向　农科天地勇担当

“桃李绚早春，百卉泛绿茵。晨曦沐万物，清溪绕丛林。鸟啼鸣疏柳，白鹭浅滩临，人耕扬机声，有道春来早。”春暖花开之际，万物生长之时，四月悄悄走来，带着春雨和微风，带来春天和无边的绿意，农耕工作也随着 4 月的到来开始了属于 2020 年的新的篇章。选种、播种、浇灌、施肥。农作物的生长欣欣向荣。值此农耕工作开展之际，青春且充满热血的西南科技大学生命科学与工程学院农科学子为帮助身边农民更好地进行农耕工作将在课堂上学到的知识学以致用。

他们深入农家田地，走入农耕家庭，利用自己的专业知识对农耕进行了一系列的帮助工作。山峰再高，原野再美，都不及农田那份静谧却又带着生命的活力。这里才是最奢华的风景！在这片优美的土地上无数农科学子在这里洒下希望，收获成长，日日夜夜的努力都付出到这片希望的土地上。待到它全部播种完成，在那不久的将来，这里将生长出一片希望！待到枫叶变黄、树叶飘落之际，便是收获希望的季节！收获，那不仅仅是努力过后的成果，那更是为国家贫困战斗的尾声，是一剂强有力的强心剂。这是农民的胜利，更是呼应国家脱贫攻坚战斗的伟大胜利。

这里不仅仅是农民伯伯的心血，更是西南科大农科学子心里牵挂的地方，假期的田间会有他们滴落的汗水，施肥打药的树苗旁会出现他们的身影，农民伯伯的家中，牲畜栅栏的一侧，农科学子运用他们所热爱的知识，投入到他们热爱的事业当中。科学除虫，合理灌溉，结合农民伯伯的经验以及科学的知识，原本茂盛、浓密的农田更加广袤，更加适合农作物生长。不仅如此，漫山遍野的茶树，因为他们才能更好地竞相开放。春风拂过，带来生机。“雨足高田白，披蓑半夜耕”，细雨渺渺，微风飒飒，严寒已被春风吹走，大地迎来的是生的希望。农耕生活，才刚刚开始。

第四章　初心不变　信仰前行

因为热爱，他们走入农家，进入农舍，因为热爱，他们无视环境，忍住艰难。虽然工作条件辛苦，但他们仍然享受着其中的乐趣。对农户养殖方法的观察，对牲畜饲养方面的问题一一解决，西南科大学子用着对农民来说亲切易懂的话语，向他们阐述着自己的知识，使得农户养殖更加科学，更加高效。“敕勒川，阴山下。天似穹庐，笼盖四野。天苍苍，野茫茫，风吹草低见牛羊。”“男儿血，英雄色。为我一呼，江海回荡。山寂寂，水殇殇。纵横奔突显锋芒。”原来苍茫田野间的牛羊不仅见证了自然的风光，也曾感受过时代的热血与悲凉。

他们担起农科学子责任，助力脱贫攻坚成效评估，团队让调查问卷能“问到泥土”“看到稻田”，特别注意了用乡土语言与农户交流，主动收集老乡对农村生活变化的顺口溜、耐心倾听群众诉求和对扶贫工作满意程度的评价；在房前屋后实地观察，避免了主观臆断和工作简单化；每天工作到凌晨、及时总结当天工作和完成数据录入，不断完善细化工作方法；注意了材料与数据的保密；在吃住行等方面厉行节约、坚决抵制各种不良风气和排除各方干扰。评估结果受到省、市、县各级政府的一致认可，高质量高标准地完成了省委脱贫攻坚领导小组交办的这项艰巨而光荣的政治任务。自 2016 年以来，先后在四川省广安市、巴中市、南充市、乐山市、甘孜藏族自治州、泸州市、达州市、绵阳市和广元市等 9 个市（州）的 21 个县（区）开展了脱贫攻坚成效考核评估和诊断性评估，累计走访省级贫困村 122 个、贫困户超过 6 000 户、非贫困户超过 3 500 户、贫困村两委干部和第一书记 357 人。团队以国家需求为己任，克服诸多困难，忍受着酷暑、严寒、塌方、滑坡等种种威胁，冒雨翻山越岭，进村入户，通过问卷调查、深度访谈等形式，收集扶贫、脱贫信息，汇总成效评估基础数据，从而全面、客观地评价扶贫工作精准度和群众满意度，为全国精准扶贫工作成效评估奠定基础，为科学、高效地推进精准扶贫工作提供科学参考。团队成员不仅直观地感悟到了贫困农村“一亩三分地”背后究竟是什么，更进一步了解社会、丰富阅历，从贫困群众的维度感受了农村生活，从评判者的角度去审视了工作成效。通过评估调研，团队师生近距离感受了扶贫工作的艰巨，增进了对国情、省情的了解，加深了对总书记讲话精神的理解、对精准扶贫政策和中国梦的理解。

在经历了严酷疫情之后，终是云销雨霁，彩彻区明。春日里春风乍起，迎来了层层涟漪。始终有那么一群人，选择了一条泥泞的小路，蹒跚前行。他们用一汪春水实现了一束花想要盛开的希冀，他们用辛勤的汗水助力一群人拼搏的渴望，他们为在这迷雾笼罩的城市里，找到灯塔的方向，朝着心中的梦想砥砺前行。他们要打破世间既定的规则，打破人们长久以来养成的习惯，积极传播正能量；他们愿意走别人少走的路，以科技力量重焕生机；他们脚踏实地，实事求是，不顾已经布满枷锁的道路有多崎岖；他们深入事件的背后，去了解事情背后的真相；他们引领乡村里朝气蓬勃的孩子，走在了人生转折的道路上，种植出希望的种子；他们响应党的号召，深入了解师生合作项目，为松潘等地带来了科学养殖与种植技术；他们为促进居民环保意识，四处走访，为居民讲解环保节能的知识点；他们深入基层实干，在了解了人们的辛苦之后，躬行实践系民生。他们不仅仅是要调研，他们更是要做人生导向的灯塔，要做传播正能量的智士。他们知道要让一条小溪源源不绝，是要开源，而不是节流。不是要一次次地运水，而是要开辟条河道让小溪汇入江海和湖泊。春雨无声，但是禾苗品尝过雨水的甘甜；风过无痕，但山顶的人体验过她轻柔的抚摸；全民小康，是党和祖国千百年来贫困问题画上的完美句号。在未来的日子里，总要怀有气吞山河之志，誓为群众走出一条新的路途。当第一缕春风拂过大地，当第一丝春雨浸润农田，当第一缕晨曦潜藏在开拓者的辛劳汗水中滴到地上，经历了一冬沉寂的土地，忍过了一冬严寒的土地总将焕发出勃勃生机，而西南科大学子与农民共同努力的心血注定在这片土地上硕果累累，满地金黄。

施家堡乡入户扶贫调研（摄影人：佚名）

（刘璐　黎杰　文）

农科学子助力疫情防控期春耕生产

园艺专业陈慧琳春耕助农（摄影人：段晓芳）

有道是："民以食为天。"农业是人民生活的保障，也是一切产业的根本。农业是人类社会进步的物质基础，对于拥有着几千年历史的中国，农业的稳定增长有力地支撑着我国经济发展。在农村广阔天地里体验乡情、感受民意，去切身体会改革开放40余年来的巨大转变。

2020年是全国人民众志成城共克疫情难关的一年，也是党和国家实施乡村振兴战略取得重要进展、实现农业农村现代化生产举措的关键之年。为响应中国作物学会人才培养与教育专业委员会、全国农学院协同发展联盟的号召，西藏农牧学院植物科学学院继续深度开展“2020年寒假助力疫情期间春耕生产”全国农科学子联合实践行动。

第一章　线上教学，线下实践

2020年的实践活动更加突出专业所长、教学结合的实践模式，老师线上指导学生线下参与农业生产实践。极具专业特色的全国农科学子农科联合实践行动，在发挥其实践育人的基本功能基础上，通过学文化、走基层、察民情的机会和平台，用心去感受，用脚去丈量，引导农科学子客观地认识农业，加深使命在肩内涵的理解，打造农科学子学农、爱农的共同理想，增强他们的自信心、使命感和自豪感，真正做到“实践·成长·收获”。为此农牧学院植物科学学院专门组建了由23名师生共同参与的团队进行线上交流从而投身于春耕生产中去，我院学子们在做好自身安全防护的同时，主动担当作为，亮明身份，联系当地种植大户，充分发挥专业优势，有序帮扶春耕备耕，在生产一线学习，为生产一线服务。深入田间地头，充分发挥专业特长，深度参与、有效助力当地春耕生产；帮助农户寻找和拓展农资购买渠道和农产品销售渠道；在助力农耕、提供服务的过程中发现问题、总结经验，将专业实践的成效体现在祖国大地上。实践团队成员也在实践过程中体验了牛拉犁、铲、幸福犁等农具，并从老师那里了解到传统农具的发展变化和规范使用，最终能熟练掌握各类农具的使用方法。

疫情就是命令，防控就是职责，疫情防控与农业生产两手抓，两不误。实践团队成员在居家战疫学习的同时发挥专业优势，以实际行动参与家乡农业生产，将课堂知识与生产实践深度融合，做到了“网络学习和服务春耕两手抓、两不误。”学院组建团队内学生积极联系各学科老师，通过视频指导、网络信息发布、电话咨询答疑等方式，进行在线培训、在线指导、在线答疑，在专业老师的远程指导下，积极主动地服务春季农业生产，做到疫情防控、农业生产两不误。植科学院师生此次通过电话沟通抓紧春耕备耕工作，确保不误农时。对于植科学子们来说，此次的下田帮扶是一次意义更为深远的学习，是最接地气的停课不停学。大部分学生都是通过云上课的方式进行线下学习，而少数人去往农田帮扶春耕生产，是一种更为提升自我价值的学习方式。

第二章　种瓜得瓜，种豆得豆

该团队参与人数多，时间跨度长。自2020年3月9日以来已经持续了近3个月的时间。疫情虽严峻，农时不等人。实践团队在做好疫情防控的同时，积极参与春耕备耕、农作物管理等重点工作。全体师生一直保持高涨的工作热情，有始有终，发扬了吃苦耐劳、艰苦奋斗的优良品质，克服春季天气多变、降雨时间不定、出现寒潮等困难因素，以一干到底的精神给此次联合实践行动画上了圆满的句号，给学院和学校交上了一份满意的答卷。经过实践团队的不懈努力，该团队帮助当地村镇进行了育苗、保苗、培苗一系列工作。在四川省南充市，园艺专业2018级学生陈慧琳承担起村里近百亩柑橘田的管理重任，拖拉机撒肥、大渠漫灌、柑橘剪枝……她以专业态度和知识技能精心培育着柑橘。“今天大二了，学了两年园艺知识，接受一下‘小考’。”陈慧琳乐观地说。在实践中帮助父母减轻负担的陈慧琳不忘发挥农学生专业特长、做好科普。“结合当地花农经验和我所学和知识，我发现有机肥与无机肥配合施用可以改良土壤团体结构、提高土壤肥力，更有效地保障柑橘树产量。”她及时将自己的新发现传授给乡邻们，“还真有人给我竖起了大拇指，说学农的就是不一样。”在陈慧琳同学的打理下，现在家里的近百亩柑橘树正欣欣向荣地茁壮生长。和陈慧琳一样，实践团队中设施农业科学与工程专业2017级大三同学白玛益西也成了家里的一把手。家住西藏山南市的白玛益西，这几天正带领村民栽种松树，忙得不亦乐乎。而与尤宝同级同专业的朱定英则充当起了家里的“小蜜蜂”，和父母一起在樱桃大棚里为樱桃花进行人工授粉，在忙碌中体味劳动快乐。实践团队里其他成员参与实践生产后当地村民种植的辣椒、黄瓜等农作物也已经到了可以收获的时节。早熟的瓜果蔬菜销售量大，农民的脸上都露出了灿烂的笑容。“纸上得来终觉浅，觉知此事要躬行。”该实践团队学生从实践中不仅获得了许多课堂中学不到的知识，还与大自然来了一场亲密接触，视野得以开拓、心灵得以净化。时间飞逝，在实践中，留下的不仅仅是一片片的硕果，还有那苦中作乐的美好回忆与民风淳朴的小镇模样和乡亲们一张张可爱脸庞。2020年是脱贫攻坚的收官之年，农民经济收入的提高，有助于国家的脱贫，全面建成小康社会。从而改善人民的生活水平，提高国家的教育水平，青年一代既是历史的见证者，见证国家的繁荣富强，也是历史的参与者，参与国家的繁荣昌盛。

全体师生在此次实践活动中感受颇丰，实践生活中每一天的经历还在大家的脑海里上演，它给我们带来了意想不到的效果，给生活在温室中的大学生们提供了接触社会、切实感受劳动人民面朝黄土背朝天的辛苦生活。

第三章　走进乡村，感悟民生

实践团队充分认识到本次实践对学生走向社会起到过渡的重要作用，这将是他们人生中一段重要的经历，对将来走上工作岗位也有着极大的帮助。理论与实践相结合的方式会让他们更能理解学习的意义，只有实践才能把学校所学的理论知识运用到实际中去，实践与理论的关系就如同数学中的 0 和 1，谁都知道：0 的位置是很重要的，0 只有放到 1 的后面而不是放到 1 的前面才会变得有意义，而且 1 的后面的 0 越多价值才会越大。不实践，所学知识就等于 0。在实践中通过与一些专家、企业用人单位交流后发现自己专业的长短，而后取其短、用其长。实践中同学们也在与当地村民交流中了解到当地农业生产现状，向他们学习农业生产经验、虚心求教。为人处世的基本原则在实践学习中得到了认真贯彻，好的生活习惯也在生活中得到了积累。

第四章　苦中感人生，实践长才干

全国农科学子联合实践行动为人才的培养提供了一个很好的平台，这不仅是贯彻国家政策方针、提高教育质量的重要环节，也是使农科学子更加关注农民问题、农业问题和农村问题，提升学生对“三农”的认识、感情和责任，使学生更加坚定四个自信，坚信精准扶贫是全面建成小康社会，实现中华民族伟大“中国梦”的重要保障。通过此次的实践活动，实践团队逐步了解了社会，开阔视野，增长才干，并在实践活动中看清楚了自己的位置，意识到了自己的不足，对自我价值能够进行客观评价。“农”这个字短短六笔，却是极其不寻常的。农之坚韧、农之勤奋、农之善良深深刻在农民的心中。既有“莫笑农家腊酒浑，丰年留客足鸡豚”的热情又有“湖上春已早，田家日不闲”的勤奋，哪一个现代化时代不是从农耕时代走出来的，时代的车轮滚滚向前，不是要我们舍弃陈旧的，迎接崭新的，而是去其糟粕，取其精华，若干年后，农的精神仍存。快乐的时光总是弥足珍贵，短暂的经历总是耐人寻味的，反复回忆、思索这一路上的点点滴滴，这长达近三个月的社会实践有汗水，有欢笑，更有沉甸甸的收获。虽然近3个月的实践活动让大家觉得很累、很辛苦，但实践团队成员从中锻炼了自己，并且学到了很多课堂上学不到的东西。通过这些天的实践，也使他们对真实的社会有更深切的体会。通过亲身体验社会现实，让学生们从中找出自己进一步了解社会，在实践中增长见识，锻炼才干，培养韧性，更为重要的是检验一下自己所学的东西能否被社会所用，自己的能力能否被社会所承认。找出自己的不足和差距。

第五章　深入群众，提升思想

实践团队成员同当地村镇居民交谈，在思想上碰撞出了新的火花。从中学到了许多书本上学不到的东西，汲取了丰富的知识，看到了人们对土地的热爱，日出而作日落而息的忙碌生活却让学生过得十分充实。虽然村民们大多都不识字，但他们却总能管理好自己的那一亩三分地，他们是朴素而诚挚地热爱着土地。作为农业战线的一员，我们应该深知“农业兴则基础强，农村荣则社会昌，农民富则国家盛”这个硬道理，因为拥有8亿多农民的特殊国情，直接决定了“若要实现中国梦，关键在于解决好‘三农’问题”。而这恰恰是历代农业人始终为之努力、为之奋斗不息的中国农业梦。这梦想承载着新中国永恒的光荣与希望，我们把它深深地埋进广袤的黄土地中，和中国农民亘古不变的愿望一起萌芽、成长……实践团队成员认识到只有到实践中去、走到基层去，把个人的命运同社会、同国家的命运的发展联系起来，才是大学生成长成才的正确之路。社会实践是引导当代大学生接触社会、了解社会、参与社会的关键一步，一方面可以把学到的理论知识应用到实践中去，提高各方面的能力；另一方面可以积累经验对日后的就业大有裨益。回校后进行认真讨论总结，用他们自己的视角理解社会，思考未来的人生道路，从而明确自己的目标，为祖国的发展尽一份绵薄之力。

作为大学生，除了要在专业学科扎实知识和非专业领域充实自己以外，最重要的就是要树立正确的世界观、人生观和价值观。增强大学生适应社会、服务社会的能力，进一步增强自身的使命感和责任感。

第六章 阡陌逐梦，实践故事在继续

实践团以实际行动践行习近平总书记的新时代中国特色社会主义思想，兼具生产、生活、生态、文化等多重功能。“农，天下之本，务莫大焉。”自 2018 年起，我国决定把每年农历秋分设为“中国农民丰收节”，彰显了对“三民”工作的重视，对农民的礼赞。乡村兴则国家兴，乡村衰则国家衰。让农业成为有奔头的产业，让农民成为有吸引力的职业，让农村成为安居乐业的美丽家园。我国农业的发展虽形势大好，但依旧长路漫漫。若有更多的人尤其是年轻人投身到“三农”工作中来，农业发展必将活力无限。探索形成一批各具特色的乡村振兴模式和经验，通过媒体积极推广实践活动成果，讲出实践好故事。力争成为联合实践农业发展行动中的践行者，为学院在全国农学院协同发展联盟中打下坚实的基础。

设施农业专业白玛益西春耕助农（摄影人：普布）

（敬志豪　文）

贴乡实践 “滞乡助农”

收获冬马铃薯（摄影人：佚名）

2020年是中国全面建成小康社会关键之年，是习近平总书记向全世界庄严承诺打赢脱贫攻坚战的收官之年。但在2020年年初一场突如其来的新冠肺炎疫情给中国历史上这个“关键之年”添加了“厚重的颜色”。但越是在困难之中取得胜利，才能越彰显我们国家的伟大与不平凡。面对突如其来的困难，云南农业大学农学与生物技术学院农科学子各显身手，发挥出各自的特长，尽我们所能，为实现2020年的国家目标做出自己的贡献。

第一章 农院学子“亮”专业助春耕

正如习总书记所说：“越是面对风险挑战，越要稳住农业，越要确保粮食和重要副食品安全。”日前，习近平总书记对“三农”工作作出重要指示，强调要在严格落实分区分级差异化疫情防控措施的同时，全力组织春耕生产，确保不误农时，保障夏粮丰收。为深入贯彻习近平总书记指示精神，云南农业大学农学与生物技术学院向全院学子发出了“滞乡助农”的倡议，号召广大农院学子主动参与到家乡的春耕生产实践、农业生产实践。在学院发出的“滞乡助农”号召下，广大农科学子们结合自己的专业特点、家乡农业生产特点和自家春耕生产特点，主动参与到农业生产的实践中。

有学子主动参与到自家的春耕生产实践中，运用自己所学的专业知识，为自家的春耕生产提供科学的指导。比如农学专业的学生韩春丽就参加自家的冬马铃薯收获和大春马铃薯的播种，通过在学习的《农作物栽培》和《耕作学》相关专业课程知识，将理论与实践相结合，指导自家马铃薯收获与播种，既使自己的专业知识得到了应用、促进了理论知识的巩固，同时也使自家马铃薯种植更加科学与规范。除此之外，她还感慨道：在此之前的年份，春耕期都是学生们在学校上课，父母们在家劳作，鼠年的春耕期让学子们能全力投入其中，特别是我们农学专业的学生参与其中，切实体会农业生产过程。比如农学专业的余冰同学参与自家的玉米播种。体会到了春耕是春天的主旋律，辛勤耕耘的人们用锄头把满山遍野都绘出美丽的风景。通过松土碎土、施肥、播种每一步都有着汗水，不管是雨天还是晴天都在劳作，“一年之计在于春，一日之计在于晨”，每天早出晚归，就是希望能有好的收获，就像我们读书一样不能荒废度日。即使汗流浃背光是想着未来有所收获就将锄头挥得更快了。

有学子借助父母开展农业科学研究的便利条件，主动参与到父母的农业科学研究中去，体会农业科学研究的乐趣与意义。比如低年级农学专业的马艳颖同学就参与到父母的蚕豆品种选育科研工作中。2020 年寒假，马艳颖同学于 1 月 13 日至 18 日在大理州农科院进行了为期 6 天的蚕豆杂交人工授粉的体验，积极参加了春耕生产。主要操作流程是在亲本圃材料中选择较好的母本植株，选择植株中间 2～3 苔花，每株做 2～4 朵花进行雄蕊的去除，花粉要去除干净，留下雌蕊，然后套好袋子，下午用刚取父本的花进行授粉，写好编号，套好袋子，7天以后可以摘除袋子。这6天的劳动中，马艳颖同学和其他劳动者们每天都在田间经历着6～8小时的风吹日晒，真切体会到了农业工作者们的辛苦，同时结合所学专业知识，对遗传育种工作有了进一步的了解，通过实践对课本上的知识有了更深的认识。她很感激在这个特殊年份提前参加这个体验，为她今后学习生活提供了很大的帮助。

有学子借助春耕生产的农忙关键时期，对家乡农业生产现状和问题开展调研，对于了解家乡农业发展、助推家乡农业发展做出贡献。农院学子蒋开猛就对家乡水稻生产现状及存在的问题进行调研。通过调研，了解了当地水稻生产存在的一些问题，摸清了为什么在他的家乡水稻生产越来越不受到重视，水稻播种面积越来越小。除此之外，通过分析找到了提高当地农户开展水稻生产、恢复水稻生产积极性的应对措施。他感慨道：抗疫的硝烟虽然依旧弥漫，医务工作者冲锋的号角一次次触动着人们的神经，春天还是如约而至。作为大学生，在疫情期间，在“滞留”家乡期间，更是应该投身于春耕活动，或亲力亲为，或做一些学习调研，既丰富了假期生活，也为家乡做出贡献。

总之，广大农科学子将自身所学的专业知识与家乡的农业生产实践相结合，既丰富了同学们的实践经历，巩固了课堂所学的理论知识，同时又为家乡的农业生产贡献了自己的力量，助力了家乡农业的发展。

第二章　农院学子“话”乡情、“宣”乡景、“卖”乡产

为了更好地助力国家脱贫攻坚工程，实施精准脱贫，助力乡村振兴，云南农业大学农学与生物技术学院团委向广大学子发起了“我为家乡代言”的社会实践活动。通过开展“我为家乡代言”社会实践活动，让同学们宣传家乡的风土人情、民族文化、自然风光、特色美食与农产品。帮助外界了解自己的家乡，向宣传自己的家乡，同时带动家乡的旅游、助推家乡的特色农产品销售，为助推家乡如期快速脱贫贡献农院学子的力量。

足不出户“云旅游”，相隔万里看河山。在科技高速发展的今天云旅游或将成为当代人消遣的方式。云旅游的概念就是把各地的景点文化风俗通过直播视频等方式将这些风景数据化展现给大家观看浏览。

疫情让同学们无法返校，让广大师生相隔万里，让想要出去旅游的同学，也无法实现旅游的愿望。我院同学们来自五湖四海，为了让相隔万里的同学老师可以感受到来自不同地方的乡土文化，欣赏不同地方的优美风光，了解各个地方的风俗习惯，美食特产，实现足不出户云旅游，相隔万里看河山的愿望，同学们通过线上直播的方式，直播自己的家乡。直播间人数最高时达到 5 000 人左右。同时通过此次活动，同学们积极介绍家乡的风土人情，推动家乡旅游业的发展，带动家乡的经济发展。

农学院尹水仙同学，对自己家乡的景点——鸡足山，进行了直播介绍。直播中，尹水仙同学登上鸡足山金顶，在直播间给各位观看者展示了鸡足山的美景。"同学们知道我现在在什么地方吗？对，这个可东看日出，南瞰浮云，西望苍山、洱海，北眺玉龙雪山，人称'绝顶四观'的地方，就是鸡足山！""同学们快看，这里就是玉龙雪山，是不是很美！"欣赏完金顶的美景后，尹水仙同学带领观众们从山顶走到山脚，下山的路上绿荫生寒，古木参天，清丽还有些超凡，这里"仙气卓然""规天矩地""制度虚敞""院宇壮丽"灵气十足！观看直播后，观众们纷纷表示此生一定要去鸡足山走一遭，"不到长城非好汉，不到鸡足山亦非好汉！"

你方唱罢，我登场。11 时 30 分，镜头切换至云南省红河哈尼族彝族自治州建水县的街头巷尾，原来是农学院普明军同学的"建水——街头巷尾直播"正在进行。朱家花园、十七孔桥、四眼井、文庙……"建水这个有着千年历史的地方，随便走到哪里，厚重的底蕴总是能让人肃然起敬，她真的很美，美在七寺八庙，更美在悠长的石板路胡同。"普明军同学感慨道。我们跟随普明军同学的镜头，一起走遍了建水的大街小巷。原来，建水文庙是全国第二大孔庙；原来，建水朝阳楼被称为"小天安门"；原来，建水十七孔桥已被列入中国造桥史册；原来，建水这么美，美在她的朝阳楼、美在她的古民居。观众们留言道："待疫情结束，迎来小长假，一定要去建水住个三五天！"

李永美同学可也没闲着，5 月 1 日上午 10 时，李永美同学带我们来到了文山州麻栗坡县猛洞瑶族乡，跟随着主播李永美同学的镜头，我们走进了这个充满特色的民族乡镇。李永美同学身着当地的民族服饰，问道："同学们知道我今天穿的衣服叫什么名字吗？"观众们好奇地回复着："不知道呀！"李永美同学抵挡不住同学们的热情，急忙说道：“我们民族的衣服采用蓝靛草进行染色，因此得名蓝靛瑶！”原来，当地服饰色彩多样，主体以黑色为主，并在黑色的基础上配上红色等色彩鲜艳的绣布进行绣制而成；配饰样式丰富颜色多样，给人一种别样的美。镜头一转，我们来到了一碗花米饭面前，快到午饭时间的观众们看的直流口水，李永美同学说道：“花米饭，是我们在三月三为了祭祀祖先而特地制作的美食；说到三月三、花米饭，人们普遍第一反应是这是壮族过的节日，其实不然，我们也同样过，只是大家普遍听到的只有壮族三月三罢了。花米饭主要于黄姜、蓝靛草、高糯稻灰配比染色形成，蒸熟后的糯米颜色鲜艳颗粒饱满，并带有植物特有的清香，总能让人欲罢不能。”试想一下，去到李永美同学的家乡，我们可以看到特色的民族服饰，体验民族文化，可以边品尝着美食，边欣赏夕阳西下，五彩的霞光仿佛给傍晚的天空换上了一件五彩霞衣，那景色是极美的。

“见屏如面”，我们感受到了各地的美景，了解了各地的风土人情，我们也深刻体会到，就算“宅”在家也可以进行生动的实践教育，也能减轻疫情对经济带来的不利影响，农院学子们积极“推销”自己的家乡，为自己家乡代言，极大地培养农院学子热爱家乡的感情，让他们对家乡产生深厚的感情，以致用自己的行动使家乡更美丽，建设家乡，让同学们了解家乡，认识家乡，赞美家乡，对生活在这片热土而感到自豪。

第三章　农院学子在线实践、直播家乡、助力扶贫

为积极响应学校与“拼多多”联合举办的“在线实践、直播家乡、助力扶贫”推荐家乡名特优产品实践活动，农学与生物技术学院领导班子高度重视，广泛征求教师意见，经多次商议方案，确定了以“教学 + 科研 + 党建”为内容，以“院长 + 专家 + 教师 + 学生 + 党员”为主体，以院长为学院代言，专家为产品代言，学生为家乡代言，学生党员全参与的工作思路开展直播活动。

因为疫情，学生都留在了家乡。“我们要撸起袖子加油干！”学院决定，利用清明小长假，以“院长为学院代言，专家为产品代言”的方式带头举行 3 场在线直播，为云南名特优产品打 call，助力当地农产品产销，做战“疫”助农的代言人。

农学院的同学们积极组成的 64 个团队，仅 4 月 3—10 日，直播场次就达 500

场以上，点击量多达70 000余次。由学生组成的直播团队积极宣传推广家乡，帮助贫困户推介产品，内容涵盖家乡风土人情，家乡特色农产品。让“宅”在家的同学们也可以进行生动的实践教育，同时也减轻疫情对农产品销售带来的不利影响，为国家贡献了农科学子的一份绵薄之力。

收获的马铃薯（摄影人：佚名）

（周峰　文）

践行时代楷模精神　奋力打赢脱贫攻坚战

云南农大热作学院副书记李晶晶一行到挂钩联系点开展农业技术培训（摄影人：朱有才）

不忘强农兴农初心，践行时代楷模朱有勇院士精神，是云农学子的使命和担当。2020 年，云南农业大学热带作物学院师生，以实际行动诠释习近平总书记“广大科技工作者要把论文写在祖国的大地上，把科技成果应用在实现现代化的伟大事业中”的要求，努力践行中国工程院院士、云南农业大学名誉校长、云南省科学技术协会主席、我国著名植物病理学专家朱有勇“农民院士”精神，为助力打赢脱贫攻坚战、推进实施乡村振兴战略做出更多积极贡献。

第一章　践行时代楷模精神，助力家乡春耕

2020年是全面打赢脱贫攻坚战的收官之年，也是实现第一个百年奋斗目标的献礼之年。面对突发的新冠肺炎疫情，云农热院学子在居家战疫学习的同时，发挥自己的专业优势，积极投身到家乡的农业生产中，将所学知识与生产实践深度融合，助力春耕生产。

一、知行合一，助力春耕

"抗疫春耕两不误，不负农时不负春。"学院热带作物与食品工程系开展了"脱贫战'疫'两不误，农科学子助春忙"活动。活动中，同学们主动亮明身份，运用专业知识，联系家乡当地农业合作社、种植户、农户特别是未脱贫户，参与到春忙生产当中，将知识实践在大地上，学习体会朱有勇院士"时代楷模"精神，用行动认知"厚德博学明理尚农"校训，支援家乡春忙生产。

云农热院学子彭云松利用课堂所学知识走进田间地头，力所能及帮助家乡育秧苗、种烤烟，通过"深耕翻土、除草、平整田面、灌水、育秧……""筑埂、泡田、打浆整地、栽秧……""犁地、耙地、通烟沟（起垄）、打塘、捧粪、施肥……"体验育水稻秧苗和栽种烤烟，深入培养其探究合作、知识迁移、学以致用的能力。普绍丽也在立春后的第三天随父母到田间，帮助爸妈对辣椒苗进行移栽。这次助力春耕活动在田间不仅播撒了种子，还让同学们体会到了辛苦，体会到了责任。

二、"醉美"直播，助力春耕

2020年受新冠肺炎疫情影响，我国大量农产品滞销，致使脱贫攻坚难度增大、任务加重。云南农业大学组织学生运用"拼多多"平台，开展"在中国农田上播种移动互联网"推荐家乡名特优产品活动，以实际行动助力脱贫攻坚。热作学院响应学校号召，积极组织策划开展了"醉美校镇合作""学院挂包村名优特产助力脱贫""探秘普洱茶、我为家乡代言"等"醉美"系列直播活动。

醉美"校镇合作——南岛河村"直播。2019年，素有"云南热区人才的摇篮"之称的云南农业大学热带作物学院与热区资源丰富的普洱市思茅区南屏镇政府签订了《校镇党建互联共建引领乡村振兴合作协议》，深入推进"校镇党组织

引领，群团组织合力、社会力量参与、村组互帮互助”的“1+3”党建促脱贫振兴机制，初步形成了“共建组织、共抓队伍、共享资源、共谋发展”的党建工作格局。

4月8日，云农热院直播组到南岛河村直播带货普洱咖啡和其他农特产品。南岛河村党支部书记许保昌用朴实无华的方言向网友们介绍了“咖啡小镇”的建设思路及热作学院如何与他们一起出谋划策打赢脱贫攻坚战等基本情况；热作学院陈治华教授端起一杯刚刚冲泡好的带有果酸味的醇香咖啡为南岛河村的咖啡打call；院长李建宾深入咖啡地观察咖啡树的生长情况，了解咖农需求，为咖农“传经送宝”，鼓励村民利用好家乡的特色资源，创新产业发展思路，脱贫致富全力奔小康。

“探秘普洱茶、我为家乡代言”普洱茶直播主题游学活动。4月8日，云南农业大学热带作物学院电子商务班黄字典和詹媛媛、网络工程班李泽、国际经济与贸易班吴天毅以及茶学专业组同学组成直播团队，携手普洱新华国茶有限公司开展“探秘普洱茶、我为家乡代言”主题游学活动。直播团队通过网络直播方式带领青年学生、网络友人上茶山、观茶树，间接体验采茶、制茶、品茶等活动，让更多青年人、网络友人了解普洱茶的种植、生产、加工、冲泡过程与相关知识，推广普洱茶品牌与产品，助力普洱脱贫攻坚、抗疫抗旱。据初步统计，本次直播销售29单，3 848.86元。

醉美“挂钩扶贫点——帕亮村”直播。4月9日，热作学院驻村教师陈莲枝带网友“探访挂钩扶贫点——醉美拉祜之乡帕亮村直播”。热情的拉祜乡民用《迎宾客》打开了直播大门。陈莲枝老师重点向网友推介了野生蜂蜜、大树茶、坚果、咖啡等特产及拉祜族手工艺品，销售额达13 000余元，其中，酵素大米及手工红糖3 000多元，野生蜂蜜10 000多元。直播活动形象地展示了帕亮村脱贫攻坚以来取得的成果，激发了拉祜族同胞通过互联网为家乡代言的热情，体现了边疆少数民族安居乐业的幸福生活，展现了拉祜族同胞凝心聚力、共奔小康的崭新面貌。

三、践行“时代楷模”精神，助力春耕

寒假文化科技卫生“三下乡”活动，助力家乡春耕。2020年寒假，学院积极组织同学们参加学校开展的以“践行‘时代楷模’精神·云农学子点赞家乡”

为主题的志愿者寒假文化科技卫生“三下乡”社会实践活动，推选了 14 篇征文、7 个优秀视频和 1 份调研报告。作品通过文字和视频方式，反映了家乡的变迁发展情况，挖掘了在脱贫攻坚、乡村振兴等工作中涌现出来的先进人物及生动故事。

做好时代楷模宣传员，助力家乡春耕。寒假期间，学院组织开展了时代楷模朱有勇院士精神宣讲活动，引导学生立足学农、爱农、服务“三农”、助力乡村振兴的实践中坚定理想信念，深入学习践行朱有勇院士把论文写在大地上的精神。在刚放寒假新冠疫情暴发之前，不少同学就深入到学校、校区、街道、村委会等开展时代楷模朱有勇院士精神宣讲活动。此次社会实践活动让学生走出校门、走向社会、接触社会，投身社会，身体力行地践行朱有勇院士“甘于奉献，兢兢业业的共产党员精神”。

第二章　践行时代楷模精神，坚决打赢脱贫攻坚战

云南农业大学热带作物学院挂钩扶贫点是普洱市孟连傣族、拉祜族、佤族自治县勐马镇帕亮村，是集拉祜族、傣族、佤族、哈尼族、汉族等多种民族和谐共居的山区村，距孟连县城 14 公里，国土面积 125.39 平方公里，平均海拔 1 370 米，属亚热带气候。全村主要经济作物是咖啡、茶叶、坚果、橡胶等热区作物。2019 年年底，全村共有建档立卡贫困户 449 户 1 581 人，其中，已脱贫 446 户 1 574 人，未脱贫 4 户 7 人，是全镇脱贫攻坚的难点村。

2020 年是全面建成小康社会和“十三五”规划的收官之年，是脱贫攻坚的决胜之年，也是攻坚克难的拼搏之年。学院认真贯彻落实云南省扶贫工作电视电话会议精神，咬定脱贫攻坚目标，积极采取针对性的措施，精准施策，精准发力，积极克服新冠肺炎疫情对脱贫攻坚的影响，确保高质量打赢脱贫攻坚战。

一、提升特色产业附加值，带领全村脱贫致富

学院积极发挥“云南热区人才的摇篮”的特色优势，为帕亮村出谋划策，加大农业科技投入力度，改善咖啡、茶叶、橡胶产品品种，提升品质，增加品牌影响力和附加值。

加大综合技术培训力度。学院充分发挥热区人才资源优势，加大对农业农村综合实用技术培训力度，不断提升茶叶、咖啡、橡胶等从业者职业技能。在

2019/2020年的普洱咖啡采收季，热作学院陈治华教授一行深入咖啡园，现场进行咖啡园区日常管理、鲜果采收要求、精品咖啡生产要求以及加工方法等方面的培训和技术指导，着实提升咖啡品质。

4月23—25日，学院党委书记宋国敏带领茶学、农学专家一行8人深入帕亮村和贺安村，采用现场查看，实地走访和座谈交流的方式，指导基层组织建设，提出乡村振兴措施建议，走访贫困户，全面了解小组和挂包户生产、生活情况和技术培训需求，有针对性地对村民进行现场技术培训。培训的主要内容有：茶树的管理、施肥、修剪、病虫害防治技术；坚果树的施肥、管理、修剪，芽接技术、防鼠技术，板栗树的修剪和管理；农作物的病虫害防治等。

协助推进有机茶园、咖啡园建设。帕亮村咖啡种植面积17 616亩，茶叶面积5 586亩，咖啡和茶叶是帕亮村的特色产业，是农民脱贫致富的重点产业。为了提升咖啡、茶叶的产品附加值，热作学院根据普洱市坚定不移走“绿水青山就是金山银山”的绿色生态发展之路和“创建全国咖啡产业知名品牌示范区”、发展茶产业要把“绿色有机”理念贯穿于茶产业发展全过程的要求，深入指导村民进行有机咖啡园、有机茶园改造，从源头上保证咖啡、茶叶品质。

加强校企村合作，帮助提升产品附加值。学院加强与孟连县勐马茶叶有限公司、孟连苡榕咖啡种植园、孟连达雅贸易有限责任公司等企业和帕亮村的合作交流，共同推进帕亮村咖啡和茶叶等特色产业精准扶贫，积极探索产业利益联结机制、拓展销售渠道、加大种植、加工培训教育、支持产业发展使贫困农户精准脱贫，着力构建“村村有特色产业、户户有致富门路、人人有增收渠道”的产业发展格局。

2019/2020年采季，帕亮村在学院和企业的指导下，严把咖啡鲜果采摘关，不断改进咖啡水洗和日晒加工方式，大大提高了咖啡品质。精品咖啡豆销售价70～100元/千克，咖啡商业豆24元/千克。2020年春茶，生态留养茶（散茶）160～200元/千克，生态烘青绿茶（散茶）40元/千克。

二、发挥党员模范作用，提升凝聚力和战斗力

热作学院驻村工作人员在勐马镇党委、政府的领导下，在学院领导的关心指导下，认真做好政策宣传、精准贫困户识别、贫困户帮扶、扶贫项目实施等各项工作，积极推进帕亮村扶贫工作再上新台阶。

当好扶贫政策宣传员。驻村工作队员积极参加县、镇、村组织的各种会议、培训、学习，认真了解脱贫攻坚相关政策、措施，系统学习有关教育扶贫、产业扶贫、健康扶贫、就业扶贫、住房保障、社会兜底保障、生态保护扶贫等政策，熟悉“两不愁、三保障”的脱贫标准。利用云岭先锋、学习强国App平台认真学习党和国家的方针政策。随时随地向村民宣讲国家相关政策，引导村民“自强诚信感恩”，把扶贫与扶志、扶智相结合，激发村民爱国爱党的热情及发展生产的内生动力。在村组活动中认真当好宣传员，拍照、写动态，及时在云岭先锋驻村动态中发布工作开展信息，至今已发布220余条，并在村组干部群中做好宣传，激发村组干部的工作热情，积极参与到脱贫攻坚工作中来。

当好书记的参谋和助手。驻村工作队帮助村党支部搞好规范化建设，积极参与支部主题党日活动，认真给党员上党课，充分发挥农村党员在生产生活中的带头作用，协助党组织打造“不走的工作队”。认真贯彻落实上级部门的安排部署，结合村里的实际创造性地开展活动，积极给书记建言献策。把到村组巡查中了解的情况及时向领导反映，并提出建设性意见和建议，共同努力把脱贫攻坚工作抓好抓实，为美丽乡村建设多做贡献。积极参与扫黑除恶专项斗争工作台账、党建工作台账、软弱涣散党组织台账、主题教育工作台账、驻村工作队工作台账等的完善工作。在动态管理中，帮助村民注册云南扶贫通，为村民注册健康码和建档立卡App。日常工作中，结合各种调查、堂点整治、招工宣传、民政检查等工作，广泛开展入户走访活动，向群众宣传政策，了解群众的需求与呼声，关心群众的生产生活。

激发贫困群众内生动力。持续深入开展“自强、诚信、感恩”主题实践活动，唱响主旋律，弘扬正能量，大力宣传正面典型，讲好贫困群众的脱贫故事，用扶贫成效和脱贫典型教育贫困户树立勤劳致富、脱贫光荣的思想。转变贫困户思想，把“要我脱贫”转变为“我要脱贫”思想。积极探索建立边疆少数民族地区扶贫与扶志、扶智相结合的长效脱贫机制，强化村民自我教育、自我管理、自我监督等自治方式，实行反向约束措施，对“因懒致贫、因婚致贫、因子女不赡养老人致贫”等素质贫困问题，要加强教育惩戒，不断促进精神脱贫。

做老百姓的知心朋友。利用各种机会到村民家里走访、田间地头与老百姓拉家常，了解生产生活情况及遇到的困难，积极为老百姓想办法，解决生产生活中的困难。与老百姓交朋友，引导群众减少等、靠、要思想，做好“五净一规范”，节约资源，保护环境，引导村组干部进行垃圾分类，依靠双手创造幸福生活，共建美丽家园。在与村民交流的过程中积极推广普及普通话，引导村民学习国家通用语言，为更好地与外界交流、获取各平台信息打下良好的基础。

三、改善人居环境，助力美丽乡村建设

按照村庄环境干净整洁有序、村民生活卫生和健康状况普遍增强、人居环境明显改善、长效管护机制基本形成的整治目标，因地制宜、突出特色、量力而行，完善农村生活垃圾处理、污水治理、厕所革命、村庄绿化和庭院治理，提升进村入户通达水平，全面改善人居环境，以促进乡村振兴发展为巩固脱贫成果提供持久有力的保障。继续完善推行的“五净五有一规范”“三个卫生”整治等制度。

“醉美”校镇合作——南岛河直播（摄影人：李姝谚）

（李姝谚　文）

不忘初心　砥砺前行

走进乡土乡村　助力精准扶贫

西北大地

- 引　　言
- 春耕战“疫”　青春无惧
- 助力春耕战疫情　实践行动不停歇
- 农学学子情寄脱贫攻坚　科研论文写在兵团大地
- 战疫情　我们在行动
- 赶农时　助春耕
- 决胜脱贫攻坚收官之年　农科学子聚力乡村振兴

引　　言

自2016年以来，西北农林科技大学农学院作为片区协调单位，周密安排，精心组织，充分发挥人才优势和学科专业优势，全力引导学生投身全国农科学子联合实践行动，积极动员专家教授深入贫困地区助力脱贫攻坚，协调推进西北片区各项工作稳步向前，为夺取脱贫攻坚战全面胜利和全面建成小康社会贡献农学力量。

一是全面协同，构筑西北片区实践平台。西北片区共238.59万平方公里，占全国领土面积近1/4，在全国7个片区中占地面积最大，有甘肃农业大学农学院、塔里木大学植科院、新疆农业大学农学院、石河子大学农学院、青海大学农牧学院、宁夏大学农学院、西北农林科技大学农学院7个成员单位。面积大、交通相对不便等客观原因，使得片区内各单位间交流合作、协调互动面临着挑战。西北农林科技大学农学院作为西北片区牵头单位，不断创新工作机制，改进工作方式，拓展合作方向与内容，努力协同各单位共商、互享和联动，全力支持配合全国农科学子联合实践行动高效开展。

2017年4月，经全国农学院协同发展联盟理事会同意，西北农林科技大学农学院举办了全国农学院协同发展联盟（西北片区）大学生理想信念教育工作研讨会，西北片区各院校负责人参会。会议围绕“贯彻落实全国高校思想政治工作会议精神，创新农科大学生理想信念教育途径”主题进行研讨并进行了全国农科学子联合实践行动2017年启动仪式，各成员单位表示要通力合作，密切配合，以资源共享、互通有无为原则努力尝试跨校组队，确保联合实践活动取得丰硕成果。2019年7月，西北农林科技大学农学院对口支援服务队前往新疆阿克苏，与塔里木大学植科院实践队共同开展农科学子联合实践行动，期间两校实践队师生前往农一师十一团进行了社会调研、科技支农、乡村调查、政策宣传等活动，两校师生在联合实践中交流学习互补，弥补了单一学校组队的劣势，跨校组队成效显著。

2018 年 6 月，西北农林科技大学农学院组织开展了全国农科学子大学生农业创新创业大赛西北片区复赛，全面联动 7 个成员单位推动西北地区高等院校农业相关专业创新创业人才培养模式改革，提高大学生对于农业创新创业的认知与实践，培养实干型创业团队，促进产学实践相结合，以大赛为依托提升西北片区农科大学生创新创业实践素养。

2019 年 6 月，西北农林科技大学农学院组织开展了全国农科学子联合实践行动西北片区推进会暨第二届创新创业大赛，西北片区 7 个成员单位的 200 余名师生参加会议。西北农林科技大学党委副书记吕卫东鼓励农科学子利用好联合实践行动和创新创业大赛平台，积极实践，刻苦钻研，将个人成长和祖国的前途命运紧紧相连，深入发力祖国西北地区脱贫攻坚工程，汇智聚力国家乡村振兴战略。

二是师生联动，助力脱贫攻坚。西北片区 7 所高校积极动员师生党支部、硕博研究生、学生骨干等先进学生代表和广大青年学生利用假期奔赴西北五省各地开展全国农科学子联合实践行动，鼓励专家教授深入贫困地区开展乡村调查研究、“三农”政策宣传、技术推广服务、科学文化传播、乡村就业创业等专项行动。自 2016 年以来，西北片区共派出 123 支实践小队利用寒暑假、法定节假日、周末等假期数次深入西北贫困地区开展联合实践行动。累计走访入户 8 900 户，发放各类宣传手册和图册计 10 000 余本，培训指导和服务人数达 36 550 人次，共回收调查问卷 6 496 份，包括县级问卷 10 份，镇级问卷 25 份，村级调查问卷 61 份，户级调查问卷 6 400 份，受到校内外媒体报道 2 000 余次。

引导鼓励教工党支部和学生党支部全面联动。2018 年 7 月，农学系教工党支部和本科生第三党支部共同组队来到千阳县南寨村进行调研与服务，教工党支部书记海江波副教授为该村的全体党员和村民代表开展了一场以“生态农业的思考与发展”为主题的报告，过程中与村民进行充分互动，讨论了农业实际生产中遇到的难题。调研结束后，海江波副教授邀请南寨村领导班子和村民，走进杨凌农高会，走进西农实验室，体验现代农业科技，推进本地农业发展和扶贫工作的开展。

三是完善机制，开展长期定点帮扶。在联合实践行动中，西北片区始终坚持“建立联系、找准问题、精准帮扶、长期相助”的基本原则，以“一个小队联系一个村”“一个队员联系定点农户”的方式进行精准帮扶，努力实现小队队员成为贫困户的“家庭一员”，成为贫困户儿童的“兄弟姐妹”，实现“实践队＋村＋农户”的点对点帮扶机制。

五年来，赴合阳乾落实践队利用寒暑假、法定假日先后12次回访乾落村。乾落村共有4个村民小组，287户1 233口人。村经济以农副产品收购和种植业为主，现有苹果346亩，核桃340亩，红提214亩，花椒、桃子、中药材等其他经济作物300余亩。人口老龄化、留守儿童问题突出。

实践队成员多次以入户问卷的形式深入了解乾落村的土地资源、收支结构、村户生活等基本信息。除了入户访谈，实践队还以解决乾落村留守儿童的教育问题为出发点，立足于培养学习兴趣、拓宽学习视野两大目标，精心设计了课程体系开展长期支教活动，并加入科技体验等亮点课程，把VR技术、互联网发展动态这样的新鲜事物带入孩子们的视野；走进低保户家庭，关注他们的生活困难和实际难处。五年来，赴合阳乾落实践队参与并见证了乾落村的基础设施的改善村民的生活水平以及幸福感和满意度的提升。

四是抗击疫情，就地助力春耕生产。2020年春新冠肺炎疫情突然暴发，西北片区7所高校积极响应中国作物学会人才培养与教育专业委员会在2020年开展“走进乡土乡村，助力精准扶贫”全国农科学子联合实践行动的号召，鼓励返乡大学生牢记强农兴农使命担当，深刻认识春耕生产对夺取农业丰收、保持经济社会大局稳定的重要意义，支持学生就地参与春耕生产，在服务中树立兴国志向，为保障国家粮食安全贡献青春力量。

活动开展以来，西北片区共有1 000余名学子助力春耕生产。秦梦凡、牛洪壮等同学凭借自身专业特长投身当地农业生产，以实际行动报效祖国。2019级博士研究生秦梦凡第一时间参与到家乡的春耕生产中，被村民亲切称为“油菜博士”，他表示：“能够在这样的特殊时期为家乡的农业生产做一点事让我倍感荣幸，我将不断增强专业本领，成为合格的社会主义建设者和接班人。”

西北片区7所农科高校将不忘初心，继续前行，深化全面协同，动员更多师生加入到全国农科联盟队伍中，以习近平新时代中国特色社会主义思想为指导，以立德树人为根本，深入发力国家脱贫攻坚工程，汇智聚力国家乡村振兴战略，着力培养“一懂两爱”“下得去、留得住、用得上”新农科人才。

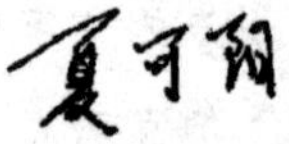

春耕战“疫”　青春无惧

为果树喷洒农药（摄影人：闫强强）

追风赶月莫停留，平芜尽处是春山。

——《华夏说》

2020年的中国注定是不平凡的，新春伊始，新冠肺炎疫情席卷中国大地，面对如此灾难中国挺住了；而在中国的大江南北，有那么一群学农青年奋斗在路上。

“越是面对风险挑战，越要稳住农业，越要确保粮食和重要副食品安全。”为深入贯彻习近平总书记对“三农”工作做出的重要指示精神，2020年3月，甘肃农业大学农学院领导讨论决定：根据目前国内疫情蔓延的实际情况，安排寒假返乡的大学生们因地制宜，以自由组队的形式成立两支省内外下乡社会实践小分队参与“2020年全国农科学子联合实践行动”。此次社会实践活动打破常规，并没有采取以往“三下乡”集体组队下乡的方式，而是针对已返乡的大学生。队员们在保证自身安全的前提下，在自己的家乡根据当地实际情况助力家乡完成春耕。

此次实践活动主要包括：赶农时、“云”宣讲。鼓励返乡大学生利用互联网，联系生活实际用易记易懂的语言宣讲习近平总书记关于“三农”工作的最新指示以及2020年中央1号文件精神；稳春耕、“亮”专业。要求队员们充分发挥所学专业知识与技术，开展力所能及的服务工作；助脱贫、“悟”担当。期冀农科学子通过实践感悟“强农兴农”的时代责任与担当。在这三项活动中，学院学子深入田间地头，将自己终日所学运用到了农业生产实践之中，切身领悟到了祖先“谁知盘中餐，粒粒皆辛苦”的谆谆教诲。

中国大地幅员辽阔，在这辽阔的土地上，从南至北清晰地烙印着甘农学子奋斗的足迹。他们勤奋勇敢：网课时他们笔耕不辍，认真汲取老师所授知识；他们任劳任怨：以满腔热情，虚心诚恳地向经验丰富的农民伯伯请教耕作知识；他们是有责任感的一代人：用青春之火，点燃生命的热情扎根大地，服务农业，在自己的领域积极奉献书写中国农业的新诗篇，为祖国的建设贡献一份力量。

第一章　农时·感悟

不须迎向东郊去，春在千门万户中。随着春天的悄然来临，小草从地里探出了头，小鸟也争相去筑巢，河水中的冰也逐渐融化。万物呈现出一片生机勃勃的景象。农民伯伯将各种农产品的种子播种到了土壤里面，眼里对这一片土地充满了期待，是这片土地养育了世世代代的农民。而作为农科学子，由于受新冠疫情的影响，同学们有了更多的时间参加到春耕实践活动中，为以后的工作积累了一些经验。

相信在实践过程中，同学们最多的还是那份难言的感悟感慨吧！这场特殊的疫情，为我们制造了这样一个特殊的机会，让我们能够有这样充足的时间回农田，在实践中感悟真知，这些宝贵的经历是在课本中无法得到的。

走在田间弯弯曲曲的小道，看着绿莹莹的幼苗，听着田里干活的吆喝声，闻着田间的泥土香，旁边擦肩而过的是炎炎烈日下被拉长的身影，扁担在肩上颠簸，承载着他们对生活的希望。汗水打湿衣衫中蕴含着辛苦，田间嘈杂中流淌着欢声笑语，从他们的忙碌中，人们读着付出与收获，艰辛与甜蜜。

同学们中的很多人第一次感受到了劳作的辛苦，长时间的保持一个弯腰的姿势不动，甚至是感到头晕目眩却依然坚持。看到大人们都劳作几个小时，甚至是一天的时间，让同学们深刻体会到，每一滴汗水都是有责任的，每一滴汗水都是有价值的。一天的劳作下来，或许腰酸背痛、或许筋疲力尽，可想而知真正的农家人是如何在日复一日年复一年的劳作中获得大丰收的。这让同学们真正理解了：投入越多收获就越多。

当然，在这次实践活动中感受到最多的，还是这句“纸上得来终觉浅，绝知此事要躬行”。实践出真知，这句话在任何场合都适用！在学习生涯之中，同学们不但要掌握好课本中的理论知识，而且还要结合生活实际，融会贯通。

中国人的饭碗必须牢牢地端在中国人自己的手里，对学农人来说，这既是考验，也是机遇。身为新一代的青年人，这是农科学子们的青春使命。

第二章 农时·进展

3 月 8 日，学院学子组队加入了“2020 年全国农科学子联合实践行动”。受疫情影响，此次实践活动并没有采取以往集体组队下乡的方式，而是面向返乡大学生在确保生命安全的情况下，在自己所在地根据当地实际情况助力春耕。

3 月 10—14 日，学院对本次春季实践活动做了初步的计划。此次春季实践活动，大家计划结合所学知识到农田里去与农民伯伯一起进行春耕活动。

3 月 15 日，实践小队陆续到计划地点躬耕。从甘肃的陇南天水到庆阳定西，从临夏白银再到张掖酒泉，从河南的许昌到濮阳，再到山东的菏泽、安徽的芜湖……许多地方都展现了甘农学子爱农的精神风貌，留下了他们实践的身影；从剥地膜、挖玉米梗到铺塑料地膜，从地膜党参的种植再到花椒树苗的移栽；从乡间田野到塑料大棚……正是在这特殊的实践活动中，让学子们真正感受到了那份在田地里的朴实。

3 月底，随着实践活动的继续进行，每个人将那些或多或少在实践中的真情感悟写了下来，有活动纪实，也有实践感悟，有让人印象深刻的实践细节，也有详细具体的实践过程。

“只见外婆拿来几个花花绿绿的塑料袋，我以为她要装什么，可是她把塑料袋小心翼翼地撕开，像铺地膜似的铺在了地里没有铺到的边边角角，并且还在小‘地膜’上种上了外公爱吃的西葫芦，弄完了，外婆也露出了大功告成的笑容。”马蕊同学对外婆的描写让人印象深刻，她在她的文章中写到的外公外婆对土地无形之中的深厚感情，何尝不是千千万万农民的共同心声呢？

4 月，大西北的春天刚刚开始，大风拂过，满树的杏花、桃花、梨花都竞相开放，当然，在这个春暖花开的时节，甘农的许多人并没有停止实践的脚步，而是在课下的闲暇时间帮着家里干农活，相信这份打心底迸发出的热情定会在他们以后的学习生涯中发挥至关重要的作用。

第三章　农时·纪实

地膜具有增温、保墒防涝、提高肥效、减轻病虫害、除草、增产助早熟的功能。在这次实践活动中，许多人都参与了春耕铺塑料地膜的环节。毛桃桃同学要进行的工作就是剥地膜和挖玉米梗，需要她和她的姨娘两个人分工合作完成，一人挖梗，一人剥膜；“等到土地温度逐渐上升，气候逐渐变暖时，开始用机器铺上地膜，我们全家人出动，拿起铁锹，在地膜上压上土，防止风吹跑。”拓万玲同学在她的实践文章中这样写道。从大家的实践文章中不难看出，这个过程可不像收拾书桌房间那样简单，而是一系列完整有序的体力活动，并且在这个过程当中还要借助一系列的大小型农具，比如农村地区常见的拖拉机、塑料铺膜机、铁锹、锄头、耙子等。要想铺好地膜，首先要将地整理好，需要经过翻地、压地、平地、耱地等环节，从前这些工作基本靠一些简单的手动工具完成，比如人工翻地、牛耕、手扶拖拉机等，随着时代的不断发展，更加节约人力和时间的农机日新月异。据一些当地农民介绍，现在整地环节基本可以利用“东方红 1804”搞定，因为这台大型农机比较贵，大部分农户只具有小地块的田地，所以极少部分农户购买后，按价格计时收取费用为其他有需要的农户整田。这样一来，可以大大减少农民所要投入的劳动力。

在正式铺膜之前还要注意去除前一年残留的塑料、作物根系以及石块等，因为其会影响到新一轮植物的生长。在做好了这些准备之后才可以借助拖拉机和铺膜机进行后续工作，这个环节也并不简单，首先需要调试好拖拉机与铺膜机的距离，以及把地膜筒放好之后，铺膜机与地面的距离；然后要在铺地膜之前施好基肥，或是人工播撒，或是直接添加在铺膜机的施肥漏斗当中；紧接着在机器开动铺膜的过程中，要时不时地在新铺好的地膜上覆土，以防被风吹跑；最后在一块地铺好地膜之后，要把拖拉机无法铺膜的地方，人工压好。不但需要好的开车技术，也需要人机配合的娴熟技术，虽然整个过程复杂而又辛苦，但是相比改革开放以前，这样的技术已经大大地方便了农业生产。

在这次活动中，张殿凯、王国旭、李娟娣等同学还去了所在地的温棚进行实践活动。在读完王国旭同学的实践文章之后，同学们才知道原来采摘番茄有这样大的学问。采摘过程中要注意采摘的力度，确保不伤到番茄树的茎叶以免对其后期生长造成不良影响，而且在每次采摘完毕后都要进行灌溉，在灌溉时还要注意水流的速度和大小，水量过多影响根呼吸，过少无法满足番茄对水的需求量。

张殿凯和宋美妮两位同学在赴河南濮阳县五星乡七王庙村的农技推广宣传文章中写到：承包了当地 110 亩地的董春华家的信息化大棚让人印象深刻，测量二氧化碳浓度、水分量、施肥时间、农药管理等一系列操作在手机上就可以完成，这不禁让同学们燃起了发展自己家乡农业现代化、信息化的热情，相信在不远的将来，一定会有越来越多的农户采用这样的先进技术。

让人印象深刻的还有徐杰同学拿着小铲子除杂草的过程，胳膊上挽着自己的编制的竹笼子，蹲在田地上一片一片地搜寻杂草，如果碰到野菜就把它们带回家拌成凉菜。虽然也是忙碌辛苦的一下午，但是餐桌上那道美味的菜肴和那份对父母辛劳农作的体验也是这一天的意外之喜！

实践团队的成员当中，任振平同学的家乡所在地以种植党参为主，当地人民采取的是基本靠人工方法的地膜党参，其过程虽然费力复杂，但却也不乏乐趣。据任振平同学介绍，党参的种植过程，首先是要选好品质优良的药苗，其次用铁锹将放置药苗的地方拍平，然后将药苗整齐地摆放到相应位置，在上边盖上一层薄薄的土，拍平，其后铺上地膜，让党参头露一天在地膜外面，最后在地膜两侧都盖上土，这样党参就基本种好了。

结语

“青年一代有理想、有本领、有担当，国家就有前途，民族就有希望”，这是习近平总书记对我们这一代人的殷切希望。2020 年是我国全面建成小康社会和脱贫攻坚的收官之年，稳定粮食生产是“三农”工作的重中之重，同时农产品是抗击疫情的物质基础，实践活动目前并没有结束，马铃薯已经发芽、金色的油菜花已经盛开……各位队员们也是收获满满，通过这次活动，他们更加清楚地认识到了自己对国家应有的担当和应负的责任，相信在不久的未来，他们必将走出学校这所殿堂，奔波于中国广袤的农田之中，尽显优秀农科学子之风貌，成为有理想、有担当的新一代社会主义接班人！

马玲给甜叶菊幼苗除草（摄影人：马彦邦）

（仇海龙　文）

助力春耕战疫情　实践行动不停歇

队员在清理枸杞地里的杂草杂物（摄影人：马冬花）

2020 年 1 月，一场突如其来的新冠肺炎疫情席卷祖国大地，全国人民被迫进行了一场疫情防控的阻击战、总体战。学校开始线上教学，确保停课不停学。虽然疫情严重，但农时不可误，各地都在积极开展春耕备耕。宁夏大学农学院作为服务宁夏地方农业发展的重点院校，始终牢记服务“三农”事业的使命和责任，在疫情防控的特殊时期，积极宣传发动广大学生主动投身农业生产实践中，助力农民春耕备耕，把疫情给春耕工作带来的影响降到最低。

第一章　惜春时·战疫情，助力春耕生产长见识

新的一年本应是欢乐欣喜的，但 2020 年因疫情却格外的悲伤又紧张，在网上总是能看到这样的字眼，仿佛新年伊始就在提醒着每个人学会珍惜，珍惜眼前的生活、珍惜家中的亲人、珍惜身边的爱人、珍惜自己的生命……

新冠肺炎疫情的到来，打破了人们井然有序的生活，为了防止疫情的扩散，开始封城封路，在这样紧闭门户等待着病毒过去的日子里，春天渐渐到来了，对农村务农人而言，一年的农事耕作又开始了，乡亲们也开始着手整理家里的枸杞地和玉米地。

从 2 月 6 日开始，实践队员便跟着乡亲开始在地里忙碌，在忙碌中不断学习一些农业知识。乡亲负责修剪枸杞树，以保证枸杞树在新一年有效地发芽，保证其顺利结果实。修剪枸杞树是个技术活，他们种枸杞都快 20 年了，可是修剪枸杞树的经验还是有一定的缺乏和不足。我们的队员主要跟着负责干一些体力活，首先是将修剪掉的树枝以及地里的各种杂草叶子用耙子清除干净，然后开始施农家肥，主要以羊粪为主，埋在枸杞树旁边，在埋粪肥时要离枸杞树根 20 厘米左右，若是太近了会出现烧芽现象，若是太远了枸杞树吸收不了肥效。这家乡亲的枸杞树树龄只有 3 年，属于小树，需要在树旁边栽一根杆子将枸杞树绑在上面，以保证枸杞树直立生长。

前前后后历经了一个多月，才整理完枸杞地，队员们又着手帮忙整理玉米地，先是用旋耕机将地翻好，然后进行平地打埂。3 月 13 日，队员们利用没有课的时间，和乡亲们一起去玉米地里撒有机肥、平地、打埂。若是地不够平整，较高的那块地则浇不上水，当地主要用的是黄河水灌溉，打埂是为了种植玉米后能更好地灌水，若是打埂太低了，在灌水的过程中埂会被水冲破，导致两块田之间水分不均衡，会影响玉米产量。

疫情特殊时期，通过这样的实践活动，让实践队员们明白许多农事耕作中的重要知识，在农事耕作中生产实践经验很重要，理论知识指导生产实践更重要。

因此，在扎实学习理论知识的过程中，也要注重实践，总结经验，要学农知农爱农，认真完成学业，尽自己所能将所学专业知识应用于农业生产中去，这样才能真正为乡村振兴做出自己的贡献。

第二章　春之计·农之魂，与农夫话农事感悟“三农”之重

伴随着春天的来临，万物复苏，一派生机，所有的希望都升起来啦，宁夏农民的心也跟着活跃起来啦！

疫情期间，为了自身的健康安全着想，为了不给国家添乱，老百姓都是居家自行隔离。眼看着到了翻土犁地的时候，恰好疫情好转，农民们又怎能坐得住呢？这几天家家户户的人都是早上八九点就起来，吃完热腾腾的早饭，都出门去了。

在这里，初生的希望与美好的憧憬都是伴着那拖拉机的启动声愈来愈烈……实践队员跟随着农民伯伯们来到地里，真真切切地感受到了新翻泥土的芬芳，真是沁人心脾啊！只见农民伯伯娴熟地开着拖拉机，脸上洋溢着满足的笑。感觉他们看着这片什么都还没种的土地怎么就和看见了满田收获的粮食一样开心呢！或许土地就是农民伯伯的希望，或许他们是因为到了播种的季节才如此愉悦，抑或许是因为他们心中对土地的一片无尽热忱。队员们看到农民伯伯脸上的微笑后，自己的嘴角也会自然地上扬呐。

在他们犁地休息期间，大家来到一位肤色黝黑的大叔面前。他蹲在田埂，满头的汗珠顺着额头流到耳侧滴到土里，直直盯着这块刚犁完的地，眼里还闪着精光。队员问：“大叔，您这么辛苦肯定是为了能有个好收成吧！”大叔侧过脸来笑着说：“那不是嘛。娃娃啊，这阵儿要是不把田收拾好，以后就种不出来好东西，到了秋收的时候啊就没事啦。这土地啊，是咱农民的魂，一定得好好对待哇。”大叔这一口的宁夏腔调，自然朴实又可亲可敬可爱。播下的是种子，收获的是希望，农民伯伯春耕的时候不就是图秋天能有个好收成嘛！

大叔说得没错，这土地是咱农民的魂，她无声地养育了一代又一代的人，从不索取什么回报。靠她的恩泽在这片土地上生活的人们无不敬她爱她。“为什么我的眼里常含泪水，因为我对这土地爱得深沉……”深情的诗人早已用炙热的语言表达自己的情怀，而深情的农民们用辛勤的双手来表达这情怀。当手触碰到那

黄土时，感觉微潮、疏松，一种莫名的熟悉感划过心头：似乎这土不是土，是一个拥有灵魂的实体。队员们也都是农民的孩子，那自然也是农民，既然是农民又怎不会与这土地产生一种共鸣呢？土地是自然之母赋予人类的，农民自古以来对她都怀着一颗敬畏之心。

春天是万物的希望，土地是农民的灵魂！无论是农事还是疫情，我们始终相信在党中央的正确领导下，我们一定会取得疫情阻击战的全面胜利，我们的“三农”事业也一定会兴旺发达，乡村振兴必会实现！

第三章　不违农时，听民声助春耕，坚定兴农之志

“好雨知时节，当春乃发生。随风潜入夜，润物细无声。”2020 年，一场突如其来的新冠肺炎疫情使得全国高校的学生都无法正常返校，全国人民都被迫进行着一场疫情防控的阻击战。

恰逢春耕农忙时节，农学院春耕助农实践小队于 2020 年 4 月 7—21 日，在小队成员各自家乡进行了为期 15 天的春耕调研和助农实践活动。队员们自愿走出课本，回归田园，将理论与实践相结合，为各自家乡的春耕复产贡献自己的一份力量。

远远望去，田间地头到处都是一派繁忙的景象，只见人们低头忙碌、挥汗如雨。俗话说：“民以食为天。”疫情也不能阻挡人们春耕备耕的努力，农田泥土散发着清香，仿佛是春天的味道。队员们的家乡位于祖国的西北地区，受气候影响，春耕一般都在清明以后，在家线上学习之余，大家参加了春耕，帮助农民伯伯浇水、耕地、播种……

“清明谷雨紧相连，浸种春耕莫迟延。”耕种首先要施肥，农民总喜欢在春耕之前给田地施农家肥。刚开始将农家肥在地里倾倒成一小堆，然后再用铁锹将其散开，均匀地撒在地表。

经过小队调研发现，有人说施农家肥有用，有人却说不好。张大爷告诉我们：“他们去年施农家肥的田地，收成反而不好。”总而言之，大家言语不一。经小队了解，农民对于农家肥作用和效果了解得不是很透彻。比如说农家肥的弊，几乎都没人知道。还有农家肥与无机肥结合使用等问题，农民都不了解。对此，小队在进行调研的同时，为大家讲述了有关农家肥的利弊以及农家肥与无机肥的

区别和两者相结合的优势。

其次是耕地、灌溉农田，队员帮助一位正在为田地灌溉做准备的阿姨，和她一起完成了地埂的修理和水口堵塞，方便灌溉。地埂和河堤很相似，都是下宽上窄，这是因为这儿的田地还没有实现喷灌等节水方式，而是用引入的黄河水进行大水漫灌的灌溉方式，所以每次灌溉之前都必须加固地埂和水口。

大家向她请教了有关灌溉的一些问题，她告诉队员，这里距离黄河比较远，每年只能灌溉 3 次，如果遇上气候干旱，农作物收成就不怎么好。再者，种植的农作物单一，大多以玉米为主，其他农作物种植很少。

“春雨贵如油”，北国一场迟到的春雨似乎来得恰到好处，队员们走进田地种植玉米，发现一种人工玉米种植设备，需要有人推动。因为这里地势不平坦，大型种植设备基本都不能用，很多农户都需要通过这种方式种植。种植深度在 5 厘米左右，种好之后，利用设备底部吊着的土袋，在其上面覆盖薄薄的一层土。在亲身体验过后，不到 10 分钟，大家就觉得已经很累，并且不能很好地把握行间距，这真正是：“纸上得来终觉浅，绝知此事要躬行。”凡事只有亲身实践了，才能明白其中的奥妙。

人间四月芳菲尽，山寺桃花始盛开。虽然说已经到了暮春时节，可宁夏固原却还是“早穿棉袄午穿纱”。4 月 21 日早晨，在结束田地实践后，队员们去了当地的温棚，进行了西红柿的采摘。人生处处是惊喜，摘西红柿都有一番学问，运输距离不同，摘取的西红柿成熟程度就不同，同时还要进行大小分类。温棚中的西红柿明显生长得好，而且收成也好。

“不误农时守天道，精耕细作有荣华。”队员李稼润原本以为，像她这种生于农村，长于田间地头，从小行走在乡村小道上的孩子，对耕种有一定了解。但通过这次实践活动，才发现自己对农业农村的了解还远远不够。就像父辈们常说的：“我走过的路，比你吃的盐都多。”真是这样，农民们虽然理论欠缺，但他们有丰富的耕作经验。种庄稼绝不像别人说得那么简单，只有躬身实践才知道这是一门大学问，真可谓是“庄稼不认爹和娘，精耕细作多打粮。”所以，学生学习农科专业，不仅要有理论做支撑，更要与实践相结合。

山川异域，风月同天。通过此次实践，学生们走出了象牙塔，学到了很多，体味生活，感知社会。在疫情影响下，他们懂得了“谁说岁月静好，只是有人替你负重前行”的道理。作为新时代的大学生，作为一名农科学子，更应积极响应党和国家号召，为乡村振兴战略贡献青春之力。

全国各地的复工复产复市复耕仍在继续，实践行动也在继续。在国家遭遇严重疫情时，广大青年学子迎难而上，扛大旗挑大梁，服务在村头巷尾，奉献在田间地头，扎根在群众之中，战疫情抓学习的同时不忘亲身实践、服务群众。他们主动下基层当志愿者，助力春耕备耕，体验农业生产，他们把知识播撒在祖国的大地上，把爱国志落在具体的行动中，再次彰显了广大农科学子爱农兴农的崇高价值追求。

队员在协助施肥（摄影人：陈虎）

（陈虎　马冬花　王媛　李稼润　文）

农学学子情寄脱贫攻坚　科研论文写在兵团大地

石河子大学农学院聂新辉教授在棉田为农户指导（摄影人：马亚东）

这里有“黄沙百战穿金甲，不破楼兰终不还”的英雄梦想，这里有“埋骨何须桑梓地，人生无处不青山”的豪情壮志，这里更有“塞上风光无限好，何须争入玉门关”的奉献情怀。这里就是新疆，就是新疆生产建设兵团，当年进疆的十多万解放军战士听到毛主席向他们发布命令：“你们现在可以把战斗的武器保存起来，拿起生产建设的武器。当祖国有事需要召唤你们的时候，我将命令你们重新拿起战斗的武器，捍卫祖国”时，他们以高度的组织性和纪律性，选择了服从国家的需要，服从组织的安排。十万大军就地转业，铸剑为犁，战士们一手拿枪、一手拿镐，扎根沙漠周边、风头水尾，靠手拉肩扛，在戈壁荒漠上兴建家园，开创共和国屯垦戍边伟业。从此，在占国土面积 1/6 的新疆大地上，兵团人牢记初心，开拓进取，从无到有建起一座座城镇、一片片绿洲，为开发建设边疆、增进民族团结、维护社会稳定、巩固西北边防做出不可磨灭的贡献，给祖国、人民交出一份满意答卷。

新疆兵团现有 14 个师、170 多个农牧团场、2 200 多个连队。分布在新疆的不同地区，他们就像这荒漠戈壁中的璀璨宝石，用一片片绿洲也撑起了祖国的边境线。石河子大学则是这片兵团大地上的最高学府，而石河子大学农学院也是石河子大学的前身，目前是石河子大学科研实力最强，历史底蕴最深厚的学院之一。自 2016 年开始，石河子大学农学院积极响应联合实践的号召，结合学院和属地实际情况，从 2016—2019 年暑期开展“助力兵团向南发展　聚力乡村脱贫振兴”农科学子联合实践活动，5 年时间，农学院共有 29 支实践小队，46 名指导教师，189 名实践队员参与了全国农科学子联盟联合实践行动，其中党员 29 名（含预备党员），团员 155 名，本科生 165 人，研究生 24 人。学院实践队伍前往实践地点数量达 52 个，行程逾 60 000 公里，分别前往了新疆喀什地区、阿克苏地区和田地区，包括新疆生产建设兵团第一师、第二师、第三师、第八师、第九师、第十四师等 14 个团场，44 个连队和乡村，同时还辐射周边的市县，包括玛纳斯县等。获批大学经费 200 000 元，学院配套经费 166 000 元，2018 年与第三师四十四团签订合作协议，建立大学生社会实践基地 1 个，2019 年与第十四师昆玉市达成对口扶贫协议，定点支持第十四师昆玉市建设。

而在这 5 年的联合行动过程中，石河子大学农学院校师生参与乡村发展建设的实际行动中也涌现了很多动人的故事，平凡又不平凡的事迹和卓有成效的实际收益。

第一章　农院“女神”扎进棉田　实践基地孕育希望

2017 年，石河子大学农学院农学系主任聂新辉教授第一次组织社会实践团队，前往新疆兵团第三师 44 团调研棉花种植情况。聂新辉教授是学院公认的棉花女神，在棉花新品种选育和种植上有很多研究成果。2017 年在学院的鼓励和支持下，聂老师第一次组队前往南疆科技支农，可这一次，却让她从实验室一头扎进了棉田里。来到 44 团的第一天，聂老师就去团场连队查看棉花长势情况，晚上就在团部为连队职工开设棉花种植技术培训班，一连七八天，聂老师就在棉田里与当地的职工群众结下了深厚的友谊。44 团的少数民族职工较多，且多为维吾尔族，语言上的障碍并没有阻挡彼此的热情，聂老师在翻译的帮助下，在实地的演示下，还是为连队职工讲解了棉花种植的问题。

随后，聂老师通过测土取样和降水光照的统计，详细分析了当地的土壤和种植条件，经过和学院协商，计划在 44 团建立棉花新品种的选育基地，同时也建立起社会实践基地，通过与团领导的协商，最终确定第一批实验地为 50 亩，同时在 44 团建立石河子大学农学院社会实践基地和产学研基地。

随后的 3 年时间，聂新辉老师几乎每个月都要前往南疆 44 团，在实践基地不断完善新品种的选育工作，2019 年聂老师更是邀请农学院王登伟教授前往实践基地推广黄沙栽培技术，邀请机械电气工程学院张立新教授推广水肥一体化设备，为 44 团农业发展助力。三位教授，为 44 团职工举办了多场科技讲座和专题报告，讲座主要内容包括：播种前准备工作（春季备耕，做好整地待播工作；选择合适的植棉模式；选择合适的农药；准备良种和种子处理）、播种检查、棉花苗期常见的病害（立枯病、炭疽病、烂根病；棉蚜、棉叶螨、棉蓟马）及解决方法三个内容。

专题报告包括：王登伟教授从南疆干旱缺水、黄沙资源丰富等特点的角度出发，结合黄沙栽培的特点优势，为各连队干部和职工、农户作了报告。详细分析了利用黄沙结合无纺布的种植袋栽培进而提高作物产量、充分利用南疆资源的益处，通过自身长达 10 年的实验探究成果，向农户展示了利用无纺布栽培袋进行黄沙栽培的未来广阔前景。为当地农户送去新技术、新理念与新方法，使连队农户们充分了解如何利用黄沙进行果蔬栽培和管理，开阔了农户的眼界，提高了种植技能。

石河子大学机电学院张立新教授结合南疆棉花栽培现状，为各连队干部和职工、农户们介绍了水肥一体化技术及其装备发展趋势，这项新技术主要是针对南疆作物种植水量不足、土壤肥料利用率低、肥料流失严重等问题进行的改进。张立新教授从水肥一体化技术的内涵、优势及国内外发展趋势等方面，为职工与农户们分析了水肥一体化灌溉系统在节约水资源、提高肥料利用率进而提高作物产量等方面的特点与优势，应用该技术不仅可以缓解水资源短缺的现状，而且对其环境的保护效益也十分显著。会议结束后，张立新教授还与各连队干部职工和农户们面对面交流，就棉花等作物种植过程中如何节水控水、精量施肥等方面亲切探讨，并回答关于节水施肥方面的问题。

石河子大学农学院聂新辉教授针对南疆作物栽培技术不足，管理方法失当等问题开展了 3 场专题报告。聂教授从施肥、水分管理、化学调控、整枝打顶控晚蕾和防止病虫害五个方面对棉花花铃期管理及水肥调控进行了详细的讲解，并发放了图文并茂的技术手册。聂教授与各连队技术员和职工进行深入交流，对提出的各类问题进行现场解答。报告结束后聂新辉教授跟随农户们到连队田间地头，亲身感受棉花的现状，因地制宜地将报告上讲解的专业知识及技术与生产实践相结合，使连队农户们更加充分地了解棉花花铃期管理及水肥调控。

这三场精彩的专题报告为当地农业带来了春风雨露般的机遇，也是在 2019 年，44 团团领导决定将聂教授的新品种实验田扩充至 1 000 亩。一分耕耘一分收获，聂老师全心全意为农户服务，为 44 团农业增收做出的努力，被所有人认可，新选育的 8 个棉花新品系也获得了成功。44 团的农学院社会实践基地，三年时间为 9 名教师和 122 名研究生和本科生提供了社会实践的平台和机会，为农学院对兵团南疆的科技服务搭建起了重要的桥梁。

第二章　果树夫妻实践同行　十年时间扶贫千万

赵宝龙副教授是农学院绿洲生态实验室主任，也是园艺系教师。从 2009 年开始，赵宝龙老师就开始带着学生在暑假开展社会实践活动了，可以说是农学院社会实践工作中的一位老兵了。赵宝龙老师是个“兵二代”，他自己常说自己是兵团人的儿子，就要为兵团做贡献，所以从他工作之后，他就一头钻进了兵团人的果园里，在果树种植技术方面为兵团服务。从 2014 年开始，赵宝龙老师就组建了自己的兵团高树高效栽培团队，至今，团队累计志愿服务 1 247 天，共投入

95 次科技服务现场指导和培训工作，举办现场观摩会 57 次，培训乡技术骨干和种植户 3 723 人次，服务温室大棚 2 880 座，推广建设温室大棚 1 270 亩。志愿服务项目直接增加当地农户经济效益超过 5 000 万元。

从 2018 年开始，赵宝龙老师加入了农科学子联合实践行动，他带队前往的是我们农学院联系的定点扶贫地，第十四师昆玉市。昆玉市地处和田地区，自然条件恶劣，主要经济作物以棉花和果树为主。赵宝龙老师根据当地情况，利用国家建设的扶贫大棚，组织当地职工种植葡萄和油桃，并定期前往和田地区进行技术指导工作。服务的职工人数超过 500 人，为连队职工发放了《南疆地区设施葡萄促早栽培技术》等教材 3 000 余册。经过培训后使用高效栽培技术的农户收入平均提升 2 万元以上。另外，团队还将设施果树栽培新技术和经验进行了集成，先后编写教材 17 本，制定技术规程 6 项，发表与项目相关的研究论文数十篇。

赵宝龙老师的妻子，孙军利老师也是农学院园艺系教师。2019 年 8 月，赵宝龙老师带着妻子一起再次前往十四师 225 团，47 团进行志愿服务。他们分别从果树病虫害、水肥管理、灌溉等方面分析其长势现状，共帮扶 80 余户，提高经济效益预计达 160 万元。都说打虎亲兄弟，上阵父子兵，可这位果树“男神”是带着妻子一起为兵团果树种植事业添上了重重的一笔，农学院所有教师都有这样一个信条，那就是作为兵团高校的农业教师，他们想要把科研论文写在兵团大地之上。

第三章　学农知农爱农，自古英雄出少年

小李同学是石河子大学农学院 2016 级园艺专业的一名普通同学，也是 2018 年联合实践行动中赵宝龙老师果树高效栽培团队的一员。小李来自山东，自幼娇惯，一直对农学院专业不感兴趣，毕业也不想从事农业相关的工作，只想着抓紧毕业回山东另谋出路，这次参加社会实践的初衷也是想到南疆去看看风土人情，于是和宿舍人一起报名参加了。

他们前往实践地是兵团第十四师 47 团 8 连，这是一个少数民族连队，之前赵宝龙老师为这个连队指导种植了 10 座葡萄种植大棚，这次实践就是来看看这些设施葡萄的种植情况。实践团队到达 47 团后，就马不停蹄前往大棚，查看的

农户叫买买提。到大棚的时候买买提不在，队员们进入大棚后被眼前的景象惊呆了，大棚里的葡萄都是趴在地下长的，因为疏于管理，葡萄没有吊蔓，已经开始在地下生长了。赵宝龙老师急忙打电话把买买提叫来询问，通过询问得知，买买提每天要去连队参加训练，买买提的妻子又回了娘家一直不在，家中只有两个年幼的孩子，于是大棚无法管理。赵老师看了棚内葡萄的生长情况，告诉买买提如果现在实施吊蔓，这一棚葡萄 2020 年至少有两万元的收益，如果不进行恐怕自己吃都不够，于是安排买买提明天一定吊起来。

然而第二天，当实践队再次来到买买提家地里的时候，葡萄依旧趴在地上，买买提又去参加训练了，大棚里剩下的只有两个年幼的孩子。孩子穿着破旧的衣服，拿着干硬的馕饼不停地吃着，他们大大的眼睛里闪烁着无助。于是赵宝龙老师决定带领全体实践队员帮助买买提完成葡萄的吊蔓工作。在工作时小李时不时坐到旁边偷懒，在偷懒时他看到了墙上的一堆小字，原来是买买提平时教孩子们学国语写的拼音和汉字，打头的第一个词就是“祖国”。看到这里，他又回头看看这两个年幼的孩子，小李突然站起来了，他加入了工作的队伍，开始一丝不苟地干了起来。当天的棚内温度高达 39℃，就这样，实践队干了整整一个上午，完成了一半的吊蔓工作，而小李也中暑了。中午回去吃饭休息，赵宝龙老师安排小李下午在住宿地休息，小李没有应和，只是低头继续吃饭。下午出发时，我们意外地发现小李早早地就出现在了集合乘车地点，而他口袋里塞了满满的一板藿香正气水，一瞬间大家对小李有了新的认识，曾经在军训场上为了偷懒而假装晕倒的他，这一次足足在棚里整整干了 3 天，比谁都认真，都迅速。回来赵宝龙老师问他怎么了，他说他之前不喜欢农业，觉得学农没什么出息，也没什么用，不如做生意，不如坐办公室，可是这一次，他忽然明白了，原来农业这么重要，因为还有那么多人可以因为种好一棚的葡萄就改变一个家庭的命运，改变一个孩子的未来，他突然觉得自己学的东西那么的有价值。他说想要明年继续来到这里，甚至是毕业以后也报名西部计划来这里服务 3 年，为少数民族同胞服务 3 年，然后再回山东。

是啊，通过联合实践行动，有很多像小李一样的大学生开始熟悉土地，熟悉兵团，熟悉农业，开始认可专业，开始增长才干，这也正是社会实践的一个重要目的，就是让学生明白，学农爱农才能更好地创造未来，农业就是国家根基，民族命脉，而广大农学学子，就是这土地上的英雄少年！

赵宝龙老师团队在大棚帮农户吊蔓施肥（摄影人：王龙）

（王龙　文）

战疫情　我们在行动

疫情防控第一线（摄影人：陈晨）

庚子新年，当全国人民都沉浸在喜迎新春的欢乐中时，一种传染性极强的新型冠状病毒悄然向人们露出了它狰狞的面孔。在以习近平同志为核心的党中央的坚强领导下，全国人民迅速反应、精准施策、科学防控。通过共同努力，国内疫情持续好转，在“疫情防控和农业生产两手抓、两不误”的关键时期，塔里木大学植物科学学院的学子不忘总书记“强农兴农”嘱托、牢记“新农科”人才要义，积极参加助力春耕生产、确保不误农时，参加中国作物协会人才培养与教育专业委员会开展的“走进乡土乡村，助力精准扶贫”全国农科学子联合实践行动，进一步发挥我校在兵团向南发展和兵团深化改革中的重要作用，引领教育广大青年学生勇做疫情服务的时代新人，鼓励全院师生积极投身家乡疫情防控工作，组织学生在自己家乡、社区做志愿者为群众服务，为抗疫工作贡献青春力量。在春耕春播来临之际，塔里木大学植物科学学院学子在家乡利用所学知识，为家乡的春耕春播贡献自己的一份力量，以实际行动助力精准扶贫。

志愿工作期间，植科学子积极了解当地实际情况和困难，利用自身所学，发挥专业技术优势，解决种植方面的技术问题，提高了农民的种植水平，为当地农业的生产做出了积极贡献。在志愿工作时，发扬兵团精神、老兵精神、胡杨精神，能吃苦、下得去、用得上，把所学知识应用于农业生产，走到田间地头，学以致用、为民服务，增强了自身的实践能力。

第一章 战疫情，志愿服务

2020 年，突如其来的新冠肺炎疫情，使全国大学生无法按期返校学习，在学院的号召和鼓励下，全院学生积极在当地社区报名参加志愿服务。在返校复课之前，学院共有 300 余名学生参与到抗击疫情志愿服务活动中，他们分布在各自家乡的城市社区、乡镇路口，在做好自身防护的前提下，协助当地疫情防控人员，为不能够出门的居民送蔬菜、送水、送快递、送一些日常生活用品；在社区门口或者村入口帮忙登记外来人员信息、测量体温等；在社区服务中心帮忙整理疫情资料、做台账等；在医院帮助隔离人员和工作人员做一些力所能及的事。

农学 2018 级 3 班学生张利庭同学在了解到社区需要志愿者，便主动报名，不惧困难，发扬胡杨精神，走在了防控疫情的第一线。参与社区疫情志愿服务队，全面投入到本小区的卡口值守。在病毒消杀及宣传倡导的工作中，他全天值守，对外来人员进行如实登记和体温检测。同时，他通过入户，对小区进行逐户登记并了解情况。为了防止非本小区人员随意出入，“你是谁”“从哪来”成了他口中最多的话语。此外，还以小区业主群作为宣传渠道，每日定时在群里推送关于疫情最新进展和防控倡议，在走户过程中向小区居民发放明白纸等宣传资料，普及防控常识，引导居民从自身做起，科学防疫。当然，像张利庭这样的志愿者还有很多。通过这次志愿活动我们感受到，战胜疫情需要每一个人的努力，只有全国人民一条心，众志成城才能尽早将病毒打倒。作为胡杨青年，作为新时代戍边人，我们愿意在任何地方贡献出自己的力量。在这个困难时刻，我们没有因为疫情而恐慌、退缩，毅然决然加入到疫情防控的队伍中，深入社区乡镇，迎难而上，没有顾虑，没有犹豫，向人民证明了我们这一代不是娇滴滴的一代，我们也能吃苦，不怕牺牲，能为祖国、社会贡献自己的力量。

第二章　战疫情，保春耕

陆游曾写“一饱已有期，惟当力春耕”。在疫情防控和春耕春播关键时期，身为农科学子，积极参与春耕春播的活动中，在种植的时候采用育苗、铺膜、压地、机械整地、作畦、松土、肥水管理等这一系列措施，利用种植技巧，把所学的专业知识运用到田间地头，遇到不懂的问题，及时向专业老师请教，这样不仅使农作物更好地生长，也使自身专业知识更加牢固。

不仅如此，各学科的老师更是以身作则，带领同学深入春耕春播第一线，为南疆的农业发展、决战脱贫攻坚、决胜全面建成小康社会贡献青春力量和智慧。园艺专业吴翠云、张琦，农学专业王冀川、何良荣，植保专业杨明禄、迟春明等10几名专家教授，带领100余名研究生、本科生远赴第十四师昆玉市皮山农场，麦盖提县、墨玉县等地开展科技支农助力春耕社会实践活动，助力争抢农时恢复春耕生产，为农民群众巩固脱贫成果、增收致富，红枣产业发展提高质量增加效益尽绵薄之力。

实践团的成员来自天南海北，从接到通知到办好手续、人员全部集结到目的地仅用了三天时间，因为车次不同分了三个批次，十几个小时的火车车程并没有让他们感到疲惫，反而充满了激动和斗志，对目的地充满了好奇。皮山农场、麦盖提县、墨玉县2019年刚摘掉了贫困帽，我们不但要实践调研，更要协助开展林果业提质增效项目，给当地农民提供技术服务，巩固脱贫攻坚成果。

习近平总书记教导我们：“调查研究是谋事之基、成事之道。”老师带实践团去做的就是调查了解农户家里红枣种植存在的问题，弄清楚制约他们增收致富的症结，这样才好有针对性地提供技术指导。通过与当地农业发展服务中心交流，初步了解到皮山农场人均确权土地 12 亩，家庭收入主要依靠打零工和种植红枣。种植红枣已经有十几年的历史，由于水资源匮乏，灌溉全靠滴灌。这里光热资源充足，生产的红枣品质是全新疆最好的，可是近几年红枣价格低迷，使得农户家庭收入偏少，基本上枣园管理得也很粗放，就更容易使红枣品质下降、产量降低，给本来收入就少的家庭雪上加霜。实践团队针对枣园现状制定具体的技术指导措施，明确分工，两个人一组到农户的地里实地调查指导。

整整 50 天，从春分到立夏，从穿棉衣到穿 T 恤，实践团的同学们发挥专业所长，徒步走遍了 20 余个连队的果园，实地调查枣园面积 1 万亩，还有少量梨树、桃树等，涉及职工 7 000 余户，指导每一户职工实施树种/品种一致性、降高、减密、增施有机肥 4 项提质增效技术措施。因多数职工的 12 亩枣园常常由 3～5 个地块组成，检查的地块有 8 400 余个。同时，还开展枣树春季整形修剪、病虫害防治及施肥灌水等相关技术现场培训 25 场次，编印并发放红枣管理技术资料1 500 余份。培训后，一对一地给职工指导春季枣树摘心、抹芽等技术措施，培训受益职工 1 500 余人次。为进一步了解枣园管理情况和职工对增收致富的认识，设计并发放调查问卷 1 000 份。带着调查表一块地一块地地查看，不仅看农户在红枣园做了哪些工作，还要看他们的民情民意。每天在地里走访调查 9 个小时。这里的农户主要是维吾尔族，年纪大一点农民国语水平不太好，有时只能和他们的孩子交流。

技术指导实践团队认真、细心、耐心地为村民讲解果园管理的技术措施，但农民却未必能理解认可，因为有些技术措施在农民看来是在降低他们的收入。因此，扶贫先扶智，要先转变他们的思想观念。于是队员就给农民解释其中的科学道理，告诉他们正确的修建、施肥方法，转变他们的思想观念。大到一片园，小到一棵树，经过一遍一遍不厌其烦地讲解、示范，直到他们明白认可。

助力春耕生产，是助力决战脱贫攻坚、决胜全面建成小康社会，也是助力乡村振兴，一环扣一环，这不是简单的几天下乡实践就能完成的，是需要持之以恒的努力和付出，需要接续不断的助力，才能完成如此伟业。为了便于解决农民种植中遇到的问题，实践团队还在连队找到一位种植大户，他的枣园管理的相对较好，对科技知识接受能力也较强，因此让他作为科技服务联络人，农民有什么问题通过他向实践团队反映解决，实践团队不能解决的就反映给学校的专家，让专家来解决农民所提出来的实际问题。

在这个特殊的时期，“战”疫情和春耕工作同等重要。“人误地一时，地误人一年”，搞好春耕生产，不仅赢得全年粮食丰收，而且对打赢脱贫攻坚，全面建成小康社会也有重大意义。我国是农业大国，民以食为天，只有先解决广大人民的温饱问题，我们才能向更深层次发展。放眼大江南北，代耕、代收、代管的各种新型农业经营管理模式及现代化专业服务团队的身影活跃在田间地头，新型的农产品销售模式，电商、网络直播销售，专家网上会诊等新模式让农业快速发展。

农业是一件困难的却又能激起人民干劲的事，基层是苦，条件是差，可谁都知道“梅花香自苦寒来”的道理，作为农科学子，只有亲身体验过农村生活才能明确农民的需求，才能深刻领会国家“三农”发展战略和要求。即使理论知识再丰富，不去实践的话，理论也不过是空想，所以农科学子更要努力学习，积极参加实践。在实践活动中，把所看、所知、所想、所悟，尽全力落实在行动上，最大限度地发挥学农人的智慧与思维，为打赢脱贫攻坚战，建设新型小康社会做出贡献。

第三章　战疫情，一路守护

经过了漫长的寒假，每位植科学子都已深深地思念心爱的学校。4 月份，在全国复工复产的大背景下，学校领导及老师通力配合精心制定了学生分批次返校复课的计划，并如期顺利进行。结合学校返校复课计划，学院发动同学们积极参加返校复课途中的志愿服务工作，为返校复课的师生提供力所能及的服务。

“疫魔无情，人间有爱。”由于学校返校专列随队老师数量较少，而返校学生数量十分庞大，学院的指示刚下达，同学们就纷纷争相报名，完美地诠释了每一位“胡杨青年”的使命感和责任感。志愿者们在返校途中发挥了极为重要、不可替代的作用。在专列上，每一名返校师生都要每日测三次体温并及时上报。由于学生数量多，列车上走动不方便，这就给测量和登记体温这项任务造成了很大困难。志愿者们在列车上发挥了分组的优势，将哪节车厢由哪个小组负责细化，组长带头，在做好自身防护的前提下，每天保时、保质地完成了任务。每天早晨、中午、下午，车厢里都会见到“小红帽”“红马甲”的身影，志愿者们每天定时定点地完成消杀工作，在专列安全返校的工作中起到了功不可没的作用。4 月底的深夜总会气温下降，志愿者们又会出现在每一节车厢里，如果同学们没有盖好被褥，就很容易冻感冒、流鼻涕，严重则会发热发烧。疫情尚未结束，每一个人都得做好自我防护。在每一位志愿者们登车之前，都会对他们都进行了系统的相关知识培训，让志愿者们了解肺炎疫情和感染后的并发症以及口罩等防护用具的正确使用方法等，志愿者们会在随车老师的带领下，逐个车厢地查看，看看同学们有没有盖好被褥、车厢的窗帘有没有拉严。在志愿者们和老师通力配合下，保护好自己的同时，照顾到我们的每一位同学。

如今，分批次返校的同学们都已顺利、安全地返回学校。这正是每一位志愿者共同努力的成果。仔细、认真、负责，是每一位志愿者的真实写照！

哪怕荆棘仍在，依然通向山顶，值得我们不停脚步，值得我们咬牙坚持。我们相信，待到春暖花开，山河无恙，我们依约同行，一起看人山人海！愿这场路过的疫情早一天离开；我们相信，这场战役一定会很快结束，因为在我们身后，有千千万万团结的中国人，有一个强大的祖国。

实践团队成员完成对农户的技术培训后与农户合影（摄影人：赵伟亮）

（多晶　王明贵　文）

赶农时　助春耕

田间调查（摄影人：赵一悦）

“节气不等人，春日胜黄金，人误地一时，地误人一年。”我国自古就十分重视春耕，有谚语“春耕、夏耘、秋收、冬藏，四者不失时，故五谷不绝。”又曰：“过了惊蛰节，春耕不能歇。”2020 年是不平静的一年，新冠肺炎疫情席卷全球，疫情期间，举国上下都在自觉防疫，而同时春耕生产也进入了关键阶段。

2月5日，中央发布21世纪以来第17个指导“三农”工作的中央1号文件。习近平总书记对“三农”工作做出重要指示，强调越是到紧急关头，越是要重视农业发展，保证粮食产量和安全，积极准备春耕工作。当前是疫情防控工作最吃劲的关键阶段，也是春耕生产的重要时节。为统筹做好疫情防控和春耕生产，西北农林科技大学响应中国作物学会人才培养与教育专业委员在2020年开展“走进乡土乡村，助力精准扶贫”全国农科学子联合实践行动的号召。号召未返校学生就地春耕，为自己的家乡做出应有的贡献。农学院师生积极响应，步入“田野上的大学”。

第一章　春耕进行时之农学人行动

一年之计在于春，疫情稍减，春耕在即。虽没办法回校继续进行学习和试验，但作为农学学子如果时间允许，在学好专业课理论基础的同时，抓住这次理论与实际结合的好机会，我们将受益匪浅。

镜头转向小麦小分队。3月伊始，正值冬小麦返青时节，西北农林科技大学农学院硕士研究生牛洪壮、刘朋召和2018级本科生赵一悦在各自的家乡不约而同都注意到了小麦的生长状况，而他们也决心用自己所学为家乡、为人民、为国家尽一份绵薄之力。

小麦正处于生育时期中的返青期，返青以来，前期气温回升较快，光温条件适宜冬小麦恢复生长，这个时期的小麦对缺水非常敏感。牛洪壮将自己家的麦田及时浇水追肥，以促进小麦生长，增加小麦分蘖。在灌溉了自家麦田之后还帮助其他村民进行麦田的灌溉。且处于二三月间，温度逐渐回升，土壤解冻并且蒸发量加大，麦田失墒加重，此时用锄头进行除草不仅能去除田间杂草，而且可以切断地表土的毛细管，保持土壤墒情，也可以减少除草剂带来的环境污染。所以牛洪壮建议村民们用锄头进行田间除草，在田间劳作的同时也可以活动身体，增强免疫力，降低患病概率。

刘朋召则对小麦生长状况做出一系列分析，对于村民种植小麦提出了宝贵的意见。他认为小麦在返青期间影响其生长的主要因素不是肥水而是温度。入春后虽然气温逐渐升高，但夜间气温仍然偏低，适宜小麦生长的温度尚未达到。华北春季气候特点为多风少雨，倒春寒频繁，早春浇水过早容易造成田间降温大，对小麦返青后的生长十分不利，重者还会因冷空气来临引起冻害，所以不要盲目过旱浇返青水。返青肥水应掌握科学、合理、适量、及时的规则，如果肥水过早会造成春季小麦无效分蘖过多，群体偏大，一则造成养分浪费，二则为后期倒伏及病虫害危害埋下隐患，故各地区应根据具体土壤墒情、苗情分类管理。赵一悦同样采取了分析调查的方式，为自己的家乡奉献力量。

家住贵州省遵义市凤冈县的农学院博士研究生马前是辣椒小分队中的一员，她也积极投身当地辣椒育苗工作中，并用专业所长指导农户生产。贵州遵义是中国最早种植和食用辣椒的地区，也是全球辣椒重要的集散地之一。针对当地辣椒育苗存在出苗率低的问题，通过查阅相关资料，并请教相关专业教师，提出播前催芽和播时穴播覆土的专业对策，大大提高了出苗率，保证苗期苗全；在营养块育苗过程中，则采用浅穴播种覆土的方法，并在畦上覆膜，提高了保温效果。她的举动无疑为自己家乡辣椒的生产提供了极好的帮助。

现在来看油菜小分队。2020 年 2 月 14 日晚，同在我国南部的湖南省邵阳县迎来了短暂的强降温冷雨天气，温度从白天最高 25℃骤降至 0～3℃，此时油菜花正处于蕾薹期至初花期阶段。这一现象让做油菜冻害研究的博士生秦梦凡警惕起来，她 15 日一大早便匆匆来到村里油菜地，发现可能花药受冷害严重，实地调查花期冷害对油菜结实、坐果的影响。16 日早晨，秦梦凡再次来到油菜地，用科学方法选取一些单株做了简易标记，持续观察植株荚果变化情况。通过不断追踪后期低温影响油菜花抗倒伏、抗病虫害能力，秦梦凡发现两个现象，一是当地的油菜品种优良，冷害发生时，处于蕾薹期的材料表现良好，躲避了此次低温胁迫；二是处于花期的材料，几乎所有植株角果都未表现出严重的冷害现象，空籽粒少，但是二次分枝花蕾部分冻死，并且约 50%的植株茎秆下部有冻裂现象，会大大增加核盘菌入侵的概率。

经过专业的实践和总结分析，秦梦凡立即来到当地村委，提出问题解决办法，向种植户建议及时喷施多菌灵等抗病菌农药，并建议通过选择晚花品种来躲避寒潮，预防花旗低温胁迫，并且建议村委做好病情监测预警。“这次抗疫期间，我们村的‘油菜’博士真是帮了我们大忙了！”村委会主任感慨道。

这边大棚蔬菜小分队也在如火如荼进行着活动。由于疫情期间是收菜的最佳时间，位处山东省聊城市东昌府区的硕士研究生程洁每天都会和父母在田地里收割蔬菜。在交谈过程中，她了解到 1 月份到 3 月份期间是蔬菜病害的暴发期，油菜和菠菜会出现叶片蜷缩、霜霉病、叶斑病等，每年的防治工作都让人头疼，严重影响了产量和品质。虽然都会打药进行防治，但是效果不理想。让人意外的是，在收菜的过程中她发现有一小块地因为大棚破损并且种的菜比较稀疏，反而收的菜比其他都要好。她意识到菜农需要更加科学的病害防治和合理种植的方法。于是，她结合所学知识和之前在农业实践中老师教授过程中积累的方法，先对当地的蔬菜收购站和菜农进行菜品调查，发现受欢迎的菜品要求菜叶深绿肥厚，高度适中，根茎大小适中。但她发现生产的产品却很少有能符合要求的，经常有菜叶发黄萎蔫，茎秆纤细，高度参差不齐。她首先打破“种的多收的多”的数量至上的固守思想，对自家的菜地进行间苗，确保苗与苗之间在保证数量的同时有足够大的生长和通风空间，将另外一亩不间苗的菜地作对照看实验效果，在育苗期保持原有做法，紧扣大棚不通风并间苗；等油菜或菠菜长至 5 厘米高时进行定期通风，晚上落棚，确保蔬菜生长所需温度，不受冻害；在长至 10～15 厘米时进行定期通风，晚上少落棚，人为造成昼夜大温差，并配合喷洒防病害农药，促进蔬菜的营养生长，保证蔬菜长势一致。经一个月管理实践，菠菜的长势相比较之前已经有很大的进步。

除了这些小分队以外，农学院的学生们都没有闲下来，全国各地还有许许多多个小分队在行动。2019 级本科生胡海波在 3 月 2 日到达村内农业生产合作社进行实地调研，了解社长对疫情影响下如何抢抓农时的看法，社长结合本地的扶持政策和种植情况做了详尽分析，他也将中央 1 号文件与社长进行讨论分析，此番调研让他对农村现状有了一个更深刻的了解；同样的 2019 级本科生王萍萍也在 3 月 7 日以一名志愿者的身份协助当地农户开展农事工作，做出了自己的努力，帮助一名老婆婆进行耕作，并且在开展农事工作的同时认识了一些自己之前并不知道名字的植物；2018 级研究生张倩在家参与了嫁接果树、修剪果枝，她利用课本中的修剪果树的知识，通过短截、摘心、疏剪、缓放主要手段和其他如刻伤、环割（环剥）、扭梢或拿枝软化等辅助手段伤及器官或输导组织的一部分，使营养物质暂时改变输送方向或速度，对于缓和旺长，促使成花和提高坐果也有较好效果等几种方法应用于实践当中。

第二章　春耕进行时之农学人感悟

进行了果树修剪的程洁说，“在过去的这一个月里，经历的和之前在学校的学习的感受还是不一样的，这次是真正自己为主角参与到了农业生产实践中，虽然自己的专业和小麦相关，但是相关知识是灵活运用，是在平时的学习中体现不出来的，真的是‘实践出真知’，将自己所学的知识结合实际情况进行运用，更加深了自己对知识的深刻理解和运用，让我深刻地意识到科学种植的重要性，也让我认识到作为一名农学研究生所肩负的责任。”

2019 级本科生王萍萍同样对此次支农印象深刻：“通过本次支农实践，我真切领会到耕作的辛苦和粮食的来之不易。我只是耕作了一天，而许多农民则要重复这样的生活十几年乃至数十年，但沉重的体力工作却大多换不来对等的收入。看着婆婆晒黑的皮肤、皲裂的双手，我不由得感到身上重重的责任。作为一名农学学生，我们的专业是要求我们敢于吃苦的，是要求我们勇于担当的。未来农业能不能实现现代化、机械化；我们能不能把农民从繁重的体力劳动中解放出来；中国人能不能端牢自己的饭碗，这些都是国家和人民留给我们的问题，而我们的使命就是交出一份令人满意的答卷，不负时代、不负人民。希望我的这次参与能给这家农户带去一点帮助，能在疫情期间为当地的农业发展做一点贡献。在以后的学习中，我会继续努力，增强自身体质，提高文化素质，为今后更好地参与各类实践活动打下良好的基础，体现当代青年的时代担当。”

因为疫情的原因，2020 年的假期比往年都要长，正值春耕备耕关键时期，除了待在家里为社会做贡献，帮助父母干农活也算是贡献。董玉杰同学家里最主要的农活是玉米育秧，上次跟着父母一起育秧搓玉米肥球还是小学的时候，只知道要搓一个小球，再按一个洞，排放得整整齐齐，然后往洞里面放种子，当时只是觉得好玩，学农之后才明白，这一个个步骤都是有根据的。

南方地少，往往会先育苗后移栽，这样的早播早栽方式，既节省时间空间，又保证出苗壮苗，还可避开不利气候危害，实现玉米丰产丰收目标。此次育苗他全程都有参与，也和父母探讨每一个步骤，缺少某一个环节都可能会影响玉米的生长，每个步骤也都跟所学知识紧密相关。比如玉米肥球是用提前堆好的含肥的泥搓成的；搓成一个个小球是方便日后移栽，不破坏幼苗；洞的大小要足够放两粒玉米种子，且种子要铺开放，不能重叠，是为了保证两粒种子都壮实；覆土不能太厚，防止种子不能破土；最后覆上薄膜是为了保证温度和水肥。他同样明白了一个道理：“作为农学学子，下地的场所不能仅限于学校的试验田，更应该真正走入田野，研究的作物也不能仅限于自己研究相关的某一个或两个作物，还要顺应时势，举一反三，农民多年的耕作经验也是实实在在真正能运用的知识，知识不仅在书本里，更是在大地上。”

第三章　春耕进行时之农学人决心

面对疫情，学子们或多或少都意识到自己力量的薄弱，能为国家为社会做的事情还是太少。少年强则国强，农学学子理应停课不停学，发扬西农精神，在学好专业课理论基础的同时，抓住这次理论与实际结合的机会，结合学院专家教授“云指导”，为家乡人民提出一些春耕生产的好建议。疫情防控期间参与春耕生产不仅能增强农学学子的实践能力，更能让他们深入了解“三农”问题，热爱农村，将农村作为农学人干事创业的广阔天地。

只有每个人变得强大，我们的祖国才会更强大，才有战胜一切困难的底气和决心！西农人将会一直秉承“诚朴勇毅”的校训和“经国本，解民生，尚科学”的办学理念，立志为保障国家粮食安全和乡村振兴贡献西农力量！

苜蓿地除草（摄影人：王萍萍）

（梁琴琴　文）

决胜脱贫攻坚收官之年　农科学子聚力乡村振兴

新疆农业大学学生实践于田小分队出征仪式（摄影人：特列吾汗·长老牙）

前言

2020 年是全面建成小康社会的决胜之年，是全面打赢脱贫攻坚战的收官之年。面对突然来袭的疫情，要坚持以“抗疫情、补短板、促攻坚”专项行动为抓手，统筹做好防控生产、战疫战贫工作，努力把疫情造成的影响降到最低，稳定持续推进脱贫攻坚与乡村振兴战略的有效衔接，做好脱贫攻坚与乡村振兴的深度融合。

此次实践活动由新疆农业大学农学院实践老师们带领学院学子在天山南北开展联合实践行动，紧扣打赢脱贫攻坚战和补上全面小康“三农”短板重点任务，坚持新发展理念，坚持稳中求进工作总基调，以实施乡村振兴战略为总抓手，发挥好“三农”压舱石作用，为确保经济社会大局稳定提供有力支撑。同时结合农科学子相关对口专业全心全意服务乡村建设、乡村生产、乡村发展，为天山南北脱贫攻坚工作贡献出自己的一份微薄之力。

第一章　红领巾迎风飘　扎实助力乡村教育

实施乡村振兴策略，坚持正确路径是根本，脱贫不是乡村发展的最终目的，全面实现乡村产业振兴、人才振兴、文化振兴、生态振兴和组织振兴这“五个振兴”，才是亿万农民的向往与追求。

实践小队在领队老师的带领下经过 3 天的旅程来到了本次实践行动的第一站，新疆维吾尔自治区裕民县江格斯乡切格尔村。实践小队初到本村正逢村里唯一一所小学举办少先队员入队仪式，伴随着“我们是共产主义接班人，继承革命先辈的光荣传统，爱祖国，爱人民，鲜艳的红领巾飘扬在前胸”歌声的响起实践活动便拉开了序幕。这时一个孩子拉住队员的衣角，询问红领巾的意义，队员便开始为他们阐述红领巾的意义：红领巾是少先队员的标志。它代表红旗的一角，是革命先烈的鲜血染成。每个队员都应该佩戴它和爱护它，为它增添新的荣誉，每一名学生都应努力争取成为一名少先队员，成为合格的社会主义接班人。听完队员们的讲解，在孩子们清澈的双眼里多了分坚定的目光。

在村里的这段时间中队员们通过与村主任沟通聊天，得知本村当中大人在耕地时家中的孩子们处于“放羊”状态让家长们十分担心。队员们相互讨论后在本村决定开展“红领巾”小课堂，既解决了村中大人们的担心，又能够增加村中孩子们的一些课外知识。在“红领巾”小课堂中，实践小队队员们为孩子们普及国家通用语言，带领他们了解中国历史，培养他们的爱国主义精神，了解目前中国的国情、新疆的区情的同时，还能够组织孩子们学习唱红歌，孩子们稚嫩又甜美的歌声不断回绕在这个村庄中。

实践队员小马是本村“红领巾”小课堂的负责人，他感慨道：这是我第一次参加这么有意义的社会实践活动，十分激动，在这个过程中我学到了很多知识，同时这次实践活动也增加了我个人阅历。但在这次实践活动中也发现了自己许多的不足，理论结合实践没有做好，没有把课本上所学到的知识很好地与实践结合。通过这次实践活动，我会改正自己的不足，不断学习，争做“三农”好青年。

第二章　科教助力脱贫攻坚　民族团结之花暖人心

新疆农业大学农学院与新疆维吾尔自治区内各市、各地州都有农业技术扶持，全力帮助相关贫困村实现脱贫，于田县就是其中最具代表的一个。在此次实践活动中，就有专门一队进行对口脱贫县村进行技术支援。这只小队集合了种子科学与工程专业、农学专业和植物保护专业的3名老师作为带头人，深入本县重点村庄，从选种到播种再到喷洒农药整个过程全面相助。

在实践老师与村委会相关工作人员了解情况之后，发现了许多重要的问题。本村的一些村民看到市场上一些销售好的农产品，便买种子在村中进行种植，然而不考虑本村土地是否适合种植，反而造成了不好的影响，对本村脱贫造成了一定的阻碍。实践老师了解这种情况后，便在本村进行土壤实验，分析土壤的相关数据，结合气候地理位置等因素，给村民制定种植计划。由种子科学与工程专业的老师在市场上为大家选种，回村中为大家普及选种的相关基础知识。村民们十分高兴，并对本村脱贫很有信心，希望我们实践小队在村期间能够对村民开展种植科普班，教村民们一些有关种植方面的知识。望着村民们期盼的目光，实践老师们决定在村实践期间为村民开展科普宣讲，解答村民在耕作中遇到的问题。

那天天空中飘落着雨滴，实践老师们如往常一样为村民解答在耕作时的困惑，突然阿布的大儿子跑到“科普班”中哭着对阿布说，家里面漏雨了。大家纷纷放下手中的笔、本，不约而同地跑向阿布的家中。大家看到雨水渗漏的情况后，商量着如何解决，最终实践老师们打算让出一间宿舍供阿布一家人住。经过阿布一番推辞之后，带队老师说服了阿布一家人，最终他们一家搬进了宿舍。次日在村子里面大家一起帮助阿布一家修房子，耗时三天，在大家齐心协力下终于帮阿布一家修好了房子。阿布一家人决定宰杀两只鸡款待我们，带队老师们赶紧地拦下了阿布。老师握着阿布的手说道："阿达西，你这可就见外了，总书记在讲话中曾说道：实现中华民族伟大复兴，需要各民族手挽手，肩并肩，用心去交融，用语言去沟通，共同为实现同一个中国梦努力奋斗。你是我的兄弟啊，你需要帮助时，我一定会帮助你的啊，我们要像石榴籽一样紧紧抱在一起。"

短暂的半个月的时光，在我们的欢声笑语中悄然流过，我们实践小队与这个村结下的亲情却不会消逝，这份情是"马上相逢无纸笔，凭君传语报平安"的叮嘱，是"临行密密缝，意恐迟迟归"的思念，是"落红不是无情物，化作春泥更护花"的守候，更是纵使相隔千山万水，也有人把你牵挂在心头。

第三章　战"疫"里的青春力量　农科学子助春耕

第一节　一腔热血　书写奋斗青春

庚子鼠年，楚地大疫，这是一个特别的"年"，往年人声鼎沸的城市中，如今兔葵燕麦；往年熙熙攘攘的街道上，如今空无一人；往年一张张洋溢幸福的笑脸，如今却戴上了防护口罩。这一切的始作俑者便是——新型冠状病毒。

全国也打响了抗击新型冠状病毒的战"疫"，在这次疫情中全国人民都在努力，共同渡过这次难关。在这次特殊的战役中我们之中也涌现了许许多多的英雄，他们不畏艰难险阻，勇于献身，为党和人民做出了贡献。我们总能听闻医务工作者的光荣事迹，他们不惧艰苦，勇往直前，冲在疫情防控第一线，而作为青年的我们可以做什么呢？虽然我们不能像医护人员那样在一线奋斗，但我们可以为疫情防控贡献自己的一份力量。

由于受疫情影响的原因，实践小队成员不能返校，但小队成员们主动参与到各自所在社区的工作之中，小李也加入了小区的志愿者活动，成为一名光荣的志愿者，为小区的人们提供志愿者服务。在疫情期间小李一直在记录小区住户的出行，确保没有隔离户和外界接触，同时向他们强调隔离的重要性：如今全国人民都在努力，我们也要积极配合国家给我们的任务，自觉服从社区的管理，减少外出。在社区工作者的教导之下他成功地完成了志愿者工作。小李感到了志愿者活动的温暖以及人与人之间的关怀。只要我们团结一心，没有什么是我们中华儿女办不到的事情。

第二节　互联网连线　相隔万里助春耕

三月里，万物复苏，彩蝶纷飞。看到悄悄冒出嫩芽的柳树，触到慢慢开放的花苞，嗅到春雨袭过后的清新，不禁吟起了“草色青青柳色黄，桃花历乱李花香。”

习近平总书记曾说过：青年是整个社会力量中最积极、最有生气的力量，国家的希望在青年，民族的未来在青年。而作为一名农业大学的青年学生，纵使疫情来临，在春耕之际，也应响应习近平总书记“要在严格落实分区分级差异化疫情防控措施的同时，全力参加春耕生产，确保不误农时，保障夏粮丰收”的号召。于是，实践小队的成员们走进了村里的耕地，积极投身于农耕活动中。

小陈就是其中之一，她的家乡位于内地的一个贫困村，她是村里唯一的一名大学生。她主动参与到村里的春耕劳动中去，利用所学的知识，帮助本村的村民。她先进行调查，了解本村主要种植豆角这种植物，通过所学知识，与学院老师网络连线，针对本村种植植物，求助专业老师提供种植过程的技术指导。经过老师结合地区气候地理位置、选种等因素，制定本村种植计划。在 3 月初的劳动中，小陈主要负责豆角的播种和育苗。在带上劳动工具之后，也不忘戴上口罩出发。虽然 3 月初温度回升了不少，但是在晚上的时候，气温又会下降许多。为了保证豆角的发芽率和缩短出芽时间，豆角的育苗选择在大棚里进行。

工作的第一步，是进行土壤的装桶。装桶的土壤，要求也是比较高的，要疏松的，含沙量低的。而且装土量也是有要求的，不能超过桶子的 2/3。第一步的工作看似十分简单，但是如果一下子装一千多桶土，也是十分耗时耗力的。第二步，是对已装桶的土壤进行浇水。浇水，也要把握着一个适量的度。水需浸透所有的土壤，但又不能过多，否则豆角种子可能会因为吸水过多而死亡。第三步，将种子分装到每一个桶里去。因为不能保证种子的发芽率，在每一个小桶里分放的种子是比较多的，分放四粒。最后一步，用没有结块的土壤对种子进行覆盖。这层土壤的覆盖，既不能太厚，又不能太薄。因为太厚的话种子不易破土而出，太薄的话种子会因为没有土壤的覆盖而不会发芽。完成这些工作之后，就等待着豆角发芽、长苗啦！在这期间，它需要每隔两天进行浇水。待豆角育苗成功后，就要移植到大田里，等着它们慢慢成长，开花结果。

本次春耕劳动，让小陈了解到了老家的农业模式：大多的种植方法都来自祖祖辈辈积累下来的经验，与我们课堂上学习到严谨的专业知识并不一样。这需要我们学农学的大学生，不仅仅要积极在课堂上与老师和同学进行讨论与交流，更需要真正走进农村，走近农民，与农民进行沟通，将所学专业知识讲授给农民，同时也要向农民学习实践经验。

2020年注定是不平凡的一年，新疆农业大学农学院实践小队时刻以习近平新时代中国特色社会主义思想为指导，全面贯彻党的十九大和十九届二中、三中、四中全会及中央农村工作会议精神，认真落实《中共中央、国务院关于抓好“三农”领域重点工作确保如期实现全面小康的意见》，紧扣打赢脱贫攻坚战和补上全面小康“三农”短板重点任务，坚持新发展理念，坚持稳中求进工作总基调，以在学校中所学理论知识结合脱贫生产，全力相助脱贫村“摘帽”。半个多月，同学们利用互联网优势，线上线下相结合，克服地理等诸多因素，在各位实践老师的指导带领下，在实践队员主动积极工作下，圆满完成了此次联合实践任务。

科技扶贫小分队到农户进行调研（摄影人：特列吾汗·长老牙）

（李亚杰　杨沆鑫　文）

强农兴农

- 五年实践　助力丰宁
- 农科学子心系民　砥砺前行得民心
- 菽谷振兴林甸　青春助力“三农”
- 走进那山那水那人家
- “三变”改革创产业致富路　农技服务让绿果满枝头
- 抱板村的产业崛起之路
- 强农兴农为己任　农业服务展才华
- 助力脱贫攻坚　青春不辱使命
- 知农爱农解民忧　强农兴农富乡村
- 川农学子行走在布拖：聚焦扶贫一线　助力产业振兴
- 把身边的事做好　主推脱贫攻坚
- 深耕五年　播种未来
- 林芝市米林县朗多村的变迁
- 让青春之花绽放松潘大地上
- 以农助农　强农兴农
- 发挥优势　助力脱贫
- 革命老区的新生

五年实践　助力丰宁

响应全国农科学子联合实践行动，助力打赢脱贫攻坚战，作为农科学子，这样宏伟的目标令人深感责任重大，唯有认识到要把知识应用到实践中去，从教室走向乡间，把书本融进土地，真正地到基层中去，加强自身培养，服务国家脱贫攻坚战略，把个人的命运同社会、同国家的命运联系起来，才是青年成长成才的正确之路。

自 2016 年北京农学院植物科学技术学院成立的精准扶贫实践团连续 4 年赴河北省承德市丰宁满族自治县进行调研实践活动，几年来学院共有 20 多名专业老师，100 余名学生参与实践，其中包括园艺植物资源、果树有机栽培、植物育种、果树栽培等方面的农业专家，每位专业老师都为副教授及以上，涵盖农学、园艺、植物保护 3 个植物生产类专业，农业资源与环境和种子科学与工程两个特色专业的学生。4 年共走过了 1 000 多公里路程，到达丰宁五道营乡、波罗诺镇、汤河乡、南关乡、杨木栅子乡、草原乡、四岔口乡、王营乡 8 个乡镇，走访五道营村、岔沟门村、汤河、大草坪村、云雾山、南关、两间房等 27 个村庄。

实践期间，专业老师带领学生，走进丰宁各乡镇的大棚对当地种植的番茄、菌菇等作物进行指导。其中，自 2015 年丰宁引入冷床番茄就一直在摸索阶段，2018 年实践团根据前两年调研所得数据，开展志愿扶贫工作。师生们以技术帮扶为重点，为丰宁县南关乡引进学校成熟的经济价值高的农产品（冷棚番茄）。从种苗提供、定植栽培技术、病虫害防治技术体系建立三方面进行志愿帮扶。依托志愿实践团专业优势及后方专业实验室保障，国家实验室主任、各学科专业教授、讲师等十几名农业领域专家也将跟随实践团一同入村、下地、进棚。为丰宁冷棚番茄的发展提供较专业、有权威性的方案，所有返乡青年实行一对一“入户、进棚、下地”的详细指导，对冷床番茄在丰宁的发展起到了重要作用。

在这几年，调研组成员每天入户调查并完成一定数量的问卷，包括农户问卷、村级问卷、企业问卷和合作社问卷，每天返回驻地后进行当天问卷数据的汇总并录入电脑，后期将所有数据进行汇总，5 年共完成有效村级问卷、农户问卷共 7 000 余份。问卷涉及农业生产发展、生活、教育、医疗等多方面问题，为当地提供有效数据，将分析后得到的结论提供给南关乡和杨木栅子乡政府，为其更好地开展乡村振兴工作提供参考。采访组成员通过走访各村农户，进行面对面交流的方式，深入了解当地返乡青年、种植大户的实际情况；采访村里的老书记、退伍老党员，记录他们的事迹，后期整理汇总做成访谈录。实践团每日记录并拍摄以乡村为主题的宣传片，新媒体组记录实地走访发现的种植问题，收集正能量故事，进行新闻采写，同时制作实践团宣传片、美丽乡村宣传片，并为当地自然环境拍摄百度词条素材，展示到微博、腾讯等各大平台，以便让更多的人了解这里，提高知名度，助力脱贫。同时进行实地采风，绘制当地地图及美丽乡村明信片，并在 2019 年为当地带去了实践团成员手绘的宣传明信片。实践团结合专业特色，为农户现场解决种植技术难题，并结合这几年的实际调研经验和当地形势，助力当地产业结构调整。实践团还前往杨木栅子乡中心小学支教，引导当地孩子努力学习，回馈家乡。

通过走访调研，实践团了解到，当地农户受道路与经济条件的阻碍无法自己找销路，只能靠每个月固定的人去收购，收购价格并不如人意，辛苦种植的农产品并不能带来一笔可观的经济收入。实践团寻求老师的帮助，联系学校优秀校友创办的饲料公司。该公司在了解情况后，表示愿意帮助波罗诺镇脱贫，提出在第一年对于波罗诺镇提供试点青贮玉米种子，实时跟进种植情况，指定公司专业人士进行种植、储藏、销售方面的指导，公司对农产品进行长期收购并且推广宣传，发展更多销售渠道。

相信经过实践团的努力，有问题的农民在实践团的帮助下，以及学校老师的指导下，能够及时解决农业生产中的问题，付出相同的劳动，得到更好的产量，提高种植的效率。乡村振兴的道路任重而道远，唯有坚持和奋进才能抵达，陌生的环境，陌生的人群，唯一不变的，是同学们助力乡村振兴的热情。夏日晴空，万木青葱，同学们用脚步丈量青春的力量；知之行之，知行合一，同学们用行动担起农科学子的责任；青春有梦，一路同行，同学们用热血追寻生命的意义。助力国家、助力地区、助力乡村，5 年风雨、5 年坎坷、5 年奔波，不变是初心与坚持。乡村振兴，青年作为，砥砺奋进，不忘初心，北农植科在不断前行！

（赵云希　刘金艳　周雪　文）

农科学子心系民　砥砺前行得民心

这世间，让人真正刻骨铭心的，也许不是惊天动地的壮举，而只是不经意间的一个微笑、一句加油、一声鼓励。4 年里，因人生地不熟，同学们在调研过程中遇到过很多困难，但同学们从不畏惧，亦无担忧，因为淳朴善良的郑家埫人总会出现在同学们最需要的地方。同学们迷路时，总有村民及时给同学们指路；走访各家各户，总能喝到热腾腾的绿茶；探访结束后，总会收到村民诚挚地感谢；走访晚归时，总有村民热情地留我们在家吃饭。每每想到这些，同学们倍感温暖！

郑家埫，位于湖北省宜昌市兴山县的一个小村庄，因地形复杂、交通不便，致使当地劳动力流失、土地撂荒，百姓收入极低、生活艰难。响应党和国家的号召，长江大学校党委组建扶贫工作队，驻扎该村精准扶贫；农学院顺势而为，组建暑期实践服务队，利用"三下乡"，服务郑家埫。

简奶奶，是郑家埫村众多空巢老人中的一位，两个儿子都外出打工了，剩下她一人与老屋相伴。每次实践队员们来，她总会露出舒心的笑容，不停地与他们话家常、道心事。实践服务队实践结束离开时，出现了暖心的一幕：队员周海锋从包里拿出几个蛋黄派，悄悄地放在奶奶的餐桌上，正巧被拿花生出来的奶奶看见，一番推辞后，队员接受了奶奶的花生，奶奶也接受了队员的蛋黄派。2019 年，在圆满完成调研任务后，实践队员们与村落暂别。临行时，村民依依不舍地握紧他们的手，含泪说道："期待你们明年再来，到我们家喝喝新茶，尝尝你们最爱吃的土豆！"白血病女孩蔓蔓，也主动要求队员们轮流再抱抱她，场面十分感人。伴着车轮的滚动，郑家埫的景色渐行渐远；透过车子的后视镜，队员们看见村民们久久地伫立路边，目送着他们离开；蔓蔓躺在妈妈的怀里，一直挥着小手，那一幕，温暖了岁月，美化了时光。

2016 年，农学院暑期实践服务队首次踏上这片土地，与村民同吃同住，通过深入交流，为所有贫困户建立起数据档案；2017 年，在广泛调研基础上，实践队队员们建立了系统的贫困户满意度及扶贫工作成效数据分析模型；2018 年，通过细致考察村落产业发展状况，他们为扶贫工作队精准施策提供了可靠的数据参考；2019 年，在郑家埫村整体脱贫的大好形势下，他们继续深入调研该村产业结构，助力当地可持续发展。4 年来，实践队队员们不畏酷暑、翻山越岭，家家到、户户落，发挥专业优势做好调研的同时，也在用心守护、用情陪伴中与村民建立了深厚的友谊，留下了一段段永生难忘的回忆。

曾经，未通公路，未通水路，未通电路的“三不通”困扰着村民，村民们通过踏泥泞来往，漆黑夜晚与煤油灯为伴，饮水用水靠山下打水度日，重重大山的阻隔让世人不知晓郑家埫的辛酸。5 年里，郑家埫村在山林间默默成长，当人们再发现它的时候，这儿早已经变成了另外一番天地。实践队再次来到这里时，盘山水泥路已延伸至每家每户，“两不愁，三保障”的落实，让村民们水电全通；厕所改造，让每位村民拥有一个干净的厕所；新兴产业的引入，让白芨基地、核桃基地应运而生；他们在家中养起了蜜蜂，他们种上了各种药材，收获着特色农作物；不少农户在村中办起了农家乐，天然的跑山鸡、传统的腊肉吸引了不少客人；合作社的成立，公路的建设使家中的作物有了更好的销路；村委会响应政策建立贫困红黄卡户，他们易地搬迁，建造了更好的住所。4 年的发展，让郑家埫村摘掉了贫困村的帽子，让这个美丽的山村鼓起劲头向“乡村振兴”的伟大目标冲击。

4 年来，在尹小华老师的带领下，农学院暑期实践服务队共计走访贫困户 400 余次，获取调研数据 2 000 余个，整理 5 000 字以上的调研报告 4 份，完成相关新闻投稿 500 余篇（中国青年网 125 篇、人民网强国论坛 63 篇、今日头条文章 210 余篇、微头条 75 篇、微博 125 篇、《三峡日报》2 篇、中国高校之窗 1 篇、长江大学校园网 4 篇），荣获团中央表彰 5 次、团省委表彰 2 次、中国作物协会表彰 2 次，另有 13 位学生获评团省委“三下乡”先进个人。

虽然“三下乡”很累，但是这样的付出特别有意义，长江大学人从中感受到了学农的价值和前景，这是一辈子也忘怀不了的珍贵经历。循着师兄师姐的脚步，下一届的队员们会继续前行，用翻山越岭的实际行动，持续温暖郑家塝的村民们！

（何泉龙　文）

菽谷振兴林甸　青春助力“三农”

用脚步丈量土地，用行动助力扶贫攻坚！2016 年以来，东北农业大学农学院为推动党员领导干部发挥带头示范作用、激发基层活力，充分调动党支部积极性主动性创造性，确保广大党员党性坚强、发挥先锋模范作用，按照全国开展精准扶贫工作、广泛动员全社会力量参与扶贫的指示，东北农业大学农学院作为全国农学院协同发展联盟中的一员，一刻也没有停下扶贫的脚步，积极开展精准扶贫实践工作。

黑龙江省大庆市林甸县工农村位于林甸县城区东南部，是一个集体经济相对薄弱的城郊村。工农村劳动力流失严重、贫困户思想落后，且土壤条件多为盐碱地、人均耕地面积又很少，长期以来村民主要经济来源以大田种植和传统手工业为主。在这种情况下，找到能够因地制宜的作物进行产业脱贫才是实践的重中之重。针对以上致贫问题，东北农业大学师生创建了“1 + 3”特色扶贫模式，由 1 个教工党支部带领 1 个博士研究生党小组，1 个硕士研究生党支部，1 个本科生党支部组成 1 个精准扶贫团队。包括院长、书记、各领域专家亲自实地指导，为工农村农户提供东农培育的优质品种——东农豆 252、253 等。深入政府、乡村、田间地头开展实践活动，为贫困农户解决实际困难。学院院长陈庆山教授研发的“耐盐碱”的优良豆种——东农豆 252。该品种具有高产量、高蛋白、高油分、籽粒大、耐盐碱的特点，适应在工农村的土壤条件，且东农豆 252 各项指标均优于欧美转基因大豆及国内其他品种，亩产可高达 259.6 千克。

2016 年，林甸县工农村党支部书记在东北农业大学陈庆山教授的提议下，大胆尝试，首先带领村中党员试种了 100 亩，经过第一年秋收后算账：东农豆

252新品种平均每亩地可亩产200千克，加上补贴，一亩地产值是800～900元，刨去成本，老百姓能得到每亩300～400元的利润。与种植玉米等作物相比，农民的收入能提高近1倍。于是，大家便带领全村村民扩大东农豆252的种植面积，引导村民脱贫致富。

东农豆的扶贫故事闻名遐迩。当地农户王广林是村里的党员和屯长，家里原来种的是玉米，在村支书带领下，试种了50亩东农豆252，收入每亩增加了1倍，看到了效益后，第二年又承包了300亩地继续种植大豆。周边的农户也受到鼓舞，跟他一起连片种植了共1 000亩大豆。

就这样，在这种辐射带动下，整个林甸县的种植面积已经达到1万多亩，东农的大豆也成为真正意义上的“扶贫豆”!

2017年，师生们通过实地考察林甸镇工农村东农豆252大豆新品种种植区，对比新品种大豆与传统大豆的生产情况、发展前景、市场空间、经济效益等情况及走访林甸镇工农村、朝阳村，四季青镇宏丰村社区村民委员会，得出东农豆252是适宜当地种植的优良大豆品种。2018年，在走访中，师生们了解到种植大豆的要点和注意事项以及东农豆252的优势。根据村民们提出的要求，学院的专家给出了建议，并在耕种方面提供了一些基础知识讲解和技术传授。县里工作人员也指出，高产量、高油脂、高蛋白的东农豆252，改善了农民们的生活状况，提高了农民的生活水平。

2019年，师生们又先后走访了东农豆252种子繁育基地、韭菜温室大棚种植基地、贫困户住宅区、当地村委会4个调研地点，通过摄像调查和问卷调查两种方式，与合作社的种植技术人员、脱贫农户、贫困户、村委会干部等相关人员进行沟通与交流，了解工农村的脱贫计划和村民们的脱贫情况及脱贫后的生活状态。师生们跟随工农村村长来到已经实现脱贫一年多的王大爷和孙大妈的家中，进行了回访。随后又来到村委会，对村委会工作人员进行回访，在回访中我们了解到：在如今驻村工作队有条不紊的带领下，曾经“著名”的贫困村已焕然一新!

经大力推广东农豆252，全村村民扩大种植，产量不断提高，实现了村民们集体的增产致富。该村还通过实施“托牛入场”带动58户贫困户、生猪养殖带动76户贫困户等脱贫产业，帮助村民们脱贫，实现稳定增收，并能有效保证脱贫之后不返贫。截至2020年2月，工农村建档立卡85户、131人全部脱贫，成功摘帽退出贫困县。

脱贫先行，政策帮扶，这是工农村脱贫攻坚整体工作有序推进的重要保证。“两不愁、三保障”政策高度落实、贫困村出列指标全部实现、产业带富作用发挥明显、“志智”双扶有序开展、驻村帮扶成效明显、党建引领作用突出，让这个城郊村焕发出全新的色彩。

（何影　文）

走进那山那水那人家

2016年7月，骄阳似火，暑气炎炎，苍翠的群山重重叠叠，宛如海上起伏的波涛，汹涌澎湃，经历了6个小时的颠簸，县城在群山中孕育而生，潺潺的流水穿街道而过，在这里他仿佛远离了喧嚣，像一位年近花甲的老人低头深思。这是广西大学农学院的实践团队第一次与那坡相遇。那一年，那坡县有85个贫困村，贫困发生率高达28.18%。

穿过白云，翻过高山，身体力行，深入调研，实践团队深入那坡县最偏远村落。由于地方较偏僻，交通不方便，没有先进的生产技术，大多家庭都还保留着“面朝黄土背朝天”的传统生产生活方式。他们的收入来源都比较单一，生活较为艰苦，有些村落没有一家通网，甚至有些家庭还没有通电，那泥泞坑洼道路，那破旧不堪的木危房，那想致富而又对于现实无奈的眼神，无不直击师生们心田。

5天时间，实践团队分小组对那坡的3个村、8个屯，400余户通过座谈、入户调查、问卷调查等形式开展了最基础的调研工作。同时，通过对当地环境考察，以及对田间地头实地技术指导与交流，对产业发展最基础的情况进行了解。采集到最真实、最可靠的数据和信息。

调研结束后，针对不同村落的情况，各小组提出了不同解决方案。通过了解，实践团队知道念头村有想要通过鱼稻共养的想法来促进农户增产增收，但目前面临着许多问题，同学们向念头村第一书记说道：“放心，书记，我们来帮你解决这个问题。”回到学校后，通过资料查询，请教专家，针对念头村鱼稻共养问题，提出了活水养鱼增氧，筑高田埂防止水涨鱼失，适量投放食物喂养和引入禾花鱼等一整套方案设计，并及时反馈到念头村。

走进百林村，实践团队对当地的中草药种植进行了初步调查及现场指导。针对当地的油茶生长中出现的一些病害问题及品种老化及质量不高等问题，提出了一些病虫害防治手段及以嫁接改变油茶品种老化等技术指导，帮助农户提高油茶的产量和质量。同时，实践团队通过考察调研得出，百林村的自然环境适合发展牛大力产业，牛大力作为目前力在我国尚未产业化的一个经济作物，具有广阔的市场前景与经济效益。实践团队积极联系学校，为百林村提供20万牛大力种苗，希望有助于助其改善产业结构，成为今后那坡的“造血和输血”产业。

在接下来的日子里，实践团队不断保持着与那坡的联系，通过技术培训会，田间技术指导，种苗捐赠，科普知识宣讲等模式，助力那坡精准脱贫与乡村振兴。

2019年，当实践团队再次走进那坡，整洁水泥路面，路边一排排路灯，整洁的水泥砖瓦房，都给实践团队很多的惊喜与感动，在党的领导下，在脱贫攻坚队员的不断努力下，中国广阔乡村正发生了翻天覆地的变化。

走进念头村，在了解村里的基本情况后，实践团队再次开展入户调研工作。经过了一个上午的实地调研，目前念头村正在进行产业基础项目的测试，其中已经“鱼稻生态共养”已成为念头村“五三二”产业规划之一。村民们对中草药及杉木种植，稻田养鱼、桑蚕养殖等村内计划发展项目都抱有很大的期盼。

在调研的过程中，实践团队遇到一个坐在轮椅上的大叔笑着跟实践团队打招呼，原来这是实践团队当时结对帮扶的大病贫困户大叔，当时得知他患有重病，无法出去打工，两个儿子也患上了肌肉萎缩症，从小只能坐在轮椅上后，实践团队积极帮助大叔开展轻松筹活动，同时也组织学院师生为其捐款，尽可能用我们的力量去帮助他们一家。当问及他现状怎么样时，他脸上露出了爽朗的笑容，并回答说，在政府的帮助下他们家已经开始种桑养蚕，鱼稻共养，生活也变得越好了。

同时，实践团队通过对百林村走访了解到，星星之火可以燎原。近年来，百林村的中草药种植产业愈发壮大，有了企业的技术、种苗和销售帮扶，村民的种植信心倍增。通过先进种植模式，打造百林产业品牌，加大产业扶贫力度，助推乡村振兴战略落到实处。

目前，那坡县已建立起“5 + 2”特色产业，截至目前，产业覆盖率为96.2%。因地制宜大力发展特色产业，产业扶贫从“大水漫灌”走向“精准滴灌”，多渠道、多途径促进当地贫困群众就业增收。

路漫漫其修远兮，吾将上下而求索！作为当代农科学子，肩负起乡村振兴的重担义不容辞。在往后的时间里，广西大学农学院师生们必将一步一个脚印，稳扎稳打，用双脚去丈量土地，将论文书写在八桂大地上，用专业的知识、精湛的技术服务乡村，为全面实现农业强、农村美、农民富的目标而不懈奋斗。

（王伟超　文）

“三变”改革创产业致富路　农技服务让绿果满枝头

从水城县驶向米箩镇，是一段遥远的路途。一路上，不知多少片高大朴实的山连峰去天，不知多少次惊艳、壮阔的风景闯入眼帘，这一切的一切都抨击着贵州大学农学院师生们的心房，让它从起初的激动慢慢变得平淡。抵达米箩镇时，一场恰时的雨正好洗涤了一路的风尘，而眼前陌生的景，却犹如梦境般的熟悉。

这里是一块宝地，满目皆是绿水青山；这里也是一块传承之地，延续着农院学子“助力扶贫”的夙愿。

代表学院第四年入村的同学们此行继承着使命，更加深入到了基层当中去，帮助了更多的人，也听到了更真实的故事。于是同学们刚嗅到了镇上花香，经过一夜歇息，便又是一路颠簸，直到耳闻村边犬吠。同学们一行 15 人就这样分到了米箩村、铜厂村、草果村、倮么村和俄戛村这 5 个村。往后的 12 天，不管是山里野涧，还是农户家中，都多了几道贵大农院学子忙碌而辛勤的身影。

这里是发源地，伟大的“三变”改革由此诞生；这里也是病重之地，特色产业正遭受病虫害的侵蚀。

早在 5 年前，这里的老百姓们在近 3 公顷的田地上辛苦栽种水稻和玉米，但收入甚微。2014 年，“资源变资产、资金变股金、农民变股东”的改革使得当地的面貌焕然一新。“三变”改革，促进了农业产业增效、农民生活增收、农村生态增值。在这一年，一家股份有限公司也落户米箩，给这里的百姓带来了猕猴桃这一新型的经济作物，也开启了他们新的致富篇章。如今走进米箩镇，仿佛来到一片绿色的海洋，以前横七竖八地种植着玉米的山头已经变成一片片绿油油的猕猴桃果园。利用“三变”的模式土地流转到合作社及龙头企业，一方面农户收取流转费及分红，另外又腾出劳动力务工，增加了收入，生活质量自然提高。截至2020年初，仅米箩镇俄戛村就已有猕猴桃种植地14 342亩。

然而，随着猕猴桃种植规模不断扩大，也给当地猕猴桃种植的可持续发展带来了新挑战。据调查了解，在当地猕猴桃种植过程中，溃疡病、软腐病、黑斑病等病虫害问题随之而来，加之猕猴桃产业本土专业技术团队缺乏，种植风险性和不确定性进一步增加，导致病害问题频发，产量减少，农民心里苦不堪言。

这里是希望重燃之地，科技的力量改变了现状；这里也是信念永驻之地，支农的决心披荆斩棘。

因此，这4年来肩负在农院学子们身上的重任之一，就是将发现的相关问题汇报给学院的病虫害专家和教授，并请他们来这里亲自进行指导和提供解决方案。

这次自然也不例外，为切实解决果农们遇到的问题，学院的专家和教授们、米箩镇党委书记张鹏程、米箩镇各村干部和我们一起来到各村的农作区进行实地考察和指导。在米箩村和草果村村民的猕猴桃种植地里，同学们陆续发现了桑白蚧、软腐病和褐斑病，以及田间管理不当的问题。虫害专家陈教授向村民们讲解了桑白蚧，它是果树上出现的一种重要害虫，需要在出现前或者出现的早期及时防治。田间管理上主要是剪枝、修枝问题处理不当，这会影响猕猴桃产量和品质，还会增加后期的管理成本。到了铜厂村，队员们还通过调查得知种植的葡萄、魔芋和烤烟都有不同程度的病征。经病害专家龙教授实地诊断，葡萄发生的病害为霜霉病和炭疽病，魔芋发生病害为软腐病，烤烟主要是受到烟草花叶病毒、赤星病和烟草气候斑病的影响。针对病症状况，专家们都提出了解决方案，并把农药用药的剂量和方法都写在本子上拿给村民。

看着村民的脸上愁云散去，同学们在为他们高兴之余，也深有感触：病虫害防治是同学们的专业领域，但是正所谓“纸上得来终觉浅，绝知此事要躬行”，面对现实中的病害泛滥，如果仅仅是考察和鉴定，就已经是毫无头绪，再加上提出防治措施的建议，那更是压力倍增。看着专家们慧眼如炬识破病源，出口成章阐述病理，顿时觉得我们还有很长的路要走。是的，农村的振兴离不开农民的辛勤和农业的进步，而同学们要做的就是先努力学好专业知识，才能投身到为人民服务当中去。

此番专家“问诊”也使得当地“三变”特产的病害流行得以控制，产量又到达了一个新高峰。相信不久后的米箩镇猕猴桃产业园区，远远望去都是郁郁葱葱，一株株、一片片，漫山遍野，都涌动着绿色的希望。

因为此行，同学们不仅了解了让当地从无到有的伟大改革之举，也有幸能用自己所学帮助果农们解决难题，助兴产业。时光荏苒，同学们已经离开，但是这竭尽全力、披荆斩棘的“强农兴农”的信念将永远铭刻在同学们的心头，也引领着一代又一代青年在“青春心向党”的征程上前行，在建功新时代的激流中勇进。

（潘勇宏　文）

抱板村的产业崛起之路

2020年是全面建成小康社会目标实现之年，是全面打赢脱贫攻坚战收官之年。5月23日，习近平总书记在两会期间参加政协经济界委员联组会时指出："我们要努力克服新冠肺炎疫情带来的不利影响，付出更加艰辛的努力，坚决夺取脱贫攻坚战全面胜利。"脱贫攻坚之根本是什么，怎样做才能从根源上脱贫致富，这一切的起点必然是农业，所以海南大学热带作物学院始终以强农兴农为根本贯彻目标，以强农兴农为原始起点，为全面建成小康社会贡献出自己的一份力量。

2020年也是"走进乡土乡村，助力精准扶贫"联合实践行动的总结之年，海南大学也以此为契机，盘点了近5年来我们社会实践活动的累累硕果。白沙、琼中、五指山、临高、保亭、抱板村，海大人在许许多多的地方留下了自己的足迹，也留下了弥足珍贵的记忆。

对于强农兴农最典型的案例，莫过于抱板村实践队。热区掘伟业，丹心耀南疆。海南大学热带作物学院的师生们秉持革命先辈的艰苦奋斗精神，在广大的农村地区发光发热，奉献自己的青春热血。在抱板村扶贫第一书记、乡村振兴工作队队长、学院党委书记张银东的带领下，热作学子真正实现了对农村现状的清醒认识，当地政府对同学们申请的长期大型工程花卉苗木种植项目与食用菌栽培种植基地项目给予了大力支持，分别出资380万元和200万元鼓励推进建设。花卉苗木种植项目响应美丽乡村建设的号召，花卉苗木的进一步发展将辐射带动周围村庄的生态建设。食用菌栽培种植基地项目将2014年废弃的厂房重新利用起来，设置多层的种植基底，成倍扩大种植面积。相比于其他的季节性产物，蘑菇生长快、易干燥保存，便于调整种植种类与规避市场波动的影响。此外，通过产业振兴来带动抱板村集体经济发展，利用当地原有的资源进行的"林下经济"建设试点——橡胶林下经济、槟榔及林下经济：在槟榔树和橡胶树下或养殖家禽（鸡、鸭等），或培育特色南药（益智、牛大力等）。这样的模式对于村民来说能够保证了生活来源不断层，树木的长期收益和林下的短期创收互为补充；对于“林下经济”的生态来说也有循环再生，持续发展的动力。这样的模式在其他地方已有成功的典范，规范的管理和成熟的技术几乎可以直接引用到抱板村，大大降低村民的试错风险。抱板村的产业建设曾有过失败的尝试。在市场波动的影响下，种植橡胶的优势土地抛荒；2014 年政府曾投资 11 间蚕养殖房，但由于农药影响和市场低谷，这一尝试最终不了了之；2018 年农民组织的合作社投资百万元种植出的作物价格竟比采收的人工费还要低，村民创新增收的信心再一次受到了打击。

而经过这 5 年的不断摸索，这种尝试失败的风险已被降到了最低，这 5 年来，农业产业基地的尝试在不断变革，从原来的一穷二白，到如今的各大产业基地林立，这期间也熔铸着我们海南大学热带作物学子的一腔热血。

不仅如此，抱板村正在修建新的水渠，将逐步解决耕地灌溉的问题。为此，同学们也充分调研了当地的水质状况，研究了抱板村目前的水质以及抱板村水质的影响因素。实践小队通过分析当地的各种水质，通过对水质的分析得出了当地水源被污染的原因以及类型，得出了当地水源目前的情况，并且就目前的水源污染情况对其提出了建议。抱板村水质状况比较符合面源污染的情况，即农耕区过多使用化肥、农药，随雨水或灌溉水渗入地下污染了地下水。如何提高灌溉水与饮用水的质量，也是抱板村即将面临的工作中的重中之重。同学们将继续倾尽全力，为抱板村的农业发展贡献出自己的一份力量！

乡村振兴战略为党和国家发展的“七大战略”之一。《国务院关于促进乡村产业振兴的指导意见》指出：产业兴旺是乡村振兴的重要基础，是解决农村一切问题的前提。要求各地因地制宜、突出特色，力争用 5～10 年时间，即 2020 年，使乡村产业振兴取得重要进展，制度框架和政策体系基本形成；到 2035 年，乡村振兴取得决定性进展，农业农村现代化基本实现；到 2050 年，乡村全面振兴，农业强、农村美、农民富全面实现。如今是 2020 年，对于抱板村的强农兴农计划已进行了 5 年，直至 2035 年，2050 年，无论多久，海南大学热带作物学院学子都将为推进贫困地区强农兴农战略不遗余力地奋斗下去！

（王文峰　文）

强农兴农为己任　农业服务展才华

作为国家“八五”科技攻关课题——“北方旱地农业专题”的主要成员，河北农业大学农学院刘玉华教授来到张家口张北县坝上地区，致力于当地农牧业增产、农民脱贫致富和资源环境综合治理。生在农村、长在农村的刘教授深知农民的疾苦与期盼，自从 1991 年踏上河北省坝上土地的那一天起，他就暗下决心，要为当地农民脱贫付出全部的精力。

当时的坝上是国家级贫困地区之一，农民“能自给，不能自足”，粮草短缺，经济贫困，生态环境严重退化。但在刘教授眼里，这片贫瘠的土地不是“包袱”，相反，是支“潜力股”，是未来大有作为的天地。

坝上地区海拔高、气候寒冷、土地盐碱化，蔬菜抽薹开花。课题组通过多周期的水土与气候环境监测、大量的生产试验，摸索坝上地区的蔬菜播种时机，筛选适宜种植的品种，成功地种植了大白菜、圆白菜、白萝卜。他们创造性地提出了利用冷凉气候，发展错季蔬菜生产。1996 年的试种是在徐家村的一块沙梁地，虽然粗放生产惯了的农民将白菜种得垄不成垄、行不成行，但是，当年亩产近 5 000 千克的白菜大丰收，却赚足了农民的眼球。收获的喜悦还在后头。两个深圳菜商一次拉走了 4 车菜，12 000 元的现金收入让那些徘徊在温饱线上、没见过百元钞票的农民数了又数，看了又看。

这项技术在张家口坝上地区很快得到推广，迅速扩大到山西、内蒙古等毗邻地区。我国坝上地区，作物种植结构发生了彻底的改变。如今，坝上地区的错季蔬菜生产面积达到 60 万亩以上，成为我国第五大蔬菜生产基地，每年净增纯效益 10 亿多元。“一亩园，十亩田”的经济收入，使当地农民得到了真正的实惠。

坝上地区风沙有多大？这从当地流传的几句顺口溜可见一斑。“坝上一年一场风，从春刮到冬。春天吹出山药籽，秋天刮出犁底层。”嘴唇被强劲的西北风吹开了“口子”、两只手被零下 30℃ 的低温冻出了“裂子”。就是在这样的条件下，刘教授在坝上工作了 23 个年头，每年至少 120 天，没有节假日。有人问：“这是为什么?”“人这一辈子，不管他干什么，干多么小的一件事，都应该把它干好。我选择了这项工作，就要踏踏实实地干好。”这是刘教授坚守的信念。正是刘教授的不懈坚持，人们才看到了今天的张北。

如今，坝上蔬菜品牌商标成功注册，30 多个系列，400 多个蔬菜品种在坝上广泛种植。错季蔬菜种植面积连年稳定在 100 万亩以上，产品遍及京津、鲁豫、苏浙和闽粤等地。特别是错季蔬菜集中上市的 7、8、9 三个月，坝上蔬菜占据北京市场 40%以上的份额，错季蔬菜已成为坝上农业重要的支柱产业，名副其实的第一特色富民产业。祖祖辈辈靠莜麦为生的坝上农民，用占耕地面积 4.7%的蔬菜，获得了 33%的经济收入。通过种植错季蔬菜，15 万贫困人口走上了致富路，从土坯房到砖瓦房，再到正在建设的新楼房，住房的变迁折射出当地的发展气象。

农业技术给坝上小山村带来了翻天覆地的变化。同学们来到农村社区进行实地考察，参观了新民居示范户、乡村文化广场、产业经济采摘园和正在建设的乡村幼儿园。同学们在与村民交流中了解到，在国家政策的引导扶持下，农村的产业经济不断发展，自有品牌“御富德胜”马铃薯提高农民收益每亩达 1 500 元。同学们见证了德胜村从一排排漏雨渗水的土坯房到旧瓦房，再到整齐美观新民居的变化历程，感受到农民发自内心的喜悦之情。同学们跟随驻村工作组参观了丰产又丰收的蔬菜大棚，在农民的笑脸中感受到科技带给山村的希望。可以预见，未来的坝上农田生产将是一派新的景象。农忙季节，农业机械替代人工在忙碌着，坝上的人们将会收获新的希望。

“农业教育非实习不能得真谛，非试验不能探精微”，实践活动中同学们继承发扬“艰苦奋斗，甘于奉献，求真务实，爱国为民”的太行山精神，走基层、接地气、察民情，深入了解，用脚去丈量，用心去感受，在勤学力行、知行合一的实践过程中丰富阅历、磨炼意志、增长才干。我们通过走进乡土乡村，聆听扶贫故事，对“太行山精神”有了深刻感悟，坚定了农学学子学农、爱农、服务“三农”的决心和信念。

（刘冬梅　文）

助力脱贫攻坚　青春不辱使命

夏日的修河之滨，郁郁葱葱、生机盎然。自 2016 年 7 月以来，脱贫攻坚战便持续在修水县这个全省面积最大的县纵深推进着。目前在国家精准扶贫与乡村振兴战略的配合实施下，当地已通过验收、成功实现了脱贫梦想。在此过程中，江西农业大学农学院积极发挥专家优势立足产业农技帮扶，并始终致力于开展乡村教育振兴、深入调研访谈、农业种植知识普及等多方面工作，取得了显著成效。可以说，修水县人民的扶贫故事生动展现出修水人民勤劳向善的奋斗品质，为广大贫困山区提供了教科书般切实可行的宝贵经验；而江西农业大学农科学子们的突出表现，则谱写出新时代农科高校师生报国兴农情怀和助力精准扶贫乡村振兴的奋进篇章。

第一章　扶贫政策稳落实　奋蹄扬鞭攻脱贫

据修水县村书记刘秋燕介绍，5 年前当地的贫困情况还非常普遍，农户仅能依靠农作物种植售卖所得勉强维持生活所需，因病致贫、因教育致贫等弊端突出，且脱贫后的贫困反弹情况严重，这些都极大制约了修水县的农村发展。这几年随着政府相关项目产业帮扶的推进，资金筹集免息贷款政策的落实，乡村公共基础设施作了全新的建设改善，农民在教育、医疗等方面也有了更理想化的保障。此外，村委会采用第一书记与驻村工作队制度切实走访和关心民情，通过结对帮扶单位开展“三送”服务帮助农民解决实际问题，也让当地的百姓生活幸福指数得到了阶段性提高。

第二章　农科学子勇担当　结对帮扶成效佳

江西农业大学农学院作为与修水县开展长期结对帮扶的单位之一，积极响应全国农学院协同发展联盟的号召，在近 5 年通过“全国农学院助力脱贫攻坚工程”——“稼穑培根计划”的支持，在修水县脱贫攻坚决胜战中发挥出了关键性作用。每年暑假，江西农业大学农学院都会组建“三下乡”实践活动营队赴当地开展扶贫工作。营队始终遵循“增进联系、问题导向、精准帮扶、长期相助”的工作原则，采取“组织 + 农户”“专家 + 农户”“学生 + 农户”的个性化帮扶方式，做到对症下药、有的放矢，确保工作效益的最大化。通过专题调研，营队紧密跟进当地脱贫情况，并对修水农民关于我国“三农”发展的认识和未来农业科技需求做到精确把握；通过助力基层党建工作，营队结合“两学一做”工作安排，协助实践地基层党员开展教育培训，突出问题导向；通过主打科技扶贫，营队特派专家向当地农户宣传推广新兴技术知识，扩大企业生产；通过帮学支教，营队采取面对面、键对键形式与修水县贫困家庭学生建立起了长久而可持续的联系。

第三章　合作经营谋发展　幸福生活共奔赴

在各项工作的开展中，营队还发现“合作社”一词被提及的频率远超其他。为进一步了解修水县合作社给当地带来的巨大效益，营队特别对合作社带头人进行了采访。通过采访，营队了解到该合作社共有社员 13 户，主要采取农户共同筹资的经营模式，生产原料经由合作社统一从外面购买，目前生产规模已达到上百亩。政府与个人销售相结合的运转模式极大拓宽了农户的资金来源渠道，专业技术人员的定期培训讲解也让当地农产品产量得以稳步攀升。近几年随着农村电子商务、农产品信息平台、农业信贷业务、农业保险等的迅速发展，合作社发展规模得到了进一步壮大，越来越多的农户加入合作社共赢发展的企划中，修水县农业发展呈现出一片欣欣向荣的景象。

第四章　创新驱动抓先机　新兴传媒优势显

修水人民不断自我革新的扶贫发展历程值得借鉴，营队通过互联网媒介将其成功脱贫的宝贵实践经验进行了广泛地推广普及。习近平总书记曾明确强调，“创新是引领发展的第一动力。抓创新就是抓发展，谋创新就是谋未来。”江西农业大学农学院“三下乡”营队在这些年的农业扶贫工作中，也在不断地进行“新”的尝试，如直播助销推广农村农副产品、利用抖音、快手等新兴短视频媒体分享扶贫故事与农作物种植经验等。

“道阻且长，行则将至。”修水县已成功实现脱贫，但产业规模仍有待进一步扩大，农民生活水平也仍有待深入提高。江西农业大学农学院将继续秉承“奉献青春，服务农村”的宗旨，持续关注修水县当地及其他贫困农村发展情况，尽单位所能打好这场脱贫攻坚的决胜之战。

（徐志汇　唐雨菲　文）

知农爱农解民忧　强农兴农富乡村

“务农重本，国之大纲。”乡村的发展兴衰关乎着党和国家前进的步伐，解决“‘三农’问题”、振兴乡村脱贫攻坚已成为决胜全面建成小康社会路上最艰巨繁重的一环。山西农业大学农院师生“不忘初心、牢记使命”，谨记总书记的谆谆教诲，勇担时代赋予的责任，为建设美丽乡村、促进脱贫攻坚奉献自己的青春力量，积极推进强农兴农的富民富国征程。

时值全面建成小康社会和“‘十三五’计划”收官之年、“走进乡土乡村，助力精准扶贫”联合实践行动总结之年，山西农业大学农学院在近5年来多次连续派出实践队伍奔赴实践地，在躬身脱贫攻坚浪潮中取得了明显成效。党的十九届四中全会提出实施乡村振兴战略，完善农业农村优先发展和保障国家粮食安全的制度政策以及健全城乡融合发展体制机制。2019年9月习近平总书记在给全国涉农高校的书记校长和专家代表的回信中寄语全国涉农高校广大师生：“新时代，农村是充满希望的田野，是干事创业的广阔舞台。”山西农业大学农学院深入贯彻指示精神，继续矢志不渝地关注乡村建设动态，肩负起强农兴农的使命和担当。山西农大农科学子积极响应联合实践行动的号召投身乡村建设，学农、知农、爱农、事农，为“三农”事业、中国梦想而努力奋斗。

第一章　传授耕作知识　聚焦科技扶贫

授人以鱼不如授人以渔，扶贫工作亦是如此。如果一味施舍般地给钱给物，只能解决一时之困。要想真正帮助农民脱贫致富，就必须激发困难群众自主脱贫、自我发展的内生动力，让困难群众真正靠自己站起来，这样才能使他们在脱贫致富奔小康的道路上越走越顺畅。

在近5年的“三下乡”社会实践活动中，山西农大农学人们深度觉察到了当地乡村的变化，让农民安居乐业、振兴乡村文化也逐渐成为农科学子心中祈愿的美好盛景。山西农业大学农学院连续多年派驻专家学者带领研究生、本科生前往忻州市繁峙县结对帮扶，用科技带动农业生产力，大力发展新型农业人才，经过长时间的努力，现在的繁峙县已经形成了“一县一特”“一村一品”的产业技术支撑，带动了周边的发展，实现了乡村振兴。在谷子方面，每年农大的专家带领研究生、本科生多次来指导实验田和示范田，谷子、玉米等作物采用新品种种植，新技术配套，农场春天有整地配套机械，播种有大型播种机，田间管理有中耕机械，浇水有喷灌设施，秋收有联合收割机，秸秆回收有打捆机等，从春种到秋收全程生产机械化，同时配套联网实时监控保障粮食安全生产。请专家来化验土壤，根据土壤肥力情况配肥，氮、磷、钾等元素缺多少，补多少肥料，实现科学种田，根据测土配方调整施肥方案。同时开展功能元素强化技术，生产富硒谷子，每年孕穗期喷一次富硒肥，抽穗期喷施一次富硒肥，富硒谷子价格高于普通谷子2元/千克。在农大专家指导下，谷子产量由原来的每亩100千克到现在亩产过千斤，机械化率的提升，每亩节省劳务用工5～7个，大大节省了劳力，提高了劳动效率。山西农大的教授专家也特地在杂粮生产等方面给予了帮扶指导，下乡学生们跟随着带队老师深入实验田和示范田，传授村民们种植技术与经验，使他们可以用科学有效的方法来种田，大大解放了劳动生产力，实现了土地增收。在下乡实践的过程中，专家学者们更是发挥了强有力的作用，他们化验土壤，根据土壤肥力情况配肥，将专业知识实际运用到了农业中，实现了科学种田。同时在杂豆方面，引进山西农业大学农学院、国家杂豆产业技术体系岗位专家张耀文研究员团队从品种筛选、配套高产栽培技术到选用合适的农机等方面进行全程技术指导，实现杂豆增产增收；在糜子方面，引进山西农业大学高寒区作物研究所杨如达研究员选育的糜子新品种；在向日葵方面，引入5种高产优质新品种；在甜糯玉米方面，从农大玉米所引入多个新品种。这些精准科技服务给当地的农业生产带来了可喜的变化，村民们也纷纷表示将持续关注相关动态、学习专业技巧，将先进的技术应用到生产中，去享受“科技兴农”带来的便利。

除此之外，繁峙县郝家湾村的相关负责人大刀阔斧，进行试验示范。为了更好地促进该县乡村产业链的发展，他们承担起种植失败的巨大风险，连年试验，决定种植成功后再向当地推广示范，力求达到集中发力、以点带面的效果。相信在这些科技带来的成效下，将会有越来越多的青年师生队伍参与到下乡实践中，与乡村实践地达成合作，未来农业发展也将拥有广阔天地。

第二章　宣讲深入人心　文化推陈出新

文化振兴是乡村振兴的灵魂，乡村文明建设离不开精神文明建设。在我国二元结构经济背景下，“去农文化”直接加剧了乡村衰落，以前人们的精神认知还没有达到一定的高度和标准，常常会认为安居农村、志于农业是不入流的表现，但是随着国家的重视，高校对人才的培育理念也逐渐成形，政策宣讲在下乡实践中占据了更加重要的地位，如今精神文明的建设已经在潜移默化中凝成了一股更大的力量。

同学们深知事农务农并非纸上谈兵之事，该从哪儿帮扶农民、怎样实现脱贫攻坚、如何达成乡村振兴战略的目标……要解决这些摆在眼前的难题，政策宣讲就是一个关键的切入点。在 2019 年运城市平陆县的实践调研中，下乡小分队了解到村民们的政策需求点和理解模糊点，得知年轻村民对于当代政策的了解都较为深入，年长村民获取信息仅仅通过口耳相传和广播信息而得知。于是，他们针对这些情况分组对村民进行政策宣讲，深入阐释新时代中国特色社会主义思想，广泛宣传乡村振兴战略，普及理论知识，切实帮扶村民。同时也向当地村民询问了对于扶贫政策的看法以及如何进一步完善扶贫政策的建议，与当地确立了长期的联系计划。五年来村民们的政策意识有明显提高，文化振兴取得了显著成效。

基础不牢，地动山摇。农村基层组织是党最有效的战斗堡垒，基层党员干部要当好领头雁，率先学习宣讲内容，为乡村振兴提供坚实的组织保障。让精神文明唱响文化先行的主旋律，用组织建设的行动力培养淳朴民风、文明乡风，从而推动促进乡村振兴的内在力量。

第三章　走访基层干部　惊叹乡村巨变

习近平总书记曾强调：“全面建成小康社会，不能丢了农村这一头。”正如我们所熟知的“城乡共同发展”理念，乡村建设是我国建设中必不可少的重要环节，其发展少不了这些好班子和好带头人。

时代在发展迭代中不断滚动着前进的轮轴，人们停驻在新时代乡村建设的节点前，惊叹着智慧农业与科学技术带来的巨大变化。同时他们深度走访了村干部、合作社带头人、脱贫农户和青年师生们，与这些参与到补齐“三农”领域短板、实现脱贫攻坚、大力推进乡村振兴等各项工作的贡献者们促膝长谈，拿起纸笔记录着这几年变迁的心得感触。据合作社带头人介绍，“县里贫困村已全部建立合作社，实现贫困村农民专业合作社组织全覆盖。希望能够获得更多的科技服务、培训与指导，推动合作社农业机械化在现代农业生产中的应用，促进合作社经济快速发展和稳定增收。”如他所说，诸如此类的技术帮扶都为发展农业注入了新的力量，老百姓们也在山西农业大学现代谷子生产团队与当地合作社共同建设的“谷子全程机械化产业技术开发”项目中获得了实际好处，这些“谷子千亩连片、平均亩产过千斤”的成绩的获得除了源于乡村干部将帮扶政策落到实处之外，更重要的是源于下乡实践的高校师生队伍们。

在陈俊德和陈俊廷兄弟俩共同创建的繁峙县海丰农牧场，山西农业大学现代谷子生产团队郭平毅教授、姚满生教授、王玉国教授、原向阳教授、温银元副教授、董淑琦副教授等团队成员对当地农业产业发展中的技术难题充分调研、试验和筛选，在品种选择、技术引进、品牌建设、基地建设等方面进行帮扶，破解了制约当地产业发展的技术问题。现在海丰农场在春耕时可以使用整地配套机械与大型播种机，进行田间管理和浇水工作时可以使用中耕机械与喷灌设施，秋收时更是可以使用联合收割机、秸秆回收有打捆机等，实现了从春种到秋收全程生产机械化，展现出了新型农场的现代化面貌，很好地将科技力量转化成生产力和经济效益，真正实现了科技强农。

现在提起乡村，人们想到的已经不仅仅是谷垛连绵的丰收壮景。今天的乡村建设已经达到了一个崭新的层次，何为现代化农业建设在这里体现得更加淋漓尽致。同学们惊叹于科技的飞速发展带来的实际作用，也始终坚信农科学子应当在学习理论知识之余献身科技支农实践地，用科学专业的知识润养乡村大地，在学有所成之时深入田间、反哺家乡。

捧着一颗心来，不带半根草去。助力祖国脱贫攻坚，要经得起岁月的风吹雨打，乡土情怀根植于每一位农科学子的心中，支农助农已然已成为同学们认准的矢志不渝的前进方向。它不断驱使着同学们将小我融入大我、将个人志向归于时代使命。农科学子愿为实现农业农村现代化不断奋斗，真正去接触和了解“农民、农村、农业”，感悟强农兴农的担当与责任，努力成长为一名“新农科”专业型人才。重任在肩，山西农大农学人定将不负众望！

（董淑琦　文）

川农学子行走在布拖：聚焦扶贫一线　助力产业振兴

为发力精准脱贫，聚力乡村振兴，切实贯彻党中央1号文件精神，培养“懂农业，爱农村，爱农民”“有理想，有本领，有担当”的“一懂两爱三有”人才，四川农业大学农学院鼓励师生积极参与全国农科学子联合实践行动，5年的时间四川农业大学多支队伍前往深度贫困地区开展实践活动，无数川农学子奔走在扶贫一线，用科技助力脱贫之路。

“建立在扶贫战场上的科技小院”是农学院副书记副院长王西瑶教授对“布拖马铃薯科技小院”的描述，四川省凉山彝族自治州布拖县是彝族聚居的高寒山区、半农半牧县，由于地处大凉山腹地，是乌蒙山连片特困地带的核心地区。全县约20万人口，农业人口占比93%，农业生产效率低、生产技术落后，也是典型的边远贫困农业县，更是国家扶贫开发工作重点县，贫困问题突出，脱贫任务艰巨，素有“四川脱贫看凉山，凉山脱贫看布拖”的说法。因而，布拖县脱贫事业深受党中央和各界人士关注。2018年，在中国农技协主导下，由四川省科协组织运筹，四川农业大学、四川省农村专业技术协会、中国农业大学共建，以布拖县布江蜀丰生态农业科技有限公司为依托单位，建立起了布拖马铃薯科技小院，旨在全面推进布拖县马铃薯产业发展，保障全县人民粮食安全。2019年2月，农学院马铃薯研究与开发中心研究生杨勇率先入驻布拖马铃薯科技小院，开展马铃薯初期情况的调研并制定了马铃薯科技小院工作方案。随即团队先后安排10余名专家及30余名学生前往小院工作，开展马铃薯指导工作15次，累计入驻多达400天，从资源调查、原种培育、病虫害防控以及散户安全贮藏等多方面开展马铃薯产业技术工作。通过相关农技人员指导培训，生产技术服务，现已成功解决5 000平方米智能马铃薯雾培及原种生产中存在的多项问题，保证了布拖县优质种薯需求（布拖县种薯80%来源于布拖马铃薯科技小院），并就布拖县乌洋芋资源调查问题制定了布拖县马铃薯地方品种资源调查方案，该方案受到了布拖县委常委吕勇肯定，为推动布拖县优势马铃薯品种乌洋芋的发展奠定了良好基础。通过实地调研走访马铃薯种植薯农，调查马铃薯栽培品种结构、种植面积，以及采后销售与安全贮藏（发芽）等问题后，小院研究生发现当地马铃薯采后贮藏存在极大问题，储藏不当会导致商品薯不当发芽，带来极大食用危险和经济损失，同时种薯不当发芽也会造成栽种不便。马铃薯研究与开发中心师生共同探讨，确定了科技小院今后的工作重点将会放在散户贮藏上，希望能对种薯农户进行指导规范，以点带动面，争取实现“让凉山百姓吃上不发芽的土豆”的美好愿景。

布拖马铃薯科技小院自建立起就以产业发展需求为重点，以培育“一懂两爱三有”农业复合型领导人才为优势，在生产中提炼问题，在问题中提升自我，建立良好的“人才—生产—人才”培养模式。形成了以研究生为主，本科生为辅的人员驻扎模式，既保证了生产问题的解决，同时提升学生的农业技能，培养学生的农业情怀，不断地为农村培育并输送“新鲜血液”；同时联合农学院团委、青年志愿者工作部等单位积极参与到联合实践行动当中。2019年组建“薯遇布拖”暑期社会实践团队前往四川省凉山州布拖县特木里镇开展“农科学子助力布拖马铃薯产业振兴”实践活动。活动分多块内容同时进行。

第一章　聚焦扶贫一线　传递奉献精神

“薯遇布拖”实践团队采访了各地帮扶布拖县的扶贫干部，收集他们的扶贫故事，聚焦硝烟弥漫的扶贫一线，聚焦基层扶贫干部的感人故事，整理成册，学习他们吃苦耐劳的品质，传递他们的奉献精神。2018年6月底，饶远林老师响应党和国家的号召，主动加入四川省脱贫攻坚综合帮扶工作队伍当中，并接受组织的安排到凉山州布拖县乐安乡伟子坡村担任驻村工作队员，深入扶贫一线，助力脱贫致富。

饶远林老师初到位于大凉山腹地的布拖时，他真实感受到了布拖的贫困和艰苦，但每次与彝族老乡交流，他都能感受到他们的淳朴、热情、好客，对发展的急切渴望和强烈需求。来到布拖的这些年里饶远林老师的主要工作就是紧抓治病(艾滋病)、治毒、治愚、治超生的“四治”工作，按照脱贫“户三有、村七有”的标准，着力抓好“两不愁、三保障”，按照“四好创建”的要求，协助做好贫困户和非贫困户安全住房建设，脱贫攻坚资料准备等，抓好脱贫攻坚软硬件建设，重点立足长远发展和持续有效，规划“两种两养”发展村集体经济等。从这座山头奔向那座山头，出了这户的门又进了那家的院子，日复一日，一点一滴的积累，伟子坡村人终于是看见了脱贫的曙光。来到布拖这么些年，饶老师见证了布拖发生的巨大变化：贫困户的安全住房一点点安排落实，乡村道路交通条件迅速变好，老乡对孩子教育的重视程度不断提高，卫生习惯不断改良，陋习恶习逐渐减少，衣某河大桥已经进入规划……在采访的最后，饶老师说：“在布拖扶贫，我既能参与并见证国家的脱贫攻坚伟大事业，又能结识各行各业朋友，丰富人生经历！同时，人存在的意义不是看你拥有什么，而是看你能为别人做点什么，能为布拖人民走向繁荣富强奉献自己的一份力量，我感觉非常有意义。作为一名川农人，我希望川农学子要发奋努力，在民族复兴，乡村振兴的今天，川农学子一定会大有作为！”

第二章　深入农户家中　触摸脱贫攻坚成果

当前布拖脱贫攻坚工作已经进入一个关键时期，2020 年究竟能否顺利脱贫，当前脱贫攻坚工作进展如何？都取得了哪些成绩？农户还有哪些需要？一个个问题无一不牵动着全国上下 14 亿关心国家发展，国民幸福的百姓之心。“薯遇布拖”实践团队一行人深入布拖县特木里镇乃乌村农户家中，发放脱贫攻坚入户调查问卷，实地了解当前脱贫攻坚工作进展，收集农户心声，感受乃乌村近年来的发展变化。经过调研，实践团队发现在国家高度重视布拖脱贫工作，大力助其脱贫攻坚之下，乃乌村近年来的发展变化巨大。村中的安全住房是最好的体现。近年来，通过易地搬迁、彝家新寨、维修加固、实施“五改”工程等措施，加之群众零星自建，全村基本实现了群众安全住房有保障，零星有几户农户家的安全住房正在修建当中，预计下一年初也将拎包入住。全村实现通电通水，宽带网络也已经接入村中。水泥路通入村中，居民休闲娱乐基础设施建设也初具模型。进入村中，随处可见村民们幸福洋溢的笑脸。听村民们讲起乃乌村这些年的发展变化，同学们也深受感染，回来后不停感慨："没想到短短的一两年时间这里能有如此大的变化"，更是对当地驻村帮扶干部的用心程度感到由衷敬佩。

第三章　科技支农　助力马铃薯产业发展

实践团队依托布拖马铃薯科技小院平台，前期踩点特木里镇乃乌村，收集到当前限制乃乌村马铃薯产业发展的重点问题为马铃薯贮藏问题，由于不当贮藏，马铃薯贮藏后期发芽情况严重，给马铃薯销售和食用带来巨大的阻碍。因此，同学们想到将科学的马铃薯贮藏技术带到乃乌去。实践中薯遇布拖实践团队同布拖马铃薯科技小院研究生一起来到了特木里镇乃乌村，对当地农户进行了马铃薯科学贮藏技术培训。培训结束后，队员们还前往农户家中，实地指导马铃薯科学贮藏技术，并向其收集当前在马铃薯产业发展中存在的其他突出问题，包括种薯选择、病害防治、科学施肥等各方面问题，同学们一一为村民们解答，提出改进措施。走访后，大家还同乃乌村的干部们商量，准备在村民中设置两个科学贮藏技术示范点，由点带动面，争取赶在 2020 年收获种薯后能有效减少马铃薯散户贮藏中的不当发芽情况。

第四章　问学启智　修德远航

薯遇布拖实践团队还积极与青年志愿者工作部"寻梦者"实践团队合作，在特木里镇中心小学开展了"问学启智 修德远航"暑期支教活动，举办了"小小心愿，大大梦想"心愿卡认领活动，通过网络在线征集认领小朋友们手写的心愿卡，为小朋友们提供一份小礼物，帮助小朋友们实现小心愿。在为期 20 天的支教活动中，两个团队一同开设了趣味英语、趣味语文、农业讲堂、科学实验小课堂、"我的健康我做主"健康卫生课、手工创意课、"职业三千问"职业规划课、"学习的魅力"学习兴趣启发课、灾害逃生与急救课、文体课堂等多种课程，带领小朋友们一起过一个不一样的暑假。在农事讲堂中，薯遇布拖实践团队为当地的小朋友们上了一堂别开生面的趣味马铃薯课堂。实践团队的同学从马铃薯的专业知识、马铃薯的历史小故事、马铃薯的趣味吃法及马铃薯的特殊用途四个方面展开，并用 PPT 讲解配套趣味小视频的方式全面调动同学们的学习兴趣，让同学们从生活常识走到专业学科领域中去，再从专业学科领域中发现科学的趣味，认识不一样的马铃薯，发现马铃薯的独特魅力，启发思维，激发兴趣。课堂临近尾声时，主讲同学蔡爽对小朋友们说："哥哥姐姐们希望你们能够像马铃薯一样，无论在肥沃的土地还是贫瘠的土地，都要茁壮成长，开出漂亮的花朵，结出丰硕的果实。"这是"薯遇布拖"实践团队成员对特木里小学里的孩子们最真切的希望与祝福，希望孩子们都能努力学习，走出大山，去看更加宽广的世界，改变自己的命运，过上幸福的生活。"以普为话，助梦远航"的普通话普及课堂，同学们从各地方言引入，详细介绍了普通话的历史由来，向小朋友们强调了学好普通话的重要性，并介绍了普通话的基本知识与发音规律，更是现场纠正了同学们的发音，课间插入趣味横生的普通话绕口令，让同学们参与其中，通过奖品鼓励调动同学们的参与积极性，课堂结尾，同学们更是现场教小朋友们朗诵《少年中国说》，鼓励小朋友们自强自立，爱国奋进，争做中国之脊梁，为祖国复兴贡献自己的力量，课堂在一片斗志昂扬的朗读声中结束，普通话推广工作潜移默化的进行下去，取得良好的效果。

布拖马铃薯科技小院，一直秉持着科技小院建立时"科技创新、人才培养、示范推广"的初心，以"兴天下之农事"为己任，推动布拖县马铃薯发展为重点，培育高层次农业复合型领导人才为优势，坚持以师生长期入驻的方式，深入生产一线开展智力帮扶，针对生产中存在的问题开展课题研究，进一步推进科技成果快速高效转化，提升当地产业发展，助力布拖县精准扶贫和乡村振兴。从高校到基层，从以培育高精端科研人才精英到培养具有"三农"情怀的国家需要型人才，团队师生始终怀赤诚之心行走在布拖，用科技助力脱贫之路。

（冉爽　文）

把身边的事做好　主推脱贫攻坚

每次坐车在一望无际的塔克拉玛干沙漠中奔驰的时候，塔里木大学植物科学学院实践团队成员都会提醒自己，只有真正和百姓走到一起、融到一起，才能看到他们的真实生活，听到他们的真切心声。

和田墨玉喀尔赛镇。从 2011 年第一次到喀尔赛镇走访调研算起，带队教师张锐已记不清多少次来过和田。她说："每次与村民在一起，心里就充满力量，每当走到田间地头，总有一种回到家的踏实感"。

经过 6 个多小时的车程，塔里木大学植物科学学院的实践团队到达了墨玉喀尔赛镇。初秋时节的核桃已经成熟，村民们正兴高采烈地捡拾着地上的核桃，维吾尔族妇女提着当地特有的柳条筐，相互聊着天，脸上洋溢着灿烂的笑容。

呼吸着农村清新的空气，让人心旷神怡。眼前这一幕丰收场景，让实践队员不禁想起 2018 年刚来时，这里还是一片核桃长得像杨树一般高，而核桃产量只有不到 100 千克产量的贫困村。那时候，村里的百姓认为核桃是懒人树，不需要管理，树越大越好，到了秋天每天到地里捡核桃，持续一个月，而最后的收获也就几袋子核桃，核桃质量、颜色参差不齐，卖不出个好价钱，农民自己都发愁。

脱贫攻坚，的确不是一件容易的事情，关键看是否用心。为推动经济薄弱的哈塔村脱贫，实践团队深入摸排问题，找准对策。对墨玉县核桃整体现有的生产状况进行调研。实践团发现墨玉县核桃以间作小麦为主，树体放任管理，栽培后不进行修剪，腐烂病、枯枝病、芽枯病、大球蚧等病虫害发生较严重，土壤肥力较低，农民缺少必要的生产技术。哈塔村和墨玉县整体情况一致。实践团队迅速制定了提升农民核桃栽培技术水平的措施，通过多年、多点、多次、多方式培训来提升农民栽培水平。实践团队采用“蛙跳式”示范点建设方式，便于农民就近在示范点观摩学习，发挥了引领带动作用。2011 年至今实践团队制作了核桃栽培技术台历，让农民对照着台历上的时间、图片进行适时农事操作，这种按图索骥的方式简洁明了，不误农时。通过培训及示范地建设等方式提高了村民的实践操作技能和理论水平，有效传播科学管理核桃的新理念，推进精准扶贫。买买提家住喀尔赛镇，家里两个孩子，是建档立卡贫困户。家里 4 亩核桃地，因为土地少，缺少投入资金，也不懂管理，核桃长得和地边上的杨树差不多高，2013—2016 年每年核桃收入只有 4 000～5 000 元，那几年核桃价格很高但是产量低。现在买买提站在自家地里笑得合不拢嘴，他说：“我们家 2018 年脱贫了，幸亏张老师他们来指导了，我们家的核桃树比以前的矮了很多，但是结的核桃多了，核桃价格现在每斤 10～11 元，但是我们能卖 7 000～8 000 元了。”2018 年张锐教授带领团队主动承担起哈塔村 1 350 亩核桃低产园改造及提质增效整村示范点建设任务。为解决农民修剪工具不足问题，团队依托项目为全部核桃种植户购买手剪及高枝剪等工具发放给农民，累计 482 套。多年来张锐教授带领着团队累计培训两万余人次，超过 100 场次，农民亲切地喊她“地头教授”“核桃教授”。

村委会依书记和实践团队一起来到示范地，借着给全村农民培训的机会他先给农民宣传党的富民好政策，又给农民介绍了村委会门口的店面对外招租的事情。现在贫困人口不到 100 人，村委会很有信心在 2020 年实现整村脱贫。村委会附近的房屋进行装修，并转租给贫困户，目前已经在营业的有商店、食堂、凉皮经营部等，解决了部分贫困户增收问题。村委会还为村民安装了健身器材，还计划把这里开成夜市，把自家养的鸡、鸽子做成卤鸡、卤鸽子等美味食品在夜市经营销售。听着依书记的介绍，看着快乐玩耍的孩童，安逸聊天的老人，让人不禁想起习近平总书记的一句话“幸福都是奋斗出来的”，这句话是对我们脱贫攻坚工程的最佳诠释。授人以鱼不如授人以渔，激发内生动力、增强发展能力才是脱贫致富的最佳选择。

（张锐　阿布来提·依明　文）

深耕五年　播种未来

5 年的时间很长，长到国家可以完成“十三五”规划；5 年的时间很短，短到可以见证中国即将全面建成小康社会，消除绝对贫困。在这 5 年中，无数的基层干部和大学生志愿者们深入到了中国最广大的一线基层，为中国最贫困的地区献上一份份精准扶贫报告。

西北农林科技大学农学院深感使命之重，连续 5 年组建了赴合阳县乡村振兴服务队，连续多年深入合阳县开展乡村振兴调研服务活动。2019 年 4 月 15 日，合阳县通过村内公示、镇街核查、县级抽查、上报备案，最终由陕西省脱贫攻坚领导小组办公室确认退出贫困县行列。

还记得在 5 年前第一次出发之前，笔者无意间看到过一张中国贫困地区分布图，大部分的贫困地区集中分布于我国的西北和西南地区，图上列出了从 2013 年推行“精准扶贫”政策起，贫困地区数目的变化情况，图上密密麻麻的位点让人眼花缭乱。这张图给了我深刻的印象，在这短短 5 年中，一个个代表着“贫困地区”的红点逐渐转变为代表着“脱贫地区”的绿点，每次去调研看着贫困户人数逐渐下降，当年愁眉苦脸的老乡如今笑呵呵地分享着脱贫经验和富裕起来的兴奋，笔者也为服务队的工作成效而激动不已。5 年来，在一次次接触、调查和体验中，笔者见证了合阳人民从刚开始的摸索，到中期克服一个个难题，再到现在实现脱贫；看着曾经脏乱的街道变得整洁干净，社区活动广场从无到有，支教的环境从原来的几张桌子一块黑板到如今的现代化教学设备……一路走来，笔者感慨颇深，感悟良多。

要问这 5 年开展的最多的、让笔者印象最深刻的活动是什么，那当然是支教了。无可否认，教育的意义实在太深奥。十年树木，百年树人，教育对人的影响是看不见摸不着、潜移默化的。邓小平说“教育要面向现代化，面向世界，面向未来”，为了促进乡村教育发展，助力国家精准扶贫政策，服务队每次都进行了义务支教，帮助当地学生。

支教伊始，因村中优质教育资源稀缺，有学龄儿童的家庭基本都在合阳县城租房陪读，虽然处于义务教育阶段的学费书费全免，但额外的生活支出会给大多数家庭带来沉重的负担。为努力丰富贫困地区孩子们的课余生活，同学们以课业辅导为辅，以音乐、美术、体育等素质课程教育为主。这期间主要是以拓宽视野为主，让孩子们看看外面的世界激发他们的好奇心和探索欲。

熟悉的模样是老友重逢，陌生的模样是有缘相会，随着乡村基础教育的发展和我们跟孩子们的逐渐亲近，西农的支教活动也更加深入，设备也逐年迭代，同学们成功开展了科技展览、高考模拟测试、逃生演练等活动。孩子们的科学素养跟以前相比大相径庭。

同学们通过这 5 年对孩子们进行持续的问卷调查和家庭走访，把对孩子们的了解告知家长，也通过家长更全面地了解孩子们的情况，对于教育的难题我们也对家长提出了我们的看法和解决措施。同学们欣喜地发现，认为“读书无用论”的家长越来越少，鼓励孩子继续求学，走出贫困现状的家庭越来越多，尤其是留守儿童的家长们，他们从以前只是单纯的关注孩子的物质生活需求更多的转向了关注精神层面需求，注重与孩子们的共同成长。

支教的日子很长，但是跟孩子离别的日子更长。在合阳支教的日子里，笔者感觉自己有时成了小孩子，和他们一起游戏，参与他们的话题讨论，一件小事可以惹得他们生气，甚至哭闹，而转眼间又游戏在了一起。虽然只是短短的相处，但是不得不说孩子们也是很喜欢服务队员的，虽然他们调皮不听话，但是每次真诚的拥抱，每一声的哥哥姐姐，离开前一天对服务队员祝福感谢，这一切对服务队员的内心都是一次触动和感动。童年的天真和纯洁，童年的无忧无虑。这些小孩子在与服务队员亲密无间的相处中，日久生情，从陌生到朋友，服务队员也不忍分别，但是服务队员只能告别，为他们送上真挚的祝福，希望孩子们越来越坚强，希望孩子们永远记着我们，希望孩子们的未来也无忧无虑，开开心心每一天。

（崔志峰　文）

林芝市米林县朗多村的变迁

习近平总书记在2017年底中央农村工作会议上的重要讲话中以及2018年中央1号文件中都明确提出了实施乡村振兴战略。羌纳乡朗多村在西藏农牧学院驻村工作组的带动下紧紧围绕乡村振兴这一目标，通过全村努力，5年来发生的巨大变化正悄悄地渗透在每户人家的方方面面。

由于西藏的特殊性，包括朗多村村民在内的大部分农牧民过去普遍存在"等、靠、要"的思想，在西藏乡村振兴、同全国一道实现脱贫攻坚、步入小康社会的大背景下，"等、靠、要"的思想成为制约乡村发展的主要阻碍因素。为改变老百姓的这种思想，西藏农牧学院派出科技服务人员，帮助村民依托优越的地理位置和得天独厚的自然资源，准确找寻到发展的方向。5年来在西藏农牧学院科技服务支撑下，朗多村的内生活力得到有效激发，由2011年以前村里收入基本依靠砍伐林木、挖松茸，群众日子过得紧巴巴的落后乡村，发展到现今主要依靠特色农牧业产业实现经济收益增收，全村正在迈向小康生活。

为了改变贫穷落后的面貌，从2012年开始在西藏农牧学院专业技术人员的指导下，朗多村开始尝试种植大棚天麻、蔬菜等经济植物，在此过程中不断论证特色农牧业发展方向。多名技术专家认为朗多村距离机场近、处于旅游公路沿线，发展立体草莓种植是一个不错的选择。利用设施规模化种植能够吸纳本村富余劳动力，实现就地就业，避免其背井离乡。因此，从2017年起改种草莓至今，草莓种植效益得以充分展现，真正实现了小果大产业的效果，大棚立体有机草莓种植正在成为改变朗多村经济结构的有效载体，使大量村民实现就地就业，经济收入得到稳步提升，同时正在改变以往砍伐森林的生产生活方式。

回首朗多村的变化，在国家大力建设“三农”的号召下，改革开放的政策也使得我们的经济找到了新的发展方向。在现有草莓种植基础上技术专家们又提出建设休闲农业合作区，积极发展现代都市型、生态体验型、农庄经济型、园区型和特色产业型休闲农业的观点和思路。目前建设的网红店“找个地儿带着”游客可以欣赏到朗多的自然风光、可以融入朗多的人文景观；建有南开大学的生态园区，让村民感受到“绿水青山就是金山银山”的生态保护意识。农牧学院建设的基地有6个多层覆盖节能大棚，安装草莓立体栽培架80个，栽培槽400根，张膜6 000平方米。根据西藏光照特点，采用顶部散射、底部反射技术，对光环境进行匀化调控，结合其他栽培技术，实现了草莓种植虫害少、着色均匀、果形饱满、肉质细腻、香味浓郁的效果。通过物理防治手段实现了“零农药”种植。所种植的草莓品种“宁玉”花果期长，果实品质优良，现已进入丰产期，预计2020年总产量可达2 700千克，产生21.6万元收入。基地建设以点带面地向周边推广冬小麦良种60亩，产量提高18.7%。推广微型马铃薯种薯5亩、甜糯玉米3亩、甘蓝型油菜5亩、芫根复种10亩，引进并栽种樱桃苗300株。逐步推广花卉种植，助力建设美丽乡村，开展畜禽常见病防治技术培训，减少人畜共患疾病发生，提升乡村卫生安全。项目的实施为当地农牧民建设幸福家园提供了有效的技术支撑。

农民获得了可观的经济收入后，对这种模式的建设极为拥护，热情高涨，因此，使得我国这一为农民办实事的政策真正落到了实处，进一步缩小了我国城乡居民的住房差距，加快了我国社会的发展，农民的脸上也洋溢出了幸福的微笑。

朗多村近几年的发展成果以及经济发展状况是有目共睹的，在经济发展的同时，村民也发生了巨大的变化。很多农民都抛弃了老一套的种田方法，开始科学种田，力争提高粮食的产量。农民不再仅仅以种地为生，开始利用各方面的资源和优势，不断掌握技术和信息，就地取材，兴办乡镇企业。与此同时，很多文化娱乐项目也欣然兴起，为农村的发展营造了一派生机勃勃的景象。

科技服务“三农”基本解决了朗多村民“等、靠、要”的思想问题，因此，朗多村这几年的变化也是得益于国家对科技服务的投入政策，这些为农民带来的实惠也将会影响我国的国计民生，因此，农民应积极配合国家政策的措施，使得每一项惠民政策都能落到实处。

对于朗多村这5年的变化，藏农院植科的师生们是真正的看在眼里喜在心头，从一个小地方的发展映衬出的则是一个国家的强大发展，我国现在最重要的依然是发展经济，因此，广大涉农院校和农科学子还必须继续巩固农业的基础地位，大力发展我国的农村经济，尽力缩小城乡差距。而今，在我国好政策的引导下，笔者的家乡也旧貌换新颜，一改往日贫穷的气息，踏上了奔小康的大道。

（卓嘎　文）

让青春之花绽放松潘大地上

习近平总书记提出“青年要立志做大事，不要立志做大官”；强调年轻人要“处优而不养尊，受挫而不短志”。作为当代青年，西南科技大学学子们不应局限于理论钻研，更应投身于实践积极奉献。在联盟的号召下，自 2016 年开始，生命科学与工程学院联合川内 4 所高校，7 个专业的百余名农科学子，共同组成“科技助力藏区精准脱贫”团队，奔赴四川省阿坝州松潘县 10 余个村落助力脱贫攻坚。

松潘县位于四川省阿坝藏族羌族自治州东北部，地处高原，拥有广阔肥沃的土地、丰富宝贵的自然资源、美丽怡人的自然风光，可当地农民却在为如何脱贫致富而发愁。秋高气爽的九月，天还有些热，但松潘，天已凉。“凉的不只是天气，还有地里无人问津的莴笋……”由于当地农民信息不畅，不够了解市场需求，看到别人家种莴笋的收入不错，于是全村人一窝蜂种起了莴笋，虽然丰收，却滞销严重，两万余亩成片的莴笋烂在地里，低价销售也反响平平，丰收不能创收，菜农们一筹莫展。果园里一颗颗红得发黑的脆李，沉甸甸地挂在树上，红绿相间煞是好看。可这背后千亩李子滞销的忧愁却让人隐隐作痛，76 岁的老奶奶只盼卖出脆李养活全家！手持通知书的学子只望凑够学费步入大学殿堂！“这样的现象，在偏远山区时有发生。信息不对称、农民没出路、思想有包袱，种种因素严重制约了当地的发展。”因此，在省委省政府的倡导下，学校于 2012 年将松潘县设为对口定点帮扶对象，团队积极发挥农科学子服务社会的职责，连续 5 年在阿坝州开展社会实践，用专业知识与科学技术帮助当地老百姓脱贫致富。

这几年，团队“带专业走进乡村、用知识服务群众”，壮大了产业、富裕了乡亲。“世界上最遥远的距离，不是我站在你的面前，你却视而不见，而是，我的需求在这头，‘你’却在那头”。团队通过深入乡村、入户调研，发现当地产研脱钩等问题后，在专业老师的指导下，深入到田间地头，为农民察苗情、做示范、解难题，做到田间“诊断”、地头“开方”，为农民的致富增收提出了切实可行的参考意见和农业技术指导，确保农民的疑难问题得到有效解决、先进适用技术得到及时推广。

只见树木不见人的李泉村，一群青年人在雨中跋涉，只为农民送上稀缺的化肥和防草布；杂草丛生的蓝莓园，一群头顶烈日的小红帽，只为农民掌握先进的扦插修剪技术。年近七旬的独居老人张爷爷，因为团队的到来让他重燃了对生活的希望，团队给予他的科技帮扶也让他感受到了来自社会的温暖。他用布满老茧的手，拉着队员微微颤抖地说：“你们这些大学生都是大城市来的，却还愿意到我们这些穷乡僻壤的地方来，关心我们帮助我们，我们是真的感谢你们啊……”张爷爷的话很朴实，却直击内心。因为这些在同学们看来很微小的行为却对他有着如此大的帮助，这样的震撼让同学们突然意识到大学生投身科技扶贫事业的必要性和重大意义。农科学子要有舍我其谁、责无旁贷的勇气和担当，把农业进步、农村富强、农民富裕的责任郑重地扛在自己的肩膀上。

这几年，团队“扶贫先扶智”，培养了人才、激发了动力。

在扶贫过程中，团队深刻认识到，一个地方要真正摆脱贫困，永远不能只靠外界的帮助，而应该依靠当地人民作为有生力量、发掘内生动力，这是实现从“输血”式扶贫到“造血”式扶贫转变的关键。于是团队发挥专业优势，结合当地实际，送课入乡，把“课堂”搬到田间地头，为当地培养“土专家”“田秀才”，开阔他们的视野、传达农业技术和市场信息，助力他们成为带领群众脱贫致富的“领头羊”。团队累计送课入户 100 余家、送课入乡 26 次。

团队成立实践的几年间，当地种植的夏秋草莓从无到有，正在成为高海拔地区农牧民致富增收的新亮点；蓝莓产业从引进到推广，开辟了农牧民群众在家门口就业增收的新途径；雪山梨从试种到挂果，解决了近千人的就业难题；藏香猪从厂放到圈养，正成为藏群众争抢的“香饽饽”。引进草莓新品种 2 个、蔬菜新品种 5 个、梨新品种 5 个，推广新技术 15 项，举办 10 期田间学校，培训 1 000 余名种植户，发放资料 3 000 余份，建立草莓示范园 10 亩，建立高原香猪繁育场

3个。夏秋草莓：2017年推广种植面积200余亩，产值达到300万元以上；蓝莓：从2亩壮大到400亩，成功举办两届采摘节，纯收入200万元。可见，松潘县的脱贫攻坚事业已初有成效，可罗马不是一天建成的，扶贫也是一场无声的持久战。对于乡村的探索、贫困的帮扶，还在继续……

因为实践，西科大学子经历了跋山涉水、晴雨不定，日行20余公里，收获了团结与坚毅，同学们骄傲！

因为实践，同学们跟每一个村民成为朋友，把自己变成村里的一分子，赢得了信赖与认可，一句“我知道，你们是西科大来的好人！”同学们自豪！

因为实践，同学们脚踏泥泞、俯首躬行，在荆棘和贫穷中为扶贫事业贡献自己的力量，同学们感动！

习近平总书记说青年要有创造精神，勇于开拓实践和探索真理，让同学们以青春之理想立青春之志向，以青春之勇气担青春之责任，以青春之奋斗创青春之事业，仰望星空、脚踏实地，一起投身一场伟大的农科学子理想。

（李林珂　武雅超　白宇源　文）

以农助农　强农兴农

2020 年是全面建成小康社会的决胜之年，是全面打赢脱贫攻坚战的收官之年，亦是新疆农业大学农学院参加联合实践行动的总结之年。长期以来，学院响应国家号召，积极参与联盟联合实践，挑起农科人的使命，贡献新时代“农科”力量。5 年以来，学院组织实践小分队本着“理论结合实践，以农助农”的初心，深入贫困地区，长期进行“农科学子助力”活动，取得了显著成果。

第一章　了解情况精准扶贫

按照于田县委、阿日希乡党委的要求，实践小分队深入开展入户走访工作，主要对贫困户家庭成员、致贫原因、脱贫需求、家中劳动力人口数以及国语情况等信息掌握透彻，认真做好贫困户复核比对工作，完善贫困户“脱贫台账”，确保“六个精准”，为精准脱贫打牢基础。

在第一书记的全力引导和当地村干部的配合下，实践小分队在走访的基础上，按照每家每户劳动力人口数，家庭成员数，致贫原因等因素制定脱贫计划，队员们通过召开村民大会等形式，进一步核对核实贫困户，对贫困户致贫原因等情况了如指掌，对不符合贫困户指标的坚决予以退出。对年龄大、无劳动力的农户要坚持纳入政府兜底的范畴确保“两不愁，三保障”。通过沟通交流，确定脱贫方向、解困目标，和全体帮扶干部共同制订出切实可行的帮扶工作计划。

第二章　科教助力脱贫攻坚

扶贫就是扶智，授人以鱼不如授人以渔。队员们在工作中坚持扶贫和扶志、扶智相结合、物质扶贫和精神扶贫相结合，耐心细致地做好贫困户脱贫致富的思想动员，教育引导贫困户克服等靠要思想，帮助他们树立自食其力、自力更生的发展理念，自觉接受新技术、新理念，引导贫困户增强自强自立、自我脱贫的信心和决心。

在实践队伍中就有专门一队进行对口脱贫县村进行技术支援。这只小队集合了种子科学与工程专业，农学专业和植物保护专业的三名老师作为带头人深入本县重点村庄从选种到播种再到喷洒农药整个过程全面相助。

在实践小分队老师与村委会相关工作人员了解情况之后，发现了许多重要的问题。本村的一些村民看到市场上一些销售好的农产品，便买种子在村中进行种植，然而不考虑本村土地是否适合种植，反而造成了不好的影响，对本村脱贫造成了一定的阻碍。小分队老师了解这种情况后，便在本村进行土壤实验，分析土壤的相关数据，结合气候地理位置等因素，给本村村民制定种植计划。由种子科学与工程专业的老师在市场上为大家选种，回到村里又为大家普及选种的相关基础知识。村民们十分高兴，对本村脱贫充满了信心并希望实践小队在村期间能够对村民开设种植科普班，多教村民们一些有关种植方面的知识。望着村民们洋溢着幸福的笑脸，实践小队体会到了实践活动的意义，以农助农，用知识助他们脱贫迎来幸福生活。

第三章　翻天覆地的变化

实践小队初到于田县时，在第一次入户走访过程中发现有些家庭中没有自来水，完全是依靠村子边的湖泊中的水源解决日常生活中的饮水问题；村民住房都是用黄土堆积而成，好多村民家的房屋已是危房，感觉刮风、下雨、地震就会坍塌，十分危险；那时村子还没有水泥路，遇到下雨就会十分泥泞，行走十分不方便，路上也没有路灯照明给村民的夜晚生活带来了许多不便。由于村民各家各户十分贫困，家中的孩子连上学的生活费都无法凑齐，截至 2016 年，于田县阿日希乡没有一个大学生。

近几年来随着于田县委、阿日希乡党委的惠民、利民等政策的落实，村子里发生了翻天覆地的变化，家家都住上了政府帮扶盖的新房，新房里家家都有自来水，解决了日常生活的饮水问题，原来的主干道全部硬化成了柏油路，路两边安装了路灯，绿化方面也做得非常好，种满了各种花花草草，平时路面也非常干净。村民生活方面：实现了“五通七有”即通电、通路、通水、通光缆、通电视，还建有办公场所、学校、卫生室、文体活动室、休闲广场、超市等。每个家庭必须要有一个人有稳定的工作，因此村子向疆外转移就业人员 4 人，疆内就业人员 29 人，近地就业人员 126 人，每户都有了稳定的收入。2017 年开始每个农户都进行了庭院改造，2020 年已结束。2011 年开始到 2020 年共盖了 138 套抗震房和安居房，住房方面保障。医疗方面：每个村民都参加了医疗保险，每年一次的免费体检，使村民健康有了保障。教育方面：截止到 2019 年有 20 个大学生，学生不用担心学费和生活费，适龄的孩子可以安心在村里的幼儿园上学，教育方面也有了保障。

深入开展大走访、大调研，认真倾听贫困群众诉求，耐心询问每户家庭情况，深挖致贫根源，逐户走访建档，与贫困户交心谈心、算账对比，制订帮扶计划，谋划布局产业项目，推进精准扶贫。切实把村民组织起来，把致富能手培育起来，把大学生村干部、驻村工作队合理利用起来，摸清贫困底数，分析致贫原因，制订帮扶计划，把产业培育起来，把土地流转起来，把群众带动起来，把医疗体系完善起来，把发展环境优化起来。这些都是真真切切的变化，近几年来，在于田县委关心、支持下，把党的各项方针政策落到实处，使得扶贫工作得以顺利开展。

这几年来同学们目睹了村民们生活质量的飞跃，人民生活美好而绽放的张张笑脸，回首遥望，同学们的实践活动的意义及初衷得以体现，当代青年大学生，可以下乡通过群众获取一线扶贫资料，了解扶贫实情，见证新农村的快速发展，青春是用来奋斗的，风华正茂的当代大学生在实践中感受生活、实现价值、放飞青春理想。

（李亚杰　杨沅鑫　文）

发挥优势　助力脱贫

云南农业大学热带作物学院隶属于云南农业大学，是一所依托热区、面向全国、辐射东南亚，主要培养热带农业生产、管理、营销等技术应用型专门人才的二级学院。学院自2010年到孟连县对口帮扶以来，选派了一批批优秀教师进驻少数民族村寨开展脱贫攻坚工作，并充分发挥自身优势，为扶贫点的少数民族同胞带去新思想、新观念、新技术，为村民解决生产中遇到的困难，受到群众的欢迎，为孟连的脱贫攻坚工作做出了应有的贡献。

2019年12月，孟连依然温暖，更让人暖心的是热作学院院长李建宾、党委书记宋国敏分别带领院处领导两次到扶贫点之一的勐马镇贺安村，看望驻村工作队员，调研村组发展情况，为身处大黑山腹地的贺安村把脉开方，并带去了急需的农业技术进行培训。

贺安村地处勐马镇西南部，距勐马镇政府所在地10公里，距孟连县城37公里，是个拉祜族聚居的村寨。2019年8月，学院教师陈莲枝被分派进驻贺安村开展扶贫工作。至此，热作学院与贺安村结下了不解之缘。贺安村由于地处偏远，村民文化素质不高，生产管理技术落后，农作物产量难以提高，村民生活水平总体偏低。学院领导了解到相关情况后，及时派出专业教师给予培训指导。

贺安村八波小组有一片10余亩的生态茶林，由于不懂管理、缺乏技术，一直没产生经济效益。学院派出了茶叶专家崔文锐老师与八波小组茶农来到生态茶林，给村民耐心讲解茶树的管理、施肥、病虫害防治技术，并手把手教茶农如何修剪大树茶，听得村民连连点头。

离贺安村委会7公里外的贺安小组，学院派出的果树专家李兴明老师随70多位村民来到田间地头，在坚果树下，一边讲解、示范，一边由村组长翻译成民族语言，从坚果树的施肥、管理、修剪，到芽接技术、防鼠技术，到板栗树的修剪和管理，听得村民茅塞顿开，原来坚果不挂果是因为遇到了石生苗，坚果结果少是因为修剪时把承担结果任务的细小枝条剪掉了……培训结束后，李老师随村组长、会计到田间地头实地查看农作物的长势，进行现场诊断，答疑解惑，提出了适合本小组的产业发展建议。中午匆匆吃过午饭，李老师又投入到了八波小组的技术培训中，为70多位村民开展了两场坚果技术培训，为村民分析了坚果的发展前景，结合坚果与咖啡套种的情况，手把手指导村民如何修剪与管理，提升了农户对坚果的认识，坚定了种植信心。

2020年4月，驻村队员积极响应云南农业大学号召，通过“拼多多”直播平台，开展“在线实践、直播家乡、助力扶贫”活动，在贺安村举行了以“醉美贺安—拉祜山乡”为主题的直播首秀，为外界打开了一扇了解贺安的窗口，也助拉祜同胞登上了一个崭新的舞台。

直播活动中，驻村工作队员陈老师变身主播，带领观众走进贺安拉祜山乡，了解拉祜族文化，领略多彩的民族风情，欣赏优美的舞蹈，聆听深情演唱的自编歌曲，品尝当季特色野果，重点推介野生蜂蜜、大树茶、坚果、咖啡等特产及精美的民族服装、挎包等特色手工艺品，观众突破3 000人次。直播活动不仅带动了贺安野生蜂蜜等土特产的销售，而且很好地展示了贺安村脱贫攻坚以来取得的成果，激发了拉祜同胞通过互联网为家乡代言的热情，展现了边疆少数民族安居乐业的幸福生活，呈现了拉祜族同胞凝心聚力、共奔小康的崭新面貌。不仅通过互联网宣传了边地绿宝石——孟连，展示了多彩的拉祜族文化，还是一次利用网络新模式开展“校-村”合作的有益尝试与探索。

这些是热作学院在扶贫点开展服务的一个个剪影，饱含着热作学院对这片热土的一片深情。少数民族同胞们对知识的渴求，对幸福的向往，带给老师们无尽的力量，激励着一批又一批驻村队员无私奉献在脱贫攻坚一线，奋力拼搏，在乡村广袤的土地上发挥聪明才智，谱写了一曲曲动人的团结互助之歌！

（陈莲枝　文）

革命老区的新生

前言

灵丘县是共青团中央定点扶贫县，位于山西省东北端。2017 年习近平总书记在考察燕山和太行山区深度贫困带时明确提出“加快有机旱作农业发展”，挖掘本地特色资源实现脱贫摘帽。

中国农业大学农学院积极贯彻习近平总书记的讲话精神，在多年校地合作的基础上，探索山西灵丘全域有机农业精准助贫道路。学校党委书记姜沛民等校领导先后多次考察和指导灵丘县脱贫攻坚工作；2017 年孙其信校长上任伊始，外出第一站就奔赴灵丘县考察脱贫工作；随后，更有数十名专家陆续到灵丘开展精准扶贫工作。4 年间，依托全国农科学子联合实践行动、“精准扶贫-乡村振兴”“1 + 3”专项硕士研究生班学生培养，学院充分发挥专业优势，深度开展有机农业实践，从乡村振兴入手，探索新路，促进灵丘全面振兴。

经过多年的努力，2019 年 4 月，灵丘县退出了贫困县序列。但成功脱贫不是终点，而是一个全新的开始。

第一章　不忘初心　不负十八年深耕

由于灵丘地区为雄安新区水源地，不宜发展重工业。2013 年起，灵丘确立了建设“面向京津冀雄宜居宜业宜游山水特色城镇”的发展定位，并进行产业转型。

“绿水青山就是金山银山”的绿色发展理念如何践行？老少边穷革命老区地

区怎么发展？农业区怎么提升经济收益？食品生产安全如何得到保证？农村凋敝，如何聚集农村青年，建立小城镇，实现小农户、合作社和现代农业的有机衔接？面对灵丘发展的一个又一个难题，学院长期从事有机农业研究与实践的胡跃高教授为其指明了方向——发展有机农业。

胡跃高教授是中国农大的老党员。他多年来深耕灵丘，编纂了《山西灵丘有机农业园区实施规划（2013—2030）》，有机农业园区规划面积 1 185 平方公里。18 年间，有机旱作农业带动全县成功转型有机农业拉动就业 6 000 人，构建一套完整的有机生产示范体系，并辐射全国，以车河村为例，2013—2018 年当地建设区农民平均收入从 800 元上升至 18 500 元。

胡跃高提出，“我们只有用全域有机农业的办法，才能从根本上保障农田生态系统、草地生态系统、森林生态系统、水域生态系统以及生活区生态系统安全，为乡村可持续发展提供保障，实现乡村振兴与生态文明建设的目标。在现实情况下，要求到具体的每一个人、每一行业、每一乡村生产单元、每一技术环节，都严格按照有机农业要求把关建设。”当前，全域有机农业已经成为灵丘县脱贫发展的基本方针，并引起了国际关注。由中国农大主要协调组织的“车河有机农业国际论坛”已经在灵丘县的车河村连续举办了 4 届，美国、荷兰、法国等来自全球 20 多个国家和地区及多个国际组织的代表出席了论坛。

依托学校优质种质资源，链接中国农业大学有机旱作农业产业技术研究院，灵丘建设了一批学生引种试验田：赵北乡白马寺村引进的西盟米荞以高出当地苦荞两倍的价格被订购、甜高粱以其优质的鲜食属性获得城里批发商的青睐；落水河乡开展的新型育苗试验解决了该乡中药材合作社长期以来黄芪出苗率低的问题；红石楞乡北泉村试验田里的有机小杂粮获得高产，坚定了全村发展有机旱作农业的决心……

18 年深耕，造就了革命老区变为全国唯一一个全域有机生产示范区。2018 年，有机农业带动一个县、6 个乡镇、83 个村全面脱贫，得到了山西省各界投资 3.5 亿元，新增与有机农业相关的工作岗位 6 000 个。

第二章　背起行囊　到最需要我们的地方去

回忆折叠，时光倒转。2017 年的 7 月，炎炎烈日下，一群农科学子背起行囊，满怀憧憬，带着相同的目的，奔向不同的地域。那年，依托全国农科学子联合实践行动，学院与灵丘县开展全方位合作。11 个乡镇的基础情况介绍，13 支小队近百人的初次探寻，为今后的共建合作打下了扎实的基础。

“农村需要像我们一样的青年人，需要青年人的情怀，需要青年人的热情，需要青年人的抱负和担当。”去往灵丘实践的学子们带着青春奋进的号角与激昂的乐谱，为沉寂的乡村注入了鲜活的力量。围绕贫困农户发展中存在的实际问题，在立足和聚焦精准脱贫上下足功夫，各小队聚焦美丽乡村建设，考察自然风景与人文景观，创建当地百度词条并在多个网络平台发布游记，提升影响力；围绕当地扶贫产业发展，制定营销策略并完成产品设计；以农业知识、植物知识等作物学科特色的科普为基础，开展乡村夏令营和学业帮扶，累计辅导时长 4 000 余小时；实现“一村一户一策”，选定当地贫困户，在充分调研和指导老师的协助下，形成该户的支农增收方案，长期帮扶。为营造良好的社会服务氛围，学院还组织 2018 级新生赴灵丘与村民共庆首届中国农民丰收节，共迎中秋团圆，实地激发同学们的“三农”情怀，为乡村服务工作注入源源不断的新鲜血液，切实培养“懂农业、爱农村、爱农民、有理想、有本领、有担当”的“知农爱农”青年。

农学院陈源泉教授亲自带领区域农业发展研究中心党支部小队深入贫困村，与队员、村民同吃同住，深入了解贫困村现状，自费为山西省灵丘县上关村银苑小学捐赠了科普图书，建立了科普图书角。在驻扎期间，结合实际撰写了精准扶贫社会实践指导手册《走进乡土乡村 50 问》。2018 年，陈源泉继续带队驻扎灵丘，撰写《“穿越 2050”的乡村振兴愿景》一书，表达农科高校师生对乡村振兴美好愿景的期盼。另外，农学院贺岩、谭伟明、王小芬、李金杰、辛明明、袁旭峰等 10 余位教授及青年教师也随队参加了实践，行胜于言，他们用实际行动感染并带动着小队的同学们，更让全体农科学子切实体会到中华民族的伟大复兴绝不是轻轻松松、敲锣打鼓就能实现的，全体农科学子必须心怀兼济天下的情怀、更加刻苦学习，并真正扎根基层，才能切实解决贫困地区的贫困问题。

4 年间，百余支实践队伍，共计千余名队员参与了实践行动，他们有热情、能吃苦、肯担当，实践地覆盖了山西省灵丘县的 10 余个贫困村，农民需要我们，农村需要我们，农业需要我们，农大学子就应该挺身而出，站出来，为祖国出力，到最需要我们的地方去。

第三章　扎根黄土　在服务中共建家园

为全面贯彻党的十九大精神，深入贯彻落实习近平新时代中国特色社会主义思想，做好高校基层党组织建设工作，培养知农爱农的新型人才，学院于2017年成立“精准扶贫－乡村振兴”“1+3”专项硕士研究生班，专项班成员就读期间除在校内完成基础课程学习外，还有一年时间于地方进行服务工作，挂职乡镇长助理开展全日制社会服务工作，服务国家脱贫攻坚与乡村振兴战略部署，进行精准扶贫与乡村振兴的实践机制和模式的探索。

“精准扶贫－乡村振兴”“1+3班”专项硕士研究生的第一站就是山西灵丘。

对接之初，灵丘地区乡村60岁以下人口占比不到10%，老龄化严重、闲置劳动力较多。为振兴乡村经济，帮助村中留守妇女拓展经济效益高、劳动强度小的副业，专项班和灵丘县委党校扶贫工作队共同发起成立了“黍稷工艺品合作社”。黍和稷是两种我国最早耕作的植物，耐干旱、耐贫瘠，千百年来在晋东北这片黄土地上供养着灵丘人民，以“黍稷”命名寓意支部成员扎根黄土地，以坚韧不拔的精神献力灵丘，助力乡村振兴。合作社以制作和销售剪纸、草编等村中传统手工艺产品为商业模式，带动村中20余人就业，让留守妇女在农闲时也能获取一份额外收入。在“第五届中国·大同车河国际有机农业论坛”上，合作社的剪纸作品《车河剪影》作为论坛指定纪念品赠送给来自国内外百余名知名专家学者。为献礼新中国70华诞，合作社将大型套剪作品《平型关将帅图》赠送给共青团中央，寓意灵丘代代相传的红色基因。目前，合作社成员在现有工作形式基础上积极探索新型发展方式，以民间手工艺复原古文物，拓展合作社发展平台，充分体现合作社的示范带动效应，促进乡村经济发展。

在驻村工作期间，专项班成员挂职灵丘下属各乡镇的乡镇长助理，参与部门日常工作，深入贫困地区，服务地方社会发展：参与当地有机生产区的农业产业运营、帮助扶贫工作办公室开展入户统计、参与举办国际有机论坛会议、接待国内外有机研究与扶贫实践专家……用自己的视角捕捉贫困农村发展的症结，锤炼解决农业农村发展实际问题的能力。

从抗日战争时期英勇抗战，到社会主义建设时期支援三线建设，再到脱贫攻坚时期积极响应易地搬迁政策，灵丘县落水河乡招柏村始终用自身行动努力服务国家战略。专项班基于招柏村丰富的乡村文化历史，进行“兴教产助乡村”主题实践活动，拍摄《招柏记忆》纪录片，以精准扶贫的乡村视角记录和还原了招柏村从古至今可歌可泣的革命精神与传唱不衰的壮丽诗篇。灵丘县北泉村是国家民俗旅游示范村，为描绘北泉历史变迁图景，增加生态旅游文化内涵，增强村民凝聚力，支部联合部分老师、干部与村民，组织编写了一部16万字的村史，以“三色北泉”为主线，深入挖掘了自北魏以来，由众多传说及古迹构成的古色文化；由革命年代、烽火岁月遗迹、故事构成的红色文化以及由新中国成立以来几代人努力植树造林所建构的绿色文化。编写《上北泉村志》一书探索了乡村文化振兴的实现路径与发展机制，为灵丘县的文化振兴积累经验。

结语

新时代，农村是充满希望的田野，是干事创业的广阔舞台。新时代下，农科学子需要做的还有很多。一步一个脚印，扎扎实实地走下去，才不辜负“解民生之多艰”这6个字。

（娄凯皓　赵雪晴　文）

树人铸魂

- 技术兴农　实践育人
- 实践出真知　丰宁社会实践感悟
- 回望郑家堝　展望新方向
- 春风化雨无止境　育人无痕显担当
- 小小新农人　大大助农梦
- “三下乡”　梦开始的地方
- 埋下乡村之种　筑起人生之梦
- 树人铸魂　记拦海村助教社会实践活动
- 坝上行　坝上情
- 不忘初心　树德育人
- 一次回忆　一世情长
- 从耕耘到“耕耘”　农科学子的支教路
- 大学生返乡实践故事
- 实践行动长才干　志存高远报国家
- 不忘初心路　矢志新农人
- 守初心　立德树人　担使命　强农兴农
- 学思践行助“三农”　融身乡土悟真经
- 走进乡村是高校最好的感恩教育课
- 做扎根边疆的小胡杨
- 脚踏黄土　心系群众
- 纸短情长　说不完意义深长
- 感悟“三下乡”　青春筑梦行
- 我们和琉璃庙镇的故事

技术兴农　实践育人

习近平总书记在2018年全国教育大会上指出，要围绕培养什么人、怎样培养人、为谁培养人这些根本问题，把立德树人的根本任务融入包括社会实践教育在内的各个环节。新时代赋予了青年学生新使命，高校是引领青年学生认清自身责任与担当的主战场。为了响应全国农科学子联合实践行动，助力打赢脱贫攻坚战。5年来，北京农学院植物科学技术学院一直积极响应联盟号召、勇担历史使命、牢记育人责任，为全面建成小康社会贡献了新时代“农科”力量，带领学院师生赴丰宁等地完成联合实践行动。让学生从教室走向乡间，把书本融进土地，真正的到基层中去，加强自身培养，服务国家脱贫攻坚战略，把个人的命运同社会、同国家的命运联系起来。

“纸上得来终觉浅，绝知此事要躬行。”植科学院的社会实践团首先进行以课程与教材为心的专业理论学习，帮助学生获得对学科知识的结构化认知，夯实学生的理论基础，进而在实践行动中更好地强化和实现情感领域和操作领域的教学目标。让学生学会综合运用跨学科知识理解问题、解决问题，并获得综合能力的提升和成为具有“三农”情怀的新时代青年。自2016年植科学院成立的精准扶贫实践团连续四年赴河北省承德市丰宁满族自治县进行调研实践活动，几年来共有40多名专业老师，200余名学生参与实践，其中包括园艺植物资源、果树有机栽培、植物育种，果树栽培等方面的农业专家。涵盖农学、园艺、植物保护等3个植物生产类专业，农业资源与环境和种子科学与工程两个特色专业的学生。5年共走过了1 000多公里路程，到达丰宁五道营乡、波罗诺镇、汤河乡等8个乡镇，走访五道营村、岔沟门村等27个村庄。

每一年的实践学校都会合理安排学生实践时间，按照学生特点特长分组展开，调研、访谈、实践、指导全方面进行。走访各家各户，通过小组合作完成问卷调查，与当地村民进行交流沟通，采访退伍老兵老党员，锻炼学生的交流沟通能力，增加学生社会经历，加深其对社会的了解。同时，由专业老师带队，走进田地，走进大棚，帮助农民解决农业生产中遇到的问题，加深学生对所学专业知识的理解，提升农科学生专业知识的应用能力，锻炼学生将课堂中的理论知识与实践结合的能力，加强学生对民生民情的了解。应习近平总书记号召，深入农村、深入基层，了解基层最真实的状况，做好“三农”工作，尽全力协助扶贫攻坚工作，提升农科专业学生对农业进步、农村富强、农民富裕的责任意识，在一定程度上帮助了贫困地区增加收入，脱贫致富。一名参与实践的学生说：“乡村振兴的道路任重而道远，唯有坚持和奋进才能抵达，知之行之，知行合一，我们要用行动担起农科学子的责任，用热血追寻生命的意义。”

实践过程中，学生对自己专业有更深的认识，同时也对我国“三农”发展有了更进一步的了解，对自己的未来有了规划。“少年强则国家强”，青年是国家的希望，实现中华民族伟大复兴的中国梦，离不开有理想、有责任、有担当的中国青年。广大青年学生需要拥有激情和理想，同时要有执着的信念和优良的品德。联合实践行动在实践中激发学生爱国热情，培养学生勇挑重担的信心决心，引导学生树立正确的人生理想。习近平总书记曾指出：“精神是一个民族赖以长久生存的灵魂，唯有精神上达到一定的高度，这个民族才能在历史的洪流中屹立不倒、奋勇向前。”中华民族用“抛头颅、洒热血”的坚定理想信念，实现了民族独立和人民解放，而后又实现了从站起来、富起来到强起来的伟大飞跃。

经过几年的实践，学校不断加强实践队伍建设，尽最大努力去为国家、为民族培养出“懂农业，爱乡村，爱农民，有志向，有身手，有担任”的“一懂两爱三有”人才，为实现中华民族伟大复兴的伟大中国梦做出贡献。学校引领学生认清新时代，实现新使命，做出新贡献，珍惜韶华，让有能力有作为有未来的青年在人民最需要的地方展现出自身价值，培育出有理想、有本领、有担当的具有“三农”情怀的农科学子。

（牛奔　文）

实践出真知　丰宁社会实践感悟

我是北京农学院植物科学技术学院的学生赵云希。

从初入校园，参加团学组织竞选，尝试着各种不同的生活，努力备战期末的无数个通宵，到参加各种志愿活动，我渐渐找到了自己在大学中的方向和奋斗的目标。丰宁社会实践更是我朝着既定目标努力的关键一步。

一、业精于勤，行成于思

在实践团启程的第一天，我们来到了广袤无垠的草原乡，肥沃的土地、勤劳的人民、怡人的清风给我留下了深刻的印象。风吹草低见牛羊，移步异景都是不用滤镜修饰的美好，同伴打趣说随便拍一张都是电脑的开机画面。一方水土养一方人，这里的人们拥有自然赋予的礼物，拥有勤劳的双手、乐观的精神以及朝着美好生活不懈努力的热情。尽管当地的种植技术仍然缺乏指导，科学种植也并未大面积普及，但这里的人们通过摸索和努力创造出的成果仍然让指导专家和实践团成员为之惊叹。

面对脱贫攻坚的任务和目标，当地的一位村民说“只要不懒，就不会穷。”此言诚哉！草原乡的人民就是靠着这样勤劳的干劲，一步一步摸索适合自己家庭的生产方式，适合当地作物的种植技术，不畏险阻，勇于尝试，勇于挑战，勇于承担，其中一部分农作物的种植加工已经相对成熟，向实现全乡脱贫的目标进一步迈进。

从古至今没有任何一个困难能阻挡勤劳的人，也没有任何事是勤劳无法攻破的。多少仁人志士，因为勤学而成材，并留下许多千古的佳话，如“悬梁刺股”“凿壁偷光”和华佗学医、鲁班学艺、李白铁杵磨成针等。这些都是大家所耳熟能详的历史人物，这些故事都是中华民族历史上勤奋学习的典范。身为当代青年，国之重任、复兴之重任都在肩上。如何不负众望，对得起国家和人民的信任？勤劳自当列于首位。当今世界正处于在科学技术飞速发展的时代，未来世界的竞争主要是科学技术的竞争。科技兴农、科技支农也是农科学子要担负的重任。国家既要有数以千百万计的科学家、技术人员，还要有亿万有文化、懂科技的普通劳动者。在采访过程中，一位老党员对我们说："你们要从小培养勤劳的优良风尚，建设更强大的祖国的希望寄托在你们身上。"作为祖国未来的建设者，勤奋学习是我们首先需要培养的习惯。勤奋学习要有钻研精神，持之以恒，不怕困难，不怕挫折，还要讲究科学的方法，结合实际，手脑并用，创造性地、灵活主动地学习，培养对科学的兴趣，提高自己的动手能力和创新能力，为今后参加社会主义建设打下基础！

二、传承学农精神，贡献青春力量

在此之前，我一直对自己的未来捉摸不定，我不确定学农是否真的适合自己，想过转专业也想过去参军。但在实践的过程中，看着农民因为作物的收成而眉头不展，因为缺少帮助而种植情况得不到改善，又因为我们的到来而看到了希望。他们眼睛里闪烁的光芒让我觉得自己真的在做很有意义的事，学农是一件很骄傲的事，解决虫害、科学种植这些看似不起眼的事，却能真的帮助一个家庭甚至一个村子的人们过上更美满的生活，这样的成就感激发了我对自己专业的认同感，更加坚定了我在这条路上走下去的决心和信心。之前只是泛泛了解，这次真的走进村落的大家小巷，走进村民的生活，才真正明白人们真正需要什么，我们能为他们做什么。

新时代的我们站在了新的起点，更肩负了新的使命。我们要秉承农科学子永葆使命、励志报国的崇高情怀，传承脚踏实地、敢于奉献的学农精神，坚持知难而进、勇于创新的科研精神，用自己的实际行动，踏着农科先辈的足迹，传承优良传统，践行农科人"顶天立地"的精神追求，为自己的人生绘出一幅多彩多姿的画卷，为社会的进步和发展贡献自己的力量。

三、探寻红色足迹，热爱忠于祖国

"为革命而死，重于泰山。"已 89 岁的张爷爷，在 1948 年为支援解放战争，

18 岁的他参军入伍，在吉热辽野战医院担任卫生员。参加了解放战争中的辽沈战役，战争胜利后调入华北军区医院工作。退伍回到家乡后，他没有忘记自己身为中国军人、共产党员的职责，仍积极为人民贡献自己的力量，担任了 30 多年的生产队长。“没有国就没有家”这是来自 67 岁的赵爷爷含着泪说出来的。他 17 岁参军，在那个什么都不懂的年纪，便背负起拯救民族、拯救国家的重担。他是抗美援越的伟大战士，是我们心中最可爱的人，在炮火满天的战争中，两颗子弹从赵爷爷的头皮擦过，让他一度与死神擦肩而过，但是他说只要还能走，还能打，就继续打下去，因为有国才有家。当谈到过去时，赵爷爷一度哽咽，他说，当年参军的有将近 4 万人，现在剩下不到 1/3，非常想念当年跟自己一起并肩作战的战友，很怀念以前的部队生活。他嘱咐同学们，一定要好好学习，报效国家，青年是民族的希望，国家的未来。赵爷爷依然不忘初心，一心一意奉献祖国，他是民族的英雄，国家的英雄！

在实践过程中，同学们参观了道德坑后方医院遗址及弘德烈士陵园，在烈士纪念碑前为逝去的英雄默哀。老一辈共产党人为了我们的民族、我们的国家付出了自己的青春甚至生命，和平、安定的生活是他们的热血换来的，他们永远是青年学子学习的榜样。

四、用心守护梦想，用爱浇灌未来

在实践的最后一天，同学们来到了杨木栅子乡杨木栅子中心小学。大家希望通过这次支教帮助杨木栅子中心小学的同学们树立崇高的理想，青春年华奉献祖国，返乡建设促进发展。

同学们能从孩子们的眼睛里看到对未来的期待和对知识的渴望。“白日不到处，青春恰自来。苔花如米小，也学牡丹开。”无论是杨木栅子中心小学的孩子们，还是正在为梦想奋斗的青年们，都是小小的平凡的人。只要心中有爱、有崇高的理想、有热情、有目标，大家都能像牡丹一样绽放自己独特的美丽，我们也能实现自己的梦想。

“如果没有那次眼泪灌溉，也许还是那个懵懂小孩。溪流汇成海，梦站成山脉，风一来，花自然会盛开。梦是指路牌，为你亮起来，所有黑暗为天亮铺排。未来已打开，勇敢的小孩，你是拼图不可缺的那一块。世界是纯白，涂满梦的未来，用你的名字命名色彩。”

最好的遇见，是梦想开花的那一刻。支教，也一直都是很多青年学子的梦想，支教是奉献，是砥砺，是“不忘初心，方得始终”。能用自己的绵薄之力给孩子们的心田注入知识的甘露，为社会公益作贡献，体验支教过程中的酸甜苦辣，何其满足。这朵梦想之花装点了新时代新青年的大学时光。

一路走来，同学们遇见了无数张陌生的面孔，遇见了各种奇闻趣事，但总有那么一些人，一些事，成为同学们人生中一道美丽的风景。感谢支教，感谢你们。

同样，同学们不能因为走得太远，而忘记为什么出发。回馈建设家乡，是每一位华夏儿女都应担负的责任，通过此次支教活动，同学们将这份精神传递。同学们希望这种观念代代相传、生生不息，最终实现乡村振兴的宏伟目标！

这一路走来，同学们真的经历了很多，欢声笑语、艰难险阻一路相伴。但是大家坚毅勇敢，温暖而有力，同学们从未惧怕，永不言弃。年少的我们，收获了纯真的友谊，打开了通向未来的大门，坚定了梦想，同学们不再躲避、不再惧怕。

（赵云希　文）

回望郑家堉　展望新方向

“我是长江大学农学院暑期实践服务队的一名队员。你好，郑家堉。”实践队与你相遇已经第 4 个年头，夏日如期而至，在联合实践行动的号召下，长江大学农学院一群志同道合的大学生，踏上为期 10 天的暑期实践之行。我们渴望在实践中，找寻农学专业的出路，坚定我们的农业理想，我们更希望在“精准扶贫”“乡村振兴”的大前提下尽一份力，让“你”改变，让“你”不同，我们趁着青春，带着梦想，留下这样一个充满意义的印记。

还记得回校的车上我回想起暑期社会实践活动，不知为何，心中的无数的情感如同决堤的江水泛滥至全身，眼睛突然湿润了，我知道这并不是悲伤，而是真正的感触。实践不仅锻炼了我的能力，更重要的是给了我一段无法忘怀的经历。我提炼了我的品格，开阔了以往的世界观，清晰了我未来的方向。与村民和其他实践队员同吃同住的日子，我更是收获了珍贵的情感，村民让我懂得带着质朴的心去热情地与人交往，一起走访的其他队员让我懂得了关爱、宽容、团结协作。虽然实践只有短短十天，可我依旧了解到郑家堉村这些年来的发展，农业的发展新趋势，让我看到了未来农业的新机遇。长江大学扶贫工作队队长告诉我们他们正在履行时代赋予他们的责任，而青年农科人要有意识，要接过“乡村振兴”的火炬，担起时代责任，为祖国的发展建设贡献力量。

第一章　韶华时光　与你同行

炽热的阳光下有一群红色的身影，那是长江大学农学院暑期实践服务队。我们不惧阳光，翻越山岭走访民户，不顾夜深，整理每日问卷，因为我们一起，我们依旧有着欢声笑语，我们相互依偎着，变成了彼此的家人。

郑家塥村在重山深处，村镇之间相隔一个小时的车程。带队老师为我们补送物资的那一天，我们全员可以团聚。早在前一夜大家就开始兴奋，当全员围坐一桌的时候，我感受到过年的气氛。不会在乎菜品是不是丰富，更不会要求大鱼大肉，聚在一起，每个队友脸上都是掩饰不住的开心。大家动手盛饭，相互夹菜，有说有笑地吃过午餐。下午，大家坐在农户家的堂屋，互相说说情况，还玩了一会儿小游戏，有时候快乐就是这样简单。

山中流传一句话“通讯全靠吼”，两家农户相隔一纵山谷，甚至能够看到彼此在干什么，可是想要串门，山路一走便是几个小时。实践队需要挨家挨户走访，村庄特殊的地势给我们造成极大的不便，每一组的工作量都不小。每天走两三个小时的山路，我们不是铁打的，也都觉得疲惫，但是没有一个人打退场鼓。我们在一起奋斗，累的、苦的经历都是我们宝贵的回忆。

第二章　扶贫五载　卓越变化

2016 年实践队第一次来到郑家塥村，还没有实现脱贫计划的这里，土坯房随处可见，村民的收入十分微薄。未通公路，未通水路，未通电路的“三不通”困扰着村民们。踏泥泞来往；漆黑夜晚煤油灯做伴；饮水用水只能去山下打。重重大山的阻隔让世人不知晓郑家塥人的心酸。5 年里，郑家塥村在山林间默默成长，当人们再发现它的时候，这儿早已经变成了另外一番天地。

2020 年实践队来到这里，盘山水泥路已延伸至每家每户，“两不愁，三保障”的落实，让村民们水电全通；厕所改造，让每户村民拥有一个干净的厕所；新兴产业的引入，让白芨基地、核桃基地应运而生；他们在家中养起了蜜蜂，他们种上了各种药材，收获着特色农作物；不少农户在村中办起了农家乐，天然的跑山鸡、传统的腊肉吸引了不少客人；合作社的成立，公路的建设使家中的作物有了更好的销路；村委响应政策建立贫困红黄卡户，他们易地搬迁，建造了更好的住所。5 年的发展，让郑家塥村摘掉了贫困村的帽子，让这个美丽的山村鼓起劲头向“乡村振兴”的伟大目标冲击。

第三章 韶华正好 奋进前行

无法联系实际的知识是无用的，“三下乡”实践让我了解到我学习的农业知识是多么了不起。很幸运，我在十九岁的年纪里拥有了这样一段美妙的时光，那是我来到大学的第一个暑假，那是我拥有的第一个暑期实践。我要珍惜接下来的时光，让它像我这10天时光一样精彩，我也相信这10天必然是一个新的开始。

乡村振兴的道路还很长，需要我们去拼搏、去奋斗。我们需要立足课程知识，在农业的大好前景下创新、发展，找寻一片属于我们年轻一辈的天地，在时代的浪潮中展现我辈的风采。

我很清楚，时代的大旗已在我们的手上，灿烂的挥舞，就是我们该有的青春。

（何泉龙　文）

春风化雨无止境　育人无痕显担当

福建农林大学农学院重视社会实践活动在育人中的重要作用，将全国农科学子联合实践行动纳入学院社会实践活动，作为人才培养的重要环节，坚持立德树人，引导学生在实践砥砺奋进，与全国农科师生一起，汇聚磅礴力量、发挥专业力量、展示时代责任，融入全国脱贫攻坚战役之中。5 年来，福建农林大学新农人助农扶贫实践队等在指导老师的带领下，朝着“十年百村千户”的目标，足迹踏遍福建周宁县、寿宁县、屏南县、泰宁县、光泽县、上杭县等 53 个村 600 余农户，开展了网络助农 App 推广、问卷调研、反季节蔬菜培训讲座、美丽乡村建设规划等实践活动，涌现了一批批在矢志“三农”之路上，勇担责任、无私奉献、不畏艰苦、勤于实践的育人典型。

第一章　乡村创业勇立潮头　师生共创同助“三农”

“我陪伴着同学们、农民朋友们一起成长，帮助他们通过乡村创新创业追求自己的理想，同时我也在这个过程中收获很多。”福建农林大学农学院陈冬梅老师如是说，“我向他们学习，在自己的本职岗位上积极创新，不断精益求精，做好榜样就是最好的指导。”

在乡村创新上，“陪伴”与“榜样”的相互形式就是陈冬梅老师始终秉承的教育初心。在陈冬梅老师的指导与支持下，一批批优秀涉农专业的创业学生涌现，投身乡村一线，他们积极地运用专业所学，践行服务“三农”事业。

一、深耕到实践的创业指导

对于乡村创新创业，陈冬梅老师经常和学生们说：“乡村创新没有很复杂，其实就是一个发现问题、分析问题和解决问题的过程。我们去做实践，就是去发现问题，或者是带着问题去进行现实检验，这是大学生创新创业必经的一步。”陈冬梅带领着学生们通过暑假“三下乡”、专业实习实践和公益助农活动等实践方式接触和介入创新创业活动，积极引导涉农专业的学子依托自身专业参与“三农”服务实践，走到田间地头，走进农业生产一线。

学生们在实践中，不仅可以找到好点子、发现问题，也能锻炼能力增长知识，为真正的创新创业打下了基础。近年来，在陈冬梅老师的带领下，实践团队走到了延安延川县、洛川县、闽清县、永春县、德化县、福清市、福安市、尤溪县等数十个县区，指导两百余学生参与各项实践。

其中，实践团中的凌誉同学分享说：“从我的‘新农人学堂’项目到《青春无悔筑梦‘三农’，自强自立勇于担当》的主题演讲汇报，这期间陈冬梅老师一直不断鼓励我，她曾说过‘没有经验不打紧，要肯去实践，做了自然就会有经验积累。’这句话我一直铭记于心。在第三届中国‘互联网+’大学生创新创业大赛全国总决赛活动中，我们团队获刘延东副总理等领导的接见；在延安参加‘青年红色筑梦之旅’实践活动中，我们给习近平总书记写信，全体实践队员获得总书记回信。这些成果与陈冬梅老师的指导分不开，她对我的乡村创新创业事业影响深远。”

二、厚积在校园的“三农”天地

陈冬梅老师的乡村创业指导逐渐从校内走到了校外，服务着更广泛的“三农”事业。从到闽清县助农开始，她积极推广《耕作学——农业生态转型的理论与实践》课程，通过宣讲生态学与耕作学的新理念、新知识，提升闽清县生态种植技术水平，覆盖创业青年300多名。此开放课程被确定为新疆生产建设兵团专业技术人员必修专业科目之一，当地学生表示，此课程对新疆生产建设兵团农业专业技术人员给予了耕作学方面非常专业的指导与帮助，切实提高了兵团农业技术人员的耕作学理论水平与实践能力。

陈冬梅老师不仅带领着学生服务社会公益，自己也带头投身“三农”事业，为培育“三农”“一懂两爱”人才、农业经营主体转型成绩、农业产业优化，贡献着自己的力量。

三、树立于青年的进取榜样

以身作则，形成榜样的力量，这是陈冬梅老师坚持的指导理念，也是她所在的教师团队执行的模范方针。教师团队组建两支乡村振兴服务队，专注培养“一懂两爱”“三农”人才，带领学生们深入多地开展乡村振兴服务，决战决胜脱贫攻坚。其中，张重义老师带领课题组教师和学生们积极参与和指导福建天人药业等企业开展太子参产业强镇建设，通过与柘荣县人民政府及福建省农业产业化龙头企业福建天人药业股份有限公司携手合作，完成了太子参产业强镇的成功申报。此外，教师团队也多次运用现代信息平台，在线服务新农人创业教育，影响上万人次；同时深入服务乡村产业，校企联合并充分发挥个人力量，将现代农业科技成果在乡村中落地推广转化，助推乡村产业升级。

第二章　以农为本　爱农为魂

周宁地处闽东北，平均海拔880米，属于亚热带季风气候，曾经是福建省23个省级贫困县之一，现在已经摘帽脱贫。从2015年开始，福建农林大学农学院种子科学与工程系主任季彪俊老师就以扶贫专家的身份带领大学生们在这个高山上的县城里进行社会实践活动。他鼓励农学院学子们积极参与助农扶贫实践，助力乡村振兴经济发展。

一、以农为本，培养“一懂两爱”新农人

“想要了解农村基层，不能只站在田外边，必须耐心地与农民交朋友，真真切切理解农民，知道他们的真实想法。”这是季老师经常跟实践队员们说的话。2019年，他带领FAFU新农人扶贫助农实践队来到了周宁县浦源镇，调研了周宁县黄振芳家庭林场和福建延周现代农业发展有限公司。深入考察后，学生们领会到了“农村要发展，关键在农民；农业要发展，关键也是农民；农民要进步，关键在于青年”的真谛，学生们纷纷表示要进一步掌握扎实的专业知识，发挥专长，深入农村一线、推广农技，振兴农业，获得农民的支持，让农业发展，让农村发展。

在宁德市周宁县潘山底村，他带领学生们下地推广新品种薏米并进行种植。实践过程中，遇到一位36年农村实践经验的老干部，他跟实践队师生说道：“科技是解决现代山区农业困境的一把利剑，学农的大学生们，不只要学会研究农作物，也要学会研究农民，更要有农业的大局。”这句话深深触动了实践队师生，让实践队师生对自己与专业有了新的定位。确实了FAFU新农人扶贫助农实践队实践的目的就是为了深入基层、了解基层、服务基层，为实现农业强、农村美、农民富、乡村城市共生共荣的目标贡献自己的一份力量。

季老师一直教导学生们：“对于我们农学人来说，了解农村现状，了解农民需求，结合当地农业的具体情况，因地制宜的将农业科技带给农民，让农民接受，是我们新农人未来在学习与研究方向中需要考虑的重要课题。”“无农不稳”，没有青年农科大学生的加入，农村将成为枯老的农村；农业只能是从现代退回原始状态的农业；当饥饿来临时，所有的一切都是空中楼阁。我国农业面临的是比社会老龄化更老的农民，农村也是更老的农村，当青年不再回归农业，农民老去；当农村无人问津，农村老去；中国该由谁来养活？这些问题，需要以农为本，需要青年一代大学生进一步的努力。

二、爱农为魂，汇聚助农扶贫新力量

早期，实践队在调研中发现，与大多数山区一样，周宁县的农村里大多数是老人和小孩，青壮年们几乎都出去打工，多数农田荒废。经调查研究发现，主要有两个原因，一是种田不赚钱，二是村子里的田地过于零散，难以机械化种植，管理起来难度太大。

农村的振兴，首先“人”是重要的基础和魂，要留住这个“灵魂”除了外在的产业吸引、前景吸引外，内心的喜爱也是非常重要的。周宁县有个钱式农场，其农场主就是回乡创业。这个原生态农场自然、清新、无异味，山泉水的引用让人身心舒畅。钱场主说道，兴趣是他最初的坚持。出于对兴趣的执着与对于农业发展大环境保持乐观态度，他放弃城中固有的工作，回到家乡创办自己的农场，虽工作利润、条件远比不上城里，但这个天然农场让他过得更加舒心愉快，也促进了家乡人才回流的发展。钱农场主挂在脸上的朴实笑容，是对农业的情怀和对生活的热爱，为实践队师生上了一次生动的农业课，这堂课深深地感染了实践队师生，让实践队队员坚定了对农业的追求和向往。

作为一名农学院教师，季老师深深懂得课堂教学和实践教学缺一不可。多年来，他不仅做好课堂授课工作，也积极参与实践带队工作，与周宁县共建长期实践基地两个，积极动员在校大学生下乡实践，走进乡村现实，感悟农业发展，体悟农民生活，开展科普讲座、科技下乡工作，积极挖掘乡村特色文化，为周宁县乡村建设、助农脱贫工作建言献策，为当地文化发展，优化特色作物种植，发展优势产业贡献一份农科人的力量。

岁月不居，时光如流。农学院师生用5年的时光，与全国农科师生联合起来，开阔视野，增长才干，发挥个人服务奉献的力量，感受知识改变世界的能量，见证贫困地区和人民脱贫致富的质量，投身全国脱贫攻坚之战，连新冠肺炎疫情也没有阻挡住实践的脚步。诉不尽情缘，数不完收获，福建农林大学农学院师生一直在助农路上，不断前行！

（陈冬梅　季彪俊　李钰婷　林彬彬　文）

小小新农人　大大助农梦

连续5年，每逢暑假，就算酷暑携带着台风的威胁，都难以阻挡福建农林大学农学院FAFU新农人扶贫助农实践队“三下乡”活动开展的脚步。在周宁县，这些未来的新农人，开展贫困户走访调研，农民致富带头人合作社和创业示范基地走访调研、到山村随机进行农户问卷调查、与当地政府主管部门负责人座谈，在带队老师的指导下，参与探讨当地特色农业发展模式，为特色作物种植、美丽乡村规划出谋划策。

姚嘉瑜，就是这些新农人中的一个。她是福建农林大学农学院2016级植物科学与技术专业学生，自进入大学以来，就一直参与学院团委实践部工作，配合学院领导老师，做好全国农科学子联合实践行动工作。2018年，她担任团委实践部部长，并担任FAFU新农人扶贫助农实践队队长，在季彪俊老师的带领下，跟实践队其他6名新农人赴福建省宁德市周宁县浦源镇开展助农扶贫实践活动。

“不登高山，不知天之高也；不临深溪，不知地之厚也。”虽然是学农的孩子，虽然一直都在负责实践部的工作，但是自己参与到实践活动中，那是另外一种体验。在实践之前，带队指导老师季彪俊已经跟实践队员确定实践主题，制定出详细的活动规划和每一天的具体流程，可是，初入周宁县姚嘉瑜一行还是遇到了很多的问题。碰到第一个问题，还是对专业身份的定位和思考，实践队队员都是满腔热情，意气风发地投入实践工作。不过学农的孩子到了农村，有时候会被质疑，一次在帮助村民除完稻田里的杂草后，遇见一个扛着锄头收工回家的老伯，老伯开玩笑地说：“现在大学生也种地了？”面对有意或者无意的质疑，实践队队员也会进一步反观和思考。“我们是谁？我们为什么而来？我们要做什么？”

这些问题摆在了每个实践队队员的面前。只有正面面对问题的时候，才会进行深刻、冷静的分析和思考。想清楚这些问题后，才能真正理解“农”的力量和魅力，也才能更加坚定走学农的道路。队员碰到的最棘手的问题，是不知道如何用专业知识解决实际问题。基层很多事情是综合的、复杂的、长期的、有地方特点的，实践队员往往觉得无从下手，缺乏信心和动力，很多时候就是边看边听边学边想。农村是大有可为之地，可为之地意味着有很多可以改善和发挥的空间，但是，对学生而言，如果没有正面引导，也会受到一些负面情绪和思想的影响，如果加以正面积极的引导，就会激发实践队员对乡村建设、助农脱贫工作进行思考和作为。

“苟日新，日日新，又日新”，接力脱贫忙助农，见证乡村展新颜。姚嘉瑜这一批实践队去周宁实践，是 FAFU 新农人扶贫助农实践队赴周宁实践的第三年。相较于前两年，周年县在特色农业产业扶持、助农攻坚扶贫工作上取得了很大的成效。很多乡村的村容村貌得到了很大的改善，周宁县鲤鱼溪风景区也建设得越来越好，带动了周边旅游产业的发展，乡间民宿越来越多，越来越有特色，也逐渐吸引了很多外出打工的年轻人回到周宁发展。2016 年，实践队第一次下乡时，住在周宁县际头村的农业合作社一个临时的厂棚里，三四个人挤在一间，只有一张床，没有热水洗澡，吃饭在村主任家，出入村子，只有一辆面包车，还要提前预约，条件非常艰苦。到了姚嘉瑜这一批实践队下乡的时候，周宁县已经可以给实践队师生提供条件不错的民宿，帮助他们解决实践期间的食宿问题。

民宿位于周宁潘山底村，每次在结束完一天实践工作后，实践队员都会跟民宿的房东一家人聊聊天。房东的女儿跟实践队员年龄相仿，谈起家乡的变化，她说：“村里通过精准扶贫、美丽乡村建设等政策的扶持，村容村貌已经有了很大改善，村里房子建设规则有序，村道整洁，村民也养成了不随地丢垃圾，生活垃圾放到集中处理点的良好习惯，去年还被评为‘最美乡村’。村中的大部分山地承包给农业公司种植高山茶叶，公司以 400 元每亩的价格租用山地，到了收茶季节，也会雇佣村民采收茶叶，村里贫困户的生活水平也逐步改善。专业的农业公司具有较好的种植技术、美观的品牌包装、完善的销售渠道，这使得农户可以规避各类风险，拥有稳定的收入来源。农村的发展不是一朝一夕就能完成的，但是，农民的确富起来了。”房东一家人其乐融融，平静而踏实的乡间生活深深烙印在了实践队员的心中。

钱大哥的家庭农场坐落在村后山上，他邀请实践队员去农场看看。他在2016年选择从上海回到家乡，通过置换地块，将自己手中零散的土地变成了现在一片20多亩的山地，开始建设家庭农场。虽然山地的耕作难度更大，但整片的土地更有利于农场发展，经过两年多的独立建设，现在农场内已具有了基本的灌溉系统和电力系统。钱大哥秉承无公害、可循环的理念，种植了一些水稻、玉米、花生和紫苏，又养了一些兔子、芦花鸡和小香猪，在山腰处还利用独特的地形开辟了一个用山泉水做的鱼塘。坐在林荫下交流着农场的建设，钱大哥沏来一壶好茶招待实践队师生，茶后味回甘，就连平时不怎么喝茶的同学都多饮了几杯。聊到兴起处，钱大哥主动讲起当年放弃了打拼多年的上海转而回乡创业的艰辛。当时很多亲友都不理解他的行为，尤其是当他决定用自己平坦的沃土与他人交换山地时，更是受到了邻里不少的非议。但是时间最终证明了一切，现在，村里其他人看到钱大哥把农场打理得井井有条，不禁佩服他这种勇于开辟的精神。听着钱大哥的故事，看着远方的如画的山村美景，“农”的温度随着茶香弥漫了实践队员的全身。

农科学子肩负时代使命，答时代之问，书时代之卷，需要掌握更加坚实的专业知识和技能。2020年7月，姚嘉瑜通过了全国研究生考试，成为福建农林大学农学院的一名研究生。四年时光匆匆而逝，通过课堂学习和实践体悟，更加坚定了她对乡村振兴之路、助农扶贫之路的信心和决心，也让她明白“三农”之路很长、很难，需要汇聚点滴力量，发扬新农人精神，踏实迈好每一步。

（姚嘉瑜　林彬彬　文）

“三下乡”　梦开始的地方

我是广西大学农学院的学生屈啸。

“走进乡土乡村，助力精准扶贫”联合实践行动一晃眼已来到第5个年头，自2016年以来我连续多年参加暑期“三下乡”实践活动。正如习近平总书记所说“我人生第一步所学到的都是在梁家河”，暑期实践对我来说，已不仅仅是一个活动，它已成为我成长道路上的“人生导师”，在实践中我越来越能理解在大一时专业老师告诉我们，“学农业、做农业要有家国情怀”。每一次的基层“三下乡”经历都让我学到了人生中不同的“第一步”，也收获了别样的成长意义，这是我实现人生梦想开始的地方。

第一章　青年辛苦更生事　莫向光阴惰寸功

有很多人问我，“三下乡”苦不苦？“三下乡”条件那么差，为什么还要劳心劳力的参加？对于这些疑问，我有很坚定的答案——青春底色是奋斗，越是艰险越向前。自2016年以来，我多次前往广西那坡参加暑期实践活动，广西那坡县是国家级贫困县，也是广西大学派驻第一书记的贫困县。犹记得第一次到达那坡的时候，那里艰苦的生活条件和深度的贫困情况出乎我的意料，但是在几天的实践过程中，我发现村里的第一书记朱学峰和其他扶贫队员都是那么的有热情和干劲，白天和我们一起开展工作，晚上还要去一些特困户家里嘱咐一些农忙的事情，忙碌的一天却依然保持微笑和热情。在与第一书记及几位扶贫工作队员访谈过程中，我终于明白支撑他们的“神秘力量”，那就是农业情怀和责任担当。这是我第一次“三下乡”过程中在思想上最大的收获，这些理念从此之后深埋在我心中，这也是为什么后来我坚持不懈地参加了多次暑期实践活动，实践往事历久弥新，让我久久难以忘怀。在经历了越来越多“三下乡”活动的锤炼之后，我愈发坚定了这份初心，我也想团结身边更多的农科学子能够在“三农”大地上有所收获。

第二章 路漫漫其修远兮 吾将上下而求索

在实践过程中我越来越能体会责任和担当的深刻含义，作为农科学子，我们必须团结起来，在“三农”的大地上谱写属于我们的青春。

2018 年 5 月，在党中央和自治区党委关于实施乡村振兴战略的相关指示下，在校学生工作部、校团委和农学院的联合指导下，我与一批有理想、有志气、有乡村梦想的青年共同创立了广西大学乡村振兴学社，我有幸担任首任社长。学社成立一年多来开展了多项有关乡村振兴和农业方面的活动，运用团队的力量更好地开展“三下乡”活动。2018 年暑假，乡村振兴学社暑期实践团赴广西农业龙头企业金穗集团及马山县古棠村开展以乡村振兴为主题的暑期实践活动。本次活动，我们充分了解和感受到农村的加速变化，深受鼓舞。活动结束之后，我们将调研结果成果化，分别发表两篇中文文章，这也是学校农科类实践团队中首次以暑期实践调研结果为基础发表文章。

2019 年，学社暑期实践团再赴那坡开展暑期“三下乡”活动。这是我有幸第二次来到这里。相对于 2016 年我的第一次那坡实践之行，我深刻地体会到三年来那坡乡发生的巨大变化。记忆特别深刻的是，那坡地区因为缺水的原因，很多经济作物无法种植，如何选择和开发新的种植材料助力脱贫，一直是第一书记们的头等大事。2016 年暑假实践过程中我们了解到念头村的第一书记朱学峰打算以种植食用菌的方法来降低缺水问题对农业发展和村民收入的影响，当时很多村民因为各种原因不敢开展从未涉足过的食用菌生产。朱书记看在眼里，急在心头，他毅然决然自掏腰包带领村两委部分干部带头干，同时联系食用菌厂家做了示范种植。2018 年再访念头村的时候，在我们的大巴车快到的时候，我心中既激动又紧张，就像去拜访一位老朋友，真的很想知道他近况如何。进村之后，我发现很多村民已经通过种植食用菌脱了贫致了富，两年时间不长，但是变化非常明显。在实践过程中，村两委也有了新的办公楼，新的村民活动场地，之前走访的贫困户也顺利脱贫并修了新的住房。在实践过程中，我发现那坡其他地区的稻田养鱼已初具规模，桑蚕养殖也初见成效，中草药种植正进行得如火如荼，没有亲身感受的人是体会不到这种变化的喜悦的！一个村庄、一个县的变化正是国家这几年大力开展精准扶贫和乡村振兴战略的缩影，作为有幸两次参加赴那坡暑期实践活动的我来说，意义非凡，我亲眼所见的“三农”变化让我深受鼓舞，并对为之付出艰辛努力的前辈们充满敬意，这些“平凡人”在这一刻再次用不平凡打动了我。

乡村振兴学社不负所托，我们在 2019 年、2020 年团中央“镜头下的‘三下乡’”暑期实践评选活动中多次荣获优秀摄影奖和优秀报道奖。习总书记在重要讲话中多次提到，中国现代化离不开农业农村现代化，农业农村现代化关键在科技、在人才。这就要求我们新时代农科类高层次人才要以“农业大有可为”为信念，以解民生之多艰为己任，学好农业真知识，练就实践硬本领，努力成长为“一懂两爱三有”型农科类人才。作为农科学子，“三下乡”对我有着更深的含义和更大的价值，我人生的选择也因此而升华改变。

第三章　长风破浪会有时　直挂云帆济沧海

“为农民群众多做一点、再多做一点”，这是我在多年实践活动中最真实的想法，虽然每次实践时间只有几天，但是我真的希望时间可以过得慢一点，我们可以做得多一些。《习近平的七年知青岁月》这本书引的一句话让我记忆深刻，“在基层的平凡工作中造就伟大”。多年的暑期实践经历，让我对基层有了自己的理解，“走进乡土乡村，助力精准扶贫”不仅是口号，更是对我们青年一代的期望和要求。

随着学习阶段的结束，暑期实践活动也成为美好的回忆，但是实践活动的结束对我来说才是梦开始的地方，我希望我可以去基层书写人生，继续开启和延续别样的“三下乡”。我本人也已通过广西大学定向选调生的考试，如果有幸能成为万千选调生中的一员，我将在无数日夜里实现自己的人生价值，在基层的人生中绽放精彩。

几载“三下乡”，一生“三农”情。“三农”事业很苦，“三农”事业也很累，但是仅仅在书本上、实验室不能真正实现乡村振兴。一个国家的发展、民族的复兴需要太多奉献者，而青年应是众多奉献者中的中流砥柱，在基层或许会失去城市里舒适的生活环境，或许会缺少陪伴家人的时间，或许会经历比常人更多的艰难困苦，我深知青年时期多经历一些挑战，让自己俯下身子“蹲苗”成长。“三下乡”艰苦、充实及难忘的经历丰满了我的心路历程、改变了我的人生选择，让我重新明白人生的意义，人生价值的实现必定要经历千磨万击，方能展心之坚韧。

凡心所向，素履之往；生如逆旅，一苇以航。

（屈啸 文）

埋下乡村之种　筑起人生之梦

受之于农、学之于农、利之于农，十二个字诠释的是千千万万个农科学子与“农”的不解之缘。“锄禾日当午，汗滴禾下土”这首诗是每个人从小起就被父母和老师教育农民种地辛苦和粮食珍贵时常常挂在嘴边的一句话，长大之后的我们才在不断学习专业知识与技能的过程逐渐中知晓社会发展与农业农村农民的关联性和重要性，乡村振兴是当代青年大学生走出思想迷雾、寻找前行道路、充实人生价值的一场机遇。

我是贵州大学农学院的学生张进山。

在参加2020年的全国农科学子联合实践行动之前，我像大多数从偏远山区走出来的孩子一样，向往着现代化大城市车水马龙的街景、干净整洁的环境、便捷快速的交通，而从小生活的乡村似乎一直埋藏在心底且不愿提及。但总有一些画面是我们想象到达不了的地方，山重水复、九曲回环说的不只是路途的遥远，还有山区农民生活的曲折与向往外界的期冀；面朝黄土背朝天说的不只是劳作的艰辛，还有农民对生活的无奈与前仆后继在脱贫攻坚一线的乡村干部坚定的决心；沧海桑田、万物变迁说的不只是物是人非，还有乡村振兴战略之下农民肉眼可见的蝶变与洋溢在嘴角的欣喜。

在响应“助力精准脱贫，聚力乡村振兴”全国农科学子联合实践行动的号召之下，我和其他34位志愿者一样满怀着一腔热血奔赴贵州黔西南州偏远一隅的少数民族布依族聚居地贞丰县沙坪镇，开展为期7日的暑期社会实践活动。实践期间的生活总是充实而新奇，这里是与钢筋水泥“森林”所包围的城市截然不同的自然风景和人文风俗；这里是与刻板印象中农村不一样的环境整洁、设施具备、民风淳朴的宁静乡村；这里是国家政府实施乡村振兴战略下的一个缩影，不愿屈服的农民、埋首苦干的公仆、竭尽社会责任的企业等。或许是受此环境的影响，我的脑海中始终萦绕着一个问题，便是我一介书生，文不能安邦，武不能服众，在决胜脱贫攻坚战略的关键时期，我能为自己的家乡做出些什么？

当我们从镇里来到此次的实践地金山村后，屋舍俨然、鸡犬相闻的宁静村落仅与一条乡间公路相邻，大部分的一层瓦房通过门前的一条水泥路与公路相连，村民家中仅有老幼而无壮年人口，以及地处高温干旱山区的农用水资源极其匮乏等情况，这些画面在走访调研中不断深入我们的脑海，那一刻我们的心里是五味杂陈的。“以前村里的路都是山路，天晴下雨都不好走的，天晴一身灰，天雨一身泥。这几年刚修了公路，通了自来水，有班车大巴到镇上，虽然年轻人大都出门打工了，但也是有了生活的奔头，日子才慢慢过得好的。”聆听着村中老人的话语，屋外是炊烟袅袅、瓜藤满架。来自外界的我们能做的也许是倾听，也许是感受。

当“白雾埋阴壑，丹霞助晓光”，我们与村干部一同开始了为期 7 天的实践工作。脱贫攻坚的工作是很严峻和繁重的，村中的干部虽然不都是当地人，但依然不妨碍他们全心全意致力于脱贫攻坚事业中，他们中有的人一个月回不了几次家去陪伴家人，反而是吃住都在办公室，进出都在村民家。舍小家，顾大家。当问起这么做值不值得时，村干部大多都是抬手挥了一挥“没什么值得不值得的，既然身在这个位置，就得做在这个位置应该做的事，每天看着村民望向我们的目光，浑浊的眼眸中闪现出的是期盼与希望，如果不做点什么，心里总会有疙瘩一样”。力排众难带头修建沿山栈道的村支书陈天金，在看到村民和学生安全方便地到达村对面的集市和学校后，沧桑的皱纹间溢满了笑容。多次前往处于山体滑坡危房地带的村民家中的米箩村驻村干部李云，苦口婆心劝说搬迁事宜，但村民依然不肯同意之后虽然无奈却未放弃，“最后就算强制搬迁，村民心生怨念，我们也不能让村民冒任何生命危险”。大雾萦绕在恢宏巍峨的红岩岩壁上，鲜红的岩画穿越时光，让人震撼于古代人们的巧夺天工。漫山翠绿的叶浪翻涌，一抹红岩壁画时隐时现，犹如奋战在贫困乡村中的基层干部，有形的贫困条件与无形的旧俗思想就像那不断侵蚀壁画的风雨雷电。有时候，哪有什么岁月静好，只不过是有人在负重前行罢了。来自象牙塔的我们能做的也许是加入，也许是分担。

当夏蝉鸣泣，归途已到时，我们收好行囊，再踏远方。7 天的实践之旅如白驹过隙般在白天流淌汗水的发梢划过，在夜晚敲击键盘的指间穿过，在响彻山区的时代歌声中跃过。等待的时候，有一位眼睛里有故事的女孩找到了我们，她和我们年龄相当，简单交谈得知她想与我们一行志愿者拍照留影。原来女孩以前上学时就想到外面的大城市里读大学，但因为家庭贫困和负担太大，女该不得不辍学打工。时光荏苒，岁月已在原本应是青春年华的脸庞上刻下了痕迹，曾经天真烂漫的人儿，现在却早早地奔波于生活之中。夏日的热风吹过树梢，带走一片青翠的树叶，也带走我们的青春、我们的年华。女孩抚下耳边的青丝，留下的是那一抹沁入心扉的忧伤，是谁在风中轻轻歌唱，挥着翅膀飞向远方，再回首时，或许已是耄耋之年。作为同龄人的我们能做的也许是珍惜，也许是祝福。

新时代下，无论是奋斗于脱贫攻坚一线的基层志士，还是时代感召下的青年大学生，抑或是受尽苦难却依然向往美好生活的百姓，都是国家全面建成小康社会的前行道路上的动力纽带。

今天，短暂的实践旅途虽然已经拉下帷幕，但一个拥有远大志向、敢于担当且身处新时代特殊时期的农科学子的路途并未结束。“全面建成小康社会，一个不能少；共同富裕路上，一个不能掉队。”这是先辈不惜为之牺牲的梦想，也是当代千万个农科学子的梦想，更是全国上下无数人的梦想。

（张进山　文）

树人铸魂　记拦海村助教社会实践活动

位于海南省海口市海甸岛的拦海村是一个由两千多户人家组成的城中村，其中，九成住户是租住在这里的。这里的孩子多年来就面临着这样一个窘境——公办学校招生能力极其有限，而私立学校的花费巨大。同时，家长们忙于工作，请家教又是一笔巨大的开支，导致孩子们难以得到良好的辅导。对于拦海村的孩子们来说，拥有良好的课后辅导对于他们的学习无疑是一种十分有效的帮助。

拦海村这样一个城中村，“山不高，水不深”。虽地处闹市，村内的环境却十分幽静，“苔痕上阶绿，草色入帘青”就是它的真实写照。晨钟暮鼓，村庙中端坐着的冼太夫人像微笑注视着村中百姓繁衍生息、保佑村中人才辈出。“人杰”方能“地灵”，培养出雏凤清声，却不能靠神明的保佑，需要的是树人铸魂的老师。

习近平总书记说过，“青年一代有理想、有担当，国家就有前途，民族就有希望。”作为海南大学热带作物学院青年实践队队员的我们，怀抱着一颗回报祖国的赤诚之心，肩负着实现中华民族伟大复兴的中国梦的责任。国家需要我们的地方，就是我们出现的地方。拦海村虽然存在教育资源缺乏的问题，但它紧邻着海南大学，我们作为海大学子，作为热作学子，应当为拦海村的孩子们献出自己的一份爱心，同时为祖国全面步入小康社会贡献出自己的力量。

“教育兴则国家兴，教育强则国家强。”教育，不仅是匡正个体的标尺，更是奠基国家的坚石。“历史和现实都告诉我们，青年一代有理想、有担当，国家就有前途，民族就有希望，实现中华民族伟大复兴就有源源不断的强大力量。希望你们弘扬奉献、友爱、互助、进步的志愿精神，坚持与祖国同行、为人民奉献，以青春梦想、用实际行动为实现中国梦做出新的更大贡献。”这是习近平总书记对本禹志愿支教团队的回信。这不仅仅是对本禹志愿团队的肯定，更是对所有投身于教育工作的志愿者们和实践队员们的肯定。作为青年实践队员，我们要紧跟时代步伐，学习时代精神，用爱心做好实践工作，积极投身于大学生志愿助教实践行动中去。

这里的孩子家境贫困，缺乏良好的教育资源，缺少父母陪伴，这一现状不利于孩子的学习和身心健康发展。实践队员们担任孩子的家教老师，为孩子提供及时的课业辅导，点亮孩子学习道路上的明灯；给予孩子一定的心理疏导，驱散孩子隐藏内心的孤独阴霾；发展孩子新的兴趣爱好，带领孩子领略大千世界。

海南大学热带作物学院在联合实践行动中组织30名学生来到拦海村，走进学生的家中开展助教活动。

朝阳从海南大学的东门升起，波光粼粼的湖面上，白色的池鹭倏然掠过，消失在红树林的浓翠中。清晨，热作学子在东坡湖畔集合，出发前往拦海村。

在拦海村村口，每回活动前都有家长早早等候着实践队员们。队员们刚一到达，家长们便热情地与队员们讨论孩子的学习情况。

穿过“一线天”似的街巷，同学们进入到助教家庭，正式进入活动的主体板块。队员们进入房间，孩子又高兴又害羞，扭扭捏捏地从书包中掏出书本，从自家的厨房专门搬一个有靠背的椅子让给队员们坐。偶尔卡在难题上，实践队员语气会稍重一些，孩子内心就开始着急，生怕“老师”不高兴。一笔笔，磨平铅笔的笔头；一页页，垒高课本的高度，直到艳阳高照，邻居的饭菜香味勾起两人的馋虫，一天的助教实践活动才告一段落。

实践过程中最令人印象深刻的便是孩子们稚嫩的脸上流露出的对学习、对改变贫穷现状的强烈渴望。家长们也对这次活动大力支持，有些家庭甚至已连续几年报名参加我们的活动，并希望在今后可以有更多这样的机会。

拦海村支教社会实践活动采取一对一教学模式，其最大的优势在于，实践队员能够针对孩子的性格因材施教，应对孩子的状态及时调整教学策略，将学习效率最大化。《礼记》曰：“学然后知不足，教然后知困。知不足，然后能自反也；知困，然后能自强也。故曰：‘教学相长也。’”队员们本身也是学生，在教学的过程中，他们能够反思自己的学习进而自我激励。在这样的双向促进之下，不论是孩子还是队员们，均能够通过这项活动达到共同进步的目的，这又是更高一重的“教学相长”。在开展拦海村支教活动之前，这些孩子们因学业困难而烦恼，而如今他们的学习效率大大提升。在 2019 年，多达 40 多户家庭积极报名参加活动，从项目开展以来累计 300 多个孩子受益。

“南阳诸葛庐，西蜀子云亭”，应该再加上“琼崖拦海村”，后者的“众乐乐”的精神境界更甚于前者，热作学子在实践活动中践行着树人铸魂的精神，为拦海村的孩子带来更光明的未来。

（王文峰　文）

坝上行　坝上情

林宽曾说“白日莫空过，青春不再来”，每个人的青春只有一次，而人生中最美的时光莫过于青春时刻，不负韶华，积极进取应是每个朝气蓬勃的青年人应有的信条。

我是河北农业大学农学院的学生姚舜禹。作为一名农学人，我深知实践的重要性，所学的理论与知识都应当扎根于乡村，于是在 2019 年 7 月，我响应全国农学院协同发展联盟和河北农业大学团委的号召，报名成为李保国扶贫志愿服务队的一员，跟随队伍一同走进张北，进行为期 10 天的暑期社会实践。

随着车子缓缓停靠在河北农大张北实验站的门前，我怀着激动忐忑的心情走下了车，踏上了这片土地，当地凉爽的气温和新鲜的空气顿时将我经历长途跋涉的焦躁完全平复了下来。第一天我跟着小队来到了小二台镇德胜村，在德胜村党支部书记的带领下，我们参观了村里在建的新民居、文化大戏台、文化广场和新农村幼儿园等建筑，途中村书记向我们介绍了德胜村在国家脱贫攻坚战中的巨大变化。光伏产业、新建发电站、农村淘宝等新兴项目的建设，给这个偏僻的坝上小山村带来了翻天覆地的变化。望着那一排排整齐的新民居，错落有致的马路，我真实地感受到了国家在帮助农民脱贫中取得的成果，不禁更加深刻地体会到实施乡村振兴战略的重要性。

接下来的几天，我和队员们在德胜村、油娄沟村、黑山堡村、鱼儿湾村相继开展问卷调查、技术帮扶和支教助学活动。当我们走进张北一个宁静的村落，看到不远处在树荫下休憩的村民，我们前去和他们打招呼、攀谈，跟他们说明来意，就开始进行问卷调查。虽然当地方言有些晦涩难懂，但在我们队员们耐心讲解和村民的积极配合下，我们完成了一份又一份问卷。在问卷调查期间，即便问卷数量很多，任务很重，但是在跟村民们的交谈中使我逐渐了解了当地村子的详细情况，并感受到了他们的好客与热情，这都让我感到无比振奋和亲切。

在田间地头，一座座蔬菜大棚映入眼帘，当听到农民说蔬菜产量提高了，家里生活有保障，我真切地感受到了国家扶贫攻坚战略给农民带来的希望与实惠。在学院农业专家刘玉华老师的指导和帮扶下，村里的产业经济不断发展，农民的收入也不断增加。老师们无论走到哪里，村民们都会上来聊上一会儿，老师们与村民就像许久未见的老友一样互相攀谈着，我从村民的言语和笑脸中体会到农业技术、农业专家对当地的深远影响，也感受到老师们身上十分“接地气”的一面，不仅老师们身上严谨的科研精神影响了我们，他们心系“三农”的实践精神也值得我们去学习。

张北的许多村子里都没有小学，但村里为数不多的几个小朋友都十分聪明可爱，他们大多都是留守儿童，父母在外打工，跟随爷爷奶奶一起生活，他们虽然一直生活在乡村里，但他们渴望外面的世界，渴望与人交流和受到尊重。我们和小朋友们一起下棋、踢毽子、做游戏，并为他们辅导功课。孩子们幼稚的面孔、天真的笑容和在学习中流露出的认真的眼神都是我印象深刻，不自觉的，我也被他们的童真童趣所感染，也更理解了社会实践的意义所在和积极推进文化扶贫的重要性。

在张北的日子里，使我印象最为深刻的一定是那天的党日活动，我与队员们共同聆听了优秀共产党员杨福存老师的感人故事，观看了他驻守在攻坚克难第一线、服务地方经济发展的影像资料。杨老师身上的那种几十年如一日无私奉献的品质无疑完美地诠释了什么是农学精神。在学习完杨福存老师的故事后，我感觉自己充满了力量，作为一名农科学子，我也想像杨老师一样，能够造福一方百姓，全心全意服务于农民，“你想成为谁，你就走进谁，你想要发光，你就走在灯下”。随后，我跟随队员和党支部的成员们一起来到鱼儿湾村，共同祭扫了解放战争中牺牲在村里的36名无名烈士墓，年过花甲的义务守墓人王金荣老人向我们讲述了那段可歌可泣的战斗故事，在听完故事后，我不禁对战争年代的共产党人感到敬佩，也对王金荣一家两代默默守护英烈的无私坚守而备受感动，接着我们为无名烈士献上鲜花，在墓前进行了庄严肃穆的宣誓仪式。在党日活动中，我被老一辈科技工作者初心不渝、坚守坝上的精神所感染，也深刻体会到和平年代来之不易。我决心要珍惜当下的幸福生活，用实际行动成为太行山精神的传承者，为祖国繁荣富强贡献出自己的一份力量。

虽然社会实践已经结束，但其对我的影响将永存我心。通过这次社会实践，其不但培养了我吃苦耐劳、坚毅挺拔的精神与团队意识，使我深刻体会到了我国区域发展仍然还不协调，平原与山区、村落与村落、城乡之间仍还有着很大的差距，也让我对国家乡村振兴战略对农村发展的重要性又有了更深层次的认识。“非实习不能得真谛，非试验不能探精微”，能够亲身体会农村发展，感悟农村变化真的意义非凡，作为一名新时代农科学子，我应更加刻苦学习专业知识，勇于探索，勇于实践，继承和发扬李保国精神，将一腔热血洒在农村的土地上，为中国“三农”事业的蓬勃发展添砖加瓦！

（姚舜禹　文）

不忘初心　树德育人

我是陆永跃，现任华南农业大学农学院教授、博士生导师，是一名有着 21 年党龄的中共党员，一直致力于昆虫生态学、害虫防治和入侵生物学的专业教育教学与研究工作。我是华南农业大学农学院梦之队的指导老师之一，为他们开展志愿服务活动提供指导与力所能及的支持与帮助。

我从 2015 年便开始知道学校“梦之队”了，经进一步了解并有感于他们的踏实、努力、奉献的精神，很乐于参与并指导他们开展活动。他们是以“众筹图书、圆梦大山”为主题，运用“互联网 + 公益”思维，以互联网众筹方式建立起来的社会实践队伍。成立 5 年多以来，“梦之队”辛勤投入、努力工作，共精心筹建了 7 间山区小学图书室，每间藏书量均在 3 000 册以上。2015 年 7 月，建成贵州省密纳司小学图书室，共筹资 40 000 余元，3 000 册图书；2016 年 7 月，建成贵州省大田坝小学图书室，共筹集 15 000 余元和 3 500 册图书；2017 年 7 月，建成贵州省中寨小学图书室、坡头小学图书室，共筹集 55 600 余元和 9 000 余册图书；2018 年 7 月，建成贵州省龙塘坳小学图书室，共筹资 32 547.62 元，3 578 册图书；2019 年 7 月，建成贵州省公鹅小学图书室和广东省朋候小学图书室，共筹集 37 136 元和 9 132 册图书。

习近平总书记在党的十九大报告中明确指出“农业农村农民问题是关系国计民生的根本性问题，必须始终把解决好‘三农’问题作为全党工作重中之重”，并实施乡村振兴战略。2020 年又是全面建成小康社会收官之年，我们农科师生有着担当的使命与职责。当前，我国精准扶贫工作正开展得如火如荼，而在教育领域的教育扶贫是精准扶贫的治本之策。我国农村教育扶贫问题仍然是大问题，通过每次的支教活动，我们对当前我国贵州农村教育情况进行调查，通过支教、调研、建图书室并结合精准扶贫改善农村学校教育资源、激发农村学生学习兴趣、丰富学生课余生活。

2019 年 7 月，当“梦之队”来到第五年的时候，许多新鲜血液的加入让我看到了这支队伍正在继续成长，这个有梦的家族正在不断发展壮大。“用点心，出点力，孩子们的未来可能会更好”，这支队伍的理念和我的是不谋而合的，我们都希望山区里的那一双双明亮的眼睛会因为书籍的浸润变得更加有神，而不是因为知识的困乏变得黯淡无光。所以当同学们向我提出成立两支分队分别前往贵州和广东两个贫困县区后，我十分支持和赞同。

在与当地小学联系、落实相关工作的过程中，我会认真询问学校相关情况、当地风俗民情、环境等，在确保安全的前提下能够让队员们收获一段美好而充实的经历和回忆。关于实践活动方案，我都会审读，并与负责同学沟通、交流，了解全部过程、各个环节以及工作安排、准备情况，此外，我会建议他们开展调研活动的方式方法，修改调研问卷内容，以帮助他们最终在实地调查时能够有更多收获。开展实践活动日子对我来说是记忆深刻的。实践活动中，我最主要做的就是身体力行，不会让队员们感到压力，而是让他们感受到我同他们一起正在为当地学校和社会做点事情。同时我会要求他们要有规定的作息时间点，每天的任务要定时完成，彼此之间要有足够的信任，并尽力相互帮助。晚间课余，我会同他们一起聊天，或是活动、工作，或是感悟，或是专业，抑或是未来发展、理想、抱负。绝大多数时间这群同学真的比我想象的更坚强、更厉害，确实是我见过的目标明确、意志坚定、工作踏实的学生群体之一。走访村落时我会带他们认识一些作物病虫害，捕捉一些昆虫，让他们学有所得，学有所获。由于工作安排的原因，我常不能同他们一起完成所有活动，但是只要有时间，我便与他们联系、询问工作进展情况，关心他们。

2019 年，这两支队伍取得的实践成果是非常丰富的，我从内心深处为他们感到高兴和自豪。两支队伍分别为所在地小学募捐到 18 568 元资金，为两所小学筹建了藏书量分别为 4 445 本、4 687 本的图书室，共为 150 多名小学生教授了总计 253 节内容丰富的课程，并为每位小朋友添置了新的学习用具。他们还利用专业特长，走访村寨，对当地农户展开了多个主题的调研活动，共收集到问卷 346

份，涵盖了小学生学习压力、人际关系、生活水平、农药使用等多个方面，为了解农村提供了丰富素材。团队的实践活动成绩和表现先后被中青网、搜狐网、今日头条、大学生网报等多个媒体平台以文章或视频的形式报道了近 70 次，产生了显著的社会影响。

成就是与辛勤付出挂钩的，我始终相信只要认真去做、用心去做，纵使过程中有诸多困难，也阻挡不了前进的步伐，同学们终将会在服务社会中成就自己，收获到一份满意的人生答卷。

（陆永跃　文）

一次回忆　一世情长

“现代农村是一片大有可为的土地，希望的田野。”2019 年全国两会上，习近平总书记就“三农”问题，对党的十九大报告中提出的乡村振兴战略做了进一步阐述，明确指出乡村振兴是包括“产业振兴、人才振兴、文化振兴、生态振兴、组织振兴”的全面振兴。正如习近平总书记在纪念五四运动 100 周年大会上寄语广大青年朋友“新时代中国青年要担当时代责任”那样，当代大学生应当敢于接受时代所赋予的使命，为实现“两个一百年”目标贡献力量。

“无穷的远方，无数的人，都与我有关。”我是华南农业大学农学院的学生张文祥，2019 年 7 月，我连续第二年跟随华南农业大学梦之队前往贵州省铜仁市展开暑期实践活动。服务农村，服务留守儿童，我们一直在传承“梦”。

这 14 天里，我和小朋友们一起学习，我教他们语文，他们教我打球，我带着他们读古诗，他们带着我玩游戏，欢声笑语中我们建立了深厚的友谊；这 14 天里，我和队员们一起走山路，一起深夜聊天，一起看星星，一起建图书室，彼此鼓励中我们成为最亲密的战友，最可靠的伙伴；这 14 天里，我走了无数次的调研路，一路上山群连绵起伏，水声哗哗不绝，远处的风车，眼前的蜻蜓，田边的老牛，地里的水稻，一切是那么和谐，那么令人向往。

课堂上，我教他们古诗。每天，我会带他们温习学过的古诗，讲述古诗背后的故事，慢慢地，古诗蕴含的道理伴随着朗朗上口的节奏感开始深入他们的大脑。以后的每天，当我说起“黑发不知勤学早”时，他们便会迅速地回答“白首方悔读书迟”，逐字逐句的翻译让他们理解了这句话，也记住了这句话。他们求学的眼眸充满着好奇的目光，似乎在感叹着这种古诗的奥妙，也充满着想要继续了解的渴望。教给他们的古诗还有很多，每一次的欢声笑语中，我读懂了他们理解时的会心一笑。真心希望他们在以后能够记住此刻并将道理运用于生活中，至少我能做的不多，但是14天里我努力地让他们拥有最快乐地回忆。

调研路上，所有人每天几乎都是顶着太阳行走在发烫的石子路上。还好路边有山有水，还有一旁飞舞的蜻蜓、蝴蝶。翻过大山，村庄如繁星点点映在眼前，拿着手中的问卷，举起手中的相机，大家都会高兴地跑去。村民们很是热情，看到我们忙着招手让我们进来坐，给我们端茶送水。这十几天，我们走访了100多户人家，最远的甚至走了三四公里路才到。很庆幸自己能够参加这次活动，了解到了大山深处的面貌。山群连绵起伏，十分壮观，却也成了联系外界的天然屏障。看到个头不高年龄不大的孩子们每天走山路上学很是辛酸，跟随着他们去调研，我们因为爬山路体力吃不消的时候，还正是孩子们在一旁为我们加油，我们不能想象的场景在他们眼中却早已成了家常便饭。大山孕育了的确是一种能净化心灵的美与爱，至今，他们淳朴的笑容就像那深山里绝处逢生的兰花一样辉映在我的脑海中。

作为农科学子，农村是我们最为关注的对象。调研途中，我们拜访了一家中共党员户，这家的老爷爷已经有了50多年的党龄了，“人间美景四化宏图，科学春天脱贫致富”，老爷爷手写的春联似乎已经在诉说着这里正在发生的故事。“争当贫困户，永远没出路。不当贫困户，勤劳来致富。”类似的标语还有很多，在全面建成小康社会的目标下，我们看到的是每一个人在用他们勤劳的双手实现自己的愿望。这也是我们农科学子最真诚的愿望，希望通过我们共同的努力，早日实现全面小康。

调研、支教外，建图书室则成为我们另一件重要的事。每天在图书室里都能看到队员们埋头或是整理书籍或是录入书籍，累了大家会一起唱歌，困了大家会一起讲笑话。慢慢地，崭新的图书室开始显现出了它的雏形。直到揭幕前一天晚上，我们还在一起布置图书室，我们想给小朋友们一个温暖的、可爱的图书室，这样他们才会懂得珍惜、懂得爱护更会懂得好好使用。图书室揭幕那一天大家都非常高兴，仿佛是心里的一块石头落下了，但是谁也没有掉以轻心，上课、调研我们还是一直在路上。

14天真的眨眼就过去了，我们的任务也随着文艺汇演的结束而结束了。“世事洞明皆学问，人情练达即文章”，我相信我们所有的队员会将这次的经历化作一生的记忆，我们收获到的绝不仅仅是这 14 天里的所见所闻，还更应有值得我们回味和感恩的人与人之间的感情。

“第一次相逢，可以把它当作最后一次分手，其实我们就是要珍惜相逢的时光。”相遇甚短，奈何纸短情长。人生总是要向前看，我们的价值绝不仅仅局限于此，乡村振兴需要我们全国的农科学子一起努力。海阔凭鱼跃，天高任鸟飞，中国的未来还需要我们这一群有梦的人一起创造。

（张文祥　文）

从耕耘到“耕耘”　农科学子的支教路

我是薛镜瑞，是华中农业大学植物科学技术学院的一名学生。

“凡民俊秀皆入学，天下大利必归农。”4 年前，带着对象牙塔无限的憧憬，我来到了华中农业大学，就读于植物保护专业，成为一名农学人。

第一章　耕耘·耕读

本以为，农学生忙碌时在田间地头“足蒸暑土气，背灼炎天光”，悠然时“山气日夕佳，飞鸟相与还”。而后才知道，农学生不仅需要在试验田里“力耕”，还需在图书馆中“勤读”、在实验室中探索分子的奥秘。多份的耕耘必然有农学人专属的多份快乐。

第二章　“耕耘”·源起

教育也是一种“耕耘”。《牵挂》是华农给我上的生动的第一课。徐本禹老师的春春故事深深印象着每一位华农人，这是对“立己达人”的校训做出的最好的诠释。在本禹老师的影响下，这一群群华农人奔向山区支教，让本禹精神有了坚守与传承。本禹们在祖国和人民最需要的地方尤其是西部基础教育薄弱的地方，通过自己的努力为孩子们和地方发展带去希望。他们让琅琅读书声响彻群山，让故事不再平凡。他们就像微光，微光会吸引微光，微光会照亮微光，微光聚在一起，发光发热。他们在更多的人心中种下了“支教”的种子，其中就包括我。

第三章 “耕耘”·种梦

有幸在2018年暑假，我作为队长带领“小宇宙”支教团前往贵州省沿河县进行支教。那是难忘的21天，在那远离快节奏生活的小山村里，我有了难得宁静的心。在那里每天挑水、砍柴、烧火、做饭、传道授业，最重要的是我遇见了那一群善良纯真的孩子们。

德国人雅斯贝尔斯说：教育是一棵树摇动另一棵树，一朵云推动另一朵云，一个灵魂唤醒另一个灵魂的过程。与孩子们相处是一个不断收获感动的过程：他们会在下课时拉着我们去打羽毛球，更小一点的孩子会跟你撒娇要抱抱；他们会一遍一遍地问我们什么时候去他们家家访，那是他们想要寻求到老师们的关注；在家访路上，他们不会吝啬自己本没多少的零花钱给老师买雪糕吃、买水喝，他们会给大汗淋漓的老师擦汗；他们会把我们的名字刻在石头上为我们祈求平安；他们会抱着女老师说：我想妈妈了；他们会把叠好的爱心送给我们，问一个我们不敢回答的问题：你还会来看我吗？他们会在我们离开的早上4点起床，在学校门口为我们送别；他们会哭着追赶我们离开的车，直到好远好远。

孩子就是这样一种善良的生物，当我给他们哪怕只有一丁点的爱与关注，他会把自己所有的温暖纯良送给我。我教给孩子们知识、教他们做人，而孩子们也在教我做人，教我做一个更纯粹的人。与孩子们共度的三周短暂并难忘，让我知道自己是在做一件有意义的事情，更让我相信我在这里“耕耘”付出的每一滴汗水，都将浇灌希望的种子，放飞田埂上的梦。

第四章 耕耘·帮扶

在支教时作为农科学子，我与队员们也对当地的农业进行了走访调研。据了解，沿河县农业由于地处山区交通不便、供水不便，青壮年外出打工无劳动力，农民农业生产意识底下等原因，发展一直不景气。作为一名农学人，不能给当地农民带来实际性的帮助，我深感惭愧。所以在2019年暑假，我有幸邀请到了学院病理研究方向的谢甲涛教授与我一同前往沿河县进行产业调研与帮扶，切实帮助当地农民解决了农业生产中的问题、解答当地植保站在病虫害防治中的疑问，助力当地打赢脱贫攻坚战。

第五章 “耕耘”·传承

因为感受过“耕耘”后的幸福感，也因为想要为山区艰苦条件的改变做出自己的贡献，我毅然选择加入研究生支教团。用一年的时间，做一件终生难忘的事。研支团是一份光荣的使命，更是一份厚重的责任。两万多名前辈铺路、两千多名战友同行，这一年不长的时间我们研支团并不孤单、也定不平凡，故更难忘。弦歌不辍，薪火相传，从前辈那里接过“中国青年志愿者扶贫接力计划”这面大旗，我相信我与战友们也必会不辱“支教扶贫”的初心使命；牢记习近平总书记“以立德树人为根本，以强农兴农为己任”的殷切嘱托；坚定信念，厚植家国情怀，将小我融入祖国的大我、人民的大我；将自己扎根至西部的教育与扶贫事业中去，绽放出青年人的光和热。这是最好的时代，这是我们的时代。未来已来，星辰花开。

（薛镜瑞　文）

大学生返乡实践故事

2020年是决战脱贫攻坚、全面建成小康社会最重要的一年，也是“走进乡土乡村，助力精准扶贫”联合实践行动的总结之年，在这一年里，农科学子更应该走进乡村、融入乡村，为实现中国梦、强国梦，贡献出属于自己的力量。我是吉林农业大学农学院的学生徐子博。在吉林农业大学农学院的正确引领下，我们知道了作为农科学子，该怎么助力乡村振兴发展，对于我本人来说，紧紧围绕学院的中心思想，在打赢脱贫攻坚战、国家治理体系的现代化建设等方面做出自己的贡献。

“己亥年末，庚子年春，荆楚大疫，染者数万，众人惶恐，举国防，皆闭户，街无车舟，万巷空寂。”2020年春节前后，面对突然暴发的新型冠状病毒肺炎疫情，人们的生活仿佛被按下了“暂停键”。全国各个地方均派出医护人员前往湖北，他们有一个神圣的名字“援鄂医护人员”，他们是最美的白衣天使，在前方不畏病毒风险，在防“疫”一线做着贡献。

还有这么一群人，他们是一个个“红马甲”。疫情期间，他们成了社区门口一道道亮丽的风景线，我更愿亲切地称他们为“守门人”，不畏风险，不计酬劳，守护一方。很荣幸，我成为了一名青年志愿者，身着红色小马甲，当起了“守门人”。

2020年，面对突发的疫情我决心成为线上抗“疫”志愿者，居家隔离的同时收集大庆市少先队员在家抗“疫”的故事、手抄报、诗歌等，并做了10多期的美篇进行大庆少先队员们的抗“疫”宣传，以自己的方式为抗“疫”助力。

2月，黑龙江省大庆市的疫情状况异常严峻，市委市政府向全市抽调干部下沉社区参加抗“疫”一线战斗。作为一名新时代大学生来说，我认为我应该勇敢的挺身而出，起好表率作用，以身作则，为自己的家乡贡献出自己的一份力量。于是，我便主动报名，开展了我的第一次“守门”。－15℃的温度里，一站就是6小时，一直持续了41天。冷吗？冷。我问自己，这么冷、这么累，值得吗？值得！想到能为家乡出份力，能战胜这次疫情，再苦再累也值得。偶尔还会有居民送来热水、暖宝宝，天就算再冷心也就暖和了。

还记得那一次，正是防疫最关键时期，居民不能外出买菜购物。有一个老奶奶，眼睛不太好，在社区门口便与工作人员吵了起来，我看到这一幕，连忙跑前去安慰奶奶，并帮老奶奶去买菜。就这样，开始了我的第一次买菜之旅，左挑挑右挑挑，生怕买不到好的菜品，辜负了老奶奶的期望。尽管我知道我买得不好，可是她却说这是她吃过最暖心的菜了，她的善意也对我有了很大鼓舞。4月中旬，全国的疫情已经得到了进一步地控制，但黑龙江省作为祖国的边境城市，形势依然严峻。面对这种情况，市委市政府再次抽调干部下沉社区，得知这个消息，我毫不犹豫地又一次报名，再次出现在了社区的卡口上，进行了第二次“守门”，这一次进行了43天，从寒冬到了盛夏，从疫情形势严峻到如今的全面复工复产，心里也是倍感骄傲，算是经历了“第二次大战”。

若有战，召必回，战必胜！参加了两次战斗，从早上7时到晚上17时，84天如一日，虽然每天10小时的高强度的工作让我疲惫不堪，但心中的信念是我的坚持、坚守的岗位给我力量，站好每一班岗，为疫情排查提供最重要的基础数据。防疫志愿者就是疫情时期新时代的战士！战士就是要做到听党指挥、作风优良、能打胜仗，不惧强敌，与疫情抗击到底！

同时，为深入学习贯彻习近平新时代中国特色社会主义思想和党的十九大精神，按照《国务院关于加强农村留守儿童关爱保护工作的意见》（国发〔2016〕13号）、《关于联合开展关爱留守儿童“情暖童心·乡伴童行”公益项目的通知》（黑青联字〔2018〕17号）等文件相关要求，动员广大团员青年积极参与农村留守儿童关爱保护工作，落实“三关”工程的实施意见，切实开展“关爱留守儿童”的工作，做好留守儿童的心理健康教育工作，同时关心爱护贫困子女，帮助他们的学习生活。我和老师经研究决定，成立吉林农业大学青春启航帮帮团。我在2018年、2019年假期，数次带领团队来到我的家乡——大庆市，并在大庆市贫困地区开展留守儿童助学活动。2020 年，面对新冠肺炎疫情，我带领我的团队勇于创新，在线上开展助学。3 年来，累计帮助留守儿童人数达 100 多人，开设助学班时长达 1 000 多小时。受到中国青年网、大庆日报等 20 多家媒体报道。针对贫困务农家庭，我们团队也发挥农科学子专业优势，以问卷和实地考察的方法收集有关农业上的问题，利用专业知识为他们答疑解惑，跟进先进的农业生产技术；我们团队定期也会为务农父母开展有关最新的农业政策的解读，通过专家学者的指导，使他们了解农业最新动态，从而改善家庭条件。

看到大庆市里这么多贫困地区的家庭都接受过我们的帮助，不仅是利用了我们农科学子的专业优势，帮助贫困家庭解决农业问题，帮助他们增产增收，同时也帮助了儿童。少年强则中国强，我们也是为祖国的未来在奋斗。我们学习好农科知识，通过自己的专业知识来帮助那些需要帮助的人，也为 2020 年全面建设小康社会、打赢脱贫攻坚战贡献出一份自己微弱的力量，将农科学子的专业和精神更好地融入到志愿服务工作里，让志愿变得更有活力、更有创新、更有效果。

志愿精神永不落，热爱可抵岁月漫长。

（徐子博　文）

实践行动长才干　志存高远报国家

我是江西农业大学农学院园艺1702班的余志汇。我是一个热爱祖国，拥护中国共产党的领导，践行社会主义核心价值观，大力弘扬“奉献、友爱、互助、进步”的志愿精神，有较强的社会责任意识的优秀大学生。

在2019年全国农科学子联合实践行动的号召下，同时响应省团委宣传部、省教育厅等关于开展暑期“三下乡”社会实践活动的号召，积极团结身边的同学，结合自身专业和实际情况的特点，我们确定了暑期实践活动的主题——助力精准扶贫、聚力乡村振兴。

江西农业大学农学院“全国农科学子联合实践行动”志愿服务营队赴九江市修水县何市镇，围绕“助力精准扶贫，聚力乡村振兴”主题，分别开展“庆七一，颂党恩”主题党日活动、进行调研访谈、关爱留守儿童、提供农技指导等，深入开展农科学子联合实践行动，谱写新时代农科高校师生报国兴农情怀和助力精准扶贫乡村振兴的奋进之笔。

我作为这支志愿服务营队中的小队长，在整个实践活动中带领营队参与了各种实践活动，通过亲身的体会和经历，真正做到走进乡村、融入乡村，感受颇深，受益匪浅。

第一章　庆七一　颂党恩

抵达火石村的当天是七月一日，意义非凡，我们与火石村80多位老党员开展了一次面对面交流活动，一起动手做了一顿忆苦思甜的特色饭——红薯饭，回忆过去，珍惜当下；一起聆听了一次《中国共产党人的初心使命》党课，一起重温入党誓词，激励我们继承和发扬党的光荣传统；我们与火石村全体党员顶着炎炎烈日前往光伏电站开展了一次“我的初心使命”主题党日活动，我们用手中的锄头和铁锹为火石村的光伏电站疏通了被泥石堵塞的水渠，在实践中增强了其党性修养……

我深刻体会到老一辈党员在艰苦的环境中不忘初心，牢记使命，对党忠诚，全心全意为人民服务的优秀品质，更好地懂得了“为中国人民谋幸福，为中华民族谋复兴”的要义所在，坚定了为中国特色社会主义事业及中华民族伟大复兴的奋斗决心。

第二章　艰辛知人生　实践长才干

在实践期间，我们采用“乡村振兴现状及科技需求”调查问卷形式，与村民们直接对话，更直观地了解广大农民对我国“三农”发展和未来科技需求的主要认识和见解。

我发现，谈到涉及“三农”技术问题方面，村民们纷纷表示十分希望政府组织农业技术指导和培训活动，要想更好地发展农业，一定要将技术放在首要地位，农业发展的未来才会更加广阔和繁荣；在乡村振兴方面，村民们主要对交通设施、环保设施、教育条件、医疗条件等方面较为关注，无论是正在整修的道路，还是村里统一处理的垃圾管理方式，无不体现出农村经济正处于日益发展的阶段。

这次调研，让我了解社会、锻炼毅力、奉献社会的同时，增强了社会责任感，艰辛知人生，实践长才干，跟随党中央的政策行动起来，刻不容缓。

第三章　助力农业产业　圆梦乡村振兴

经过在当地5天的详细了解，我们发现并总结了农户所碰到的农业技术经济问题，把大致情况汇报给专家。专家有针对性地对不同产业实施“一对多”的指导方式，分别着重对养鱼业和果园建设进行技术指导。专家在了解修水县经济现状和可持续发展方向后，通过发掘修水县水产资源，根据市场经济制定作物种植规划，合理密植，丰产优产，助力乡村产业振兴。

其中创业者张荣生返乡创业，为家乡的发展贡献自己的一份力量，修公路、塑寺庙等，为建设美丽乡村、发展绿色经济、圆梦乡村振兴做贡献，令我动容。因为我一直有一个梦想就是拥有一个智能化机械调控的果园，培育出高产、优质、高效、低耗的新型果园，不断提高人民的生活水平，他对梦想的执着值得我学习。

纸上得来终觉浅，我觉得理论和实践相结合才能更好更深层次地理解园艺专业。其实，我在调查的过程中我还看到了很多现象，有一部分人住的房子确实是翻新了，但有一户人家米长虫了，还说晒晒继续吃，这很触动我。“三农”问题的解决还有很长一段路要走。经过这一次社会实践的参与，我深刻地明白了：一是我们要深入基层，了解更多农民的现状；二是自己现阶段能力有限，更需要专心科研，为“三农”事业贡献自己的青春力量。

通过这次“三下乡”社会实践活动，我得到了许多人生感悟，丰富了自己的人生阅历，提高了认知社会和应对的能力，增强了奉献爱心、播撒温暖，为社会公益事业献一份力量的信念。我将更深入学习习近平新时代中国特色社会主义思想，全面提高自身综合素质。始终坚持在实践中成长，在奉献中飞扬。

（余志汇　文）

不忘初心路　矢志新农人

前言

为深入学习贯彻习近平新时代中国特色社会主义思想和党的十九大精神，培养大学生社会责任感、使命感和实践能力，青岛农业大学农学院“聚焦农村现状，助力精准扶贫”实践团自 2016 年成立以来，赴枣庄山亭西七里河村、红石嘴村等连续开展支教扶贫调研活动，五年来，队员们发挥专业优势，帮扶贫困农村，激发了服务“三农”的热情，同时也提高了社会对“三农”的关注，让爱暖遍山亭。

我是青岛农业大学农学院的学生王一娜。

2017 年 9 月，我作为观众参加了学院的社会实践总结大会，那是我第一次了解社会实践。看着视频里的故事，我心动了，我也想有一次这样的体验。接着我加入了农学院社会实践部，开始了三年的社会实践之旅。

2019 年 7 月，我见到了学长学姐照片里的山亭。从大一第一次写策划书开始，到下车前的一秒钟，我都在想象它的样子。雨后清新的空气，动听的蝉鸣，整齐的花椒树，还有远处若隐若现的小山……现在想起来，好像还是能感受到那天的欣喜与期待，期待我们的社会实践。在我们之前，已经有 3 支队伍作为实践队来过这里，每一批实践队员都和村子的人建立了深厚的感情，这让我们在一声声亲切问候中走进了西七里河。看着村支部办公室电脑里学长学姐的照片，教室里贴着的横幅，感觉好像我们一直在这里。不过是不同的面孔，不一样的故事。

没有特意宣传，不过是简单地告知上课时间和地点，我们还是迎来了满满当当一屋子学生，因为这是他们暑假里唯一的乐趣。我记得入学第一天，有个小姑娘和我说："姐姐，这已经是我第四年来你们这里上课了，这是我每年暑假最开心的时候了！"我们都知道，仅仅一个 7 天的夏令营并不能从根本上解决村里的教育问题，但是我们可以为他们打开新世界的大门，让他们看见山的另一边，让他们愿意为了梦想努力。为此，学院以当地实际教育水平为基础，结合学院特色文化品牌——禾文化，为孩子们举办暑期夏令营。从开始的"LUCKY"主题课堂，到 2019 年的"6 + 1 七彩课堂"，每一批队员都与实践地贫困家庭的学生建立了长久、可持续的联系，通过面对面交流、线上交流等形式，在学业、成长成才等多方面尽全力帮扶学生。

西七里河四面环山，主要靠种植花椒、板栗、核桃为生。为了更多了解当地的情况，我们借着休息时间一起上山，却发现很多村民中午还在山上。一个奶奶说，村里很多人都是每天清晨四点出门，晚上回家。因为山路难走，一上一下既不安全，又费体力，所以中午就不下山，找个树荫，吃点饭休息一会就继续干。艰苦的条件在我们看来似乎难以想象。实践队员想通过我们自身的专业知识来帮助村民们减轻负担。通过观察西七里河村的地形和主要种植作物，记录作物病虫害和搜集村民们在实际种植中遇到的难题，我们邀请了学院专业老师指导工作，寻找治疗方法，带给当地村民"农天下 App"的线上农业办法，帮助村民与线上专家进行面对面交流。采取改良禾稻新品种的方法，改良当地的传统经济作物 12 多亩，平均每亩增产 100 千克。这些数字不仅仅代表了西七里河的进步，更代表了我们的努力，是我们坚持下去的力量。

可能很多人都觉得，社会实践就是去体验生活。我觉得这么想就是对社会实践的不尊重，一次成功的实践，有明确的时间目标，有完整的项目策划书，有严格的实践纪律，还有美好的实践结果……社会实践带给我们的，绝对不只回忆那么简单。对于孩子们来说，社会实践为他们带去了希望，让他们通过最年轻的声音了解新奇的世界。对于我们来说，社会实践是受教育长才干的重要渠道，让我们接受社会的教育，看见课堂外的世界。

我对于社会实践的坚持，就像一批批实践队员对于西七里河的守护，不仅仅是情感的传承，更是责任的传承。作为新时代的青年，我们是祖国建设的中流砥柱，要时刻明确自己的使命，努力奋斗；作为新时代的农科学子，我们要争做懂农业、爱农村、爱农民、有理想、有本领、有担当的“一懂两爱三有”新型农业人才；作为130万农林师生的一分子，我们要牢记习近平总书记对的殷切期望，为打赢脱贫攻坚战、推进乡村全面振兴贡献青春力量。

（王一娜　文）

守初心　立德树人　担使命　强农兴农

我是张飞耀，青海大学农牧学院的一名学生。

为践行习近平新时代中国特色社会主义思想，深入发力国家脱贫攻坚工程，汇智聚力国家乡村振兴战略，在全国农学院协同发展联盟的倡议和指导下，我们通过自愿报名、院团委严格选拔的方式，由 6 名同学组成了青海大学农牧学院“三下乡”云南分队。

本次“三下乡”活动的实践主题为“助力精准脱贫，聚力乡村振兴”，并以“问题导向、精准帮扶、绿色发展、振兴乡村”为行动原则，坚持以问题为导向，聚焦贫困农户发展中存在的实际问题，重点做好对贫困村党的建设、政治建设、经济建设、文化建设、社会建设、生态文明建设的全面调研和多举措支持，深入宣传绿水青山就是金山银山的理念，结合农学类专业优势与特色持续推进农业绿色化、优质化、特色化、品牌化发展。

在云南省昆明市寻甸回族彝族自治县（简称寻甸县）羊街镇，我们通过走访羊街村、新街村和龙池村，与村委和农户进行沟通。我们通过这次社会实践活动，深度分享了不同地方所蕴含的生命之美，了解了当地百姓对脱贫的向往，学以致思、学以致践、学以致用地去解决百姓们所遇到的困难，共同创造美好未来，以早日实现伟大复兴的中国梦！

寻甸回族彝族自治县地处云南省东北部，东临曲靖市马龙区、沾益区，有公路穿山越岭相连；西与富民县、禄劝彝族苗族自治县相依；北与东川区、会泽县接壤，有东川铁路相通；南接嵩明县，川原平衍，是滇东北之要冲，贵昆铁路，昆曲、嵩待高速公路从县内经过，境内乡乡通了柏油路，交通比较便捷。寻甸县面积 3 966 平方公里，户籍总人口 54 万人（2017 年末），共辖 1 个街道办事处 9 镇 4 乡、174 个村（居）委会、1 668 个自然村，拥有清水海、白石岩溶洞群、北大营草山、凤龙湾、南谷温泉、钟灵山等，荣获全国民族团结进步先进县等称号。

羊街镇右部紧邻 213 国道，靠近渝昆高速，地理位置相对优越。大多数人以前从事农业劳动，后来由于街区的发展，加之土地被大量承包，所以大部分人选择了从事经商活动。小孩子在羊街完小进行小学教育，毕业后多进入羊街中学上学，也有条件好的居民花尽心血把孩子送去寻甸县城上中学，不过这只是个例，但已足见他们极重视孩子的教育。

走访的所有人都希望自己的孩子能够接受好的教育，获得更高的学历。走访时羊街中学已处于放暑假状态，校园里几乎无人，作为羊街镇最好的中学，羊街中学相对占地面积大，教学楼修建美观，绿化环境也好，其中还有学生宿舍楼，可见这是一所寄宿制中学。村中大部分人有自己的副业，收益很好，生活稳定。走访的一位 1959 年出生的大爷，经营燃煤销售的生意，他告诉我们，政府根据政策建立农业合作社，联产联销，生意稳定。大爷膝下有一个女儿，已出嫁，有了孩子，加上政府养老金，大爷的生活十分幸福。走访中还有一对中年夫妇，从事理发工作，有两个孩子，一个刚大学毕业，一个在上大三。听中年夫妇说，理发只是一个副业，更多的时候是丈夫外出打工，以此赚取孩子的学费。其中一个孩子的学费是靠国家助学贷款，现在只承担一个孩子读大学的费用，压力也变小了，所以暂缓了贷款。纵观羊街镇，村民经济状况相对较好，从业商户多为中青年人，商业繁荣，生活稳定。

寻甸县羊街镇以产业扶持和劳务输出为主要抓手，成功使 3 981 人达到了脱贫标准。脱贫攻坚工作开展以来，羊街镇按照“两不愁三保障”等指标要求，因户施策、因人施计，通过易地搬迁、危房改造、发展生产、转移就业、生态扶持、健康救助、低保兜底等多种方式，认真落实各项扶贫政策，做到帮扶精准细，不漏户不漏人，确保了全镇 1 046 户建档立卡贫困户、3 981 人达到脱贫标准。

在羊街镇，像这样通过村委会和驻村帮扶单位就业培训、外出务工、生活得到改善的还有很多。劳务输出脱贫一批是脱贫攻坚“七个一批”的主要内容之一，羊街镇和帮扶单位积极想办法找岗位，开展就业技能培训、实用技术培训，截至目前，全镇 3 981 名贫困人中有 2 114 人实现了就业。

走进羊街镇多合村，村民李兴彬正在自家院里喂鸽子。2019 年年初，他获得了 1 万元产业扶持资金，用其中的 5 000 元买了 30 对种鸽，养了一年。李兴彬以前在外务工，2011 年的一场意外，导致双腿残疾，只能靠轮椅行动。他是家里的主要劳动力，从那时开始，一家人的生活就过得紧巴巴的。如今，在政府的帮助下，他不仅住进了新房，还有了自己的"鸽子产业"。李兴彬给我们算了笔账：每对种鸽每 40 天孵化 4 只小鸽子，每只小鸽子至少卖 15 元，他养的 30 对鸽子每年仅这一项就约有15 000 元收入，除去喂养成本等大概 4 000 元，养鸽就可以为他家增加 11 000 元左右的纯收入，儿子也在村委会和驻村帮扶单位的帮助下进城打工了。有产业、有工作，李兴彬一家的生活在逐渐好起来。和他一样，李富银也是建档立卡贫困户，家里两个女儿都在上学，小女儿还患有罕见皮肤病，每年需要 1 万多元医药费，这让原本就不富裕的家庭更是雪上加霜。经村委会推荐，李富银去了当地一家企业做保安，每月有 3 500 元工资，生活稳定而幸福。

羊街镇畜牧业也相对其他镇较发达，主要养殖有猪、牛、羊。养殖黄牛是一个相对有特色的产业，黄牛肉质鲜嫩，营养丰富，市场销售也比较乐观。在政府的支持下，规模得到扩大，市场得到开拓，由于大范围养殖的影响，已经发展成为特色产业市场。无论是在特色种植业上，还是较为广泛的畜牧业上，都具有相应的技术支持和科技创新型手段，劳动力得到充分利用，产业规模不断扩大。

要脱贫，首要的是发展生产，贫困户通过自身发展得来的致富是最稳固的。国家给予贫困户一定的帮扶政策，如精准扶贫贴息贷款，不同程度的产业帮扶资金，以及生产技术培训等，以帮助大部分贫困户脱贫致富，幸福是要靠自己奋斗出来的。政府通过对贫困户建档立卡，加强水、电、路、通信、房、环境治理等基础设施建设，破解制约发展瓶颈，进一步改善了群众生产生活条件、提高了人居环境水平，夯实了农村基础。推进交通基础设施建设，进一步加大了国省干线改扩建、县乡公路基础设施建设力度，提升县域交通通达水平。政府以贫困村通村、连村和村内道路为重点，加快建设改造农村公路和桥梁改造。优化城乡客运网络布局，科学安排运营线路班次，提高乡镇公交化运营率，全面解决了贫困村群众出行问题。

新时代，农村是充满希望的田野。在新时代里，广大的农村地区不断创新，并在政府的政策扶持下，有力地践行了科技兴农的历史使命。广大劳动人民的积极性和创造性被有效激发，在农村这片富有生机的土地上，大家积极创新驱动发展。

我们农科学子要再接再厉，肩负起兴农报国的使命，树立农业现代化的决心。作为一名团干部，当以立德树人为根本，以强农兴农为己任，不断创新工作载体平台，丰富“志比昆仑，学竞江河”的青海大学精神，凝聚、带动身边的青年学子求实创新，勇于探索，勇敢肩负起国家赋予我们青大学子的历史使命！

（张飞耀　文）

学思践行助“三农”　融身乡土悟真经

我是山西农业大学农学院的学生赵至琛。

“功以才成，业由才广”，正可谓科教兴国、人才强国，成长成才的重要性不言而喻。当前，除了学习专业知识、沿着前辈们走过的道路汲取滋养外，在无数汗水泪水交织的奋斗征程中品味成长的滋味成为另一种独特的学习方式。在联合实践的号召下，一批批始终朝气蓬勃的青年学生队伍也继续阔步迈入下乡实践的磅礴大军中，在“走进乡土乡村，助力精准扶贫”中激流勇进，在学思践悟中锤炼精神品质，为成长为祖国栋梁之材积蓄蓬勃力量。

第一章　回望革命历程　彰显青年担当

“论先后，知为先；论轻重，行为重。”在这“知行合一”的路上，我始终坚定自己的步伐。有人问过我，是什么信念让我连续两年赴忻州繁峙郝家湾村、连续两年参观平型关大捷纪念馆，现在细想起来，应是在每一次的实践征程中感悟到对党忠贞、追求真理、矢志不渝的高贵革命精神深深打动了我。每次回想起当时在平型关大捷纪念馆门前重温入党誓词、参与“平型关大捷”3D 实景实战和实景战役讲解、行走在战争场地大后方时的场景，我就更加深刻地认识到我们正处于承前启后的新时代，更需秉承革命先辈遗志，不忘初心、砥砺前行。

体悟革命和实践道阻且长，如何将学与行有机结合起来、深入基层在践行中学习是我们每一位农科学子应当沉下心来认真思忖的事情。面对这场严峻的考验，我们农科学子生逢其时，只有响应联合实践行动、深度体悟时代赋予的使命，才能将专业知识化为前进路上的力量，让担当伴随着我们奋力前行。

山间的朦胧细雨遮了视线，却遮不住我们实践队成员的奋斗激情。踩在脚下的泥土沉淀了真情，我们需要不断迎接下乡实践带来的风浪，用一颗赤子之心来谱写青春赞歌。

第二章　躬身脱贫乡村　感悟青春情怀

“纸上得来终觉浅，绝知此事要躬行。”近年来，青年学生走进乡村、融入乡村成为一道别样的风景线。知识的获得需要小成本，但经验的获取需要大情怀。新时代赋予了青年不同以往的际遇，而我们农科学子正趁着这个好时代一如既往地奔赴下乡实践地，聆听他们的故事，感悟他们的精神，获取真正的实感。

我曾一路跋涉前往每个下乡实践的农科学子的心之所向地，也曾近距离地参观了当地创立的最大农场——海丰农场。在这里，农业现代化技术令人震撼，我也很荣幸可以发挥学科优势，利用自己所学到的知识与技巧为他们提供帮助。作为一名大学生，我亲身经历下乡实践活动，不仅享受到了志愿服务的快乐，也体会到了团队间合作的默契，更加深了对专业知识的理解。而对于在田地里日日辛劳的农民伯伯，这类活动就犹如雪中送炭，使广大农村群众获得了更多的方法来种植和销售，实现脱贫攻坚梦。

每个人都有自己的想法和选择，我既然选择了这条路，就需要认真对待，不让自己的目标化为乌有，不让自己的青春虚有其表。年轻的我们需要借助这一份青春的力量，丰富自我、充实自我，在这“生于斯长于斯”的沃土上将个人的所学所思所悟转化为脱贫攻坚、乡村振兴的新动能，积极投身于建设中国特色社会主义伟大事业中。

第三章　心血倾注青禾　坚守初心不改

那一年，我迎着七月的热浪再次与同样怀揣梦想的实践队员们迈入了忻州繁峙的地界，我大抵知道了何为“立德树人铸就教育之魂”。只为一句“再穷不能穷教育”，郝家湾村的一位老师将毕生心血倾注在了这片贫瘠的土地上。

他凭借一己之力，肩负起全村从幼儿园、一年级至六年级的全部教育任务，凭着对教育的执着追求和坚定信念四十年如一日地守在教育第一线。不幸的是，在落后的教学条件和繁重的工作压力下，他患上结核性胸膜炎、缩窄性心包炎，错过了最佳的治疗时机。但就在他与病魔抗争、保守治疗期间，也仍一心培育着郝家湾的青禾们。这位令我内心极其震撼的人就是张喜国老师，所幸他的这份坚守换来了更高维度的成效，相关部门对农村教育现状的重视开始提上日程并予以改善。

“融入乡村振兴事业、参与乡村发展历程”看起来不过是一句人人皆知的话，但对我而言却有不一样的意义。虽然我并非人民教师，仅仅是在成长征途中实践的下乡学子，但是“磨平棱角、不畏艰苦”这八个字已在我心中烙下了更深的痕迹。

“育才造士，为国之本。”作为新时代的弄潮儿，我们应当传承张喜国老师“躬行实践、立足一线”的奉献精神，不断地向合格的社会主义建设者和接班人的宏伟目标迈出坚定的步伐。

我们在历史沉淀和亲身探索中不断体悟人与土地之间深厚的情感，这种独特的情愫必将激励着众多有志青年成长成才。实践的旅途也是梦想的征程，农科学子不驰于空想、不骛于虚声，躬身田间地头，必将如燕雀怀鸿鹄志扶摇直上！

（赵至琛　文）

走进乡村是高校最好的感恩教育课

我是四川农业大学农学院老师，2017 年 12 月四川省委组织部选派挂职凉山州雷波县千万贯乡党委副书记以来，先后作为指导教师带领 2 支暑期社会实践团队深入进行了暑期社会实践活动。三年的脱贫攻坚一线经历使我对农村基层工作有了深入理解，自身也成长不少。同时作为指导教师带领学生参加实践活动，站在高校教师的角度，带领学生走进乡村，深入农村基层一线，无论是对老师还是学生的自身心路乃至人生选择，都会烙下深深印迹，甚至改变人的人生观和世界观。在此，就高校学生走进乡村、融入乡村、参与发展乡村过程中对自身及其老师教书育人的心理影响浅谈一下个人看法。

首先，走进乡村是对大学生心灵的一次净化与洗礼。

2018 年 8 月，我作为四川农业大学农学院“欣农”联合实践团队的指导教师，带领该团队在凉山州雷波县千万贯乡进行了为期 10 天的实践活动。雷波县是国家级深度贫困县，千万贯乡是典型的彝汉混居地区，海拔 800 米为界，800 米以上主要是彝族，800 米以下是汉族，贫困发生率为 50%，千万贯乡就是凉山州的一个缩影，极具代表性。同学们第一天的印象是“远、险、穷”，路是天路，贫穷的现象比想象中严重。我告诫同学们“你们看到的一切都是共产党带领各级地方政府干出来的，开放你的想象力，你们要学会用眼睛去看，用心灵去思考，最后得出自己的感悟”。随后几天，一天走访调研一个村，感受不同，有条件好的，有条件差的，有正能量满满的，也会遇到“刁民”，但总的来说，正面的东西占绝大多数。同学们看到的都是最真实的第一手资料，带给他们的除了震撼，就是感叹，通过观看以前的视频和照片，前后的变化反差之大，让他们难以想象。他们感受得到村民的朴实和感恩，村民对党和政府的感恩之情，深深感染他们，通过对贫困户的了解让他们深刻认识到脱贫攻坚这项事业的伟大。我和同学们开座谈会，通过对比中美两国对待贫困人口的不同态度，他们真正明白了为什么说脱贫攻坚是最伟大的民生工程，真正明白了祖国的伟大，中国共产党的伟大。回过头来，再看看自己，想想自己身边的人和事，看看自己现在幸福生活，懂得了珍惜美好生活的同时，不知不觉明白了“感恩”的真正含义。好几个的同学都表示：以前学校感恩教育也做了不少，我们也常说感恩，但是没有真正弄明白。只有真正看到了，才知道什么是“爱”，什么是“恩”。也明白了自己以后该如何做一个有意义、懂感恩的人。

其次，作为教师，教会别人感恩的最好办法就是自己学会感恩。

“纸上得来终觉浅，绝知此事要躬行。”学校里面千百次感恩教育课，抵不上身临其境自我感受一次，在真实的环境里去感受，学会感恩。每个村都有 2～3 条图文并茂的公益广告宣传标语，让村民明白脱贫到底是“谁在帮他”“为什么帮他”“我应该怎么做”“如何感恩”。我作为一个高校过来的挂职干部，感受十分强烈，国家在脱贫攻坚上投入了巨大的人力、物力。为了使建档立卡贫困户达到“两不愁、三保障（不愁吃、不愁穿，住房安全、义务教育、基本医疗有保障)”的脱贫要求，国家想尽办法补贴村民建房、修路，为一两户人花几十万至上百万修一条公路是常见的事情，义务教育和基本医疗费用国家全部买单，收入不够的再享受低保兜底。用纳税人的钱为贫困户买单，有些人，多有怨言，其实不然。不忘初心，为人民谋幸福，为民族谋复兴，在这个初心面前，人人都是受益者，脱贫攻坚如此，新冠疫情如此，要教导贫困户感恩，自己首先要懂得感恩，今天的美好生活源于前辈的浴血奋斗。真正的付出是不图回报，不图回报的付出才有真正的回报。

作为一名脱贫攻坚的帮扶干部，我的感受较其他人要深，但是我想说的是，只有真正到了基层一线，耳濡目染，用心去品味，才能发现脱贫攻坚的伟大，共产党的伟大，才能真正学会感恩，才能在今后的教学生涯中更好地引导学生学会感恩，才能为社会培养出更多有用的人才。

（胡剑锋　文）

做扎根边疆的小胡杨

由于时代的发展，我们这一代人很少有机会去真正接触农村，了解农村问题，深入思索农村问题。让假期变得充实，走出校园、走进兵团、走向基层，开展丰富暑期的社会实践活动，不仅能让我们理解了农民的辛苦，也懂得珍惜当下的生活，但它更大的意义在于，我们每一个人都利用自己所学到的知识去解决问题、帮助村民。

“我是大漠边疆里一棵下得去、留得住、用得上的小胡杨。”塔里木大学植物科学学院学生武鹏雨说。作为一名农科学子，他接触最多的就是不同的农民、形形色色的果树，在假期积极投身于社会实践活动中。至今，他已经参与过 5 次社会实践活动，随着老师一起走过了和田地区几个大大小小贫困乡村，和田墨玉县巴西普恰克其村、明珠村、康帕村等进行技术指导、理论宣讲、物资发放等社会实践活动。

武鹏雨说：“我至今还深切地记得，在走访和宣讲的第一个村庄——和田墨玉县巴西普恰克其村，村民认为核桃是‘懒人树’，不用管理，任其自由生长，造成产量品质都比较差。几个月后，再次抵达那里，当地农户激动地拉着我的手告诉我们，经过我们的技术指导后，低产的核桃园整体园相、树形树势、树体结构都有所改善，现在满树的大果子真让人喜欢。这就是我们开展活动的实际意义，农户能够看到实际的增产效果，生产积极性自然就提高了。”接着他开心地说：“看到他们切实提高了栽培管理技术，我们是真的开心。虽然由于语言的原因我们的沟通有不少阻碍，但依旧阻挡不了我们之间教与学的热情。从开始的少数人来，到后来村中的男女老少都赶来听宣讲，参加培训，他们从思想上、行动上积极主动地学习，我觉得这是我们取得的最大收获。”每一次活动，他能做到及时地记录每一天的行程与安排，记录一路上的欢声笑语，也记下了活动的目的与意义，总结取得的成效、存在的问题、反思自己，严格要求自己做到可以配合每一位团队成员，在活动中不仅要收获知识也要认识自己的缺点和不足，才可以变得更加优秀，更懂得了“受教育、长才干、做贡献”的真正含义！在实践过程中，团队中的每一个人都在自己的位置上发挥着光和热，这为我们社会实践的成功奠定了坚实的基础。

通过社会实践，让我们逐步了解社会，开阔视野，增长才干，将课堂中学到的知识运用到实际中去，给了我们这些生活在象牙塔里的大学生们认识社会、了解社会的机会，我们见到了社会真实的一面。他说，“穿过沙漠，走过大大小小的乡村，我看到知识改变村容村貌的重要性，农民对知识的渴望。种植核桃是支撑很多家庭的经济来源，提升他们的栽培管理技术是至关重要的，也更加坚定。我尽自己所能帮助他们的想法。我将所学的理论知识运用到生产实践中，认识到理论与实际的差异，学会思考、学会分析、学会将理论与实践相结合，不断提升独立思考的能力、丰富经历拓宽知识面。在完成学业后，我将留在这片崛起的沙漠之中，把科研成果转化到实际生产，为乡村振兴和城乡社区的治理谱写新时代的壮丽篇章。我们要明白大学生在参与社会实践活动中除学到知识以外，更应该从中认识国家、了解农村、思考扶贫问题，做优秀的青年学子!”

社会实践是一个人与人沟通的平台，我们要利用好每一次机会，锻炼我们自己的能力，更好地去接触社会、了解社会和服务社会。在开展实践工作过程中，体验不同的异域风情，从农户的眼神中，发现他们对技术的渴求，发现他们对脱贫的信心，发现他们要致富的梦想，让我们认识到了社会生活的不易，真正锻炼自己，为我们以后踏入社会做了更好的铺垫。在参与社会实践过程中，要懂得“三个关系”，即课堂教育与社会实践的关系，大学生必须以课堂为主题，通过实践将理论深化；暑期实践与平时实践的关系，以暑期实践为主要时间段，平时注重积累；社会实践的广度与深度的关系，力求实践的内容、规模同步发展。同时，也要清楚地认识到："虚心向学"是量变的基础，"以诚待人"是质变的升华！作为一名农科学子，在沙漠中发挥"胡杨精神"，做一棵小胡杨，扎根边疆，为边疆建设添砖加瓦。

（武鹏雨　文）

脚踏黄土　心系群众

我是西北农林科技大学农学院学生张晓丽，也是学院赴合阳县实践队的负责人。

合阳县作为学校定点扶贫县，学院上下及我们实践队都十分重视，此次实践包括了调研、支教、社区服务、政策宣讲等多项内容。

调研部分，我们在有限的时间里走访了韩庄村、秦庄村、南沟社区、坡赵社区、街道社区、牛庄村，每个人完成了几十份的问卷，在访谈中，我们了解到新池镇存在水源和农产品销路问题。气候原因，整个新池镇基本上常年见不到雨水，又因为水源少，基本不具备灌溉条件，因此作物收成普遍不是很好，小麦、玉米的产量也在不断创新低。大多数农民都表示土地都是靠天吃饭，雨水充沛，收成好一些，一亩地能产三四百千克粮食，但是雨水少的时候，一亩地收成只有100 千克，除去自己吃的粮食，基本没有可销售的粮食了，所以有时候种地的收入还不够成本。对于家庭开销大的，往往需要打工补贴家用，才能勉强维持日常开销。另外，就是农产品收购价太低，本来黄花菜等作物的收购价格比较高，所以很多人选择了大面积种植黄花菜，但是黄花菜的价格低了一半，导致之前的投入回不来成本，农民收入还是不够高的。目前合阳县新池镇存在的最大的问题就是农产品收成不好，农作物收购价太低，农民入不敷出。另外对于培训讲座，大多数农民表示都是非常愿意参加的，而据目前情况来看，确实有必要对这里的农民进行一些技术培训。

支教活动是我们的另外一个特色活动，在坡赵社区，我们调研的时候看到很多小孩子在路上无所事事，于是我们决定趁着调研的机会把他们聚集在一起，进行一场短期的趣味支教活动。我们召集了20个小朋友，进行了你画我猜、成语传话筒等小游戏，每个环节都包含着一些知识点，让孩子们在玩的过程中就轻轻松松学到了很多知识。我们还安排了一些零食奖励，鼓励孩子们积极参与，看着害羞的孩子们渐渐打开心扉，融入大环境中，我们也感觉到了欣慰。

政策宣讲活动我们选择在牛庄村进行。牛庄村之所以适合开展活动，是因为牛庄村整体较其他村子先进发达，而且设施齐全，农民生活水平普遍都比其他几个村子高，村子的硬实力、软实力都较强，所以村中会有定期的广播宣传，村民都对乡村振兴政策略有了解。但是大家普遍都是略有耳闻，了解并不深刻，所以我们选择牛庄村开展政策宣讲活动不会显得很突兀，也不会显得多此一举。村民们无论文化水平怎么样，对于我们的宣传工作配合得还是很好的。

政府工作人员、村委和村民们都很配合我们的调研工作。很多人都很真诚地与我们交流了他们的想法。印象最深的是活动期间唯一下雨的那一天，跟着带路的大叔调研到一家贫困户，老奶奶看着这么冷的天执意给我披上了一件她儿媳妇的外套。外套很旧，但很干净，最重要的是被外套包裹的那一刻眼睛瞬间湿润。谁能想到当时老奶奶家里为儿媳妇的医药费苦恼不堪，就快揭不开锅了。

此次实践活动让我们收获颇多。队长周馨怡在她的日记中写道，乡村振兴尤为重要，并不是一味地将农村现代化，而是希望乡村能够在科技的带领之下，高效发展经济，而农业是乡村之本，所以解决农业生产问题迫在眉睫，我们希望通过自己的绵薄之力，提供真实数据和一些想法给学校和社会，通过大家的力量共同建设新时代乡村。我相信在国家政策的支持下，在政府的带动下，在村民的努力下，乡村一定能振兴，一定能发展得越来越好。副队长刘睿佳在最后的总结会上说，耳听为虚，眼见为实。此次调研，我们切实感受到了党和政府从人民利益出发，为了解决“三农”问题，推进农业农村现代化，所做出的伟大贡献。身为中国人，我们每一个人都应感到深深的欣慰与自豪，作为一名中共党员，我们更应该时刻严格要求自己，根据自身所学的知识，在实践中提高专业水平，将所学运用到实践中去，以理论结合实际，提高服务社会、奉献社会的能力，增强自身的责任感和使命感，不忘初心，永跟党走，到祖国最需要的地方磨炼意志，砥砺品格，全心全意为人民，成为一名对社会有用的人才。

我们都感受到党和政府正确的领导给广大农民带来的好处，帮助农村摆脱了贫穷的面貌，走向富裕的道路。村民的话语中洋溢着对党和政府衷心的感谢和对未来美好生活的向往，更加坚定了调研队员在党的带领下坚定不移地走中国特色社会主义道路，建设中国特色社会主义的信心。作为新时代新青年的我们应该努力学习、积极实践，凝聚乡村振兴的中国智慧，贡献乡村振兴的中国方案。筑梦青春调研，聚力乡村振兴。

实践归来，想起我们有幸在即将全面建成小康社会这一关键时间节点上参与这次农科学子实践活动，倍感荣幸。这既是合阳县实现脱贫后的一次调研，更是对学院 5 年来定点帮扶和农科学子实践行动成果的总结。每位实践队员微小的工作不过是学院 5 年持续发力合阳县脱贫攻坚的一个剪影。5 年来，西北农林科技大学农学院始终坚持以“建立联系、找准问题、精准帮扶、长期相助”为基本原则，共派出 23 支实践小队 235 名学生数次深入合阳县等全国 11 个国家级贫困县开展联合实践行动，参与联合实践行动党员共 106 人，团员 128 人；博士研究生和硕士研究生 66 人，本科生 169 人；参与指导教师 50 余人，带队深入贫困地区教师 30 余人。实践活动以“一个小队联系一个村”“一个队员联系定点农户”的方式进行精准帮扶，努力实现小队队员成为贫困户的“家庭一员”，成为贫困户儿童的“兄弟姐妹”，实现“实践队 + 村 + 农户”的点对点帮扶机制，一步步参与并见证了合阳县的基础设施的改善，村民生活水平的提高以及幸福感和满意度的提升。

不忘初心，继续前行，我们将以身作则，动员更多学生加入全国农科学子联盟的队伍中，争当“懂农业，爱农村，爱农民，有理想，有本领，有担当”的“一懂两爱三有”新型农科人才。

（张晓雨　文）

纸短情长　说不完意义深长

为什么我的眼里常含着泪水，因为我对这土地爱得深沉。

——题记

从懵懂青涩的少年，到意气风发的青年，大学注定见证我们踔厉风发，扬帆起航。在农村，家里要是有一个大学生就是一件光宗耀祖的事儿，在老农人看来，上了大学，就意味着摆脱了“面朝黄土，背朝天”的宿命！因此，当我们乘坐上大学的“列车”时，就许下了“不去农村”“不做农民”“不干农活”的“铮铮誓言”！然而，大学生挑起村里的“金扁担”，在老一辈人看来就是一件不可思议、荒唐甚至是倒退的事。乡亲们都会说，小伙子、小姑娘来农村种地真是“白瞎了”！

“国家兴亡，匹夫有责。”一个偶然的机会，我有幸得到了一个给自己的专业理论知识“挤挤水”的机会，随着老师走进乡村，参与乡村的发展，深入实践。“今年是决胜全面小康，决胜脱贫攻坚的收官之年，西藏是全国唯一的全域集中连片深度贫困地区，是脱贫攻坚的主战场，收官之年又遭遇疫情影响。在这场硬仗中，我们在下乡工作中坚决推崇科学精神，肯吃苦、肯付出、敢创新、敢担当，关心所下乡群众的生产生活，在强基惠民上扎扎实实下功夫，坚持下去，就会消除可能返贫的潜在因素，也会消除疫情对脱贫攻坚带来的不利影响，还能找到脱贫攻坚、产业扶贫的好路子！”老师满含深情坚定地说。

一袭青衣，染就一树芳华；两袖风光，诉说绝世风雅。西藏作为中国独具特色的地区，地广人稀，以山地为主，地势崎岖，大型机器很难走进农田，大规模地开展种植业更是一件难上加难的事。对于农民来说“精耕细作”成了他们的主要耕作方式。没有技术的支持，“产量”“经济效益”“剩余产品”对当地大多数的百姓来说成了“天方夜谭”。尽管付出了大量的时间和精力，放弃了更多的“机会成本”，农作物的产量过低，经济效益没有得到充分地获得。农民们的获得感、幸福感没有因自己付出的相应努力而实现，物质上的不能满足自然而然地带动了精神上的被动，西藏部分地区的脱贫攻坚则成了国家最在意的事！

“纸上得来终觉浅，绝知此事要躬行。”作为经济管理专业的在校大学生，对于那些农产品有一定收成但没有销路的问题，我们提出了打造品牌、直播卖货、生鲜配送等可用性的方法。对于那些产量过低的情况，我们积极联系相关专业的老师给予专业性的指导，在此过程中，因为不是本专业课程，我们必须自己先学会，然后再向农民开展手把手教学工作。因为语言的不通，文化水平的差异性，我们开展过分批次学习的模式；由于交通的不畅，我们和农民们的交流也不是那么方便、及时；生活习惯的不同，我们的时间分配也会受到阻挠等。累的时候，我们依然会想想我们上大学的愿望——脱离农村，到大城市去！这时，面对当前的困难，心灰意冷的我们不想再坚持。

不计辛勤一砚寒，桃熟流丹。当想放弃时，我们又再次和老师促膝长谈，那时老师提道：“城市的空间和就业机会渐渐饱和，而农村正急需接受过良好教育的人才。随着城市开始反哺农村，大多数乡村公路等‘五网’基础设施日渐完善，农村人居环境逐年改善，生态环境更优越的农村对城里人越来越有吸引力。同时，‘贫困’、‘基层’蕴含着发展的优势，这些优势需要现代先进理念，技术，管理，资本等要素来支撑。相比于城市，也许农村对于你们新一代大学生更有挑战性，更是机遇！”老师的一席谆谆教导，让我们回味无穷。

星光不问赶路人，时光不负有心人。在老师的鼓励和支持下，我们始终坚持着。皇天不负有心人，经过一段时间的努力，当地百姓的农产品产量得到了一定的提高，大数据下的农产品销量也与日俱增。当看到农民们脸上露出满意且幸福的笑容时，我们也笑了，所有的泪水和汗水都是值得的！此时，我们也深深懂得习总书记曾说过的：“家国天下，责任担当，春华秋实，人的一生只有一次青春。现在，青春是用来奋斗的；将来，青春是用来回忆的！”对于“农业”“农村”和“农民”我们开始有了不一样的看法，因为他们都是新的！到农村，到基层，让青春绽放在祖国最需要的地方，则是我们当代大学生的责任与担当！

志不求易者成，事不避难者进。有人说，大学生回到农村是青春“无奈”的逆行，但我想说，乡村生活，从逃离到归来，是时代发展的潮流，也是时代的选择。我们可以看到，在广阔的松嫩平原上，有这么一群“新农人”：毕业于英国爱丁堡大学的“金融海归”曹曦，放弃海外优渥的待遇回到农村种水稻，那是时代的担当；“时尚主播”朱爱玲回乡养猪，那是时代的气魄；“养殖新锐”辛君琦投身农场，那是时代的凯歌！正值青春时光，受过高等教育，甘愿从热闹的城市，步入“寂静”的田园。农村经济社会发展，说到底，关键在人。相似的年纪，相似的经历，这群大学生把青春播撒在黑土地上，书写着属于自己的乡村振兴故事。

莫言下岭便无难，赚得行人错喜欢。正入万山圈子里，一山放出一山拦。纸短情长，说不完意义深长，总之，在农村这片土地上，我们定会乘风破浪，练就无价新农人！

（沈康艳　宋连久　秦丽　文）

感悟“三下乡”　青春筑梦行

夏天，酷热如旧，雷雨，急骤如昔。车窗外的云雾弥漫，全部的浮躁喧嚣都沉淀下来，只余下乡间独有的宁静与安详。2020 年，西南大学农学与生物科技学院实践小队再聚首，再次踏上了“三下乡”的征途。

下乡去，下乡来，心中总有一段乡情。初次“三下乡”，心中满是跃跃欲试的新奇；再次“三下乡”，心思则变得更为细腻，临行前的多方思虑，只为给当地的百姓带去更多心意。

我是西南大学农学与生物科技学院的学生万嫒嫒。

7 月 12 日，我加入了西南大学农学与生物科技学院大学生暑期“三下乡”巫溪小分队，并赴巫溪县塘坊镇梓树村开展社会实践活动。在之前的“三下乡”中，我已经来过梓树村，亲身参与梓树村的扶贫事业。2020 年，在前两年持续调研的基础上，再次对梓树村农户的脱贫情况展开调研。通过对国家系列政策的宣讲，广大村民充分了解到国家对“三农”问题的重视程度，亲眼见证这一方水土的发展。我们也希望这里的百姓能够抓住这一改革契机，彻底实现脱贫致富，最终在全国大学生实践活动大范围顺利开展的背景下，使中国全面脱贫，乡村振兴的目标得以实现。“助力精准脱贫，聚力乡村振兴”这是我们本次“三下乡”的主题，也代表了我们为乡村振兴尽一份绵薄之力的真挚愿望。

第一章　让空巢老人“心中不空”

在梓树村调研时，我们认识了两位老人。他们待我们热情诚恳，让我们觉得如自己的爷爷奶奶一般亲切。在之后的具体调研过程中，仔细了解到二老的家庭情况后，心酸感觉涌上心头。原来，爷爷奶奶唯一的儿子在很多年前离家出走，在外打拼十几年却从未回过家，甚至连一分钱也没有给家里寄过。爷爷奶奶相互扶持，相互依偎，风里雨里走过了这么多年，令我肃然起敬。特别是当我得知爷爷由于长年劳作而积下了各种疾病，奶奶也不幸地患上了子宫癌和宫颈癌之后，我突然有些憎恨这个不孝子竟如此狠心将自己年迈的父母丢在这偏远的大山中。

随后，二老向我们介绍了他们治病的种种经历，虽然艰辛却也不乏相互支撑、相互帮助的温情。当爷爷讲到 2011 年奶奶查出子宫癌急需做手术时，眼里泛着泪光，两位七旬老人靠着自己务农所得的微薄收入与病魔做斗争，我想这是一种我无论如何都不能真切体会的心酸苦楚。我们询问爷爷，在家境贫困的时候是否想过放弃治疗奶奶的念头，爷爷却斩钉截铁地回答道“没有”，眼中满是坚毅与笃定，我想这就是这位老人尽他一生之力为老伴所谱写的最动人的情话。“陪伴是最长情的告白”，在儿女都不在身边的情况下，只有互相守望、互相扶持，才能相伴一生。

历时两天的问卷调研之后，我发现大多数空巢老人仍需承担家中农业生产的重担，每日辛苦地进行耕作。并且目前绝大多数的农村老年人还未享受到社会养老保障，老人们的经济来源主要依靠自己的农作劳动所得和子女微薄的补贴。同时，留守在家里的老人在精神上也是孤独的，少有孩童承欢膝下，无法安享天伦之乐，更让人为之心酸。

写到这里，我想起了自己的爷爷奶奶，我有将近半年的时间没有和他们坐在一起好好聊天了，也没有好好地关心老人家的生活。为了学业而奋斗，却忽视了对身边老人的关心，让我心生愧疚。这一次“三下乡”活动结束后，我一定要回去好好看看他们，跟他们讲述我在巫溪的种种经历、种种见闻。关爱老人，从我做起，从身边人做起。

第二章　筑梦梓树，乡村支教

支教时，有个才艺表演环节，对于农村的小孩子来说，孩童时期的羞涩与腼腆总是难以避免的，况且要勇敢地在一群不太熟悉的大哥哥大姐姐面前表演才艺，更是一件比较困难的事情。但是出乎意料的是，他们却勇敢地挑战自己，积极踊跃地参与我们的活动。从他们清澈的眼睛里，我看到的不仅仅是孩童们对于胜利和奖品的渴望，更多的是他们对于我们认可和肯定的渴求。而他们今天做的，就是将自己最好的一面展示给我们，我们也从中真切地感受到了那来自孩童们最美好纯真的心灵。

让我印象最深刻的是课堂上的一个小男孩，2019 年他也给我留下了深刻的印象。平日看起来很腼腆的他，其实是个学识渊博的小学霸。他今天在课堂的表现再一次惊艳了在场的所有人，无论是回答问题时的淡定从容，还是发言讨论时的自信笃定都不禁令人为之称赞。但是家里的条件却不能给他提供更好的教育和机会，因此他只能留在这偏远的大山之中继续读书学习。每每当我看到他那满是对山外世界，对未来渴望的清澈双眸时，我既替他骄傲又忍不住为他心疼。

曾有人说过“每个孩子都是被上帝吻过的天使”，今天我真的见到了一群小天使，他们有的会画画，有的会唱歌，有的还会说相声。即使身在大山，得不到像城市里孩子一样的培养机会，每一个小可爱也都依然乐观积极地面对生活。前不久看到一篇关于城市和农村孩子对比的相关报道，城市的孩子更有条件得到更多的培养机会，而农村的孩子却因为种种压力，得到优质教育的机会屈指可数。在这个竞争力日渐激烈的社会里，寒门子弟真的容易成功吗？答案尚且难以得到验证，但是无论是否，我们都希望以后的他们能够有机会走出大山，去看看外面精彩的世界。同时，在那个充满诱惑和机遇的地方依然能够不忘初心、怀抱梦想、坚定信念、心系家园，用自己的知识和努力为自己的家乡做一份贡献。

拨开云雾，终见微光。像梓树这样的偏远乡村，落后、闭塞、物资匮乏，却唯独不缺少纯粹、质朴的情感。爷爷奶奶携手几十年，相濡以沫，小朋友对山外世界的那份渴望，都深深地打动着我。

历时数天，2020 年的“三下乡”实践活动结束了，乡村振兴却正在路上。再见梓树村的百姓还是深深为他们的质朴气息与为美好生活奋斗的向往所吸引，也更加坚定了我要为他们的幸福生活贡献心力的决心。身为青年大学生的我们必须尽自己的一份力量，让“老有所依、幼有所教”这样的话在乡村不再是一句空口号。

（万媛媛　文）

我们和琉璃庙镇的故事

前言

我是中国农业大学农学院的学生杨勇琴。

记忆回到 2018 年 4 月的一天，学院团委老师邀请我们学生党支部的几个负责人一起与北京基层农村党支部实行共建活动。200 来字的介绍、村负责人姓名及联系方式，成了我们对北京市怀柔区琉璃庙镇梁根村最初的印象。这是我们一开始用以计划共建项目的基础信息，也是全部的信息。

一开始，有些不知所措。我们在 5 月 4 日的晚上拨通了梁根村负责人的电话，30 分钟的交流让我们对梁根村有了大致了解。接着，三天后梁根村驻村第一书记也和我们通了 20 分钟的电话。北京市怀柔区琉璃庙镇梁根村不再是零散琐碎无法触碰的图文，我对那个地方的认识又清晰了一些。

我们和琉璃庙镇的故事，也就此开始。

第一章　察当地产业　解发展难题

初次去琉璃庙镇的路上，也许是出于对首都乡村的好奇，一路上我并没有睡觉，而是不断打量着四周。在镇政府短暂的休息后我们小队便向梁根村出发了。直到出发的前一刻我依然觉得北京的乡村应该是现代化的乡村，哪里会和“贫困”扯得上关系。但是随着我们的大巴车一个弯道接着一个弯道，道路两边也由宽阔的视野变成高耸的山峰。周围的环境发生了变化，藏在山坳里的村庄仿佛一片世外桃源，被云雾笼罩在群山之中。

从车上下来，这个村庄慢慢卸去了她的朦胧面纱。我们径直去了当地的木耳培植基地，远处都是拔地而起的山岭，近处是一根根椴木搭起的耳架，来来往往是村民忙碌的身影，队员们不时与村负责人交流，偶尔还会传来大家的笑声，我却无论如何笑不起来，只希望能够尽快地做一些事情。

别看当地人干得火热，可是木耳销路并不好。我们了解到，当地是采用一种原生态的方式生产木耳，但存在两个突出问题，一是培植技术不成熟，需要改进；二是不懂产品营销技术，无法将产品转化成有特色的产品变现。

他们希望我们能够在现有的漫山遍野的野生核桃资源上动动脑筋。面对遍山的野生核桃资源，一开始，我们把问题想简单化了。计划着兄弟学院肯定会有核桃方面的专家团队，便可以通过校内专家打开核桃项目突破口。没想到，校内没有研究核桃的专家，一时项目进展受阻。当沉浸下来再次认真思考，三年前曾听过的一场报告会的内容悄然在我脑中浮现出来。记得报告会的讲述者有提到在大学期间自己创业培植食用菌并学习核桃嫁接技术成立了合作社，利用家乡荒山上的野生核桃嫁接食用核桃和文玩核桃带动地方增产增收。也许他能够帮上忙！抱着试一试的心态我搜索了这位讲述者，找到了一个电话。拨通后，接电话的正是本人，通过交谈我将发展核桃项目的诉求告诉了他，并希望他能够和我一起去实地看看，期待能将这一技术在当地孵化。或许拥有明确的目标、坚定的信念，总能找到志同道合的人，互助共赢。

到梁根村的第 13 天，我和团队的一行人带着核桃嫁接专家第二次到了那里。说来也巧，梁根村的气候条件以及野生核桃资源和专家家乡的气候、资源高度相似。另外专家探索出的“食用菌 + 核桃”产业是一个资源、周期互补的产业，梁根村的木耳和核桃同样能够产生相同的效益。

眼看着项目马上就实施了，新的问题又出现了——启动项目需要资金。为了不让计划永远只是计划，当时的我们想得最多的就是出现什么问题就解决什么问题，通过对接梁根村获取项目背景信息、对接核桃专家获取技术资料，我们完成了 9 000 字的《怀柔区梁根村利用野生核桃楸子树高接换优食用核桃项目建议书》向镇政府寻求资金支持。后来得知这种野生核桃资源在琉璃庙镇分布很广，镇政府很重视，很快便将这份项目建议书提交给怀柔区相关部门。不久，传来项目建议书被采纳的消息，共审批下 35 万元扶持资金。那一刻整个团队都沸腾了。

技术问题和资金解决了，寻找平台打开销路是我们下一步工作的重点。我们找了学校生物质工程中心长期合作的检测公司对木耳质量进行了检测。检测结果给了我们一个巨大的惊喜，梁根村种植的木耳不仅不含有任何有毒有害物质，而且营养成分含量极高。在此基础上，我们调整了前期设想的黑木耳营销方案，转向打造原生态高端产品。一方面，我们指导梁根村进行农产品无公害认证和绿色认证；另一方面，我们招募学设计的队员设计产品包装。此外，我们针对木耳培植各阶段视频素材收集，完成了一部黑木耳培植宣传品，对木耳进行全方位、立体式的包装。当然最重要的，是要解决木耳的销路问题。有心人，天不负。就在我一筹莫展，在校园里溜达思索解决办法的时候，不经意间看到我校校友食品联盟的一些人在学校里摆摊，就找他们要来负责人的联系方式。双方商量在公司见面，我特地跟梁根村负责人要来两盒木耳产品，赠给了联盟负责人。经过质检，我们的木耳第一次放在正规平台上开始了售卖。后来，在团队成员的引荐下，我又见到了一位校友，她是心有田园健康管理有限公司的负责人。我们带着她实地调研了木耳原生态培植的各环节、参观了梁根村的自然风光，就这样，我们的木耳销售又有了第二家平台。

实践的不断深入也让我们与琉璃庙镇越来越紧密，合作共建范围也在不断扩大。梁根村不远处的西台子村，是远近闻名的长寿村，也是整个琉璃庙镇首批全村完成旧房改造的村庄。10 年前，设计师改造时专门加入了特色民宿元素，家家户户都有客房，村中还建起了村史馆，记得第一次去那里的时候，在村委会的墙上摆放着大大小小的荣誉证书 100 余项，让人眼花缭乱。可就是这样一个先进村，却看不到一个年轻人。调研后我们发现，这个村子没有产业。乡村振兴的关键在于要有产业的带动，有了梁根村产业帮扶的成功实践，我们也开始寻求在当地如何因地制宜发展一个产业。听说我校的康玉凡教授在芽苗菜标准化生产方面有很深的研究，另外芽苗菜培植需要的空间小、使用的人力少、芽苗菜效益高并且能够一年四季种植，一方面培植芽苗菜能够美化当地民宿，另一方面能够让当地老人有一份稳定的收入，于是，我们就邀请康教授团队赴当地开展芽苗菜标准化培植技术推广，为了能够保证项目顺利实施，我们还建立起学生引种试验示范基地，希望通过试验示范助力芽苗菜产业落地。

第二章 谈总结收获 述实践思考

很久以来，内心一直有一种挡不住的欲望，尤其是每到放假的时候，总想去农村走走看看。在陈源泉老师浓情乡土、心系乡村情怀的感召下，实践小队从第一次“走进”梁根村，第二次“走近”梁根村，到第三次“走尽”梁根村发现，首都乡村和其他地区的乡村有诸多的不同之处，它与我国14个集中连片特困地区的农村不一样：北京没有贫困村、这里的生态环境优美、生态文明建设执行力高、惠民政策可以第一时间落地……同时，作为北京山区低收入村，同其他贫困地区又有着很多相似之处：经济发展水平较低、没有产业带动、发展要靠政府补贴、居民生活质量堪忧……当然，最重要的还是人。农村人口流失较严重、家庭主要劳动力外出务工、外出求学的孩子毕业后也没有回乡的打算，村里的“38/61/99部队”制约着这一方的发展。

通过两年的实践活动，在助力琉璃庙镇发展的过程中，每一位小队队员都成长收获了很多。大家真正领略了首都乡村的村容村貌，为当地的自然风光点赞，为村民致力环境保护、为首都乡村人民的高度获得感而高兴。通过开展联合党建活动，大家一起追忆了共产党人数十年如一日，为中国人民谋幸福、为中华民族谋复兴，初心不改，砥砺奋进的辉煌历史，重塑了大家对党的理性认识；从同老党员的交流中，我们反思自己，端正态度。通过10多个村的入户调研，我们褪去了学生的娇气，从一开始同村民打交道的沟通不畅到最后跟叔叔阿姨大爷大娘打成一片笑谈琐事，显著提高了沟通的能力。

中国农业大学校歌中有一句歌词：“走出我们的校门，就担起天下饱暖和安康。”这次社会实践大家能够走出校门，俯下身去走进乡村，为乡村发展助力已属不易。作为农科学子，将自己所学知识切实运用到实处本身也是体现价值的难得的机会；作为高校学子，助力乡村振兴战略仅仅依靠一两个人是万万不行的。就像小队副队长所说，这需要资源整合，资源整合是门艺术。我们利用自身学科优势、优秀校友、特色人才队伍、相关人力资源进行了一次小的精准帮扶首都乡村的小尝试，可喜的是有幸成功取得一系列成绩。但要做好乡村振兴这篇大文章，仍需探索更大的平台。

结语

怀山柔水，大美琉璃，记录着这样一行人在这里的一言一行、一举一动、一点一滴，书写着这样一行人来这里的有说有笑、有声有色、有情有义。无疑，在琉璃庙镇的社会实践就是一笔浓墨重彩、一记标识烙印，留在这一行人的记忆深处。不忘初心，牢记使命，实践成员定不负时代赋予我们的责任，助力乡村振兴，全国农科学子永远在路上。

（杨勇琴　文）